KB195555

근대 기행문 자료집
4
경 상 도 · 황 해 도

일러두기

1. 이 책에 실린 자료는 1910년을 전후한 시기부터 1945년까지 근대 잡지에 실린 기행문이다.

2. 표기법은 원문을 그대로 수록하는 것을 원칙으로 하였다. 그러나 오기가 분명한 경우는 바로
   잡았고, 원문 해독이 어려운 글자는 ●로 표시하였다.

3. 띄어쓰기는 자료 원문의 상태를 그대로 살렸으며, 띄어쓰기가 전혀 되어 있지 않은 경우에만
   현재의 표기법에 따라 교정하였다.

4. 기사, 단편소설 등은 〈 〉, 단행본은 《 》로 표기하였다.
   단, 원문의 강조나 대화에 사용된 「 」『 』등은 그대로 두었다.

한양대학교 동아시아문화연구소 동아시아문화자료총서 2

근대 기행문 자료집

4
경 상 도 、 황 해 도

서 경 석 · 김 진 량 · 김 중 철 · 우 미 영

민 속 원

근대 여행은 개항과 쌍생아이다. 근대 여행자는 그로부터 탄생하였다. 개항의 문은 자기정체성을 향한 내부로의 발길과 타자를 향한 외부로의 발길을 열었다. 이들의 족적이 거대한 글의 숲으로 남았다. 무심히 지나쳤던 그 숲에 들어 나무 하나하나를 살펴보기 시작했다. 개항과 더불어 열린 여행길이 시간과 공간에 대한 인식을 어떻게 바꾸었는지 또 여행자의 내면은 여행과 어떻게 관련되는지를 밝혀보고자 했다. 근대 기행문이 보여주는 세계 재편의 역동성 — 정치, 사회와 문화, 문학 등 — 에 잠겨 여러 해를 보냈다.

근대의 기행문에는 미지의 세계에 대한 호기심으로 가득하다. 이 호기심은 미지, 탐험, 설렘 등의 단어를 연상시키며 여행의 의미를 추가한다. 들추어보면 이는 외피일 뿐이다. 이를 통해 여행의 정치성은 멋지게 포장된다. 사실 여행이란 배움으로 미화된 예속의 길이자 발견과 확장으로 미화된 침탈의 길이다. 두 길 모두 미화된 명분에 유혹된 길임이 분명하다. 근대의 기행 자료들은 여행이 단순한 설렘의 기록을 넘어 타자 — 개인이든 국가이든 — 를 장악하려는 정체성의 정치 행위임을 여실히 보여준다. 이런 점에서 근대의 기행문은 여행(자)이 이 세계와 관계 맺는 방식을 복합적으로 보여주는 소중한 자료이다.

이번에 펴내는 근대 기행문 자료집은 국내 기행문 편이다. 경성과 전국일

주, 경기도와 충청도, 금강산을 포함한 강원도와 전라도 및 제주도, 경상도와
황해도, 평안도와 백두산을 포함한 함경도. 해방 이전의 지역 구분에 따라 각
지역을 다섯 편으로 엮었다. 각 편에 실린 해제가 말해주듯 이 시기 기행문은
근대 조선이라는 세계를 창출하고 변화시키는 데 여행자의 발걸음 하나하나
가 얼마나 큰 힘을 발휘하는지를 역동적으로 보여준다. 100여 년 전의 그 힘은
지금도 동일하다. 지금 세계를 향해 딛는 우리의 발걸음이 얼마나 무겁고 또
신중해야 하는지를 그 시절의 여행(자)들에서 배운다.

근대 기행문에 관심을 두고 일을 벌인 시점은 2002년과 2003년 사이의
어느 때이다. 그 사이 세상이 크게 달라졌고, 연구자들도 여기에 적응하느라
몹시 분주했다. 여행과 기행문에 대한 생각도 거듭 조절해야 했다. 이런 이유
로 전체 5권의 자료집 해제 방식도 서로 상이하다. 오랜 시간을 끌었다고 자료
의 완결도가 높아진 것 같진 않다. 여기에 수록하지 못한 자료도, 실린 자료에
서 읽어내지 못한 글자도 많다. 이어지는 작업 속에서 우리의 허점이 더 많이
드러났으면 좋겠다. 어설픈 민낯은 관심 속에서만 드러나기 때문이다.

행당산 기슭에서
편자 일동

차례

황해도黃海道

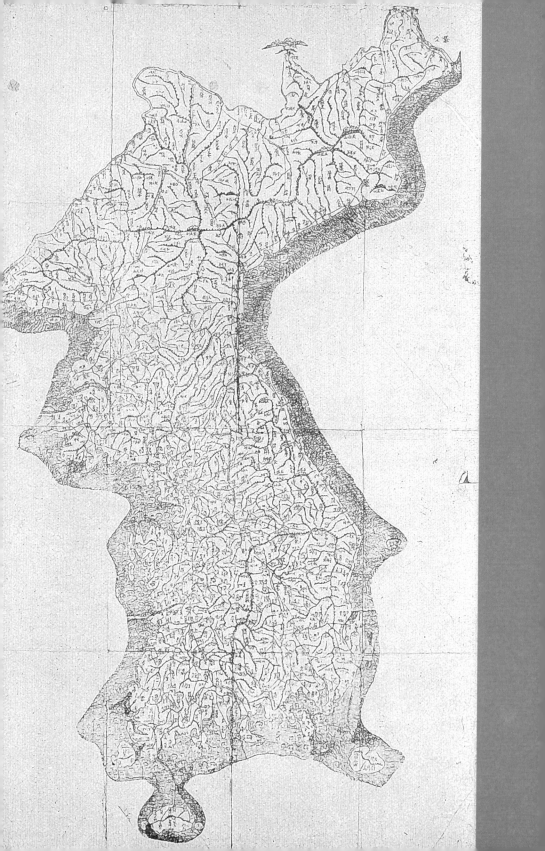

01

경상도

慶尙道

嶠南鴻爪(一)*

公六
《소년》, 1909년 9월

전체로 보면 서울에서 부산으로 가는 기행문이다. 연재되는 글의 첫회분인데, 우선 대구까지의 여정을 기록하고 있다. 글의 들머리에 바다를 보아야 할 이유와 바다의 미덕을 과장, 반복, 영탄조 문체로 길게 서술하고 있는 것이 특징이다. 2절은 부산으로 여행하게 된 계기를 간단히 적고 있으며, 3절부터 본격적인 여행의 기록을 서술한다. 밤 10시 50분에 서울역을 출발한 기차는 이튿날 해 뜰 무렵 대구에 도착한다. 야간 여행인지라 창밖 풍경보다는 기착지에 관한 필자의 지식, 찻간에서 만난 일본인 승객에 대한 느낌 따위를 주로 서술한다. 해뜰 무렵 도착한 왜관 근교에서는 농촌의 아침 풍경을 통해 조선 사회의 여러 문제점을 찾아내고 탄식하기도 한다. 여기서 필자가 거론하는 문

---

* 원제에는 번호가 없다. 자료집에서만 구분을 위해 번호를 붙였다.

제는 네 가지이다. 첫째는, 오랜 가뭄에 걱정을 한 것과 달리 며칠 사이 내린 비로 모를 내지 못한 곳은 없는 듯한데, 필자는 이를 기쁜 일이라 한다. 둘째는, 연도의 산이란 산이 모두 헐벗은 데다 비까지 내려 여기저기 사태가 진 모습을 차마 눈뜨고 보기 어려운 형편인 바, 이는 기막힌 일이라 한다. 못되고 어리석고 게으른 백성이 베어 쓸 생각만 하지 심을 생각을 않는다고 한탄한다. 셋째는, 사지 멀쩡한 젊은이가 늦잠 끝에 깨어나 그나마 자리에서 일어나지도 않고 돼지우리 같은 방에서 담배통부터 빨고 있는 모습을 보는데, 이를 죽이고 싶도록 미운 일이라 한다. 넷째는, 인민들의 살림살이라는 게 집은 돼지우리, 먹는 것은 개밥인 것이 눈물 나는 일이라 했다. 아울러 일반 인민이 이런 지위에 안주하는 어리석음과 이른바 지사 애국자가 이런 현실을 등한히 하고 공연히 떠들기만 하는 허위를 어떻게 깨우칠까 고민하다 대구에 도착한다.

김진량
(이하 각 편 해제 필자 동일)

〈바다를 보라〉

가서 보아라! 바다를 가서 보아라!

큰 것을 보고자 하난 者, 넓은 것을 보고자 하난 者, 긔운찬 것을 보고자 하난 者, 씬긔잇난 것을 보고자 하난 者는 가서 시원한 바다를 보아라! 應當 너의들이 平日에 바라던 바보담 以上을 주리라.

마음이 큰 者어든 저의 큰 것이 얼마나 큰 것을 比較하야 볼 양으로, 마음이 적은 者어든 사람이 고러케 마음 먹고 잇서도 올흘난지를 判斷하야 볼 양으로, 이믜 큰 일을 한 者어든 싸어노흔 功塔을 들고 大小다톰하야 볼 양으로,

將次 큰 일을 하랴하난 者어든 規模와 度量을 웃더케 하여야만 可謂 크다고 할난지를 占卜하야 볼 양으로, 암만 工夫를 하야도 속이 담배ㅅ대구멍 밧게 뚤니지 아니하야 事理 째다름이 遲鈍한 者어든 좁은 속을 넓혀 볼 양으로, 한번만 보면 열ㅅ번째닷고 한가지만 드르면 열ㅅ가지를 짐작하난 재조가 잇서 매우 工夫ㅅ속이 밝은 者어든 그러토록 聰明하야도 쇠털보담 더하고 바다ㅅ물갓히 만흔 自然界의 理致를 容易히 알어다하지 못할 것을 알기 爲하야 다 함끠 옷깃을 聯하고 발을 마초아 가서 바다를 보아라. 크게 너의들의 狹隘한 所見과 微少한 氣宇를 깨우쳐주리라.

네가 工夫하기를 조와하나냐. 그리하거든 가서 바다를 보아라. 學理와 物性이 갓초아 잇지 아니한 것이 업난 自然物은 바다밧게 업스며. 네가 놀기를 조와하나냐. 그리하거든 가서 바다를 보아라. 天下에 偉大한 景, 莊嚴한 景, 美麗한 景, 奇妙한 景, 平和의 景, 殺伐의 景, 拙工으로 그리게하야도 名畵를 만드러내일 景, 駿士로 베풀게 하야도 雄文을 이루게 할 景 等이 가초가초 잇서 海棠一枝가 秋雨를 씐 듯한 優美, 芙容萬朶가 春波에 간드러진 듯한 艶美, 나야가라 瀑布가 獅子吼를 지르면서 萬丈斷崖에 곤두서 써러지난 듯한 壯美, 凍冰寒雪이 堅閉密鎖한 흰칠한 벌판에 羊齒 한 모숨 蘚苔 한 포기 나지 안코 오직 赤松 한 줄기가 歲寒에 勁節을 자랑하고 섯난 듯한 嚴美, 싸늪 江구뷔 지난 곳에 白百合한 瓣이 퓌고 쩨네봐湖 거울갓흔 面에 彩帆한 幅이 쓴 泰西美, 遠山幽壑에는 孤寺가 半만 드러나고 近水浦口에는 漁火가 明滅하난 듯한 泰東美, 墻壁瓦礫에도 사랑이 뭉킈고 風雷雲物에도 平和가 가득한 예수敎美, 九品蓮花臺 上에 諸佛菩薩이 가지런하게 無量功德을 얼골과 몸으로 나타내고 給孤獨園道場에 모든 比丘와 比丘尼들이 純全한 한 마음으로 佛의 光名에 隨喜하난 佛敎美 等에 이 美ㆍ저 美 할 것 업시 가지지 아니한 것 업시 具備한 自然物은 바다밧게 또 업나니라.

네가 道學을 조와하나냐. 그리하거든 바다를 보아라. 生動하고 活躍하난

事實노 仁과 義와 愛와 和를 가르치난 者는 바다며 네가 哲理를 알녀하나냐. 그리하거든 바다를 보아라. 平易하고 簡明한 態度로 宇宙와 人의 關繁, 人生의 價值와 밋 歸極, 理氣의 循環, 知識의 本體 等 여러 어려운 問題를 解答할 者는 바다니라.

漢江이 와도 밧고 錦江이 와도 밧으며 똥물이 드러와도 밧고 진흙이 드러와도 밧으며 크고 긴 것도 밧고 적고 싸른 것도 밧흐며 永久的도 밧고 一時的도 밧아 容納하지 아니하나 것이 업스되 다 한갈갓히 하야주니 그 量도 넓기도 하다. 이러한 바다에게 可히 偉人되난 法을 배홀지며. 鯤도 살니고 鰲도 살니며 蝦도 살니고 蟹도 살니며 사납고 굿센 것도 살니고 순하고 약한 것도 살니며 長壽하난 것도 살니고 短命한 것도 살니되 差等을 두지 아니하니 그 德도 크기도 하다. 이러한 바다에게 可히 聖人의 道를 배홀지로다. 그런 즉 나도 가서 바다를 보아야 할 것이오. 너도 가서 바다를 보아야 하겟도다.

장사하난 사람으로 바다를 볼진 댄 눈에 씌우난 것이 어늬 것이 殖利할 것이 아니며. 글하난 사람으로 바다를 볼진 댄 마음에 박히난 것이 어늬 것이 조흔 題目이 아니리오. 그런 즉 泰東 사람도 항상 바다를 보아야 할 것이오. 泰西 사람도 항상 바다를 보아야 할 지로다. 울고 보채난 兒孩가 잇거든 바다의 무서운 모양을 보여라. 고양이 소리보담 더 效驗이 잇슬 것이며. 죽기를 서러하야 한숨으로 歲月을 보내난 老人이 잇거든 바다의 씃씃한 光景을 보여라. 씃갓흔 美人의 무릅을 비고 두러눕난 것보담 效驗이 잇스리라. 이에 알괘라. 바다는 老少업시 다 보아야 할지로다.

바다는 가장 完備한 形式을 가진 百科事彙(Encyclopaedia)라. 그 속에는 科學도 잇고 理學도 잇고 文學도 잇고 演戲도 잇슬 쑨 아니라 물 한아로 말하야도 짠물도 잇고 단물도 잇스며 더운 물도 잇고 찬물도 잇스며 산ㅅ골물도 잇고 들물도 잇스며 東大陸물도 잇고 西大陸물도 잇서 한번 써드러보면 업난 것이 업스며. 바다는 가장 眞實한 材料로 이른 修養秘訣이라. 自彊不息의

精神, 獨立自尊의 氣象, 淸濁並呑의 度量, 深潤한 胸次, 遠大한 經綸, 洪遠한 規模, 勞動力作, 向上精進, 不偏不比, 不驕不傲, 勇敢活潑, 豪壯快樂 等은 온갖 德性을 다 가지고 잇슬 섚 아니라 事行에 나타내니 바다는 입으로 말하난 者가 아니라 일노 말하난 者오. 말노 가르치난 者가 아니라 몸으로 가르치난 者ㅣ라. 한번 對하야 보면 큰 感化를 밧지 아니리 업스리라. 이에 알괘라. 바다는 學術家 · 修養家 할 것 업시 다 보아야 할지로다.

큰 사람이 되려 하면서 누가 바다를 아니보고 可하다 하리오마는 더욱 우리 三面에 바다가 둘닌 大韓民國=將次 이 바다로써 活動하난 舞臺를 삼으려 하난 新 大韓少年은 工夫도 바다에 求하지 아니하면 아니되고 遊戲도 바다에 求하지 아니하면 아니될 터인 즉 바다를 보고 볼 섚 아니라. 親하고 親할 섚 아니라 부리도록 함에서 더 크고 緊한 일이 업난 지라. 新大韓少年에게 잇서서는 바다를 보지 못하얏다 알지 못하얏다 하난 것이 最大 恥辱이오 最大 愁傷인 것처럼 그 反對로 바다를 보앗다 안다 하난 것처럼 光榮스럽고 快悅한 일이 업나니라.

가서 보아라! 바다를 가서 보아라!!

바다! 바다!! 바다!!!

우리가 가장 다른 나라 사람에게 자랑하난 바오. 쏘 우리 스스로 幸福으로 아난 일은 곳 三面에 바다가 들닌 나라에 남이니라. 가장 잘 이 理致를 깨닷고 깨다른 結果를 實行하난 者라야 新大韓史 上에 갓ㅇ 光榮 잇난 動業을 세우난 사람이 됨을 엇을지며 쏘 그 일흠이 永遠히 新大韓少年의 입에 오르나리리라.

우리 나라에는 未嘗不 써이취國의 베를닌大學과 싹리탠國의 옥쓰포오드大學갓흔 크고 조흔 學校가 업다. 그러나 우리는 그리 섭섭히 알지 아니하며 쏘 파리府의「쏟아드, 쓰로늬유」와 런돈府의「하이드, 파악」갓흔 크고 조

흔 公園이 업다. 그러나 우리는 그리 섭섭히 알지 아니하노라. 무엇이 넉넉하
야 그리하나냐하면 우리나라에는 바다란 사른 大學校와 바다란 쮜노는 大公
園이 잇서 우리 新大韓少年의 敎習場과 遊樂處로는 아직 滿足치 못한 點이
업슴일 새니라.

〈나는 이 여름을 바닷가에서 지내겟다.〉

나는 工夫삼아 消遣삼아 스승도 하고 벗도 할 양으로 金剛山 갈 생각도
간절하지마는 드듸여 바닷가로 가기로 決定하고 바야흐로 處所를 가리더
니 忽然히 秋風嶺 고개 넘어로서 南海軟風에 번듯번듯 날녀오난 片紙 한 장
이 冊床머리에 써러지거늘 얼는 바다보니 깃분 消息이로다. 東萊에 잇난 우
리 親友 金雨英 君의 囑託片紙인데 『多幸히 틈이 잇서 우리게로 오면 忠壯壇
서늘한 달에 鄭撥의 忠魂을 吊傷하고 海雲臺가는 물ㅅ결에 崔致遠의 高韻을
懷想하야 크게 君의 史癖을 마출 일도 잇고 詩脾를 살지게 할 일도 잇스며
더욱 海紅의 단 맛과 生鰒의 준둑준둑한 맛은 크게 前生餓鬼오. 此生食蟲인
君의 脾胃를 놀낼 만 하다 하얏난지라.』이 片紙를 보니 그러치 아니하야도
그리하랴 하던 次이매 두 번 생각할 것 업시 卽時 그리하마고 答狀을 써보내
고 그 準備로「少年」編輯을 모라쳐 하다.

以下에 記錄하난 바는 往返 三十二日동안 보고 드른 것을 소의 춤갓치
질질 흘녀논 것이라. 쓸ㅅ대 업시 冗長한 紀行文의 上乘일지니라.

三 南大門-大邱

十九日, 月曜. 初伏. 雨後의 天氣라. 空中 水滴의 日光反射가 가장 强盛
하야 一碧萬里 휜칠한 하날에 한조각 구름도 볼 수 업다.

오날은 式前부터 서둘너 아참 아홉時 急行車에는 꼭 써나야만 先發한 李
君과 相約한 것이 거짓이 아니되겟다고 불이 낫케 如干 殘務를 整理하고 제

싸는 아직 여덟時 밧게는 아니되엿스리라하고 밧비「숙가방」에 如干 行中에
必要한 冊子를 넛코 집으로 도라가 朝飯을 한술만 먹은 後 아래웃옷 두어벌을
밧아가지고 다시 館으로 도라와 본 즉 아야야 아긋아긋하다. 쏙 아홉時가 되
얏슨 즉 停車場까지 나아갈 틈이 업난지라 空然히 혀만 툭툭차고 말고 다시
저녁 十時 五十分車로 써나기로 하다. 조곰 까싹하야 靑春紅顔의 조흔 째를
노치면 한 것 업시 白髮 마지를 함이 이러한 싸닭인가. 已爲 해는 한나잘이나
남앗고 볼 일은 다 磨勘하얏난 故로 數日 前부터 틈틈이「東國輿地勝覽」,「擇
里志」와 밋 外國人의 踏査 報告書 中으로서 摘錄하야 오던 歷路備考를 조곰
修增하고 뒤에는 地와 人에 關한 事項을 若干 考審하면서 이럭저럭 해를 지
우고 밤에 드러가다.

午後 十時 五十分이라. 하루도 멧 千名 사람을 吐呑하난 南大門驛 吐出
口로서 부닥겨 나아가 三等客車 한 모통이에 자리를 잡고 帽子와 두루막을
버서 시렁에 언꼬 겨오「가방」을 엽헤 모시고 궁둥이를 椅子에 부치니 압헤서
는 서울아 간다 봐라하난 汽笛 소리가 씩씩나고 窓 밋헤서는 잘 다녀오라 하
난 作別 소리가 紛紛히 이러나며 쏘 뒤에 連한 一等客車에는 凶測하게 帝都
의 血管을 任意로 賣却하야「高腹弗安」하시단 前漢城電氣會社 營業人 콜불
안이가 탓난데 키 큰「젠틀맨」들과 허리 가는「매담」네가 萬里外邦에 同胞와
난호임을 앗김인지 이번 일의 成功을 祝賀함인지 停車場만 하야도 남의 집이
어늘 조곰도 忌憚함 업시 驪駒歌를 合唱하면서 天地가 째져라 하난 듯 써들
다가 무엇!하난동 判叟 외마듸 소리(아마 萬歲聲인 듯)를 一齊히 부르자 푹푹
쏨어나오난 烟氣와 슬슬 굴느기 始作하난 車輪이 멧 百 사람의 共同呼吸·
共同足이 되야서 各其 所願대로 或 百里 或 千里式 대신 거러줄 양으로 南으
로 向하야 써나다.

퍽!퍽!퍽!특!턱!특! 한거름 한거름 汽車의 速力이 늘면서 밤ㅅ帳幕을 찟
고 쏙 바루 나아간다. 어두어서 보이지는 아니하나 關廟도 지내고 利泰院도

지낫다. 轉瞬間 龍山驛에 다다라 멧 사람은 吐하고 멧 사람은 삼키고서 쏘 다라난다. 今時에 宏壯하게 울니난 소리가 車 밋흐로서 나니 이는 斗尾·月溪나린물=永宗八尾로 흐르난 물=浩浩蕩蕩漢江물 허리 위로 건너 노흔 二千〇六十三呎되난 漢江鐵橋를 지남이로다. 이럭저럭 鷺梁津을 지나고 永登浦를 거쳐 東北方에 聳起한 果川 冠嶽山의 우틀두틀한 모양을 暗中에 摸捉하면서 始興安養軍浦 等 小驛을 지나 京畿觀察府 所在地인 水原驛에 이르다. 水原은 우리 日本滯留 中 同鼎而食하고 聯衾而寢하던 親友東几羅君의 居地오. 쏘 三年前 曾遊의 地라. 訪花隨柳亭에서 부빔ㅅ밥 먹던 일과 華城將臺에서 西湖霽景을 바라던 일과 東將臺로는 스파타制 公共體育場을 만들고 華虹門 附近一帶의 區域으로는 華城公園을 만들자 하던 當時의 小經綸이 次第로 念頭에 써나와 매우 戀戀한 情이 이러나 琉璃窓을 들고 애을 쓰고 八達山翠松과 祝萬堤綠水를 보려하야도 한아는 밤이 어두움으로 한아는 相去가 迢遠함으로 다 눈에 드러오지 아니하야 이리저리로 두리번두리번하난 中 한 소리 쎅에 車가 써남으로 하난 수 업시 도로 걸어안짜.

車가 쏘 進行하기 始作하야 氣를 쓰고 나아가난 모양이라. 이 째 나는「이숍寓語」에 잇난 토끼와 자라가 다름박질 내기하던 이약을 생각하고 허덕지덕 나아가난 이 汽車에 對하야 여러 가지 空想을 베푸러 空想이 空想을 낫코 아들이 손자를 나어 혼자 汨沒하난데 얼마가다가는 或 슬그머니 쉬기도 하고 或 슬그먼히 써나기도 하더니『成歡! 成歡!』하난 驛夫의 외오난 소리에 空想界로서 現實界로 도라와 아아 餠店, 島山, 振威, 西井里, 平澤 等 驛을 어늬 틈 지낫난가. 이곳은 中東戰爭의 血戰地가 아닌가하고 急히 고개를 窓 밧게 내여 밀고 여긔저긔 바라보나 水原에서나 이곳에서나 어두웁기는 一般이라 쏘한 아모 것도 본 것 업시 그만두다. 이로부터 車中은 當時의 戰談으로 써들썩 한데 그 이약의 主人은 거의다 日本人이라 내 자리 건너편에 안저 이째까지 서로 물그름 말그름 쳐다보던「시루시반덴」(日本商店雇人들의 입난 店名

記人한 上衣 일흠)에 麥稈帽子 쓰고 긴 목 洋靴 신흔 半開化 日本人 한아가 나를 向하야 손ㅅ짓 발ㅅ짓하면서 『저어긔, 어적게 어적게 「시나진」(日本人 이 淸人을 일것난 말)』만히 만히 신단지 베리햇소, 이루본 사람 「반사이, 반사이」(萬歲, 萬歲), 알아잇소』라 하니 궁글니고 궁글녀 듯건댄 곳 저긔서 지나간 甲午年 中東戰爭에 日兵이 淸兵을 만히 죽이고 得勝하얏단 武功을 자랑하려 하야 씀썩기지 못하난 혀로 반벙어리에 얼치기를 兼한 소리를 힘드려함이라. 그리하난 것을 무엇이라 할 수 업서 『좃소 좃소』하니 저도 쏘한 그러타하더 라. 그로 더부러 對話는 이로 一小段落을 이루엇스나 그러나 始作하다가 씃 치다가하야 連方 이약을 밧고난데 열마듸 中 아홉마듸는 우리나라 風習을 嘲笑하난 소리라 나도 大綱은 日本일을 斟酌하니 그대로 對句를 할가 하다가 구태여 惡으로써 惡을 對敵할 것 업다하야 그만두다. 大抵 日本人의 心事가 官人이고 新聞記者고 商人이고 工匠이고 우리 나라 일이라면 滋味스럽게 凶보난 것은 便是한 公例라. 毋論 괴악한 獘瘼이 山을 이루고 조치못한 習慣 이 痼가 된 우리나라와 사람에 萬一 털을 불어 欠을 차질 진댄 여러 가지 비우 슬 일도 잇고 凶 볼 일도 잇슬지니 나에게 흉보일 만한 일이 잇서 남이 흉보난 것인 즉 나는 조곰도 冤痛치 안코 다만 붓그러운 마음과 뉘우쳐 고칠 생각 쑌이어니와 모르면 몰나도 恒庸 日本人의 우리를 辱보이난 말이 事實보담 너모 誇大하고 附益하난 獘가 업난지 모르노니 여러 우리나라에 滯留하난 日本 通信員과 밋 日本 新聞 雜誌 記者들의 붓긋흐로 나아 온 通信과 밋 論文 이 웃더케 君子의 量이 업고 쏘 品位와 學識이 넉넉지 못한 것을 제 손으로 드러내난지를 보면 우리는 참으로 愛惜하난 情을 禁치 못하난 바ㅣ라. 웨 그 러냐 하면 놀니기 조흔 주둥이와 붓대로 마음대로 우리의 惡한 揚하고 우리의 咎만 彰함은 그네게 잇서서는 無等한 快事오 쏘 우리게 잇서서는 改遷할 動 機가 될 忠言이라. 兩便에 다 害롭지 아니하나 그러나 이 者야 日本人으로 더욱 日本無識한 무리로 諸君의 글을 닑으매 한번 두 번에 不知中 韓人은 「い

やなもの」(조흐지 못한 者)란 생각을 傳受하고 쏘 아모리 昌言 듯기 조와하난 우리나라 사람도 밤낮으로 제 凶만 드르면 웃지 感情이 업스리오. 自然히 日人은 얼마나 잘하던고 생각이 나서 서로 欠疵를 찻게 되어 이 조고만 感情이 크게 두 나라 사람의 사이를 疎隔 식히나니 그 緣起는 비록 적으나 그 結果 1 웃지 두렵다 아니하리오. 韓日 兩國의 國交를 爲하야 생각건댄 가장 두려운 有毒菌은 日本人의 排韓熱이 아닐난지 모를지라. 只今 이 厥者로 말하면 삷히건댄 우리나라 歷史가 웃더한 것을 모를 쑨 아니라 自己나라 四十年 前 歷史도 모르난 듯 하고 우리나라 社會가 웃더한 것을 짐작하지 못할 쑨 아니라 自己 나라 方今 社會도 斟酌하지 못하난 듯 하야 찌무든 입으로 겨무든 입을 나무람이니. 足히 責望할 것이 업스나 그러나 그 말하난 보를 보건댄 쏙 이른바 視察人의 語調가 아니면 新聞記者들의 筆法이니 分明 깁히 삷히거나 생각한 일도 업고 그저 그네들의 口吻을 배홈이라 여러 가지 일을 생각하고 긔막힘을 禁치 못다.

한 녑흐론 厥者의 말을 코對答하고 한 녑흐론 이런 생각을 하난 中 車가 天安驛에 이르러 男女作伴한 조촐한 日本人 두 패가 各其 信玄囊(日本人의 行具)을 들고 나리니 이는 아마 이 驛에서 三十里를 隔해 잇난 溫陽溫泉으로 湯療하라가난 一行인 듯 한데 가만히 본 즉 그 中 한 패는 참 內外가 아니라 좀 異常한 女人을 一時 다린 것인 듯 한지라 나는 믄득 생각하기를 萬一 泰西列國 갓흐면 웃지 이러한 여러사람 中에 醜業하난 女人을 마음놋코 다리고 다니기를 生心이나 하리오마는 日本으로 말하면 當者도 자랑으로 알고 남도 쏘 當然으로 許諾하니 갓흔 文明國이로대 이러한 일에는 分別이 잇난가 보다 하다. 車가 이로부터 小井里驛(天安)과 全義驛을 지나 서울노서 釜山을 가난 데는 처음잇난 城谷洞道(五七〇呎)로 쌔져 鳥致院에 이르니 裸·員商 두서넛이 올나타난지라. 어이한 사람인고하야 가만히 생각한 즉 오늘이 이곳 場이라 낫에 場본 사람들이 이 아래로 나려감인 줄 알다. 大抵 鳥致院은 燕岐郡

砧山 압혜 잇난 平坦廣闊한 곳이니 이 쌍은 忠淸南北道와 밋 全羅南道에 通한 四通八達한 商業上 小中心이오 兼하야 四十里를 隔하야 淸州의 沃野를 찌고 잇서 穀物의 産地라 陰曆으로 三, 八日에 서난 場에는 貿易하난 사람이 항용 五六千人이 모여들고 적드라도 二三千名에 나리지 아니한다 하며 只今 日本人口는 近 七百이라 하난데 傳하기를 新羅 쌔 崔致遠이 처음으로 이 곳에 場市를 베플엇슴으로 그 일홈을 조차 일홈하얏더니 音相似한 까닭으로 只今과 갓히 鳥致院이 되얏다 하나 確否는 모르겟더라. 車가 여긔서 써나 尾湖川鐵道橋(七八二呎)를 건너 文義郡 芙江驛에 이르다. 이 곳은 公州 燕岐 文義 三郡의 境界에 노혓스니 녯적부터 湖 中에 有名한 큰 場이라 陸路로는 鐵道의 便이 잇고 水路로는 錦江의 利가 잇슴으로 商業이 날노 盛大함에 나아가고 場날 貿易하랴오난 사람은 鳥致院보담 더 만흐며 主要한 貿易 物貨는 鹽·米·大豆·綿·木·烟草·砂金 等인데 이 中에서도 鹽의 興販은 京釜 鐵道沿線 中 싹이 업난 바며 이 近處는 地味가 기름져 原來 穀産이 만흔데 더욱 內浦 쓸을 찌고 잇서 그 豊富한 穀石이 錦江의 부드러운 물 가뷔야운 돗대에 쓸녀가져옴으로 米穀의 貿易이 盛大하며 忠淸南道觀察府의 所在地인 公州는 五十里를 隔하야 잇스니 舟行의 便이 잇더라.

이 쌔에는 車中乘客이 열에 아홉은 누엇난데 드르를 드르를 코부난 소리가 이 구석 저 구석에서 이러나 漢文套로 形容하면 『鼾聲如雷』라 할 만한데 이 여러 사람의 安穩한 쑴을 실코 車는 솜 도를 틈도 업시 連해 써난다. 밤도 이믜 집허슬 듯하니 나도 잠이나 좀 자볼가하야 「가방」을 벼개하고 다리를 오그리고 모로 두러누어 암만 자랴고 애를 써도 웃지한 까닭인지 눈이 점점 반반하야 지면서 잠은 速去千里의 眞言을 드른 듯 다라나난지라 하난 수 업서 도로 이러나 안져 冊도 볼 마음업기에 여러 사람들의 자난 얼골을 보면서 속으로 이 생각 저 생각하고 잇다. 이 鐵道의 ㅗㄷ 쌍은 뉘 ㅏㅣ며 이 ㅇ에 ㅗㄷ 鐵道는 ㅣㅅㄴ고 ㅣ니라○ㅣ* 鐵道완댄 타고 다니난 사람은 누가 만흔고……하다가 저 건너 네댓간 압헤 누은 日本婦人, 나은 限 二十三四歲나 된 듯 한데 저는 근심 업시 자난지 모르나 나 보기엔 매우 근심잇난 듯 한 그 자난 얼골을 보고 그 婦人의 身上에 對하야 여러 가지 想像이 이러난다. 저 婦人은 무엇 할 양으로 우리나라에 나아왓노, 或 窮僻한 시골노 處女 후리려다니난 못된 놈의 朝鮮이나 滿洲로 가면 下婢 노릇을 하야도 月給이 數十圓式 된다 난 단말에 써러저 玄海灘 거친 물에 배ㅅ멀미로 苦生을 始作하야 마참내 人形 쓴 畜生이 되어 魔窟에 棲息하고 賣買하난 物貨가 되야 苦海로 漂蕩하난 可憐한 薄命女가 아닌가, 그러치 아니하면 信州峽裏山軍의 집에 나거나 北海寒地 農夫의 아래 길녀 먹고 입을 것이 넉넉지 못한 탓으로 갓흔 女子 갓흔 年甲에 남들은 英語를 배호네 琴曲을 닉히네 하고 「에비자, 하가마」(日本女學生의 外出禮裳)를 휘두루며 다니지 아니하면 『호시오, 스미레요』를 짓난 다거니 『러어부, 키이쓰』를 맛본다거니하고 「히사시가미」(日女들의 新式束髮法)들 내밀고 다니난데 저 婦人은 崎嶇한 八字쌤을 하노라고 故鄕에도 부터잇지를 못하고 千里 萬里 먼 길에 남의 나라로 와서 多幸히 衣食거리나 엇을가 하야 轉蓬飛絮 모양으로 이리저리로 다님이 아닌가하야 불상타하난 생각이 마음에 가득하게 이러나다가 다시 생각이 도라 그러치 안타 저 婦人 한 몸으로 보면 多少 苦生스러운 일도 잇스리라마는 纖弱한 女子 몸으로 韓土移殖民의 한 分子가 되야 日本帝國의 發展을 爲하야 몸을 바치고 나선 모양이 되얏스니 제가 조와서 왓던지 迫不得已한 身勢로 왓던지 쏘한 壯한 사람이란 생각이 나며 그리하다가도 다시 「미써레이쌜」(書名)의 코오쎄트娘子의 생각이 나서 萬一 저 婦人이 코娘子와 갓흔 慘毒한 地位에 잇다가 天幸으로 짠쌜짠갓흔 恩人을 맛나 救出함을 입어 故鄕으로 도라가난 길은 아닌가하니 앗가 醜業婦로 팔녀가난 길은 아닌가하고 생각할 째에는 그 엽헤 누은 三十五六歲

된 男子 한아가 이 婦人을 다리고 가난 놈인 듯 하야 바로 惡魔도 갓고 夜叉도 갓히 보이더니 이번에는 巨大한 財物을 앗기지 아니하고 一片 義俠心으로 獸畜보담도 甚히 壓制를 밧고 勞役을 하던 코오쎄트를 개도야지갓흔 主人에 게서 贖出하던 짠쌜짠갓히도 보여 쓸ㅅ대 업난 생각이 連方 갈내가 지난지라 혼자 안자 消遣ㅅ거리는 着實히 되나 그러나 저 婦人이 모른다고 내가 마음대 로 그 身分을 臆測함은 德義上 올흔 일이라 못하리라하야 헤어젓던 마음을 收拾할 次로「擊蒙要訣」의 立志章과 革舊習章을 高聲朗讀하다가 어늬 停車 場에를 왓난지 車가 멈추난지라. 車와 함쯰 소리를 쓰치고 窓으로 내여다보 니 어늬틈 三九六呎의 芙江洞道를 쌔져 新灘津驛을 지나 太田驛에 이르럿 더라. 太田은 懷德郡에 잇스되 南太田, 北太田의 分別이 잇스니 停車場은 北太田에 잇난데 이곳은 五六年前까지도 日本人의 居住者가 一二戶에 지나 지 못하더니 交通機關이 完成함으로부터 農商業者들이 만히 모혀드러 只今 은 戶가 三百餘오 人口가 千五百에 이르럿다하니 이 한군대 일노만 보아도 日本人의 느러가난 힘이 웃더케 큰 것을 알너라. 여긔서 써나서는 七五九呎 되난 九丁里洞道와 二九七呎되난 第一增若洞道와 五三八呎되난 第二增若 洞道와 八五八呎되난 第三增若洞道를 次第로 쌔져 增若(沃川驛을 지나 沃 川(沃川)驛에 이르러는 적은 무리로 큰 對敵에 對하야 조곰도 畏怯하고 退縮 하난 모양을 보이지 아니하고 鬼神을 혼쯰울 勇氣와 日星을 쬐일 忠誠으로 한 목숨으로 義를 取하야 快快하게 朝鮮男兒의 固有한 眞精神을 發揮한 新 羅將韻連의 成仁하던 陽山이 여긔서 六十里임을 생각하고 無限한 崇敬之心 을 이릐키면서 乙支文德이라던지 金庾信이라던지 安市城主라던지 隋營潛 卒이라던지 웃지하야 三國小史上에 朝鮮男兒다운 일을 한 人物이 만히 실녓 난고 하야 그 原因을 생각하난 中 車가 龜卜洞道(九五〇呎)를 쌔져 伊院驛 (沃川)을 지나 第二錦江鐵橋(一,〇一五呎)를 건너 汪洋한 形勢로 千里에 羣 山近海로 注入하난 크나큰 錦江=忠淸南北道의 豊富한 穀産을 먼대 갓가운대 이리저리로 마음대로 運轉하야주난 고마운 錦江=南으로 全羅道 長水郡 分水峙에 大主源이 發하고 北으로 忠淸北道 報恩郡 俗離山에 一小源이 出하야 各其 無數한 적은 개천을 合하야 燕岐郡에 이르러 두 물이 서로 合하야 世上사람모양으로 눈쏩만한 일, 손톱만한 일에도 서로 怨望하고 서로 排擠하난 일도 업고 다토고 싸호난 일도 업시 둘이 和親하야 數百里를 말업시 흘느난 團體잘 된 錦江 물을 끼고서 深川驛(永同)을 지나 深川津鐵道橋(三二二呎)를 건너 잇대여 各 三八八呎되난 第一第二의 兩永同鐵道橋를 건너 覺溪洞道(三一六呎)를 쌔져 永同驛(永同郡)에 이르다. 永同은 京釜間의 折半에 處하고 坐 忠淸北, 全羅北, 慶尙北 等 三道에 걸쳐 잇스니 南으론 屛風갓히 둘는 天摩山이 어두운 中에도 검은 帳幕갓히 보이며 邑西에 잇난 雲門山에는 有名한 落花臺가 잇스니 巖角이 潭中으로 쎄죽하게 드러가 큰 자라가 웅크리고 업딘 것 갓흔데 新羅 째에 國立이 이곳에 宴遊할 새 춤추던 妓生이 바람에 날녀 물에 써러진 故로 일홈함이라 낫갓흐면 望遠鏡으로라도 차져볼 터이나 하난 수 업다 이러한 黑夜로다.

　　[附記] 沃川驛에서 六十里되난 곳에 陽山이란 古戰場이 잇스니 新羅의 武烈王이 百濟와 高句麗를 칠새 韻連으로 써 將帥를 삼앗더니 連이 陽山의 麓에 陣하고 나아가 助川城을 치려하다가 城兵이 問諜을 노아 이를 알고 夜陰을 타 來襲함이 急한지라 이에 連이 馬上에 안져 敵이 오면 크게 싸호려하더니 大舍銓知가 馬를 막고 갈오대 이제 敵이 暗中에 來襲하니 公이 비록 戰死하신다하야도 남이 알지 못할지라 나는 생각호니 얼마간 여긔를 써나 다시 精銳를 쑵아 回復을 圖謀함이 조흘가 하노이다 호대 連이 듯지 아니하야 갈오대 大丈夫ㅣ 몸으로 써 나라에 許諾하니 웃지 일홈을 求하리오 하고 드듸여 力戰하다가 죽으니 時人이 「陽山歌」를 지여 吊傷하니라.

　　이로부터 黃澗洞道(九九〇呎)를 쌔져 東南으로 黃嶽山을 보면서 黃澗驛

을 거쳐 秋風嶺驛(黃澗郡)에 이르다. 秋風嶺은 우리나라의 北境으로서 온 大山脉의 分水嶺이나 南北兩便에서 비스듬하게 數百里를 올나온 故로 上下하면서도 놉흔 곳인 줄 쌔닷지 못하겟더라. 이로부터 써나 南田川鐵道橋(三一二呎)를 건너 金泉驛(金山郡)에 이르다. 이 곳은 南으론 扶桑‧倭館을 안꼬 北으론 金山 秋風嶺에 接하고 東으론 開寧을 지나 尙州府에 達하고 東南으론 星州를 隣하야 商業上에 매우 樞要한 쌍이니 鹽‧米穀 等의 集散地로 商況이 매우 盛大하야 京釜線 中에서는 大邱에 다음가난 큰 塲이라 塲의 定日은 陰曆으로 五, 十日이니 앗가 탄 褓負商은 여긔서 나리더라. 秋風嶺에서부터 먼 東이 터오던 하날이 여긔 이르러 훨씬 밝어 거의거의 紅日이 불끈 소슬쏫하게 東녁 하날이 붉게 씨면서 西面禿山의 밝아버슨 慘酷한 꼴이 말씀 다 눈에 드러오난데 새비맛을 보아 깃겁게 夭夭하게 고개를 흔드난 벼가 욱어진 논ㅅ 속에는 발써 산아희 女便네 할 것 업시 안이 트러선 곳이 업시 우리 부지런을 보소 하난 듯 하더라. 이에 윈 저녁 한 눈도 못부친 졸닌 눈을 부비면서 停車場 洗面器에 두서너번 얼골을 씻고서 아참 新鮮한 空氣를 마시다가 다시 올나타다. 여긔서 써나 金烏山이 놉히소슷 金烏山驛(開寧)을 지나 洛東江이 멀니 둘닌 若木驛을 지나 洛東江鐵橋(一五三四呎)를 건너난데 이 곳 江물은 비가 새로 온 뒤언마는 그리 만타 할 수 업스며 第一 倭館洞道(八二五呎)와 第一倭館洞道(二七七呎)를 쌔져 倭館驛(仁同)에 이르다. 이 곳은 洛東江을 上下하난 큰 배의 終泊處ㅣ니 釜山金海로 往來하난 船舶이 恒常쎄로 모여든다 하더라. 여긔서 써나가난 中에 가만히 車窓을 열고 내여다 보니 첫재 깃분 일은 오래 旱騷로 걱정을 매우 하더니 이제 본 즉 數三日來 온 비에 苗 아니낸 데는 업난 듯 함이오, 둘째 氣막힐 일은 赤松綠杉으로 거죽을 하고 黑檜翠柳로 안을 너어 밤나무 푸른 깃에 배나무 고름을 다라 滄海에 狂瀾갓히 到處에 起伏한 山岳에 아래 웃옷을 쏙 맛게 지어 입히면 山마다 靈秀하고 골마다 幽邃하야 뒤ㅅ산과 압시내가 둘니고 곱으러진 곳에 곳곳마다

別乾坤을 이루겟거늘 이 못된 어리석고 계어른 百姓이 왜 비여다가 쓸 知覺만 가지고 다시 심을 知覺은 업섯던지 山名色에 밝아벗지 아닌 山은 한아도 볼 수 업슬 쓴 아니라 하날까지 이믜 弊衣緼布도 못 가린 놈이니 아모리하야도 相關이 업스리라 생각하얏던지 비마저 몹시 와서 沙汰가 여긔저긔 나고 바람마저 몹시부러 바위가 여긔저긔 드러나서 그 至毒한 모양을 참아 사람의 눈을 가지고는 볼 수가 업시 되얏는데 朝晝暮夜로 이러한 보지 못할 꼴을 보면서도 두렁이 한아 지여 입을 생각=慈悲心을 내이지 아니하난 우리 시고을 同胞오. 셋재 바듸져죽이고 십도록 믜운 일은 남들은 도랑이 자방이도 겨오 가리운 몸으로 논ㅅ골 밧골에 비지쌈을 흘니면서 새벽부터 들에 나와 이리나하면 豊年이 들까하야 한되쌀 한말 콩이나 더 날까하야 勞動力作하난데 四肢成한 젊은 놈이 도야지 우리갓흔 속에 日上三竿하도록 잠을 자다가 겨오 눈을 부스스 쓰고 이러나기도 前부터 半몸만 이릐겨 가지고 머리맛을 더듬더듬 차져 담배ㅅ대를 집어가지고 거짓말 보태면 큰 瓢子朴만 하다 할 담배 통에 쑥쑥 눌너 담아가지고 盛洋 드윽 거셔 부쳐 물고 도로 도라누어 색색 쌜고 누어잇난 모양을 車ㅅ 속에서 나려다 봄이오, 넷재 눈물나난 일은 沿路에 눈씌우난 人民의 살님사리라 그 집을 보아라 도야지 우리오 그 먹난 것을 보아라 개밥이로다. 恒庸 外國사람의 記錄에는 韓人은 家屋은 陋麁하게 하고 잇스나 衣食은 매우 擇한다하나 그러나 이는 낫잠이나 자고 담배나 피우면서 農軍의 피와 쌈을 쌔라먹고 사난 京鄕間遊하난 寄生蟲들의 말이오. 이 짜위를 奉養하난 一般農軍의 옷으로 말하면 참 말 못할 情狀이라 무명고의 한아 쪽쪽한 것 입은 산아희와 베속 것 한아 성한 것 입은 계집도 쏘한 드므니 娛樂의 設備라던지 文明의 機關이라던지 조곰 奢侈스러운 일이야 더 말할 것 업난지라 새삼스럽게 一般人民이 얼만큼 이러한 地位에 自安하난 어리석음과 所謂 志士니 愛國者니 하난 者가 이러한 實際 問題는 等閒히 하고 空然히 쩌드난 거짓(虛僞)을 웃지하면 쌔칠쇠다. 조흔 일은 一時的의 한 가진데 조치 못한 일은

繼續的의 세 가지라 無限한 感懷를 품고 잇난 中 車가 新洞驛을 거쳐 慶尙北
道 四十一郡의 政治上 中心=南韓의 文明上 中心인 大邱府에 잇난 大邱驛에
到着하다.(以下次卷)

　바다야 크다마라 大氣圈쯤 삼어도 그 속에 쌀코보면 얼마되지 못하리
라. 宇宙에 큰 行世 못하기는 네나 내나 다 一般.

嶠南鴻爪(二)

公六

《소년》, 1909년 11월

서울에서 부산으로 가는 기록을 담은 기행문 연재의 2회분이다. 전회에 이어 대구에서 부산까지 가는 여정을 기록하고 있다. 대구에서 이틀을 머문 것으로 되어 있으나 그 기록은 '다른 때'에 밝히겠다고 했다. 여정에 특기할 만한 사항은 없으며, 기착하는 청도, 밀양, 삼랑진, 양산 등지의 고사나 유적을 간단히 서술하고 있다. 해질 무렵 구포에 도착해 차에서 내렸으나 종착지인 동래에 가는 방법을 몰라 걱정하다 짐꾼에게 다시 말을 타고 20리 가까이 가야한다는 말을 듣는다. 다음 정거장인 부산진역에 내리는 것에 비해 거리는 10리 더 가깝지만 험한 고개가 있어 말을 타지 않으면 해지기 전에 닿을 수 없다는 설명이다. 20리 길을 가기 위해 마삯은 10리에 30전. 필자는 이 상황에 대해 "평생 처음으로 풍류객이 되기로" 했다며 덤덤히 마무리한다. 하지만 기차에서 내린 뒤 불과 20리를 이동하기 위해 노심초사하는 상황은 이제까지의 기차여행과 좋은 대조를 보인다. 의도하지 않았더라도 독자에게 '기차'와 '말,'

'문명'과 '문명 이전'이라는 가치의 대립적 구성이 형성되는 것은 자연스럽다. 우연하게 드러나는 이 대립체계야 말로 바다를 향해 호기롭게 출발했던 이 여행기가 문명예찬으로 흐지부지되는 이유일지 모른다. 필자가 도달하고자 했던 곳이 말 그대로의 바다는 아니었기 때문이다.

전체적으로 '교남홍조'는 한학 지식을 배경으로 문명 개화라는 신가치에 먼저 눈뜬 젊은 대한제국 청년 최남선이 〈소년〉지 창간의 연장선에서 젊은(또는 어린) 독자를 향해 던지는 육성을 담고 있다. 이 젊은 지식인의 목소리는 글의 서문격인 "바다를 보라"에 오롯이 담겨 있거니와 신대한 소년은 공부와 유희와 활동의 무대를 오로지 바다에서 구해야 한다고 역설한다. 과연 바다를 보면, 바다에 가면 공부도 되고 재미도 있으며 세상을 향해 꿈을 펼칠 일도 만날 것인가? 서문에 이어지는 기차 여행의 기록이 대답일 것인데, 당대 독자들이 어떻게 판단했을지 궁금하다.

이 청년 지식인도 부산 여행은 초행인지라 〈동국여지승람〉과 〈택리지〉에 더해 외국인의 조사 보고서를 뒤져 안내서로 삼아 차에 오르는데, 차내의 지루한 시간 동안 그가 떠올리는 상념들이 그의 지적 배경과 시속을 보는 관점을 여실히 드러낸다. 차내에서 맨 먼저 눈에 띈 모습이 전한성전기회사 영업인 '콜불안'(Corlbran) 일행인데, '제국의 혈관'이라 할 전기회사를 임의로 일본에 팔아 큰 이익을 챙긴 자들이라 왁자한 작별 모습이 좋게 보일 리 없다. 천천히 그러나 끊임없이 나아가는 열차의 모습으로 〈이솝 우화〉의 토끼와 거북 이야기를 떠올리다 이번에는 대한의 역사와 풍속을 비웃는 일본인과의 대화가 거슬린다. 일본인 기자 등이 흔히 저지르는 과장되고 근거없는 한국 문화 폄훼를 한일 양국의 국교에 도움이 안 된다는 정도로 마무리하는 듯하지만 이어지는 천안역에서의 장면은 일본 문명의 수준이 서구에 비추어 저급하다는 암시로 비판의 본의를 드러내는 듯하다.

교남홍조는 구한말의 한학 지식인이 문명 개화의 대의를 수용했을 때 그 신체와 정신이 드러내는 흥미로운 복합성(또는 복잡성)도 보여준다. 이를테면 밤이 깊어 승객들의 코고는 소리가 요란한 가운데 잠을 이루지 못하는 필자가 서너 좌석 앞에 잠든 스물 서너살 가량의 일본 부인을 보고 떠올리는 갖은 상념의 과정이 그러하다. 처음에는 여성이 못된 놈에게 속아 인신매매의 신세로 떠도는 것인양 추측하다 문득 〈레미제라블〉의 장발장과 코세트를 떠올리며 위기에서 구출되어 고향으로 돌아가는 중일수도 있다고 생각한다. 이처럼 꼬리를 물고 벋어나가는 의식의 전개 양상은 눈앞의 현상을 사실대로 판단하기보다 최신의 지식 또는 상식으로 재구성해가는 현대화된 인식 태도를 보여준다. 그러나 남의 사정을 멋대로 억측하는 것이 옳지 못함을 반성하며 산만하게 흩어지는 마음을 스스로 수습하기 위해 그가 선택한 것은 〈격몽요결〉의 입지장과 혁구습장을 소리내어 낭독하는 것이다. 〈격몽요결〉은 그가 선택할 수 있는 가장 도덕적인 행위 규범이자 그 책의 낭독은 그의 신체가 표현할 수 있는 가장 도덕적인 행위 그 자체로 보인다.

四. 大邱에 二日間(다른 새)

五. 大邱-龜浦

이틀間 나를 품어 준 大邱를 下直하고 李君의 當付하난 叮嚀한 말을 밧으면서 午後 一時發 南行列車(二十一日)로 써나니 二十餘里 비마진 몸이 춥고 척척하야 소름이 連方 씨치난지라 滿車의 內外人이 어대로서온 사람인고하야 疑訝의 눈을 내게 주더라. 卽時 六七〇呎되난 新川鐵道橋를 건너 慶山驛(慶山城外)을 지나 淸道川鐵道橋(三二二呎)를 건너고 一一五呎의 河圖洞道를 싸져 잇대여 아직까지 우리나라 洞道中 第一 긴 三千九百四十八呎의

省峴洞道를 나갈 새 鐵路에 처음 탄 듯한 어늬 시골사람 한 분은『이것아니 地獄이라고 冥府란 것이 캄캄한데란 말이 아닌가』한 즉 또 한 분 하난 말이 『地獄도 이와갓히 한번 들어갓다가 다시 쌔져나올 수만 잇스면 작히 조켓나』 하며 서로 石油燈火에 얼골을 보면서 웃더라. 여긔서 압헤는 鼇山을 안쏘 東 으론 雲門川을 씨고 西으론 淸道城(十里)을 바라면서 淸道驛을 지나난데 이 近處 風土에 매우 닉은듯한 한 분 鄕客이 바로 親切하게 이약이하난 말이 鼇 山은 郡南二里에 잇난 本郡鎭山인데 山의 東에 한 골이 잇서 일홈을 高沙洞 이라 하난데 異常한 것이 무엇인고 하니 天氣가 將次 바람이나 비를 하려면 얼마 前期하야 울고 또 구름을 쏨난데 이 구름이 洞內로 들어가면 비가 오고 구름이 洞外로 나오면 바람이 불며 크게 울면 그 當日에 맛고 적게 울면 一二 日間에 맛난다 하더라. 第一龍水川鐵道橋(三二二呎)와 楡川江鐵道橋(四 一三呎)와 第二隱谷洞道(八九呎)와 第一隱谷洞道(三〇六呎)와 楡川洞道 (一七一呎)를 次第로 지나 楡川驛(淸道)에 이르니 楡川은 密陽大邱ㅅ 사이 에 잇서 農産이 豊饒한 곳이오, 여긔서 九百七十九呎의 密陽江鐵橋를 건너 第二第一의 두 防川洞道(前者는 一八五呎, 後者는 一一八呎)를 쌔져 十五 里假量은 가다가 다시 第二・第一月淵洞道(前者는 六〇〇呎, 後者는 二四 七呎)를 쌔져 密陽驛에 이르니 停車場은 密陽府城의 東, 田野의 사이에 잇스 니 京釜線路中 南部에서는 大邱에 다음가난 큰 都會인데 東・北・西의 三 面은 山陵이 聚立하고 西에는 平野가 連하고 東南隅는 淸道郡東, 雲門山과 舊豊角縣北, 琵瑟山 두 군대서 發源하야 楡川驛 겻헤서 合流하난 凝川이 흘 너가며 城內에는 商廛이 櫛比하고 賈客이 連絡하야 別노 近處 商業上의 小 中心을 이루엇스며, 有名한 嶺南樓는 密陽客館의 東便, 凝川의 언덕에 잇스 니 만히 頹落하얏스나 驛의 西便으로는 그 儼然한 모양을 볼지라.「東國輿地 勝覽」을 보건댄 原來 嶺南寺의 一部이던 것을 麗末에 金湊란 사람이 員이 되야와서 舊制대로 重創하고 그 일홈을 인하야 쓴 것이라 하얏난데 金知郡의

記에『俯控長川 平呑曠野』라 한 것은 이 樓의 形勝이 그럴 쑨 아니라 實노
密陽郡이 그러할 쑨이라. 金季昌 詩에

樓臺影倒水中天 萬縷垂楊拂岸前 江受晚潮歸海口 雲施凍雨過溪邊

舟堤遠近迷靑雀 麥壟高低張翠烟 (好待月明兼吏散 洞簫聲裏臥●筵)

이라 한 것은 實景이 그러ᄒ겟더라. 여긔서부터는 碧波가 蕩漾하고 白帆이
隱映한 洛東江의 흘음이 깃븐 얼골노 엽헤 모셔잇나니 이 물도 멀지 아니한
곳에서 바다와 서로 連한 것을 생각한 즉 쏘한 얼만큼 나의 목말은 듯 한 情을
寬慰할 듯 한데 五百四十七呎의 靑龍山洞道와 一千四百五十呎의 無月山洞
道를 쌔져나가 三浪津驛에 가서는 馬山線으로 옴겨타난 사람이 다 나리난데
大邱에서 올가탄 뒤로 이 쌔까지 滿座視線의 焦點이 되얏던 綠衫藍裙의 美
人이 여긔서 나리니 車中이 今時에 秋風든 感이 잇난지라. 泰西俗談에 婦人
의 머리털 한아에 코ㅅ기리도 쓸닌단 말도 잇거니와 새삼스럽게 한 美人의
勢力이 쏘한 偉大한 것을 생각함을 ●●못다. 여긔서 院洞川鐵道橋(三二
二呎)를 건너면 江에 臨하야 石堤를 올녀싼 위에 웃둑한 門樓가 잇슴을 보니
이는 곳 녜前時節부터 險하기로 有名한 鵲院關이라. 위에는 嶄巖한 큰 바위
가 나리눌니고 아래는 千丈碧潭에 臨하야 風光도 매우 明媚하며 쏘 녜나 이
제나 南北通路에 거치지 아니치 못할 要害處니 참 一夫가 當關하야도 萬夫
가 莫開하리란 險要地라.「輿地勝覽」에

『鵲院, 在府東西四十一里, 自院南行五六里, 松崖棧道甚危險, 其一曲, 鑿石開

路, 俯視, 千丈之淵, 水色深碧, 人皆兢膽』

이라 한 것을 보던지 쏘 只今은 잇고 업고 몰으거니와 員墜巖이란 바위가 잇

스니 이는 前에 한 守令이 써러져 죽은 故로 일홈함이라 함을 듯던지 하면 그 險難함과 危殆함을 可히 斟酌하겟거늘 이제는 車中에 便히 안자 安穩하게 지나면서 量ㅅ것 白砂靑松·雲影水光을 배불니함을 엇으니 이 또한 文明의 德澤이라할 난지. 그러나 只今 보난 이 집은 本來부터 여긔 잇던 것이 아니나 업던 길을 修築하고 鐵路를 노을 째에 沿線의 物色도 도읍고 古代의 建築도 保存할 양으로 짐짓 옴겨다가 이 곳에 둠이라 하더라. 鵲院關洞道(一九四哩)를 쌔져 對岸에 바위끗이 샢족하게 江으로 들어온 龍山을 보면서 院洞驛(梁山)을 거쳐 물구경에 精神업시 新酒幕洞道(二六九哩)를 쌔져 金海·梁山 사이의 나루터인 勿禁驛을 거쳐 孤浦川鐵道橋(四五四哩)를 건너 壬辰亂의 城趾를 보면서 龜浦驛에 다다라 에구 시원하다 하고 튀여나려오니 汽車는 아직도 나는 釜山鎭·草梁·釜山港 等 세 驛이 남앗슨 즉 當身쌀아 여긔 주자안질 수 업다하난 듯 나리기가 무섭게 써나가더라. 車票가 여긔까지인 故로 나리기는 쉽게 잘 나렷스나 初行이라 웃더케 하여야 조흘지도 몰을 쑨더러 더욱 여긔서 東萊를 가려면 어늬 길노 웃더케 가야 하난지 쏘 해는 거의 지게 되얏난데 해 前에 能히 드러갈 만 한지 全數히 몰으난지라. 하난 수 업시 짐지 워달나고 보채난 아해 지계에 가방을 지워가지고 酒幕거리로 나아가 물은 즉 鐵路로 東萊를 가려하면 釜山鎭에서 나려야 길이 平坦하야 가기에 힘이 아니들고 여긔서는 里數는 비록 十里가 들하야 二十里나 萬得峴이란 험한 재가 잇서 매우 어렵다 하면서 馬軍의 버리할 생각으로 말타지 아니하면 해 前에 드리대지 못할 말과 己往이 짐이 잇슨 즉 짐지워가난 삭만 하야도 마삭이 다 든단 말을 하야 慫慂하니 村鷄의 官廳이라 그 말을 들으매 그도 그럴 듯 하야 每 十里에 三十錢式 定삭하야 夕陽山路에 말탄 兩班이 되야 平生에 처음으로 쓰댁 風流客이 되기로 하다. (이 아래는 來年에 여러 가지 題目으로 째째 내일터)

慶州記行文

李少蘭

《청년》, 1926년 12월

경주로 수학여행(추계여행)을 다녀온 여학생의 기행문이다. 오랫동안 긴장 속에서 여행을 기다리고 여행 당일 새벽부터(2시) 일어나 부산을 떨다 집결지로 한 달음에 달려가는 어린 여학생의 모습이 생생하게 그려져 있다. 아울러 경주까지 13시간에 이르는 여정 동안 기차 안팎에서 보고 들은 모습들도 실감난다. 도착 이튿날부터 경주 시내 견학에 나선다. 여관에서 준비한 도시락을 지참하고 먼저 방문한 곳은 경주박물관이다. 이어 왕릉, 봉황대, 분황사지, 안압지, 첨성대, 계림, 김유신묘, 오릉, 포석정, 문무왕릉까지 유적지를 순례한다. 첨성대에서는 일찍이 천문학을 발전시킨 저력이 있으니 이제라도 힘쓰면 못할 것이 없으리라 다짐한다. 문무왕릉 앞에서는 비석 기단을 이루는 거북의 변함없는 모습에 감동한다. 셋쨋날에도 아침 다섯 시에 일어나 불국사 기행에 나선다. 가는 길에 괘릉과 불국영지를 구경하고 불국사를 향해 산을 오른다. 마침내 도착해 처음으로 불국사를 만난 소감은 "정신이 얼떨떨할

만큼" 아름답고 아담스럽다는 것이다. 그 인상의 표현은 소박하지만 분명해
서 다음과 같다. "푸른 하날 아래에 검푸른 솔밧 사이로 희고도 붉은 솟은 滿
發하고 雅淡하고 맵시잇는 佛國寺는 깁흔 沈黙에 잠긴 것 갓다." 불국사에
서 점심을 먹은 뒤에는 석굴암을 구경한다. 필자는 "항해자가 바다에서 헤매
다가 섬을 찾는 그러한 깃븜을 가지고 石窟庵까지 갓다." 이로써 경주 수학여
행을 모두 마치고 다음날 서울로 가는 기차를 탄다. 이 여학생에게 수학여행
은 무엇을 남겼을까? "우리도 남보다 超越한 才能을 가진 種族인 것을 쌔닷
고 압흐로 나아갈 勇氣와 굿센 힘을 엇든 것"이다.

오늘은 十月 五日!

얼마나 苦待하고 마음을 조리며 秋期旅行 秋期旅行하며 苦待하든 오늘
일까? 나는 새벽 二時頃 일어나서 모-든 것이 손에 것 잡히지 안는 中 엇더케
엇더케 豫備하고 門을 나서니 하날은 나와 갓치 깃버하지 안코 무엇이 마음에
안마저서 상을 찝흐렷슬가? 그러나 그 中에도 나는 깃벗다. 電車를 타고 停車
場에 나간 즉 同行할 同窓生들은 반갑게 나와 맛는다. 조곰 잇슨 後 驛夫가
引導하는 대로 車內에 드러가서 서로 조흔 자리를 닷투며 定席한 後 七時 十
五分이 되자 쑤-하고 報하는 汽笛 一聲에 汽車는 京城驛을 써나게 되엿다.
나는 編物도 하고 雜誌도 부즈런히 보는 中인데 先生님께서 点心들을 먹으라
고 하서서 正午가 된 것을 알고 点心을 먹은 後에는 同伴들과 우스운 作亂도
하고 西洋人의 서투른 朝鮮語를 흉내내면서 左右에 黃金과 갓치 누-런 베
이삭은 욱어지고 이 山 져 山 풀은 松林이 茂盛한 그 사이로 졸졸 흐르는 靑白
한 가을 물결이 굴네가는 것을 보고 즐기며 時間가는 줄 모르고 놀다본 즉
우리 一行은 大邱에 왔다고 나릴 準備에 奔走하다. 나도 急히 짐을 가지고

나려와서 先生님의 引導하심을 싸라서 西岳行 輕便鐵道를 탓다. 나는 이 車를 처음 보게되여 엇지 이상하고 맛치 그 안은 電車갓해서 여럿이 作亂하기가第一 조왓다. 나는 어서 汽車가 써낫스면 하는데 우지씬하드니 汽車가 써나는 貌樣이다. 그런데 큰 汽車와 달너서 쏙싹 쏙싹하고 엇지 호스러운지 나는엽헤 同侔에게 말햇다. 여긔서부터는 이 作亂 져 作亂 허리가 굽으러지도록우스며 놀다가 쏘 校長께서는 우리 朝鮮童謠를 부르시는데 엇지 우슙고 外國語를 그러케 익숙하게 하신다는 생각도 잇섯다. 그럭저럭 하다보니 벌셔西岳도 다 왓다. 밤이 되어 컴컴한 中에도 서로 손을 붓잡고 쌍충쌍충 쮜여나려와서 조곰 기다리다가 우리 一同은 慶州行車를 타고 써나셔 午後 八時에우리의 目的地인 慶州에 到達하엿다! 이 쌍은 新羅當時의 모-든 일을 慇懃히말하는 것 갓다. 내가 思慕하며 늘 쑴에 보든 이 慶州! 우리들을 난 이 慶州!우리를 반기여 맛는 듯 하다. 어둠에 잠겨 萬物은 보이지 안으나 오직 停車場하나만은 새로 丹粧한 새각시 갓치 산쯧하고 어엽부게 朝鮮式 개와집으로建築한 것만 보아도 古跡地인 것을 알게 되엿다.

쏘 車內에서 나리자 얼는 듯기는 것이 慶尙道 사투리엿다. 무엇보다도高低가 太過하고 셔투른 말이지만 그 말죳차 내 귀에는 반가웟다. 旅館下人의 案內함을 싸러 安東旅館으로 갓다. 夕飯 後에는 疲勞함을 못익이여 잣다.

十月六日(曇)

아참 다섯시에 일어낫다. 오날도 亦是 千萬軍士를 거나리고 다러나는 듯쉬일 새 업시 北쪽을 向하며 威嚴잇게 다름질 치고 빗방울은 한방울 두방울쑥쑥 써러진다. 그러나 우리들은 朝飯을 맛춘 後「벤도」를 準備하고 八時쯤해서 오날은 慶州邑 近處에 잇는 古蹟을 볼 豫定을 하고 쳐음 慶州博物館으로 向하엿다. 本館 左便에는 鐘閣 안에 奉德鐘이 잇다. 奉德鐘! 아! 해가 가고달이 가며 人生은 가고 山川은 變하나 너홀노 남어 잇섯니 雄壯하고 우렁찬 그 목소리로 우리들의 困한 잠을 깨여주려하는고나. 얼마나 고마운 일이랴! 이 鐘은 惠恭王 六年에 鑄造햇다고 한다. 거긔서 東으로 向해서 古物陳列室로 갓다. 바로 前面에는 大正 十年 九月에 發掘한 新羅時代 純金製 王冠이 눈을 놀낼만큼 황홀하고 찬란하다. 그 아름답고 妙한 것을 무엇으로 形容하리오. 또 그 王冠은 무슨 感覺이나 잇는 듯이 발발 썰고 잇다. 이 冠은 남어 잇스나 이것을 쓰시든 王은 어대 게신지?

거긔서 조곰 뒤로 가면 朝鮮에 有名한 玉笛二個가 잇다. 비록 그 色은 倫色햇스나 그 長은 二尺 假令이요. 銀으로 裝飾한 것과 그 貌樣은 엇어 볼 수 업슬 만큼 奇妙하다. 거긔에 對한 滋味잇는 이야기가 잇스나 略하고 다른 이야기를 쓰자. 또 그 左右에 잇는 여러 가지 金, 銀, 水晶, 硬玉 其他 貴重品이 陳列해 잇섯다. 其 中에도 王의 純金製의 帶와 佩物은 더욱 日光에 反射되야 찬란한 빗으로 사람의 마음을 쓰는 것과 갓고 그 맨든 技術은 可歎할 만 하며 當時 王께서 얼마나 尊榮하게 사신 것을 可窺할 슈 잇다. 그 곳서 짠 房으로 가서 新羅石器時代 器物을 보앗다. 거긔에 石槍及石刀가 잇는데 그 쌔는 돌노 칼과 槍 갓흔 것들을 만들어 썻다고 한다. 只今에 比較하면 그 文明이 얼마나 天壤의 差異가 잇슬까? 또 朝鮮에 有名한 靑瓦가 잇고 陶器와 其他 數百種의 器物이 陳列해 잇다. 이것으로써 博物館은 다 求景하고 近日에 發掘한 陵으로 갓다. 이 陵은 맛참 瑞典皇太子께 보여드리랴고 파는 中이라고 한다. 엇던 사람의 指導를 싸라서 언덕갓흔 곳을 좀 올너가다가 다시 나려와서 그 안을 나러다 본 즉 놀나웁게도 쌩쌩이 빗난 해빗에 反射되야 金冠, 金귀고리 其他 여러 佩物 等은 果然 暗夜에 반짝이는 별들과 갓트며 世上에서 貴하다고 하는 硬玉 等은 여긔저긔 수두룩하다.

또 그 王께서 使用하시든 器物인 金보식기와 남빗 유리 보시기가 잇는데 그 쌔는 그 유리가 貴重한 物件으로 使用햇섯든 것을 推測햇다. 거긔서 우리은 서로 입만 싹싹 버리고「아이구 참 氣가 맥히다」고만 부르짓는 中 그 뒤에

다른 學生들이 求景하랴고 기대려 섯슴으로 바로 나왔다. 그 墓址는 큰집터만이나하다. 그뿐이랴. 이 곳 陵들은 동산만큼식 큰 것도 잇다. 慶州 內에 五十六個의 陵이 잇는데 그 中에 何王의 陵인 것인 줄 아는 것만 三十八個라고 한다. 거긔를 써나서 鳳凰臺로 갓다. 이 臺는 新羅三十代 文武王 極盛時代의 功臣들을 紀念하려고 세운 것이라고 한다. 只今은 그 터만 남어잇스나 前에는 樓閣이 잇섯는데 허러버렷다고 말한다. 한심타! 나는 써러지지 안는 발을 옴겨 一行의 뒤를 싸러서 十一時 四十分에 芬皇寺에 到着햇다. 문을 드르스자 灰色金鳥石(水成岩)의 三層塔이 웃둑 서 잇서 嚴肅한 態度로 우리를 歡迎하는 것 갓다. 이 塔은 二十八代 善德女王 時에 九層塔을 쌋섯는데 壬辰役에 三層을 헐어버려서 그 後에 僧들이 重建하랴다가 三層을 마저 허무러 트렷다고 하는데 果然 只今은 압갑게도 三層만 남어잇다. 또한 三百年 前에 火珠가 塔 속에서 나왓다 하는데 只今에는 「라듸움」이라고도 하나 그것은 어대잇는지 알 수 업다고 한다. 다음에 그 절 안으로 드러가 본 즉 普光殿에는 全銅製 佛像이 잇다. 이것은 新羅古跡 中 하나인데 重量은 二千九百餘斤이오. 千六百餘年前에 세웟다고 한다. 거긔서 다시 나와 塔 아래에서 點心을 먹고 十二時 五十分에 雁鴨池에 到着햇다. 이 못은 文武王 三十代에 파고 臨海殿이란 別宮이 잇섯다 한다. 멧千年을 經過해서 變한 것도 만켓지만 果然 人工으로써 王의 別宮이란 價値가 잇슬만큼 景致도 죳코 물도 맑으며 곳곳이 수양버들은 힘업시 척척 느러젓다. 또 못 東便에는 樓閣이 잇섯든 곳이라고 하며 다시 建築하는 中에 잇섯다. 거긔서 써나서 한 三十分만에 瞻星臺가 잇는 곳을 왓다. 이 天文臺는 善德女王 十六年 正月에 建築한 것이고 世界에서 가장 오래된 것이라고 한다. 그 高가 싸에서부터 三十尺 七寸 底部의 直徑이 十七尺 二寸이오 上部의 直徑이 十尺이다. 후! 슯흠이 잇슨 後에 깃븜이 오고 嚴冬이 간 後 陽春이 오며 興盡悲來하는 것은 自然의 理致라 하겟지. 數千年 前에는 남부럽지 안케 살어 심지어 天文學까지도 남의 先導者가 되엿든 우리는 오날에 와서 모-든 것이 남에게 뒤진 것 뿐이다. 이것이 自然의 原則일까? 나가자!! 힘쓰자!! 우리도 사람인 以上에야 힘쓰면 못할 것이 업겟다는 생각을 나혼자 하면서 다시 것긔를 始作햇다. 鷄林에 왓다. 이곳은 新羅始祖 朴氏時代에 暗夜 中에 이상한 빗이 빗침으로 王께서 使臣을 보내서서 가본즉 닭이 울거늘 그 우를 보니 金궤가 잇서서 그것을 가지고 王께 告햇다. 王께서는 大喜하시며 궤를 열어 보신 즉 그 속에는 貴여운 어린 아긔가 방긋 방긋 웃고 잇은 것을 보시고 王께서는 더욱 깃버하시며 하날에서 주신 례물이라고 생각하서서 바로 일홈을 지으섯는데 金關智라고 부르시고 太子로 封하신 後 金關智氏의 八代孫이 新羅 十一代 王이 되엿다고 案內者은 말한다. 只今은 다만 松林만 잇슬 뿐이오. 단지 植物學者들은 거긔 풀은 數百가지 풀이 잇다고 한다. 거긔서 五陵을 가는 길에 文川倒砂라 하는 시내를 건너서 金庾信氏의 舊邸宅地를 訪問하고 二時 二十分에 五陵에 到着햇다. 이 陵은 朴氏 一二三世王의 陵과 또 一世王의 夫人의 陵과 五世王의 陵이라고 한다. 그 五陵 周圍에는 울장을 막고 쇠로 잠거서 드러가지는 못하고 뮐니서 바라보기만 하고 鮑石亭을 向해 갓다. 한 곳을 가니 사람들이 옥적 북적하고 잇는데 先生님께서 그곳이 鮑石亭이라고 가르치신다. 나는 鮑石亭이 퍽 크고 東山갓흔 곳에 잇는 줄 想像햇드니 엇든 집 엽헤다 담을 쌋코 사람이 通할 곳만 남겨 노앗다. 그만은 사람들을 헤치고 드러가니 妓生들이 三絃六角을 뜻고 잇다. 무슨 일인지 몰나서 엽헤 사람에게 무러본 즉 瑞典皇太子가 오시면 뵈여 듸릴 作定으로 活動寫眞으로 新羅 當時의 風俗과 갓치 裝飾하고 박는 것이라고 말한다.

　조곰 잇다가 그 사람들이 풀녀가게 되자 우리는 鮑石亭을 仔細하게 보게 되엿다. 그 貌樣은 전복 모양으로 돌노 맨들고 그 가는 물이 通할 만큼 움숙하게 팟다. 또 그 엽헤는 느티나무가 잇서서 더욱 風致를 加해 주는 것 갓트며 놀기에도 一層 더 興趣가 일어날 듯 십다. 말을 듯건대 當時에는 王과 大臣들이 모여서 서로 詩를 읇허가면서 술을 마시며 놀앗는데 놀 째에는 한 사람으로부터 始作해서 술잔을 돌니며 먹는데 첫 번 사람이 먹고 술잔에 술을 부어서 그 엽헤 사람에게 씌워보낼 쌔 그 時間 內에 다음에 바더 먹을 사람이 詩 한 句를 못지면 술도 먹을 수 업게 作定하고 놀앗다 한다. 그 쌔 말노 자미가 쌔쏘다지듯 햇슬 것이다. 그 곳을 나와 다시 西岳으로 올나간 後 五時에 新羅 二十九代 武烈王의 陵을 보앗다. 이 왕쎄셔는 唐과 聯合해셔 百濟를 滅해 버리고 三國統一을 始作한 英雄이시며 그 것을 紀念하기 爲하야 碑와 거북을 조각(彫刻)햇다.

碑는 일즉이 업서지고 그 머리에 彫刻한 九龍이 如意珠를 물고 잇는 것만 남어서 거북의 背上에 올녀 노앗스며 거북은 뒷발을 옴추리고 압발은 쌧고 긴 목을 쑥 쌔서 내밀고 잇는 形狀인데 그 등에 아룽진 문의의 움츠렷든 목을 쌔고 잇느라고 몸에 힘쓴 것이 實物以上가게 表現되여 잇다. 이 거북을 彫刻한 그분쎄서는 엇던 奪造化의 才操를 가젓기에 萬人의 눈을 녹이며 異口同聲으로 感歎하게 할가. 그 분의 衷心이 슬는 그 손으로 색인 저 거북은 武烈王의 압헤 서잇서 千百年의 길고 긴 歲月을 하로와 갓치 그 至極한 마음으로 精誠껏 업드려 잇다. 비록 그 主人은 흙이 되엿슬지라도 너 홀노 그 님쎄 向한 굿은 丹心 가실 날이 업고나! 나는 그 거북을 보며 여러 가지로 내 맘에 感激된 것이 만흔 中에도 異常하게도 疲困한 내 몸이 새로워 진 것 갓고 나를 가벼워저서 慶州에 잇는 旅館으로 차저 드러갓다.

十月 七日(晴)

아참 다섯 시에 起寢해서 六時 四十分에 慶州를 쩌나서 佛國寺驛까지 왔다. 거긔서 바로 掛陵으로 가게 되엿다. 쌔-ㄴ한 길에 얼마쯤 가다가 그 엽헤 松林이 욱어진 가온데 큰 陵이 하나 잇는데 그 것이 掛陵이라 한다. 쌔는 임의 여덜시 十分. 이 陵은 三十代 文烈王의 아들 文武王의 陵인데 俗傳에 新羅中興의 英主라고 한다. 또 王쎄서 宴樂과 安逸을 大忌하시고 다만 治國

하시기에 奔走하셔서 그 王씌서는 사치는 아시지 못하엇다고 案內者는 熱心으로 말을 한다. 그 陵은 碑石과 갓흔 돌노 발를 싸서 세우고 그 돌에는 여러 장수들의 形狀을 彫刻햇다. 그 우에는 山과 갓치 흙으로 쌋다. 또 그 陵 左右에는 石獅子 또는 사람 等을 彫刻한 것이 잇는데 이 彫刻은 美術的으로 大端이 發達된 彫刻品이라고 말해준다. 우리들은 갈 길이 밧버서 바로 거긔서 佛國寺로 나려가는 길에 佛國影池를 가보게 되엿다. 이 못은 山 겻헤 내가 흐르는 대 물이 엇지 맑고도 푸른지 멀니 허엿케 보이는 것은 구름과 갓고 그 못가에는 奇妙한 바위들이 웅둑웅둑 서 잇서 그 못에 그림자를 던지고 잇다. 압서가는 사람이 너머 催促하는 바람에 눈 익히 잘 보지도 못하고 다시 佛國寺를 向해 갓다. 가는 길은 엇지 시원스러운지 左右에서 바람은 솔솔 부는데 압흘 바라보면 길 左右便에 靑靑한 松林이 鬱鬱한데 굴빗갓흔 새-ㄴ한 행길이 三角으로 된 그 사이를 거러가는 우리는 다리 압흔 줄도 모르며 그 넓은 曠野에서 노래 불으면서 가는데 案內者는 短杖으로 山 우에 쏙족이 나온 기와집을 가르키며 저긔 저것이 佛國寺라고 가르칠 제 몬져가서 볼 慾心으로 압서서 佛國寺까지 왓섯다. 째는 열한시- 아- 무슨 宮殿이라고 할가? 精神이 얼썰썰할 만금 그 全景이 아름답고 아담스러운 모양을 무엇으로 比較할는지? 佛國寺 周圍에는 소나무가 茂盛해서 綠陰이 지고 그 가운데 흰 돌노 모양잇게 싸올나간 層層臺며 흰놀노 雄壯하게 지은 紫霞門과 左便에는 보기에도 서늘한 맛이 저절노 나는 놉직한 樓閣이 잇고 또 左便에는 점잔코 嚴肅하게 싼 釋迦塔이 잇고 右便에 美人과 갓치 아름답고 愛嬌가 잇는 奇奇妙妙하게 蓮쏫 모양으로 싼 多寶塔이 잇다. 또 거긔서 前面으로 보이는 大雄殿은 深厚와 雄壯한 美가 잇게 지엿스며 속에는 석가여래 以下 만흔 붓쳐를 모서 노왓다. 이 절은 新羅 初에 진 것을 中途에 와서 다시 지엿다 한다. 푸른 하날 아래에 검푸른 솔밧 사이로 희고도 붉은 쏫은 滿發하고 雅淡하고 맵시잇는 佛國寺는 깁흔 沈黙에 잠긴 것 갓다. 우리는 두 다리를 한 업시 쌧고 숨을 잠잠케 한 後

點心을 먹고 石窟庵으로 向햇다.

이 길도 조키는 하나 비탈이 저서 올나가기가 매우 힘드럿다. 山 絶頂에 이르러서 더웁고 숨이 차서 좀 쉬이는데 저-멀니 東쪽으로 보이는 滄海는 雲霧와 갓치 가물 가물 하는 것이 더욱 내 마암이 서늘햇다. 다시 거긔서 브터 나려가기를 始作해서 조곰 나려가는데 山아가리에 흰 門을 세워잇는 것을 보앗다. 나는 航海者가 바다에서 헤매다가 섬을 찾는 그러한 깃븜을 가지고 石窟庵까지 갓다. 그 門에 이르자 크게 彫刻한 釋迦의 像이 보엿다. 그 仁慈하고 寬厚한 얼골노 빙그레 피여 오르는 꽂갓치 우스며 염불을 하고 蓮臺 우에 坐定하신 것이엿다. 日本의 考古學者 濱田氏는 世界의 彫刻品을 視察하고 또 이 곳을 보고 歎服하며 이것은 참으로 世界的 古代 作品이란 말을 햇다고 어느 先生님의 말삼도 생각난다. 또 붓쳐의 周圍는 壁으로 되엿고 天井은 둥글게 弓形으로 쌋코 그 壁에는 菩薩 等을 彫刻햇는데 거긔에 나타난 女子의 팔이 내 눈에 第一 아름다워 보엿다. 그 팔에는 무엇을 들엇는데 보기에 그것을 드느라고 힘준 것과 팔에 살이 통통하게 찌고 살이 고흔 것은 참 사람 中에도 그런 사람은 못 보앗다. 彫刻에 對해서 常識이 업는 나로도 實로 그 技術에 歎服지 아니할 수 업다.

우리가 苦待하든 修學旅行은 이것으로써 다 맛쳣고나. 내가 이 싸에와서 쌔다른 것이 무엇일가? 다만 우리도 남보다 超越한 才能을 가진 種族이인 것을 쌔닷고 압흐로 나아갈 勇氣와 굿센 힘을 엇든 것이 아닐가?

우리는 다시 발길을 돌녀서 慶州에 온 後 하로 終日 疲困한 몸을 편히 쉬엿다.

十月 八日(晴)

아참 十一時 車로 정들고 써나기 실흔 慶州를 써나게 되엿다. 午後 네 시에 大邱에 와서 旅館을 定한 後 達城公園과 新明女學校를 見學하고 旅館에

와서 저녁을 먹고 밤 十一時車로 大邱를 써나서 京城으로 向해 오는 中 밤이
되어서 서로 世上을 모르고 자다가 아참 七時에 일어나서 七時 四十分에 내
집인 京城을 왔다.

우리 一行은 서로 집을 차저가고 또 寄宿舍로 섭섭히 헤어져 버렷다.

舊文化의 中心地인 慶北 安·禮地方을 보고, 新舊文化의 消長狀態를 述함

一記者

《개벽》, 1921년 9월

안동, 예안 지방을 답사하고 쓴 글로 '뿌리 깊은 반상제도의 영향으로 신구문화의 부조화가 두드러지는 지역의 특성' 소개와 '퇴계 묘소와 도산서원 참배기'로 이루어져 있다. 전반부 지역 특성 소개는 다음 사항을 다룬다.

(1) 古之慶尙道: 과거의 경상도는 1천년 신라문명과 조선 유교문화의 근원지였다. 스스로 문화향을 자처한 것은 물론 일반인들도 東方鄒魯의 鄕이라 했다.

(2) 今之慶尙道: 오랜 반상의 구분 때문에 오늘날 경상도는 양반은 양반대로 상민은 상민대로 다 병들어 있다. 오늘날 안례 지방의 구문화는 농사꾼의 머리 위에 얹힌 갓모양이다. 반드시 그래야 하기 때문에 쓰는 것이 아니라 예전부터 쓰던 것이기 때문에 그리 할 뿐인 것이다.

(3) 미신의 유행: 이 지방에는 특히 미신이 유행한다. 이는 상민들의 수학을 방해해 주민 대부분이 무식한 탓이다.

(4) 常人은 극도로 타락: 이 지방의 상인들은 스스로를 우습게 보아 염치나 도덕을 개의치 않는다. 그리고 생활난 때문에 한층 더 양심이 마비되었다. 조선 창기 대부분이 경상도 여자인 까닭도 미천한 안례 지방 상인들이 아이를 판 것이다.

(5) 순한문의 광고 비라: 이 지방에는 양잠강습생 모집 광고문도 순한문을 쓴다. 순한문은 읽어도 순언문을 못 읽는 사람이 많기 때문이다.

(6) 지금 발발되는 신문화운동: 안동의 구문화는 가고 신문화는 아직 건설되지 않았으나 교육열만큼은 어느 곳보다 높다.

퇴계 묘소와 도산서원 참배기는 기행문 형식으로 서술되어 있다. 7월 26일 경성을 떠나 대구에서 일박한 뒤 27일 오후 네시 무렵 자동차로 안동에 도착한다. 28일 아침 말을 몰아 퇴계촌을 찾아 오후 세 시 반 경에 도착한다. 퇴계 묘소를 찾아 참배하고 주위를 둘러본다. 필자는 현재 정세가 유교도 불교도 노장도 아닌, 일종의 이단적 문화가 조선을 휩쓰는 것을 생각하며, 선생 이후 제2, 제3의 선생이 나오지 않는 것을 아쉬워한다. 묘소를 내려와 다시 도산서원을 찾는다. 저문 뒤 예안읍내로 가 일박하고 대구를 거쳐 서울로 돌아왔다.

　　退溪先生의 遺迹을 찾기 위하야 記者는 다만 七月 二十六日로부터 同 三十一日까지 僅六日의 期間으로써 慶北 安東 地方을 往還한 일이 잇섯다. 그런데 退溪의 思想과 文章이며 또 그 一生의 行蹟까지라도 退溪文集 또는 退溪言行錄에 詳載하야 잇는 바 이제 記者가 전혀 安東行을 計한 것은 (一)先生의 思想이나 혹은 行迹의 如何를 더듬코저 함이 아니오. 다못 四百年年 後의 今日이나마 先生의 徜徉하던 그 땅을 한번 밟아 보고저 함이엇스며 (二)先生의 遺風餘香이 어떠한 形式 或은 內容으로써 그 地方에 남앗는가를 보고저 함이엇스며 (三)五百年 來 諸賢이 輩出하야 朝鮮의 鄒魯之鄉이오 儒教文

化의 中心地라는 安, 禮地方을 보고저 할 뿐이엇섯다. 그런데 往還期日이 넘우 速하야 모든 것을 組織的으로 보아 엇지 못한 것은 遺憾 中 遺憾이며 여긔에는 다못 斷片의 所感과 所見을 披瀝하야써 爲先 讀者 諸位의 祭考에 資고저 한다.

(가) 古之慶尙道

慶尙道 사람의 氣質 風俗이 어떠한 것은 그 곳 사람으로서 京城에 來留하는 몃 분의 親友를 通하야 겨우 그 輪廓을 想像하얏스나 그 地方의 風土를 直接으로 보기는 이번이 처음이엇다. 一般이 아는 바와 가티 慶尙道는 堪輿家의 所謂 漲天水星이라는 太白山脉이 全道內에 磅礴하고 朝鮮의 第二 大江인 洛東江이 道의 中央을 縱流하야 地勢ㅣ 자못 雄偉한 바 이 地方의 사람은 一般으로 骨格이 壯大하고 性質이 자못 쑥쑥하야 문득 보아도 무엇을 함이 잇슬 듯하다. 이것은 推象이 아니라 事實이 만히 그를 證하나니 우으로 옛적에 잇서서는 燦然 新羅 一千年間의 文明을 내엇스며 알에로 近古에 잇서서는 李朝 五百年間 儒敎文化의 根源地를 形成하얏다. 더욱이 이번 記者가 본 安東 禮安地方은 其地가 太白小白의 南에 位在하야 平原曠野가 明秀淸朗하야 白沙堅士가 到處에 展開되어 그 氣色이 完然히 漢城附近과 가탓스며 그 중 禮安은 記者가 主로 찾는 退溪先生의 本鄕이오 安東은 西崖 柳成龍, 鶴峰 金誠一先生의 本鄕으로서 書院이 處處이오 士大夫가 家家이라 할 만하게 되엇다. 놀라지 마라. 往昔에 잇서서는 一般으로 倫義를 놉히고 道學을 중히 여기어 비록 孤村殘里일지라도 讀書聲이 끈칠 줄을 몰랏스며 鶉衣瓮牖이라도 모도다 道德性命을 말하얏는 바 自己네들이 먼저 文化鄕으로 自處한 것은 尙矣라 勿論이오. 우리 一般도 그곳으로써 東方鄒魯의 鄕이라 稱揚하야섯다.

(나) 今之慶尙道

그러나 이것은 벌서 옛적의 일이오. 只今의 慶尙道ㅣ 아니 今日의 安禮地
方의 일을 가르켜 할 말은 아니다. 이번 記者가 처음으로 그 地方에 들며 느낀
것을 가장 率直히 말하랴 하면 (그 觀察의 正否는 勿論 別問題) 그 키가 커다라
하며 얼굴의 쎄와 쎄가 몹시 두드러지고 붉고 누른 빗이 이상하게 들어나며
계다가 갓 網巾을 쓰고 긴 담배째를 느즉하게 든 그 地方 老人들의 貌樣은
어쎄케 보기만 하면 곳 固陋를 느끼게 되며 그 중에 이상한 것은 어쎄한 老人
을 對하면 건방지고 쓸쓸한 氣味를 느끼엇고 또 어쎄한 老人을 對하면 麤粗
하고 너저분한 氣分을 느끼엇는데 後에 들으면 前者는 班家 老人이오 後者
는 常家의 老人이엇다. 卽 그곳의 兩班 사람은 由來의 極端의 自尊心과 끈침
업는 黨爭(이 兩班 저 兩班 간의 黨爭은 우리의 想像 以外이엇다 함)으로 因
하야 다수한 人間味의 多部를 일흔 冷寂한 사람이 되엇스며 常人은 累百年
의 屈從生活로 因하야 神聖한 人生性의 多部를 빼앗긴 麤陋에 가싸운 사람
이 되고 말은 셈이다. 다시 말하면 過度의 自尊과 無理의 屈從은 다 가티 病的
사람 性을 짓고 마랏다. 「愿謹(形式)而拘礙齷齪, 小實而喜口說競」이라 함은
當地班人의 通弊를 가장 잘 說明한 것이오 「心志陋而但知行勢之爲貴 思想
淺而易流迷信的言說」은 當地近來 常人의 通弊를 가장 잘 說明함이 될 것이
다. 그러나 여긔에 한가지 생각할 것은 이것은 一般的으로 觀察하면 그런 氣
味가 잇다 함이오 個個人 반듯이 그러타 함은 아니다.

(다) 갓 쓰고 김매는 農軍들

그 地方 동무의 말을 들으면 그곳의 兩班들은 옛날에 잇서서는 農事를
짓지 아니하얏다. 비록 물을 마시는 限이라도 農場에는 나서지 아니하얏다.
오즉 글을 읽고 禮를 講함이 그들의 唯一 任務이엇스며 近代 以降으로는 벼
슬을 求하고 討索(對常人)을 行하는 한가지 任務가 늘엇섯다. 그러나 正말

最近에 미처는 大勢의 시킴에 依함이엇는지 兩班도 大槪 農事를 짓게 되엇다. 들에 나아갈 때는 農笠(白色竹笠)이나 或은 手巾을 쓸지라도 집에 돌아오면 반듯이 網巾쓰고 冠쓰는 것이 그네들 사는 法이엇다.(그런데 只今은 兩班 中 首班兩班만 冠을 쓰고 其他 班은 廢止云) 그런데 記者가 安東으로부터 禮安에 來往하는 途中에서 만히 農用笠 以外에 正式의 갓을 쓰고 김매는 農軍을 보앗스며 그 갓은 그저 맨머리 우에 올려 노흔 갓이엇다. 實際는 農笠의 代에 헌 갓을 쓴 것이엇다.

볼 것을 대강 보고 그 地方을 써나올 째에 記者는 이러케 생각하여 보앗다. 卽 今日이 地方의 舊文化가 이 地方에부터 잇는 形便은 마치 日前에 본 農軍의 머리 우에 언지어 잇는 笠子貌樣이라 하얏다. 詳言하면 朝鮮의 儒道文化는 그 自體가 實踐的이 아니엇다. 勿論 儒道自體로 보면 致知로부터 知至에이르고 誠意로부터 天下에 이르고 灑掃應對로부터 窮理盡誠에 이르게된 最組織的 最實踐的의 道學이엇스나 惟獨 朝鮮에 이르러서는 그 道學이 甚히 一般에게 徹底치 못하얏스며 쌀아 實踐이 되지 못하고(勿論 特殊한 學者나 或 一部 地域에서는 實踐되엇슬 것이나) 다못 徹底하게 實現된 것은 (一)彼 階級的 意味에 在한 名分「例하면 長幼, 男女, 貴賤(班常), 貧富 등의 嚴格한 差別」과 (二)이 名分의 擁護手段이라 할만한 儀式「例하면 喪祭禮 其他 家庭이나 社會에 在한 大小禮節」쑨이라고 할 수 잇게 되엇다. 이것이 웨 이러케 되엇는가 하면 爲先 儒道自體가 (一)名分, 儀節의 方面에 만흔 精神을 둔 關係, (曰三綱五倫, 曰立於禮, 曰先禮後學 等) (二)人慾 卽 食色의 防備를 名譽로써 對케 한 關係(曰立身揚名, 曰君子沒世而名不稱焉 等) 上 스스로 一般으로 하야금 形式에 흐르게 할 虞가 잇스나 우리 朝鮮에 잇서서는 儒道的 文化의 奬勵方法으로써 (一)主로 儒者에게 向하야 仕宦의 路를 開放하고 (二)政府로부터 孝子烈婦의 表彰을 直行한 것이 弊端이 되고 病痛이 되어써 儒道文化는 말할 수 업는 形式이 되고 마랏다. 卽 여긔에 한 사람이 잇서 小學을 배우고 大學을 읽는다 하면 灑掃應對進退의 節이나 或은 窮理修身의 道學을 배움이 아니라 一般으로는 文字를 배운 것에 不過하며 그 中相當한 사람이라야 입으로나마 窮理修身과 格物致知를 말하얏스나 그것은 그것을 實行키 위하야 함이 아니오 그리하여야 始로 公私間의 社會에 出身할 수가 잇섯든 故이라. 그리고 一般이 儒道의 禮節을 尊重하얏다 하면 그 禮節의 裏面에 숨은 眞理를 良心으로부터 承認하고써 尊奉함이 아니라 그리하지 아니하면 社會의 輿論이 무섭고 그리하면 公私로 褒揚되고 行世거리가 되고 兩班이 되는 故로 그리함에 不過함이엇다. 이 몃 가지 點은 朝鮮從來文化의 一般的 內容을 成한 것인 同時에 我東鄒魯之鄕이라 稱하는 安禮地方의 從來文化도 또한 그러하얏다. 卽 形式 뿐이오 實質은 업섯다. 그런데 一自甲午以後로는 時代는 變遷되어 舊文化(儒道文化)의 唯一保障되는 政治的 勢力은 그만 崩壞된 同時에 그 後부터는 聖學을 工夫하여야 벼슬할 수 업섯스며 또 이미 工夫하야 或은 벼슬하야 이뤄진 兩班에 대하야서도 누가 씀직하게 여겨주는 사람이 업섯다. 舊文化의 危機는 벌서 그째에 왓섯다. 그러나 當時의 이곳 父老들은 다시 말하되「이것은 一時의 變局에 不過한 바 반듯이 回復될 날이 잇스리라」하야 스스로 慰安하며 그 現狀을 維持하노라 하얏다. 그러하던 中 朝鮮 文化史上의 一轉機는 또 한번 왓섯다. 卽 再昨年 萬歲運動이 한번 일어나며 그 餘勢는 主로 新文化의 樹立運動으로 轉하야 生에 對한 尨大한 그 自覺과 어우러저 朝鮮 全土를 風靡하는 一大 勢力이 된 同時에 朝鮮從來의 形式文化는 一層氣息이 奄奄하게 된 中 安禮地方의 從來文化도 이 큰 變動 中의 犧牲이 되고 마랏다. 卽 一言으로 蔽하면 朝鮮의 儒道文化는 그 自體가 一般에게 徹底치 못한 一種 形式的 文化이엇섯다. 다못 그 文化가 一般을 支配하게 된 것은 專혀 政治的 勢力과 社會의 輿論쁜에 依하야 支持되엇섯다. 그런데 世代는 激變하야 政治的 勢力과 社會의 輿論은 그 文化의 背後에 잇지 아니한 同時에 그 文化는 스스로 無色하게 되엇다. 다못 特異한 것은 이 變化가 朝鮮의 外他地方에 잇서서는 벌서 잇섯슴에 不拘하고 南道地方-특히 安禮地方에 잇서는 只今 잇는 中이며 또 그 地方은 從來 文化의 中心地가 되엇던 그 만큼 그 變化의 作用이 他地方에 比하야 强한 것뿐이다.

이리하야 이 地方의 舊文化는 十分의 色彩를 일헛다. 그러면 그 代에 새로운 文化가 繼承하얏는가 하면 아즉 그러치 못하다. 그곳은 只今 無一物이다. 거리로 가면 帽子 쓰고 구두 신은 靑年이 오락가락 함을 보나니 新文化樹立의 運動을 행하는 樣이며 村으로 가면 冠 쓰고 소창 옷 입은 사람을 볼지니 「반듯이 그러하지 안흘 수 업●하야 그러함도 아니오 前부터 쓰고 입던 것임으로 그리할 뿐이다. 마치 記者가 본 헌 갓 쓴 農軍과 갓다. 집에 잇는 것 그대로 내어버리느니 이러케라도 쓰어보자 하야 쓴 것뿐이다. 아모 意味가 업다.

(라) 迷信의 流行

그 地方에서 또 한가지 느낀 것은 迷信의 流行이 特甚한 것이니 村에 나아가면 집마다 大門 우에 물瓶 달은 것을 보앗는데 이것은 怪疾侵入의 豫防이라 하며 一週日만에 玉皇上帝와 面會를 한다는 훔치敎는 一時 安東地方을 風靡한 바 當地警察은 한참 그 敎의 取締에 眼鼻를 莫開하얏다 한다. 儒敎文化의 中心地라는 그곳에서 이러한 迷信의 流行을 見함과 如함은 一見 奇怪하다. 그러나 그곳 人心의 內容을 보면 그리될 수 밧게 업다. 그 地方에는 다른 地方과 달라 前日이라도 村中에 書堂이 업고 각자 자기 집에서 家庭之學으로 工夫하게 되엇다. 兩班의 家門은 大槪가 有識한 바 이러케 할지라도 別로 關係가 업섯스나 常人의 子弟로는 到底히 就學할 수가 업섯다. 그리고 自來의 兩班들은 常人의 修學을 不許하야 常人 中 有識者가 或 생기면 곳 그를 排除하얏다. 이는 常人도 有識하면 兩班과 가티 될 것을 미워한 故이엇다. 이리하야 그 地方 사람의 半數 이상을 占한 常人은 目不識丁의 無識漢이 되엇다. 儒道를 崇奉한다사 얼마나 思想의 改善을 어덧스랴마는 常人은 그나마 崇奉할 自由가 업섯다. 이와 가티 無識하고 미들 바 업는 常人들은 迷信밧게 더 取할 길이 업다. 그리고 右에도 말하얏거니와 朝鮮人으로서 儒道를 崇奉하얏다 하면 그 眞面이 아니오. 만히는 形式이엇는 故로 儒名으로 佛行을 한 者 或은 巫行을 한 者 等까지 各色이엇다. 그래서 兩班 家庭에도 사실은 迷信의 氣分 속에 무티엇섯다. 이리하야 一般은 迷信이니 其他 異端으로 돌아가기에만 可當하게 되엇다. 이것은 非但 安禮地方이라 全鮮一般의 形便이라 하야도 過言이 아니겟다. 試思하라. 朝鮮全土에 儒道文化가 그만큼 浹洽하얏슴에 不拘하고 東學의 敎派가 한번 일어나자 어써케 되엇스며 基督敎가 한번 輸入되자 어찌 되는가. 모다 一瀉千里의 勢로 發展하는 今日이 아닌가. 儒道의 文化가 어써케 形式的이엇스며 局部的이엇슴을 더욱 이로써 알 수가 잇지 아니한가.

(마) 常人은 極度로 墮落

이러케 信道의 自由도 就學의 自由까지도 업는 從來의 그곳 常人들은 그야말로 사람부스러기로 살아왓섯다. 그래서 그들은 兩班이 그들의 人格을 不認하얏슬 뿐아니라 자기들 스스로가 스스로를 우습게 보게 되엇다. 廉恥니 道德이니 하는 것은 그들의 關知코저 하는 바가 아니엇섯다. 그리고 그들의 生活難은 한층 그들의 良心을 痲痺케 하얏다. 朝鮮의 娼妓하면 누구나 慶尙道 女子가 最多함을 생각할 것이다. 그곳을 가서 알아보니 그 娼妓들은 모다 그곳 微賤한 常人들이 生活難으로서 자기의 愛女를 放賣한 것이다. 安東 邑內에도 그 娼妓書堂이 잇다는 말을 들엇다. 娼妓나 됨에는 講習할 것도 업겟지마는 時俗이 開明이 되어 娼妓에게도 歌舞를 要하게 되는 바 다소간이라도 歌舞를 學習하면 더 만흔 代價를 밧게 되는 故이라 한다. 平壤에는 妓生書堂이 잇고 安東에는 娼妓書堂이 잇고! 참 훌륭한 對照이다. 自己 同胞를 부스럭이(屑物)로 만들지 안코는 말지 아니하던 餘禍ㅣ 盖如斯하도다.

(바) 純漢文의 廣告비라.

記者는 安東市內에서 養蠶講習生募集 廣告文을 보앗는데 純漢文이엇다. 이곳에서는 廣告를 만히 純漢文으로 하는 樣이다. 그 內容을 알아보면 그럴 수밧게 업게 되엇다. 그곳에서는 第一로 漢文을 崇尙한 同時에 상당한 집 子孫치고 漢文 모르는 사람이 업스며 그 反面으로 朝鮮 國文은 文字로 생각치도 아니하얏다. 그래서 純漢文은 읽을지라도 純諺文은 읽지 못한다. 近日의 新聞雜誌를 보는 사람들도 諺文을 만히 쓴 記事에 이르러는 開口를 못하는 樣이다. 그런 中 朝鮮文을 尊重하는 氣風이 近日에 생기어 훌륭한 漢文 文章들이 只今 朝鮮文을 배우는 이가 잇다 함도 그곳이 아니면 듯기 어려운 말이다.

그 地方의 돈 會計法이 또한 滋味잇스니 十錢을 닷돈이라 한다. 쌀아서 한兩이라 하면 二十錢이 된다. 즉 從來의 葉錢한 分을 只今 新貨 두分 卽 倍를 처서 會計하는 故이다. 그만 예를 貴히 여긴다는 表示이라고 볼 것인가. 돈 會計말이 낫스니 말이지 서울서는 十錢을 닷兩이라 한다. 쌀아서 한兩이라 하면 新貨 二錢에 不過한다. 卽 新貨를 舊貨의 五倍로써 計算하는 故이다. 서울서는 이만큼 새것에 阿諂한다는 表示인가? 그런대 平安道 地方을 가면 十錢이 한兩이오 한兩이 亦 十錢이다. 新舊貨를 全然 平等으로 待遇한다. 그러데 平安道 地方에서는 舊에 拘泥하지도 안코 阿諂하지도 안코 오즉 新舊의 中正을 잡아써 나아간다는 表示인가? 吅.

(사) 只今 勃發되는 新文化運動

前項에서 記者는 安禮地方의 文化狀態를 指하야 舊는 가고 新은 아즉 建設되지 아니한 無一物이라 하얏다. 現在로의 상태로는 과연 無一物이다.

그러나 其 中에 一物이 方히 展開되고저 하는 것이 잇슴을 記者는 보앗스니 卽 그 地方 敎育熱이 異常히 膨脹된 것이며 一般 靑年의 活動이 比較的 만흔 그것이다. 卽 安東郡內(含禮安)에 現存 普通學校가 七個所인 中 其 中의 三個學校는 그 前身이 中學程度의 學校이엇다는 훌륭한 履歷을 가젓스며 그리고 客春 同郡 某地에서 普通學校를 設하는 中 그 附近 村落과 位置問題로 紛爭이 생기어 두 곳에서 各其 學校를 設立하얏다는 말을 記者는 들엇는 바 其 敎育熱이 如何함을 可知하겟다. 그리고 一般 靑年의 活動으로는 邑村에 靑年會가 잇고 安東邑內에는 勞働共濟會의 支會가 有하야 會員數가 二千餘名인데 同施設部의 事業으로 消費組合을 發起 中이라 하며 돌아오는 冬閑期에 이르러는 各地에 農村講習을 행하리라 한다. 쏘 嘉尙한 것은 同郡 豊西面 下回村(柳西崖先生의 生居地이니 先生의 書院이 有하며 그 子孫 三百餘戶가 團居)에 少年會가 設立되어 滋味잇게 일하야 간다는 것이다. 이쑨 아니라 記者가 그곳에 들기 바루 前日에 學生大會의 巡回講演이 잇섯는데 매우 盛況이엇다 하며 쏘 그 地方人으로서 東京에 留學하다가 夏季에 돌아온 學生들이 講演隊를 組織하야 村村을 巡講하는 등 그 各 方面의 活動은 實로 注視할 價値가 잇스며 이 步調로 長進하면 그 地方이 昔日에 잇서서 朝鮮 舊文化의 中心地가 되엇슴과 가티 今日에 잇서는 朝鮮 新文化의 中心地가 될는지 모르겟다. 記者는 그 一般 有志의 쓴기 만흔 活動이 잇기를 빌며 特히 그곳 靑年들의 組織잇는 新擧措가 만키를 바라는 바이다.

(아) 一人이 可以興鄕

記者가 그 地方에서 들은 말 中에서 가장 感激하야 마지아니한 것은 同郡 東後面에 定居한 柳寅植氏의 일이엇다. 氏는 일즉이 京城에 住留하며 時勢의 推移에 着目하던 중 距今 十四年 前 丁未에 문득 鄕邑인 安東으로 돌아와 當時 郡守와 相謀하고 同郡 邑內 儒宮財産 一千二百二十斗落의 强制寄附

를 受하야 同郡 臨河面 川前里에 中等程度의 協東學校를 創設하고 新敎育의 實施에 着手하얏다. 敎育熱이 불가티 일고 新文明에 對한 憧憬이 今日가티 懇切한 이때에 잇서서도 多數人을 相對로 하야 一個의 學校를 建設함이 實로 易事가 아니여던 距今 十四年 前의 그때에 잇서 特히 舊文化에 對한 崇仰의 度가 朝鮮 어느 地方보다도 第一로 濃한 그 地方에 잇서 夢中에도 생각치 아니하던 新文明의 輸入을 一朝에 計코저 한 그 運動이 어찌 難事가 아니엇스리요. 氏의 그 運動은 果然 그 地方의 晴天霹靂이엇섯다. 一般은 처음에는 驚惶하얏스며 다음으론 亂賊의 所爲로 認하얏다. 그와 가튼 四圍의 空氣는 畢竟 協東學校의 庚戌年 慘禍를 誘致하야 그 學校의 敎員이던 김긔수, 안상덕, 리종화 三氏는 當時 侵入한 義兵의 손에 銃殺되고 學校는 一時 門을 닷는 不得已에 至하얏다. 그러나 柳氏와 其他 幾人의 有志는 이에 不屈하고 곳 從前의 敎育을 繼續케 한 바 毀辱하는 者는 毀辱하얏스나 諒解하는 者는 諒解하기를 始하야 其後 未幾에 禮安 退溪村에는 同程度의 寶文義塾, 豊西面 河回村에는 同程度의 東華學校의 設立을 見하야 最近 까지 繼續하던 中 經營의 困難과 當局의 慫慂으로 인하야 右 三校는 客春에 모다 普通學校로 組織을 變更한 바 이것이 그곳 新文明建設運動의 大槪이며 어쩌케 말하면 柳寅植氏 活動의 大槪이다. 그래서 그 地方에 잇서 오늘날 新文化를 말하고 新活動을 絶叫하는 新進靑年의 大部는 모다 右三學校의 出身 或은 關係者 아님이 업다 한다. 記者는 그 地方의 文化改新에 대한 柳氏의 功을 多하다 하는 同時에 柳氏 及其他 靑年有志는 다시 前日의 그 熱力을 奮發하야써 爲先 그 地方에 中學校 一校만 設立함이 잇기를 切望不已한다. 우리보다도 여러분이 먼저 느꼇슬 것이어니와 어느 境遇로 볼지라도 安東地方에 中等學校 하나쯤은 잇서야 될 것이 아니겟습니까.

附記 安東은 禮安郡을 倂하야 其 面이 十八이오 邑內 戶口만 二千餘를 算하는 大邱 以北의 雄州로서 裁判所, 監獄, 兵營 等 官側의 施設은 업는 것

이 업다.

其 郡治는(距大邱 約 二百五十里) 花山의 南, 洛東江 上流의 沿岸에 位在하야 其 景을 可掬하겟스며 南의 映湖樓와 東南의 歸來亭은 此地와 名勝이며 特이 映湖樓는 高麗 恭愍王 南遷時의 宴遊處로서 그 扁額은 恭愍王의 筆이라 한다.

退溪墓所와 陶山書院을 拜觀함

七月 二十六日 京城을 써나 그날 밤을 大邱에서 지낸 記者는 그 翌日되는 二十七日 早朝 自働車로 安東을 향하얏는데 砥石 가티 平坦한 大道의 左右로 한갈 가티 벌어선 並木은 行人의 心事를 愉快케 하얏다. 다못 困難한 것은 橋梁의 不備로서 그 만흔 河川을 건널 쌔마다 車는 車대로 乘客은 乘客대로 獨立하게 되는 그것이며 暴雨 한 보습만 나리면 交通遮斷이 되는 그것이엇다. 이날 午後 四時頃에 安東을 着한 記者는 바로 退溪村을 향하랴 하얏스나 이럭저럭 日勢도 저물고 쏘 쯧하지 아니한(同窓의 誼가 잇는) 權重烈 金元鎭 兩兄을 對하게 되어 그 밤을 安東 邑內에서 지내고 그 翌朝에 退溪村을 향하얏다. 退溪先生의 墓所가 잇고 쏘 그 書院이 잇는 退溪村(今 安東郡 陶山面 兎溪里)은 東으로 安東邑을 距하기 五十里, 元禮安邑을 距하기 東으로 十里 許에 잇섯다. 이날로 安東을 돌아올 생각으로 奔走히 馬를 모라 土溪里에 닷기는 霖雨가 부슬부슬 내리는 午後 三時 半頃이엇다. 安東 親友의 紹介에 의하야 直히 그 곳 李迪鎬氏를 陶山面事務室로(李氏는 面長이요 쏘 面事務室이 土溪里에 잇는 故)로 차자 來意를 告하고 諸般의 周旋을 請하얏는데 그의 承諾은 快하나 事實은 奔走한 樣이엇다. 그 境遇를 斟酌한 記者는 獨步로써 土溪를 건너 退溪先生의 墓所를 차잣다. 墓所는 先生의 本居인 溫惠里를 距하기 約 二里이요. 記者가 着足한 土溪里 面所로부터는 土溪를 隔하야 東으로 비스듬하야 보이는 近處이엇다. 墓所가 잇는 山은 그러케 놉흔 山은

아니나 그 山巓이 急峻하야 오르기에는 쐐 힘이 들게 되엇다. 記者는 다시 山下에 미처 冠쓴 老人(勿論 先生의 後孫)에게 길을 무러 山上에 올랏다. 移時토록 墓前에 揖立하야 意味深長한 敬意를 表하고 感慨無量의 中에서 墓所의 全面 쏘 그 四圍를 보앗다. 墓身의 바루 前에는 크다라한 床石이 잇고 그 左右로 金冠朝服形의 大小石人과 望柱石 各一對가 잇고 그 東에는 神道碑가 잇서 그 前面에「退陶晚隱眞城李公之墓」의 十字를 大刻하고 其他 面에는 先生의 一生을 簡敍한 先生의 自銘과 奇高峯이 其 後를 叙한 銘文이 잇섯다. 그런데 그 碑는 지난 乙巳 十月에 改立한 것이며 그 西便에 散在한 옛 床石으로써 推想하면 墓前의 床石도 쏘한 改修한 것이다. 墓形은 厖大한 正圖隆形으로서 그 前面이 적이 崩落하야 參拜하는 記者는 자못 未安을 느낀 同時에 그 碑와 그 床石을 改修함과 가티 그 墓身의 前部도 적이 補修하엿스면 如何할가 하얏다. 記者가 墓前을 拜謝코저 할 째에는 부슬거리는 비가 그치고 오히려 雨意를 먹음은 그늘이 山上을 徘徊하며 잇다금 불어오는 南風이 墓上의 작은 풀꽃 우에 매친 이슬을 움즉여 썰어터릴 쏜이엇다. 바루 墓下를 보면 先生이 지늘(臨)고 쏘 건너이던 土溪의 작은 물은 흐르는 것이 예와 가트며 그 越便을 바라면 陶山의 磅礴이 其 勢가 一樣이거늘 다못 시대와 人心쁜은 先生在世의 當時와 이제가 갓지 아니하야 先生이 熱心으로 主持하시던 그 文化는 자최가 날로 熹微하고 先生으로는 쯧도 생각도 아니하신-卽 儒도 아니요 佛도 아니요 쏘 老도 아닌-一種의 異端的 文化가 朝鮮의 全土를 風靡하여 잇도다. 만일 先生의 靈으로서 이곳에 담기운 이 遺體와 가티 계시사 今日의 이 現狀을 鑑察한다 하면 그 感懷가 果然 어써할가. 時代的 大勢의 使然으로 文化上 局面이 轉換되는 것은 오히려 可히 忍하려니와 先生 以後에 第二 第三의 先生이 쏘다시 나지 못하고 紈自近代以降으로 士習은 날로 渝薄하며 所謂 形式의 文敎는 째로 惡化하야 今日에 잇서는 저 樵夫牧童의 입에서까지「儒敎亡國」의 노래를 듯게 된 그것을 만일 先生의 靈으로서 想及

하신다 하면 그 느낌이 쏘한 어떠하실가. 四年 前의 先生의 靈을 吊함과 가티 五百年年 來 儒道文化의 餘墟를 아울러 吊치 아니치 못하게 된 記者의 가슴은 臆塞하얏도다. 그러나 儒道文化의 疲廢가 어찌 先生의 疲廢리요. 다못 先生의 그 쓰거운 全部를 잇고 儒道의 眞髓를 버리고 오로지 자기의 名利爭奪에쌘 汲汲한 幾多 惡儒輩의 作亂을 鼓攻할 것쑨이다. 戚古傷今에 戚戚의 悲哀를 스스로 禁치 못한 記者는 다못 簡單히「저는 오즉 先生의 그 純摯한 性格과 貞篤한 言行에 感泣합니다. 저는 今日부터의 저의 一生을 오로지 先生의 그 性格과 그 言行을 憧憬하는 中에서 저무리겟나이다. 先生-先生이시어. 하실 수 잇사오면 先生의 그 性格 그 言行으로써 우리 二千萬 동무의 性格과 言行이 되게 하여 주십시요. 先生 世上 써난 後 三百五十年 재되는 辛酉 7月末에 어린 後生○○○은 울며 떠나나이다」
하는 두어 마디 말슴을 느씨면서 남기고 그만 墓前을 拜辭하얏다.

山에 나려 記者는 李迪鎬兄을 伴하야 陶山書院을 차잣다. 그칠 듯 하던 비는 다시 나리기 始作하고 말 몰고 온 사람은 嘶腹하다고 툴툴거린다. 早發安東한 그로서 여태짜지 點心을 못한 그로서는 아니 그럴 수 업다. 土溪里란 곳은 先生의 後孫 居住地로 家戶數는 數十을 過하나 點心한 그릇 시켜먹을 수가 업섯다. 書院에 이르니 雨勢는 漸急하며 山氣는 益沈하얏다.

이 書院은 溫惠里 先生의 本第를 距하기 約 五里以東되는 陶山의 南, 洛東江 上流의 西岸에 位在하니 先生이 晩年에 陶山書堂을 일으켜 學을 講하고 性을 養하시던 그곳이다. 鬱蒼한 松林을 허치며 흐르는 小流를 쪼차 작은 洞口를 지내어 院內로 들어가게 되엇는데 그 洞口 이름이 谷口나 「絶來轅於谷口」의 意味를 取함이다. 院門을 들어서면 左便으로 古色蒼然한 작은 집을 보게 되는데 이것이 卽 先生의 手創한 陶山書堂이다. 그 間이 僅히 三이니 東은 軒이오 西는 寵요 中은 室이며 다시 室은 玩樂齋, 軒을 巖栖라 하얏스며 軒의 東에는 다시 작은 半間을 附하야 本來의 軒과 通하얏는데 이것은 先生

의 在世時의 遺意를 承하야 全羅監使로 陶山을 訪한 門人 鄭寒岡이 單一日
之間에 追補한 것이라 한다. 다시 그 三間을 圍한 高不過數尺의 石垣이 잇고
其垣中央에 門을 設하얏는데 柴門이엇스나 只今은 門틀만 殘存하며 그 垣의
東西隅에는 名梅一叢式을 植하얏고 다시 그 軒의 東에 正方形의 小塘이 잇
고 그 塘 앞에는 井이 잇는데 塘을 方塘(或曰淨友), 井을 洌井이라 하며 그
一間인 室中에는 西北 二壁에다 欌이 잇는대 거긔에는 모다 遺器를 藏하얏스
며 遺器는 卽 璣衡具 一, 案欛投壺 各一, 花盆唾壺 各一, 硯匣 一인데 그 硯匣
은 不幸不肖의 盜取한 바가 되엇다 하며 또 靑藜杖一枝가 有하야 匣으로써
藏하얏스며 그리고 室內의 橫架가 有한데 架上에는 枕席具舊物을 置하얏스
며 또 軒의 東便에 南北의 柱를 以하야 設한 橫木이 有한데 此는 先生이 璣衡
具를 달고 今日 地球儀와 가티 빙빙 돌려가면서 天道의 運行을 硏究하던 것
이라 한다. 이 齋의 西에 또 童蒙齋란 것이 有하니 是는 先生 在世時에 遠方으
로 來하는 士子를 위하야 지은 것이니 特히 工學形으로써 하얏다 하며 此東
西兩齋를 通하야 陶山書堂이라 하얏다. 書院은 이 堂後에 잇스니 그 入門이
進德이라 이 門을 들어서면 左右齋가 잇스니 東은 博約, 西는 弘毅며 그 北으
로 南을 面하야 祠宇가 잇스니 其 名을 尙德이며 陶山書院이라는 金字의 扁
額을 부텻는데 이것은 賜額으로서 韓石峯의 筆이라 하며 祠宇에는 先生 이외
에 趙月川을 配享케 하얏는데 二月, 八月에 兩次의 享祀를 行한다. 書院 後는
山이요 그 前은 川이며 그 四圍는 連抱의 松檜로써 둘리엇는대 그 中에는 先
生의 手植에 係한 것이 잇다하며 又 東麓 約百步許에는 天淵臺가 잇서 四麓
의 天雲臺와 相對하게 되엇는데 다 先生의 手築이며 그 下의 川을 濯纓潭이
라 하얏는데 此의 第一은 鳶飛于天, 魚躍于淵의 意, 第二天光雲影共徘徊의
意, 第三은 淸斯濯纓, 濁斯濯足의 意를 取함인데 書院을 除한 以外의 齋名臺
名 其他 名稱은 모다 先生의 命名에 係한 것인 바 先生의 生活이 如何히 意義
가 深한가를 엿볼 수가 잇다. 그리고 그 山과 그 水는 先生이 書宵로 徜徉하시

던 곳인 바 그 一草一木이 모다 先生의 手澤을 傳하는 듯 하얏스며 先生의 動靜을 說明하는 듯 하얏다. 先生으로서 一生을 저무리신 그곳이라 一日이라도 저무림을 어덧스면 얼마나 깃벗스랴마는 記者는 路程의 急迫으로 비나리는 저믄 날에 陶山을 떠나 그곳서 約 十里되는 元禮安邑內에 一泊하고 다시 安東 大邱를 거쳐 서울로 돌아오고 마랏다.

아아. 느낌 만흔 安東行! 그 쌔쌘을 記하야써 新舊文化의 變態를 보이고 나아가 先生을 仰慕하는 情을 永遠에 傳코저 한다. 내종으로 此行에 記者를 爲하야 찾찾내싸지 便宜를 주신 여러 兄님-特히 安東勞働共濟會支會 總幹事로 게신 柳周熙氏를 爲하야 만흔 感謝를 들이며 柳淵建兄의 哀情으로 써 주신 贐行詩를 揭하야 찾을 막슴니다.

寄金起瀍兄行軒

花城東畔暮烟橫, 逆旅元多百感生. 半夜孤燈應有夢, 一天歸雨更論情. 寓慕允宜探古蹟, 識荊何待賴今行. 燃藜盖自經綸手, 漢水千年不盡聲.

第一島 柳淵建 謹稿

慶州行

權悳奎

《개벽》, 1921년 12월

애류 권덕규의 경주 여행기이다. 휘문, 중앙, 중동 등 학교에서 국어와 국사를 가르친 교사답게 우리말 기원과 역사에 해박한 지식을 바탕으로 독특한 여행기를 만들어내었다. 여정에 따라 들르는 도시마다 지명 유래와 변천 과정을 살피는가 하면 속담, 수수께끼 등에 해당 지명이 들어있는 경우를 들어 소회를 풀어낸다. 대구에서 중앙선 경철로 갈아타고 경주를 향한다. 대구에서 경주에 이르는 여정에서는 산천에는 차이가 없는 대신 인물, 언어, 풍속이 딴판임을 지적한다. 그런데 예를 제시하는 방식이 특이하다. 반야월을 지나면서 철도 건널목에서 신호부로 일하는 어떤 여성을 목격하는데 이 여성의 지나온 삶을 상상하고 그것을 다시 도시 여성의 삶과 비교 상상하는 것이다. 이 상상은 '신호부로 일하는 여자'라는 단 하나의 객관적 사실만으로 여성의 삶을 서사적으로 재구성하는 것으로 이루어진다. 결론적으로 신호부로 일하는 여성이야말로 자신의 곤궁한 삶의 이력 속에서도 남의 신세를 지지 않고 스스로

땀흘리는 바 그가 곧 "해방이요 독립이요 자유평등이라"고 생각한다. "생각만으로만이 아니라 말만으로만이 아니라 履行이요 實現이라. 解放을 부른적 업스되 스스로 解放이요 獨立, 自由, 平等을 主張한 적이 잇지 아니하되 스스로 그러하야서 그대로 잠잠한 空의 哲學이라."고 상찬한다. 영천을 지나 경주 가까운 아화(阿火)라는 곳을 지나면서는 이 지명의 '화'가 곧 '불'이며, '불'은 다시 '벌, 발'과 같은 계열의 옛 말을 적은 것이므로 경주, 곧 서라벌에 가까워진다는 표시임을 길게 설명한다. 경주 도착 후 곳곳의 유적을 탐방하면서 역시 여러 고사와 언어적 지식, 역사적 사실을 버무리고 시를 곁들여 해당 지역에 관한 소감을 정리하였다.

길을 가다가도 큰 山 미트로 그야말로 靑龍白虎가 分明하게 되고 案山이 그럿듯이 노힌 속에 舊年 묵이 둥그나무가 몃 그루 서고 고래 등가튼 기와집이 경성 드뭇한 마을을 맛나면 自然히 고개가 숙어지고 一種의 敬虔한 생각이 나며 그 洞里가 어선 사람의 粧點한 곳인가 알고 십은 생각이 억지 할 수 업시 닐어나되 그와 反對로 납작한 등성이 발아진 옴옥태기에 포푸라 회초리가 회회 둘리고 회리 바람에 날아갈듯한 洋鐵 집웅한 새집 몃이 산 듯이 보이는 곳을 맛나면 어찌하야 그러한지 가렵고 可憎하고 하잘 것 업고 채산이가 업서서 一種의 輕蔑하는 생각이 닐어나는 것은 누구던지 다 가티 그러타는 同感을 가지리라. 나는 이제 이런 생각을 가지고 千年의 녯 都邑 慶州로 나려간다. 車 탄지가 얼마나 되엇는지 무엇들을 다투고 쌔앗고 하는 서슬에 휙 돌아보니 肉果의 한 자리를 次知하야 七絶이 잇다고 기리어 앗기는 감이며 아이들 수수 것기에 썰썰이 안에 쌘쌘이, 쌘쌘이 안에 털털이, 털털이 안에 오두둑이 하는 밤을 가지고 惹端이라 아아 알쾌라. 果川이라는 대는 본대 果實이 만히 남으

로 이름한 곳으로 여긔에서 同行한 사람이 오름이라 土産으로 楊州 밤을 매우
치지마는 歷史上으로는 果川이 實狀 實果 고장으로 더욱 밤을 닐러 나려오는
대로니 그리하기에 高句麗 적의 골 이름도 栗木多斯肹이라 하얏다. 이는 그
곳에 밤나무가 만히 나며 이 밤나무에 겨으살이가 만흠으로 이름이니 곳 栗木
은 밤나무며 多斯肹은 겨으살이라. 大槪 우리의 녯 地名이나 人名은 只今과
가티 漢字로 지어 부른 것이 아니라 純 朝鮮語로 지어 불럿나니 淸風을 沙熱
伊라 함은 沙熱伊가 곳 서늘이란 말이며 靈岩을 達奈 쏘는 月出이라 하니
月出은 곳 達奈의 譯이며 高城을 達忽이라 함은 古語에 達이 놉다는 말이며
淮陽屬縣의 赤木鎭은 沙非斤乙이라 하얏는데 沙非斤乙이 곳 새 밝안이란
말이며 新羅 名將 竹竹은 歲寒不凋를 意味함이라 하얏스나 이도 쏘한 걸이
씸업시 주욱 죽자라는 쯧이 아닐는지. 大聖元曉가튼 이도 元曉는 方言으로
始旦이라 하얏스니 始旦은 첫새배라는 말이라. 예어라 이런 소리를 언제 다
하고 잇스랴. 이럭저럭 人心 사납기로는 南水原이라는 거긔도 지나버리고
便쌈이 용하다나 하야「平澤이 쌔어지나 牙山이 문허지나」하는 平澤은 여긔
다 마는 牙山은 어대쯤인고 便쌈만으로 만이 아니라 우리의 一大 偉人 李忠
武의 靈骨을 모시인 牙山, 아아 牙山아 牙山아 네 부대 平安거라.「天安삼
거리 능수버들」은 하는 거긔도 지나노코「金蹄驛 말 잡아타고」하는 小井里를
거쳐 車가 스르를 다흐며 鳥致院 鳥致院하는 곳에 다달앗다. 傳하는 말에 鳥
致院은 新羅의 文章 崔致遠이 세운 市場으로 이 崔致遠의 音이 變하야 이러
케 되엇다 하나 이는 구태 그러타 아니라 議論할 것도 업고 여긔만 오아도
차차 慶州 서울이 가까워지고 新羅의 녯적으로 들어가는 듯하다. 말만 들어
도 三韓이란 한의 생각이 나는 한밧 (太田)을 지나고 兩班의 모자리라는 永同
을 쌔져서 黃澗 어대쯤인지 가니까 집 뒤에는 솔밧이 거하고 울 밧게 대숩이
잇고 門 압헤 내가 흐르며 내 건너 쐐 넓은 들에는 벼가 한참 닉어서 黃金으로
陣을 친듯한 마을이 잇다. 아아 居地야. 조타마는 아마도 거긔에는 十몃 世紀

부질 업슨 쑴이 재법 무르녹은 뉘집 書房님이 누엇스렷다. 車가 여긔를 오면 가지를 못하고 헐덕헐덕 하기만 한다는 迷信의 窟穴 秋風嶺을 지나는데 한 모롱이를 지나면 곳 내이요 낼르 건너면 곳 들이며 들 건너 山이요 山 넘어 江이라 車가 이리가면 내가 저리 쫏고 車가 저리가면 내가 이리 돌아 마아치 아이들 숨밧굼질 하듯 압서서 앙금질을 하며 나를 잡겟지 잡겟지 하는 듯하다. 過夏酒 조키로 有名한 金泉을 거쳐 한 停車場 두 정거장 세이다가 大邱에 나리기는 해가 기울어서라.

　　中央 輕鐵을 갈아타니 어찌면 그다지 다를가 아주 짠판이로다. 朝鮮 半島의 山水야 千遍一律로 비슷 비슷하야 말할 것이 업거니와 이로부터 人物, 言語, 風俗은 較計할 수 업는 짠 世上이라. 爲先 한 가지 例를 들어보자. 그 이름부터 어찌 그럴 상한 半夜月이라는 停車場 近處의 후미기리를 지나갈제 문득 바라보니 발우보면 보기도 무서운 나히나 한 四十됨 즉한 女子가 信號旗를 들고 섯다. 나는 부질업슨 생각으로 그 女子의 身勢를 생각하고 십엇다. 아마도 그 女子는 가난한 집에 낫스렷다. 그리고 쏘 가난한 집으로 시집을 가앗 것다. 그리하고 그 八字가 더욱 崎嶇하게 되느라고 男便 싸지 일흔 모양이엇다. 그리하야 그는 씬 쩔어진 뒤웅박 身勢로 남의 집 雇工살이도 하얏슬 것이요 힘에 넘는 임을이고 郡郡村村이 돌팔이 장사도 하얏고 이 場 저 場에 돌림도 되엇스렷다. 그리하다가 筋力이 衰하니까 집에 들어 억척 살림을 하는데 마즘 鐵道가 집 압흐로 노히고 후미기리가 門 발우나는데 會社에서도 請을 하고 自己도 괜치 안케 承諾하야 되는대로 信號夫가 된 것이엇다. 只今에 보이는 鐵道 엽희 옴악살이 草갸집이 그 집이라 그 집이 거트로 보면 족으마코 납작하고 드럽고 그러하나 그 內部는 중의 살림 비슷하게 아주 精갈하고 모든 것이 秩序잇고 規模的으로 整頓 되엇슬 것이라. 다시 그 女子의 平生 호강을 낫낫이 斟酌할 수 잇다. 그가 난지 一年만에 돌쌍으로 조흔 衣服의 조흔 飮食을 한번 바닷고 그 다음에는 設令 自己의 쯧은 아닐지라도 이른바 百年佳約

을 매저 自己 平生을 남에게 付託하야 가던 그 날에 또 한번 衣服 飮食의 奢侈를 하얏고 그리고는 다시 自己 목세 돌아오는 호강이란 아마 업슬 것이다. 또한 그의 性質을 議論하면 寡婦되는 이치고 영악하지 아닌 이 업다고 원악 强한 바탕에 嶺南의 堅忍한 風氣를 바다서 비록 萬말의 힘을 빌어 끌드라도 다시 잡아 돌리지는 못할 것이요. 그리하야 九死十生을 하면서도 남의 身勢를 지지 안코 오즉 이마에 쌈을 흘려 먹은 것이라. 只今에 저 旗를 들고서 엇는 樣을 보더라도 그 그러차 안켓는가. 나는 다시 그를 都會의 婦女와 比較하고 십엇다. 아이구 미워. 都會의 婦女, 기름 머리에 粉洗漱를 하고 明紬 고름 가튼 손으로 잘잘 끌리는 치마 고리를 휘어잡고 외씨가튼 발 끗으로 아실랑 아실랑 걸아가는 그런 種類는 그만두고라도 쇠쏭머리에 동강 치마를 썰썰이고 굽 놉흔 신으로 나가서는 自由解放을 부르면서 들어서는 손 끗의 물을 톡톡 튀기는 그런 女子도 참으로 쮠답지 아니하다. 解放은 되엇다 하지마는 自由는 무엇으로인고. 나는 寡聞이라 그러한지 또는 自由解放을 科學的으로 하려하지 아니하야 그러한지는 모르되 나는 單簡히 說明하야 自由는 獨立生活을 持支할 만한 그것이라고만 한다. 그러한데 信號夫 그 女子는 果然 解放이요 獨立이요 自由平等이라 생각만으로 만이 아니라 말만으로 만이 아니라 履行이요 實現이라 解放을부른 적 업스되 스스로 解放이요 獨立, 自由, 平等을 主張한 적이 잇지 아니하되 스스로 그러하야서 그대로 잠잠한 空의 哲學이라 그에게 만일 說明이 잇다하면 이러할 것이다. 異性인 異族인 너의들이어 아무리 가두려하여라 나는 絶對의 解放이요 아무리 올무를 쓰리려 해라 나는 絶對의 獨立이라 언제 나에게 自由, 平等이 問題되더냐. 解放, 平等을 異性에게 求하는 어린 女子들아 모든 것이 나에게 잇는지라 어찌 남에게 求하리요. 또 한가지 停車場마다 머리 헙수룩한 상투장이와 곳갈 手巾 쓴 총각아이가 或은 모판 或은 둥우리에 煙草나 果實, 菓子를 가지고 卷烟사소 菓子사소 하며 맘에 맛지아니하면「왜 이럭하는게요.」하는 것이 特別히 눈에 들어 참으로 녯 都邑 구경 길인가 십다. 날이 次次 저물어 간다. 牛羊自歸村巷은 얼마콤 말작이어니와 髣髴가 느젓다고 애햄애햄하는 近處에는 반듯이 아이들이 달려가고 煙氣서린 古木가에는 날짐승의 활개가 가장 한가로운데 가을 거지하는 男女 農夫가 或은 빈몸으로 或은 연장을 메고 或은 미나리(山有花)를 부르며 或은 쯧쯧 소를 몰아가는 樣이 그림이라 하면 훌륭한 그림이어니와 이것이 그림이 아니고 實景인지라 더욱이 有心히 보이도다.

河陽近處를 지나니까 해가 아주 西山미테 복음자리를 쳣는데 비록 車를 타앗다 하야도 終日 휘달려온 몸이라 疲勞를 못 니기어 暫間 다른 世上에 쉬이더니 乘客들이 퉁탕거리고 驛夫가 永川永川하는지라 아아 이 永川이 高麗 忠臣 鄭圃隱을 나인 쌍이로구나. 거룩한 사람을 내어 거룩한 쌍이로다. 새삼스럽게 그를 다시 紹介할 것은 업거니와 그는 學說로는 橫說竪說이 無非當理요 詩로 韻致로 모두가 가추어서 말하면 썩 圓滿한 兩班이라 그가 九月 이쌔에 明遠樓에서 을프신 글이ㅣ 하나 생각긴다.

風流太守 二千石이요 邂逅故人 三百盃라

나는 先生의 글을 을프고 글을 짓고 십엇다. 그러나 글은 되지 아니하고 先生을 생각하야 套로 적으니

鄭先生 나신터를 어드메에 차즐런고
저물어 안 보이니 물어도 쓸대 업다
幸혀나 여긔에서 가싸우면

달은 가을 달을 치거니와 파란 한울에 밝은 달이 도렷이 비치어 서늘한 저녁한 울을 粧飾하는데 車는 前山이 忽後山의 句를 우루룽 우루룽 을프며 씩은거리

다. 阿火를 지난다. 엽희 사람이 地名도 異常하다고 뭇는다. 나는 실업시 그에게 이것이 慶州가 가까운 前兆라고 하얏다. 그는 자꾸 잇대어 뭇는다. 慶州는 勿論 가까윗거니와 前兆가 무슨 前兆냐고 한다. 나는 이것이 古代의 말이니 火가 곳 불이 아니냐고 하얏다. 그는 화를 내어 에에기 하고 말아버린다. 아마 火가 불이라는 말이야 누가 모르랴고 純全히 弄談으로만 안 모양이라. 그리하야 다시 說明하기를 始作 하얏다. 火가 곳 불이니 불은 벌이라는 말도 될 것이며 벌이라는 말이 古代에 잇서서는 골 이름으로 쏘는 나라 이름으로 널리 쓰이엇다. 爲先 新羅의 初號 徐羅伐의 伐이 이것이니 이 벌을 불, 발 여러 가지로 적엇스나 그 音이 벌이든지 불이든지 발이든지는 質定할 것 업고 불이나 벌이나 발 等 여러 가지로 쓰인 것은 事實인데 이 나라라는 말 하나쯤이 그러케 어수선하게 된 것은 朝鮮語音 그대로 朝鮮文으로 적은 文籍이 업서지고 漢文으로 적은게 된 까닭이며 漢文으로 적되 한 사람의 손으로 적은 것이 아니라 여러 사람의 여러 손으로 적은 것이며 그도 朝鮮 사람쓴이면 더러 一致 할 수가 잇스되 朝鮮 사람 아닌 外國 사람, 더욱 남의 말이란 아무쪼록 못되게만 적는 버릇이 第二天性으로 들어박인 支那사람의 손으로 적은 것이 지금 우리의 눈에 쓰이게 되어 그러케 가닥지게 된 것이라. 그리하야 支那사람이나 朝鮮사람이나 그 漢文으로 적기 째문에 或은 音으로 或은 訓으로 불을 不, 弗, 쏘는 火로 적기도 하얏고 孛, 渤, 쏘는 發로 적기도 하얏스며 伐로는 가장 만 적어서 音汁伐, 沙伐, 伎伐, 蘇伐, 比斯伐 等이 無數하며 불이 例는 達弗, 弓火, 屈火, 加主火, 奴斯火, 本推火, 達句火, 比自火 等이 이것이니 이를 족음 더 널리 遡及하야 차즈면 夫里, 卑離, 扶餘, 倍達 싸위가 모두 이와 가튼 것이며 발의 例는 戎發, 延陀勃 따위인데 이와 가티 音訓 等 여러 다른 글字로 적은 것은 그만두고 한 가지 音으로 적는다 하야도 國名은 國에 當한 字로 水名은 水에 當한 字로 맞추엇나니 三韓의 한은 韓으로 韓地의 江名은 漢으로 海名은 瀚海 싸위 (東南海의 稱) 瀚으로 쓴 것이며 다시 發勃의 字도 水名에 當하야는 渤로 쓰어 발의 海 곳 國의 海라는 것이 이 싸위라 말이 슷나지 아니하야 慶州驛에 다달앗다. 車에 나려보니 迎接하는 이 別로 업고 停車場조차 쓸쓸한데 明月만 有心히 皎皎하야 雪月은 前朝色에서 雪字만 떼어 버렷다.

慶州를 들어서면 第一 먼저 엄청나는 것이 하나 잇다. 족음만 거짓말을 보타면 漢陽의 南山만콤한 山덤이가 饅頭모양으로 여긔저긔 들어 박이엇다. 누구든지 그것을 처음보고는 무덤이라고는 생각할 理가 업다. 아무리 하야도 天然의 山덤이이다. 到底히 사람의 손으로는 그러케 맨들 수가 업슬 것이다. 사람이 모든 것을 다 생각하고 造出하지마는 쌍덩이야 새로 맨들 수 가 잇스랴. 그러나 新羅의 사람은 쌍덩이를 맨들엇다. 鳳凰臺를 올라보앗다. 그 臺라는 山도 쏘한 누구의 陵墓인지는 모르나 반듯이 누구의 陵墓리라고 推定하는 바이다. 여긔에 對하야는 孟浪한 이약이 하나가 잇다.

太初에 말이 잇스니 하는 째인지는 모르되 아주 녯적에 鳳凰이 나려와 놀앗다. 그 鳳의 놀든 터가 鳳凰臺이다. 天下가 泰平하면 鳳이 보인다는데 只今은 天下가 어질어워 그러한지 鳳凰은 아니 보이고 臺만 남아 쓸쓸한데 부질 업슨 싸막이가 鳳凰을 代身하야 까악깍할 쑨이다. 그 後에 언제인지 風水장이 하나가 이 臺에 올라보고 말하기를 鳳凰은 卵生인데 그 鳳이 노는 터만 잇고 알이 업서서는 못 쓴다 하야 뫼를 無數히 몰아노흐니 只今에 이 臺를 中心하야 四面으로 보이는 山덤이가 그것이라 한다. 風水장이의 이런 거짓말은 이를 것도 업거니와 나는 堪輿術을 酷信하는 者는 모두 慶州로 보내고 십다. 그들의 말이 陰宅의 자리는 來龍이 어쩌하고 向이 어쩌하며 무슨 穴에 藏風이 되어야 한다고 하것다. 그러하면 이 山陵들은 그 모든 條件을 俱備하얏는가 그것은 몰라 慶州 全體가 그 모든 條件에 合한다고 하량이면, 그러나 이 뫼들의 자리를 보아라. 밧귀 논귀 마른대 진대 할 것 업시 주어 뭇지 아니하얏는가. 아무리 하여도 慶州의 古墳을 보고는 이른바 堪輿家가 三十六計를 부를 것이다. 그러치 아니하고 그래도 - 쌘쌘이 主張한다 하면 먼저 말한 慶州 全體가 모든 條件에 合한다고 밧게는 못할 것이다. 그러면 나도 쏘한 할 말이 잇다. 그러하면 遼東벌판도 괜치 안흘 것이며 世界에 - 第一넓은 사하라 沙漠도 괜치 아니 할 것이다. 그러면 地球 全體를 가지고 말할 것인가 地球가 地形인데야 무슨 來龍이 잇서야지. 이는 다시 기지 안는 작난이고 쌀 아서 慶州의 地形이 北이 虛함으로 婦女로 북상투를 틀게하고 只今도 娼女 가 허리쯰를 뒤로 매는 것과 쏘리 업는 짐승을 東京이라 함이다. 이에 根源 하얏다 함이 암만 하야도 말작이 風水 장이의 말이요, 新羅 쌔의 말이 아님을 어림하겟다. 이 古墳들을 慶州 사람들은 독메라고하며 雙墳을 兄弟 독메라 고 하나니 이 메라는 말을 들어도 南山만 하단 말이 過히 거짓말 아닌 것은 변명될 것이요. 아무튼지 如干 數 三十名씩은 墓東上 올라서면 西에서 아니 보이고 西上에 올라서면 東에서 아니 보이나니 그러하면 이 墳墓가 實在에 얼마나 큰 것을 斟酌할 것이다. 아무튼지 慶州 古都의 形式은 이 古墳들이 半以上을 쑤리나니 그 形式으로든지 그 古墳 배 속에 감춘 遺物로든지 果然 사람으로 하여곰 입을 싹싹 벌리게 하는 도다. 近日에 古物이 發見되엇다고 써드는 것이 이 古墳에서 나온 것이며 慶州 古蹟 保存會에 잇는 無數한 古物 들이 半은 다 이 古墳 속으로 나온 것이다. 이 墳墓의 形式을 보아 두 가지로 區別 하나니 그 內部로 보아는 그 玄室을 石槨으로 한 것과 積石으로 한 것의 둘이며 그 外部로 보아는 屏風石 其他石物들이 잇는 것과 그것이 업는 것의 둘인데 업는 것은 統一 前의 것이요 그 잇는 것은 統一 後의 것이라 武烈王陵 碑의 螭首龜趺가 只今에 慶州 四寶의 하나라고 일컷는 것이어니와 이것이 곳 三韓을 統一하던 太宗님검의 陵에 오아 비롯 된 것이라. 그리하야 太宗武 烈王陵압희 金陽墓와 松花山 中腹에 잇는 金角干墓를 바쑤어 생각하는 것 도 이 까닭이니 金陽墓를 武烈陵階下에 쓸 理도 업는 것이요 쓰드라도 武烈 王과 金陽과의 相距가 百有餘年인즉 그 石物을 武烈王陵과 一如히 碑 하나 만 세울 理도 업는 것이며 金角干墓 곳 金庾信墓라는 곳에는 屏風石에 石物

에 가추엇은즉 반듯이 統一久後의 陵墓임이 分明한데 金陽도 角干位를 지내엇스니 角干墓라 하얏슬 것이 쏘한 分明하며 新羅의 角干이라 하면 金庾信이 代表가 되엇스매 後人이 角干 2字에 어두어 金庾信墓라 抑斷도 할 것이라. 金角干墓야 누구의 墓이든지 金陽墓라는 것은 아무튼지 金陽墓는 아닌 것이요 武烈王陵과 가튼 時代의 陵墓일 것은 分明하다 한다. 雁鴨池를 거처 半月城의 石氷庫를 보고 돌아오다가 瞻星臺를 구경하얏다. 雁鴨池는 新羅가 統一의 業을 일우고 얼마 되지 아니하야 武烈王의 다음 님검 文武王이 丕業을 니어가지고 한참 興淸거리는 판에 판 못이니 못 가운대는 島嶼를 모고 蒼穹가티 무지개 돌다리를 노코 四面에 돌로 山을 싸하 巫山 十二峰을 形像하고 奇花瑤草를 심고 珍禽異獸를 기르고 그 西쪽에 臨海殿을 지어 花朝月夕 盛夏隆冬에 쌔를 바꿀만한 器具로 御輦이 한번 쓰면 山川이다. 慇懃히 禮를 들이는데 滿朝百官이 鞠躬進退를 하는 樣이 눈을 감으면 卽時에 보인다. 只今에 殿터에 잇는 石槽石桶은 그쌔의 光景을 다 보앗건만 여긔서 가싸운 距離에 東西로 갈구리 가티 곱으장 곱으장 한 山이 東西로 連絡하야 누은 것이 半月城이니 이 城이 個個이 떼어도 半月이요 全體로 合하야 보아도 半月인 것이 매우 興味의 富한데 半月은 圓滿을 期하는 쯧으로 더욱이 그 생각의 長遠함을 가르친다. 이 알에가 王宮터이라 군대 군대 나잣바진 柱礎가 비록 말은 업스나 千年前 歷史를 分明히 說明한다. 이 柱礎쑨 아니라 慶州 平野에 그득히 쌀린 기야장, 돌조각이 하나나 泛然한 것이 업스니 或은 蓮꼿, 或은 雲紋, 或은 菊花를 새기어 어느 것이 사람의 손을 거치지 아니한 것이 업다. 돌도 호강이 한쌔인가 보다. 只今에 뒤싼 돌이 되고 개천 막이가 된 것이야 오작슬흐랴. 月城허리에 南으로 石氷庫가 잇다. 이 氷庫의 創築 年代는 알 수 업스나 三國遺事에 儒理王쌔에 犁耜과 藏氷庫를 始製하얏다 하얏고 三國史記에 智證王 六年에 有司를 始命하야 氷을 藏하다 하얏스니 藏氷의 紀源이 오란 것은 알 수 잇스며 그 入口의 楣石에 李朝 英宗 十七年年에 改築한 文字가 잇다. 처음에는 石扉를 하야 단듯한 痕跡이 잇스며 庫의 넓이는 한 二十尺假量이나 되며 놉기는 너덧길 되는데 天井은 둥그스럼하게 肋式으로 싸핫다. 慶州 古蹟案內를 펴어보니까 이 庫의 用石이 約 千個에 肋式 構造로 東洋에서 此種의 石造建築物은 貴重한 것이라 하얏더라. 나는 다시금 新羅의 호강을 생각하얏다. 겨울에 蚊川江의 얼음을 떠서 이 庫에 장엿다가 三伏中 씰는 듯한 殿閣을 서늘이 식이어 그만 水晶宮을 맨들엇슬 것이요. 속이 답답하야 大叫코저 할 째에 氷水한 種을 기울이며 아아 시원해 하고 질기엇스럿다. 瞻星臺는 月城의 北, 邑에서 始林으로 가는 道傍에 잇스니 新羅朝의 天文觀測하든 遺址로 東洋의 最大한 天文臺로 거룩한 建築物이라 이는 新羅 二十七世王 善德朝의 建造라 하나니 花崗石으로 놉히가 三十尺이나 되게 圓筒形으로 싸하 올렷고 맨 우에는 二重의 井桁을 언쏘 中央 南面에 方形의 窓을 내어 出入口를 맨들엇는데 臺의 內部는 昇降 階段이 업시 그냥 싸핫슴으로 時候를 觀測하는 緊急한 곳으로 時間의 虛費되는 梯子를 썻슬 理도 업고 아마 昇降機를 썻나 보다는 意見을 가지는 이도 잇다. 그도 그럴는지도 몰라 千年前 그째에 잇서 琉璃를 고고 五色 毛織을 짜고 建築彫刻이 그만하고 萬佛山가튼 異常한 物件을 맨드는 솜씨로 昇降機 쯤을 맨들엇다는 것이 그리 怪異한 것은 아니라. 新羅 八怪의 하나라는 雁鴨池의 浮萍싸위도 아마 참으로 浮萍이 아니라 말음 닙가티 무엇을 해 씌어 사람이라도 가라 안지 안케 한 것이 아닐가. 新羅의 神物 金尺이라는 것도 正말 金자가 잇서서 病者를 재면 病이 낫고 死者를 재면 死者가 復生하는 것이 아니라 생각건대 아마 金尺이라는 용한 醫員이 잇서서 病者를 다스리면 病든 者가 낫고 죽게된 者를 다스리면 죽게된 者가 살아나게 하는 新羅의 扁鵲인지도 모르겟다. 또한 金尺이란 사람의 姓名이 아니라하면 我語에 무엇을 專業하는 者, 또는 專門하는 者를 자곳장이라 하는데 장이는 漢字로 譯하야 尺이라 하얏나니 假令 소리장이를 歌尺이라 활량을 弓尺이라 漁夫한 이를 漁尺 또는 魚尺이라 밥 짓는

사람을 칼자 (刀尺) 쏘는 刀자 아치라 한 따위라 그러하면 尺은 자곳장이라는
말 일 것이요 金은 그 姓이든지 그러치 아니하면 金針으로 針 놋는 針장이
일 것이라. 月城을 지나며 狼山을 바라고 鮑石亭터로 가면서 狼山 알에 살든
어떤 先生을 생각하얏다. 한창적 新羅時代의 活氣가 潑潑하야 떠드는 한 쪽
에 드러움과 어수선을 흠벅 늦기면서 고요하고 쌔끗한 짠 世上을 別로 맨드
는 그 先生, 섯달 그믐날이라 이웃에서는 비음을 맨들고 떡을 치며 致賀하고
웃고 질기는데 엽헤서 그릴스록에 더욱이 先生의 世上은 쑤미어 지도다. 이
稀罕한 先生이 世上에 아주 모르게 되지 안노라고 夫人이 닥아오며 하는 말,
여보시요 엽집에는 떡을 치는데 우리는 먹이가 업스니 설을 어찌 지내려오.
先生이 天然히 닐어나아 검은고를 끌어다가 동당징 줄을 골라 당둥싹하고
썩 치는 樣을 알외이며 夫人을 慰勞하얏다. 이 調가 新羅 樂府의 碓樂이라는
것이다. 그 先生이 성한대보다 썰어진대가 더 만흔 누덕이를 닙고 지내엇슴
으로 남들이 부르기를 百結先生이라 하엿다. 아아 우악우악하든 新羅도 이
제 이 先生을 배우고 말앗다.

　南으로 南山下 鮑石亭 못 미처에 昌林寺터가 잇다. 新羅의 書神 金生이
가 이 碑寺를 썻다는데 그 사람은 물론이어니와 그 碑文까지 업서젓다. 古蹟
保存會에 金生의 쓴 白月塔碑文을 걸고 宏壯히 說明하는데 金生의 글씨는
여긔에서만 볼 수 잇다는 것도 좀 甚한 말, 方形으로 담이 둘리고 그 안에 古木
이 잇스며 나무미테 全鰒 모양으로 둥글실죽한 石渠가 新羅의 最後幕을 演하
든 鮑石亭의 流觴曲水터라 쯧이나 하얏스랴. 景哀王 萬乘의 貴한 몸이 甄萱
의 사나운 칼에 헤엽업시 슬어지며 꿈 속의 景哀王后, 한 나라의 國母로 가장
昌皮한 辱을 當하고 무서운 불길이 한울에 다핫는데 文武百官이며 三千宮女
가 밟히며 씰리며 허둥지둥부르짓는 樣이 생각하면 곳 그려진다. 나는 精神
일흔 사람모양으로 우둑하니 서엇다. 아아 無常하다 하는 外에 말이 업겟다.
同行한 분이 韻에 過한 사람이라 쌀병에 담은 술을 거울러 한 盞씩 돌리는데

流觴은 아니나마 그러커니 하고 마시엇다. 因하야 써날 째에 한 ●의 돈을 손에 쥐어주며 - 으면 百○을 주겟다 하든 何字號 가진 벗님이 그리웟다. 생각으로 한 盞을 난 후며 빙글에 웃엇다. 이에 글을 한 말이 을프니

鮑石亭 놀음머레 火光이 어인일고
萬乘의 놉흔 님검 칼 긋에 지단 말가
西風에 써는 나무 입만 녯 景인 듯 하여라.

돌아오는 길에 蚊川 南쪽 언덕 五陵의 東南傍에 閼英井을 차즈니 우수수하는 대숩풀 한 귀퉁이에 閼英井이라한 木標가 잇고 그 압헤 閼英井과는아주 짠판인 흙무덕이가 잇고 그 우에는 보기만 하여도 가슴이 다 답답하도록 큰 花崗石 한 張을 눌러 노흔 것이 잇다. 아아 이것이야 누가 閼英井이리라고 생각이나 하얏스랴. 참으로 千萬 쯧 밧기로다. 그야 桑田이 變하야 碧海가 되는 수도 잇거니와 一國 國母의 發祥地로 變하기로 이대도록 變하얏스랴. 나는 慶州 人士에게 한 마디 뭇고자 한다. 그대네들이 慶州를 자랑하고 兼하야 朝鮮의 文明을 자랑하지 아니하는가. 그러면 國母의 發祥地에 紀念閣가튼 것은 못세운다 하드래도 저윽이 精誠만 잇스면 木이나 石이나 間에 標하나쯤 세우기는 그리 어려울 것이 아니어늘 홀죽한 나무째기에 閼英 英井석 字를 標한 것조차 古蹟保存會곳 업섯든들 어더 보지 못하도록 내어버려 두는 것이야 어찌 寒心치 아니하리요. 또한 慶州人士는 驕慢이 만타. 古今을 勿論하고 老大國民은 依例 그러하거니와 果然 慶州人士는 三國을 統一하든 그 째의 거들음이 잇다. 慶州 人士여 그대네가 歷史로 자랑하는 사람이 어찌 歷史를 생각지 아니하고 新羅가 三韓을 統一할 째의 形便을 史氏가 說明하야 가르되 百濟는 驕慢으로 亡하고 新羅는 勤勉으로 興하얏다고 하지 아니하얏는가. 다시 說明할 것 업시 驕慢하고서 무엇이 될 것인가. 그대네는 그대네의

直系 祖上을 생각하여라. 二千年前 그쌔의 사람들이 머리를 집고 눈을 감으며 어찌하면 新羅로 하야곰 藝術國이 되게 할고 어찌면 더 富強하야 豐國의 이름을 엇게 할고 하고 經綸하든 생각을 하여라. 그대네는 업서진 新羅를 자랑하지 말고 新羅의 생각이 씨쳐잇는 慶州를 사랑하여라. 慶州를 發展시기라. 나의 생각가타서는 慶州는 振興할 期望이 적은 대라 한다. 驕慢한 人士를 가지고 한편에 僻在한 慶州가 무엇으로 發展하겟는고 慶州 人士여 奮起하라. 慶州가 비록 地理上으로 發展의 望이 업다 할지라도 海陸 交通을 잘 利用하야 商工業가튼 것을 精誠으로 닐으키면 아주 그리 안 될 念慮도 업슬 줄 안다. 그것은 亡한 新羅가 거울하지 아니하는가. 이 井은 一名에 娥利英井이요 또는 鷄井이니 閼英后가 誕生할쌔에 鷄龍 出現의 祥瑞가 잇슴으로 이름이며 天下에 有名한 鷄林의 號가 實로 이에 말미암음이라. 一說에 脫解王時에 金閼智를 어들 째에 닭이 始林에서 울엇다고 始林을 고처 鷄林이라 한다 하얏스나 나는 이에 疑心이 잇다. 脫解王의 居하든 宮은 只今 昌林寺터이요 始林은 月城 北인즉 그 相距 - 鷄鳴狗吠가 서로 들릴 수가 업는 것이라 님검 한 분만이 어찌 鷄聲을 들을 수 잇스리요. 암만하야도 始林이 이 五陵 松林인지도 모르겟다. 그러하면 닭의 소리가 서로 들릴만한 距離며 始林이란 이름조차 들어마즐 듯 하다. 이것은 한 疑心으로 하는 말이요 一行이 여럿움′라 別소리가 다 나오는데 正말 이것이 움물일가 하는 사람도 잇스며 設令 움물이라 하드라도 사람이 움물에서 나올 理가 잇나 이 五陵의 傳說도 碑石이 分明히 가르침가티 始祖, 閼英后, 南解, 儒理, 婆娑 五位의 陵인 것을 始祖가 昇天한 七日에 五體가 散落한 것을 取合하야 무드려하매 蛇妖가 잇서 못하얏다는 말은 무엇이야 하야 이 等 傳說의 맨들어낸 所以然은 생각지 아니하고 自己 쏙쏙에 自己가 되속는 소리만 한다. 그러나 그를 責望할 까닭은 업다. 責望할 사람이 잇다하면 이는 高麗의 史家이다. 高麗의 及家가 몸은 朝鮮사람이면서 마음은 唐으로 化하야 아무쏘록은 朝鮮의 族系를 無視하고 朝鮮의 民性

을 無視하도 朝鮮의 傳說을 無視하고 朝鮮의 文明을 無視하야 朝鮮으로 하야곰 나나벌의 唐이 되도록 적은 것이 不幸이 幸처럼 只今 사람을 맨들어 노흔 것은 모두가 高麗 史家의 罪이다. 그러나 이도 쏘한 高麗 史家의 罪라고만 할 수가 업다. 더 올라가아 崔致遠가튼 사람은 新羅末의 學者이다. 十二歲된 어린애로 故國을 써나 海外에 留學하고 돌아온 이름난 學者이다. 아무리 어리어서 故國을 써나왓슴으로 自家의 事情을 모른다 하드라도 그래도 저옥한 생각이 잇스면 어썬 틈을 타서든지 自己가 生長하야 自己가 무티일 그 쌍의 事情을 적어 傳하얏슬 것이 아닌가. 이것은 돌이어 나의 말이 군소리요 적어서 傳하기는 姑捨하고 차라리 自己의 말맛다나 미치괭이 모양으로 山水에 放浪이나 하얏스면 조흘 것을 제짠에 적는다는 것이 唐人의 발굼치를 할타 吠主犬이 되노라고 精誠으로 애쓴 形跡이 보이는 것은 그를 爲하야 가엽슨 일이요 新羅를 爲하야 怨痛한 일이다. 참으로 五百年 慕華家의 始祖는 崔致遠이가 그라하여야 宜當할 것이다. 彼我를 區別할 줄 모르는 어리애를 留學 시기는 일도 두려운 일이어니와 아마 나라가 亡할 재에는 學者도 亡할 것만 나는 것이야 어썬 사람은 쓸어진 대 한가지를 어더들고 風傷하야 黃白한 班紋을 얼우만지면서 이것이 瀟湘斑竹이라 娥皇女英의 눈물이 여긔까지 쮜엇던가 하는 이도 잇다. 나는 이에 娥皇女英의 눈물이란 말에 그 눈물이 피드란 생각이 나며 이에 聯想되는 것이 잇다. 杜鵑花는 蜀帝靈魂의 피눈물로 붉고 瀟湘斑竹은 娥皇女英의 피눈물로 붉고 우리나라 俗談에 수수대의 붉은 點은 뙤랑이 밋구녁의 피가 무더서 그러타는 말까지 잇다. 그러나 나는 이런 것들을 생각한 것이 아니라 浦間에 나는 갈대의 點은 朴堤上의 피로 붉엇다는 것이니 朴堤上이 木島에서 燒殺을 當할 째에 발바당은 빼앗기고 피가 뚝뚝 썻는 고기덩이로 보기만 하야도 솔음이 쭉쭉 씨치게 갈대 그루턱을 쑤벅 쑤벅 걸어가며 닭, 개새끼가 되어도 하며 한갓 맘을 지키다가 다시 지글지글 끌는 무쇠 우에 올라서든 景光이 생각만 하야도 씀직하다. 邑에서 東 五里에 芬皇寺

九層塔을 절하얏다. 塔은 安山岩을 煉瓦가티ㅣ 다듬어서 方形으로 九層을 싸핫는데 어느 째에 三層이 문허지고 그 後에 寺僧이 重修하다가 잘못하야 쏘 三層을 문허쩔이고 三層만 남앗섯다. 그러한데 大正 四年에 總督府로부터 修繕을 加할째에 그 안에서 石函을 發見하야 句玉, 琉璃, 金具, 鈴子싸위와 多數의 裝飾品을 發見하얏는데 그 中에 高麗鑄의 崇寧通寶가 나와서 高麗째에 重修한 證跡을 어덧다. 이것이 寺僧이 重修하얏다는 그 世代가 아닐는지도 모를 것이라. 이 三層만도 그 雄大한 法이 景福宮의 勤政殿을 쳐다보는 듯한 感이 잇다. 어찌면 그러케 構想이 雄大하며 建築이 壯健하얏는고 나는 이 三層을 밀우어 九層을 생각하얏다. 新羅의 潑潑한 생각이 天下를 統一하고 隣國을 朝貢바들 쯧으로 第一層은 何國, 第二層은 何國, 第三層은 何國하야서 國民에게 大國主義를 보이노라고 싸흔 것이매 오작하랴마는 그 塔이 九層 그대로는 慶州의 四山을 솟아 올라 한울을 쏠코 天下를 나려보는 樣이 果然 大國의 理想을 代表하얏슬 것이다. 그러한데 修繕을 加하노라고 塔우를 마말라 노흔 것이 形容할 수 업시 안 되엇다. 그 前에는 塔우에 문허진 痕跡이 그대로잇서서 九層이든 것을 分明히 說明하는 듯 하든 것이 이제는 어린애가 상투를 짠 모양으로 아주 응태부리가 되어 버리엇다. 佛國寺 驛에서 未十里에 吐含山 南麓에 보면 하웃우운 문허지고 허술한 절이 佛國寺이다. 이 佛國寺의 多寶塔은 石窟庵과 아울러 天下의 絶寶라는 關野 博士의 說明을 들엇다. 그 말에 이 佛國寺의 多寶塔이나 石窟庵과 비슷한 建築彫刻이 印度나 唐에 업는 것이요 잇다 하드라도 거긔의 것은 이것과 가티 精巧하지 못할 쁜 아니라 그 意匠은 오즉 朝鮮 사람의 생각으로 맨들어 낸 것이며 設令 이와 비슷한 것이 印度나 支那에 이것보다 먼저 된 것이 잇다 하드라도 이것은 朝鮮 사람의 손으로 된 것이매 이것들이 朝鮮의 보배가 되는 同時에 쏘한 世界의 보배라 하며 더욱 多寶塔은 形態가 秀麗하고 奇想이 縱橫緻密하야 花崗石을 가지고 나무를 맘대로 말라 맨들 듯이 精巧한 手工을 베풀엇다

고 連해 말을 거푸하며 多寶塔과 마주 서엇는 俗에 無影塔이라 하는 釋迦塔
도 手法이 簡單하나 規模가 크고 權衡이 得宜하야 매우 優美輕快한 特質이
잇다하고 헐어진 泛影樓 基柱를 가르치며 그것은 單面 十字形을 成하야 下
濶上窄하게 美한 曲線을 描한 것이 實로 天來의 奇想, 入神의 手工이라 當時
工匠의 靈腕은 참 놀랍다 하며 다시 法堂 압헤 잇는 石燈을 가르치며 저것이
보기에 변변치 아니하나 그러케 輕快하고 아름답게 맨들기는 참 어려운데
日本에는 오즉 저와 비슷한 것이 奈良當麻寺에 하나 잇슬 쑨이라 한다. 우리
는 工學의 知識이아주 어두운 지라 무슨 議論할 것이 업거니와 그 博士의 침
이 말라하는 說明에 어개가 웃슥 하얏다. 佛國寺에 쏘 한 가지 有名한 것은
寺前面 階段 東西에 노흔 石橋이니 東上은 靑雲이요 下는 白雲이라 白雲橋
上部는 筒狀穹窿으로 하야 支하고 靑雲橋는 編拱狀石材로 하야 支하얏스며
階段 兩房에 石欄을 設한 것이니 西의 蓮花, 七寶上下橋도 그 結構는 大槪
前者와 갓다. 나는 여긔서 이런 생각을 하얏다. 蓮華, 七寶는 勿論 佛敎의 文
字어니와 靑雲 白雲은 무엇을 意味함인고. 이는 畢竟 먼저 芬皇寺 九層塔이
政治的으로 統一을 意味한 것가티 이 절 石橋는 宗敎上으로 統合을 意味함
이라 한다. 그러치 아니하면 儒敎에 當한 文字 靑雲과 仙敎에 當한 文字 白雲
을 取하얏슬理가 업는 것이다. 寺後로 路를 取하야 吐含山을 넘어 좀 나려가
다가 北으로 썩겨 얼마 아니 들어가면 머리 쌕쌕 싹근 중대가리 가튼 돌집이
잇다. 이것이 그리 有名한 石窟庵이라. 吐含山 東麓 싣허진 곳을 파고 花崗石
으로 窟을 싸아 노흔 것이니 터가 그리 登高한 줄은 모르나 쏘한 魚池間히
놉흐며 압흐로 잔 山을 쌀고 멀리는 東海를 바라 그 位置부터가 그럴듯하다.
窟에 入口, 左右의 壁面에는 四天王과 仁王像을 薄肉刻으로 새기고 窟의 中
央의 石蓮臺上에 丈六佛坐像을 모시고 後面의 中央에는 十一面觀音立像을
陽刻하고 左右로 各 五軀의 羅漢像과 二軀의 菩薩像을 作하고 周壁上에 更
히 左右 各 五處의 佛龕을 穿하고 그 안에 左方에 四菩薩, 右方에는 二菩薩과

地藏菩薩, 維摩居士의 坐像을 安하얏고 天井은 穹窿形으로 하얏는데 그 構築의 精함과 意匠의 妙함과 手法의 巧함이 優雅精麗한 特質을 發揮하야 實로 新羅 藝術 黃金時代의 代表的 遺物이라 할지로다. 그리하야 日東의 學者 鳥居씨가 이러케 말하얏다. 어 彫像을 보면 그리 莊重하고 崇嚴한 생각이 나지 아니하고 사랑흡고 情답은 생각이 난다. 말하면 아주 女性이라 만일 男性이라 하면 愛的情的 男性이라고 하얏다. 이 窟이 近日에 오아 荒壞가 甚함으로 大正 四年에 이도 쏘한 修理를 加하얏는데 修理라 하면 原形그대로 하는 것이 아니라 入口의 天井을 헐어 업시하야 동글한 石造佛龕과 가티 되어 窟이라는 생각이 도모지 붓지 아니한다. 그리하야 어씨하면 가마갓다 노흔 것 갓기도 하며 쏘한 達摩의 肉髻갓기도 하다. 게다가 修理 前 보다 雨水가 滲漏하야 彫像이 하야케 粉을 발라서 아주 넷빗이란 족음도 업다. 只今도 세면트칠을 자꾸 한다. 내 생각 가타서는 세면트칠만 하지 말고 根本的으로 原形대로 修補하는 것이 조흘 듯하다. 原形을 일흔 修補는 改造요 修補가 아니며 古蹟 保存의 本意를 일흔 것이라한다. 修理 工事에 監役하는 技師가 우리에게 一種의 勸勉을 주는데 古蹟을 保存하는 우리로는 自己의 古蹟을 아씨어 구경오는 여러분에게 感謝를 하노라 하며 잇대어 시기지 아니하는 說明을 한다. 이 石窟庵은 構築이 幾何學的 構想이 아니고는 到底히 이에 이를 수가 업스며 位置를 잘 가리어 아츰해 도들 적이나 저녁달 쓸 적이면 그 光線이 발우 窟안에 비추어 참으로 壯觀이라 하며 朝鮮 사람들은 이 窟을 東海上에 싸흔 것은 日本을 征服하랴는 意味로 하얏다 하나 나는 그가티 생각지 아니하나니 이 窟 자리를 여긔에 잡음은 日月을 崇拜하는 意味나 쏘는 航海船을 保護하는 쯧으로 한 것이라 하며 四天王 中 하나의 신은 신발이 뒤는 朝鮮 집신 꾸미는 듯 하고 압흔 日本 와라지 꾸미듯 하얏스니 이것으로 보면 벌서 그쌔에 日鮮 融和가 意味되엇다고 매우 自得하야 한다. 나는 이에 짠 議論이 잇다. 古代에 잇서 文物制度가 大陸으로부터 島國에 輸入된 것은 說明 할

것이 업거니와 이 신발에도 쏘한 그 影響이 미첫나니 그는 李玄錫의 游齋集
을 보면 넉넉이 日本의 집신과 나막신 制度가 大陸으로부터 들어간 實徵을
어들 수 잇스며 그리고 이 石窟庵싸흔 緣起도 九層塔에와 佛國寺石橋와에
비추어 그 說明의 弱함을 차즐 수 잇다. 그러하면 나는 石窟庵싸흔 緣起를
말할 새에 그 技師의 쌔려는 說明까지 너허야 可하다 한다. 勿論 古代에 잇서
日月가튼 自然物을 崇拜함도 事實이어니와 九層塔을 쌋는 新羅 사람, 佛國
寺를 짓는 新羅 사람이 石窟庵을 지을 째에 쏘한 엉큼한 생각이 그 속에 들엇
슴 것도 事實이 아니랴. 누구든지 녜적을 알려는 이는, 더욱 三國의 文化를
알려는 이는 慶州를 가아 보아라. 가보면 무슨 생각이 꼭 닐어 날 것이니, 句麗
의 王宮에는 方一里의 水晶城이 잇섯다는 歷史를 보앗다. 그러나 이는 只今
에 상고할 수 업는 것이요 나는 먼저 百濟의 서울 扶餘를 보앗다. 그러하나
그것은 慶州에 비기어 遜色이 잇다. 여긔에 오아야 古代의 雄遠한 생각을 안
다. 九層塔을 보아라. 佛國寺, 石窟庵을 보아라. 그러면 新羅 사람의 생각을
다 안다. 어찌면 그러케 雄大하고 壯重하고 緻密하얏든고 나는 只今에 되쌕
만큼씩한 무덤을 쌋는 朝鮮 사람과 山덤이가티 쌋는 新羅 사람 사람과는 아주
싼판이어서 도모지 歷史上 關係가 업는 듯 하다. 나는 新羅의 遺物을 보고
新羅의 생각을 斟酌하고 新羅의 녯적으로 들어가고 십어 못 견디겟다. 國民
의 思想은 地理를 쌀아서 다르거니와 新羅 사람은 아마도 金剛山의 아름다움
과 滄海의 넓음을 배워서 그러한 듯 하다. 只今의 朝鮮 사람도 그 山과 바다를
한 모양 보건마는, 그러나 新羅의 衰亡한 原因도 이에 잇다 할지니 한참 적
百濟를 幷하고 句麗를 蹂躙하야 國勢 文物이 絶頂에 達하 얏슬 째에 벌서
한 엽흐로 自滿과 奢侈가 쌀아서 城寨를 쌋는 代身에 寺塔을 세우고 花郎을
쏩는 代身에 虛無僧을 놉히어 航海術을 練習하든 滄海, 瀚海가 印度 波斯의
珍禽奇獸를 나르는 航路로 變하고 藝術美를 배우든 金剛山이 閒人 蕩子의
花遊하는 場所로 化하얏다. 定코 新羅 興亡의 境界線은 이에 난 후인 것이다.

警察署에서 近日에 파아나인 古物을 보앗다. 썩 重要한 것은 무슨 關係로 뵈지 아니하고 약간의 것만 — 그것도 하루밧게는 公開하지 안핫다. 寶玉類와 純金屬의 器具와 裝飾品도 만커니와 그 中에 第一 珍貴한 것은 琉璃와 水晶이라 한다. 水晶 구슬 한 個에 萬餘圓 價値를 가진다 하니 얼마나 高貴한 것임을 斟酌하려니와 더욱 琉璃를 고은 것은 그쌔에 안저서 稀罕한 것일뿐더러 琉璃라 하야도 그냥 琉璃만 고은 것이 아니라 속에 砂器質을 싸서 고은 것은 참으로 놀라운 것이며 또하나 神奇한 것은 金帶의 씌돈에 눌리어 썩지 아니한 옷감을 볼 수 잇슴이라. 이 옷감은 굵은 벼가튼 것이 麻絲織의 녀름 洋服차 비슷한 것이다. 손목에 두르는 金腕環 발목에 두르는 脚環이 나왓다. 그리하야 이 옷감과 腕環따위를 모아서 밀우어 생각하면 그쌔의 或時나 只今 洋服 비슷한 옷을 닙지 아니하얏는가. 또는 琉璃, 磁器를 고는 工學과 建築彫刻 等 놀라운 藝術을 合하야 보면 只今 西洋의 文明이 東洋의 新羅 가튼 대로부터 들어가앗다가 다시 再演되어 나오는 것이나 아닌가 하는 생각을 가지는 이가 잇다. 그것도 몰라 西剌比亞 等 西國의 商人들이 新羅에 들어가아 돌아가기를 이저버렷다는 歷史와 高句麗와 中央亞細亞와의 關係를 밀우어 생각하면 어써할는지. 西剌比亞 사람이 들어가기를 이젓다는것가티 아무튼지 慶州를 보는 이는 참아 돌아가기가 실흘 것이다.

慶州의 맨 나종 구경으로 奉德寺 鍾을 울렷다. 이 鍾은 景德, 惠恭父子 兩代가 그 考祖되는 聖德님검을 爲하야 鑄成한 것이니 所入 黃銅이 十二萬 斤이라. 金銀을 잘 調合하고 首部에 旗指를 노흔 純朝鮮式 鍾으로 다시 어들 수 업는 것이다. 한번 울리매 위잉하고 울다가 그 소리가 씬허질만하야서 다시 위잉하고 音波를 繼續하야 故國의 남아지 소리를 잠잠이 傳한다. 아아 조흔 鍾이로다. 손끗으로 죡음만 튀기어도 윙윙하고 數十分씩을 繼續한다. 新羅 사람은 九層塔, 丈六佛, 玉帶로써 三奇라 하얏거니와 只今 사람은 石窟庵, 多寶塔, 武烈陵碑의 龜趺와 이 鍾을 아울러 四寶라 한다. 이것이 慶州의

四寶만 될 쓴 아니라 우리 過去의 文明을 歷歷히 說明하는 보배가 이것이라. 만일에 이것조차 업섯든들 우리가 무엇으로 자랑하고 慰安을 어덧슬고.

一行은 하루 먼조 보내고 나는 吳라는 벗과 慶州에서 몃 군데 남아지 구경을 하고 하루 밤을 더 쉬엇다. 먼저 이틀은 방이 좁아서 果然 苦生하얏다. 서로 비고 서로 깔고 아주 야단으로 지내엇다. 이 날은 좀 精한 旅館을 어더서 단둘이 便히 쉬게 되엇다. 이 밤에 이런 놀애가 생각 나앗다. 「東京 밝은 달에 새도록 노닐다가 들어내 자리를 보니 가라리 네히로새라」이것은 處容歌의 一節인데 偶然하게 境遇가 들어 마젓다. 申靑川과 崔杜機가 前生 夫妻로 友好하야 지냇다드니 나와 吳가 쏘한 그런 宿緣이 잇는지도 모르겟다. 밝는 날 일즉 밥을 먹고 市街를 北으로 通하야 한참 건닐엇다. 邑에서 北으로 浦項에 닷는 길은 新羅적 길 그대로라 한다. 年前에 新作路를 낼 쌔에 길을 깔다가 新羅 舊路의 兩便 右築이 들어나아 別로 힘들이지 아니하고 修理를 加하얏다 한다. 그러켓지 그쌔에 길이 좁앗슬 理가 잇나. 交通은 文明의 正比例하는데, 時間이 되어 自働車를 잡아타고 이 길을 뒤로 延長시기며 影池, 掛陵 이악이를 하며 慶州 東의 有名한 - 鵄述嶺을 가르치면서 蔚山으로 달아간다. 가기는 가면서도 생각은 참아 떨어지지 아니하야 마아치 生長한 故鄕을 써나 듯 連해 고개를 돌이키엇다.

압헤쓸 것 (弁言)

이 記는 바람이 선득 선득하고 입히 누릇누릇할 쌔에 적은 것이 萬物이 들어 업들이기 始作하고 눈이 풀풀 날릴 이 쌔에 板에 실게 된 것은 紙面의 關係와 다른 事情이 잇슨 까닭이나 아무튼지 철 느즌 感이 업지 아니한데 쌔가 늦기로 말하면 只今에 千年前 이악이를 하는 것도 벌서 쌔쌔는 아니라. 이 쌔에 이 글을 읽음이 한 엽흐로 찬 겨을 씨는 녀름을 그쌔 족족 바꾸어 생각하는 이만한 慰安은 어들가 하야 함이라.

朦朧한 記憶

憑墟

《백조》, 1922년 5월

〈백조〉 편집위원인 빙허가 편집 방침에 맞춰 쓴 기행문이다. 편집회의 결과 소설과 기행문 분야를 맡게 되어 작년에 해운대 다녀온 이야기를 글로 쓴다는 내력이다. 실감 있는 현장 묘사보다 피상적 상념을 주로 서술하고 있다. 억지 기행문을 쓰게 된 사정을 먼저 소개하고 기차 여행과 해운대에서 느낀 점을 정리하고 있다. 2등 밤 기차를 타고 갈 때 말동무조차 없어 심심하고 울적한 마음이다. 앞자리에 앉은 일본 신사가 돈과 지위를 자랑하는 듯한 태도를 보며 밉살스러워 한다. 밤이라 풍경조차 바라볼 수 없는 여행이 계속되는 동안 갖가지 상념이 떠오른다. 인생은 지나가는 나그네라는 말을 떠올리며, 여행을 하고 나서야 여행하는 몸이 나그네인 것을 알게 되고 꿈을 꾸고 나서야 꿈 꾼 자신이 꿈인 줄 느낄 수 있다. 그러나 꿈을 꾸는 동안 자신이 꿈꾸는 줄 의식할 수 없지만 여행은 맑은 정신으로 하는 것이므로 넉넉히 자아를 돌아볼 수 있다. 결국 여행하는 동안의 자의식은 자신을 명확히 깨닫게 한다.

기차는 인생의 상징이란 말을 떠올린다. 목적지에 다다르지 않으면 말지 않는 기차의 끊임없는 진행이야말로 생의 길을 걸어가는 인생과 같다. 그런데 여행을 할 때 비와 바람은 차를 두드려 직접 영향을 미치지만 명승지의 경치는 스쳐 지나갈 뿐이다. 인생도 마찬가지다. 고통은 뼛골에 사무치지만 행복은 멀리 애달픈 그림자만 보인다. 발버둥쳐도 잡을 수 없다. 앞자리 사내가 식당에서 돌아와 앉는 모습을 보다 모파상의 소설을 떠올린다. 말라깽이 남자가 차간에서 만난 젊은 여자의 불은 젖을 빨아먹고 여자는 남자에게 폐를 끼쳤다 미안해하고 남자는 이틀 굶은 뒤라 오히려 고맙다 인사하는 상황이다. 이런 기차간의 모습이 곧 인생의 반어를 역설한다.

부산 종형 집에서 하룻밤 지내고 해운대 갈 생각에 집을 나선다. 춘원의 해운대 기행을 읽은 것 때문에 해운대에 관한 확고한 영상을 머리에 그리고 있는 것이다. 그러나 냉혹한 현실은 꿈을 깨트렸다. 해운대에서 자동차를 내렸지만 꿈꾸던 해운대 산해는 없었다. 무어라 말할 수 없는 풍정 있는 산과 형용할 수 없는 시취 있는 바다를 기대하였지만 그저 그런 산에 그저 그런 바다뿐이었다. 춘원이 말한 "창랑에서 이는 일진 청풍"도 "벽파 위로 소리 없이 지나가는 일엽편주"도 볼 수 없었다. "투명한 해파를 헤치고 텀벙실 뛰어들어 두 팔로 창해를 끌어당기며 물결을 따라 오르락내리락 하는 맛"도 볼 수 없었다. 결국 온천에 들러 몸을 씻고 탕에 잠겨 피로를 풀었다. 다시 바다로 나가 파도를 바라보며 잠시 가슴이 시원해짐을 느낀다. 그러나 역시 "이까짓 경치는 아무 해변에서도 볼 수 있다"는 불만은 있었다.

무엇을 쓸가!

前號에는 넘우도 적게 썻다. 여러분 글동모를 뵈을 적마다 나는 叱責의 視線을 느끼엿다. 그럴쪽쪽 來號에는 만히 쓰리라, 흠신쓰리라고 남몰래 決

心하엿다. 그러나 未來는 비인 손의 幻影이엇다. 모든 것을 約束하고도 가저다 주는 것은 아모것도 업섯다.

무엇을 쓸가?

編輯會議는 열리엇다. 나는 小說과 紀行文를 맛게 되엇다. 小說은 어찌하든지 지을 수 잇는 듯 십헛다. 두말아니하고 快諾하엿지만, 紀行文은 무어라고 긔적어릴 可望조차 업섯다. 『어대 가본대가 잇서야 쓰지』하고 歎息하는 수밧게 업섯다. 『웨 海雲臺를 갓다 오지 안헛소. 그것 쓰구려』잘 웃는 稻香君이 그때는 웬일인지 아주 儼然히 얼굴을 바루고 이런 말을 하엿다. 나의 요리조리 핑계하는 것이 可웟슴이리라. 전번에 未洽히 녀긴 것이 不知不識間에 發露되엇슴이리라. 그 푸른서슬에 나는 唯唯承命이엿것만 암만해도 써질 것 갓지 안햇다. 果然 그의 말 맛다나 海雲臺에 갓다 온 일은 잇다. 잘잘못은 고만두고, 붓을 놀린다는 사람치고야 紀行文 하나 업지 못할 만한 旅行이엇다. 第三者로 보면 詩的이라고도 할 수 잇섯나니, 별것이 아니다. 山과 바다를 아울러 風景이 絕佳하다는 그 곳을 小說의 背景으로 삼을 作定인 韻致잇는 거름인 까닭이라. 그 길 써나기 前엔 나로 말하여도, 거긔에만 가면 나의 錦繡心腸(文字의 僭越은 容恕하라)을 풀 수 잇스리라. 풀 수 잇스리라하고 내 졂은 넉은 憧憬에 뛰엇다. 하건만 現實가티 冷酷한 것은 업다. 마치 이름과 가티 차듸찬 것이다. 아모런 考慮도 업고 아모런 廉恥도 업는 것이다. 싸늘하게마조치면 꼿답은 幻想도 부서지고, 싸스하든 甘夢도 쌔어지는 것이다. 海雲臺가 幻想으로 나타나고 꿈으로 보일 쌔는 얼마나 아름다웟스랴! 그리웟스랴! 그러나 現實의 그것은 興味索然할 것이엇다. 이 理由는 나종에 말하려니와 蔽一言하고 紀行文을 쓸 무슨 興이 업섯다. 그리고 쏘 그것은 昨年 十月일이다. 조튼 낫부든 記憶조차 熹微하다. 그럼으로 『海雲臺갓든 紀行을 써요』란 말을 들을 쌔에 나는 적지안케 悶鬱하엿다. 하되, 쓰기는 써야 될 事勢ㅣ라. 잠자는 記憶을 쌔워 일으키게 비롯하엿다. 過去의 검은 못에, 흐릿하게 잠기엇든 記憶이, 蓮곳 모양으로 봉오리 봉오리 피여오른다. 나는 문득 情다운 생각을 禁할 수가 업다. 그 째의 無味하고 散文的이든 事實과 感想이 意味깁흔 듯도 십헛다. 사람이란 未來를 憧憬함과 마찬가지로 過去도 詩化하고 美化하는 것이다. 아모리 보잘것업고 하잘것업는 것일 망정 붓가는대로 본 그것, 느낀 것을 적어두랴고 한다.

나의 汽車

經濟와 時間關係로 나는 밤 車를 타게 되엇다. 어느 친구 하나업시, 쓸쓸하게 車室 한 모퉁이를 占領한 나는 심심하고 鬱寂스러워 견딜 수 업섯다. 나도 저를 몰으고 저도 나를 몰으는 사람이라도, 彼此에 마조안고 오면 말동모가 되는 수도 잇건마는 파쓰덕 분으로 二等을 탄 나는 그런 瞬間의 말 벗조차 차질 수 업섯다. 내 압헤 안진 어썬 洋服입은 日本紳士는『나는 二等손님이엇다』하는 態度로 점쟌을 길길이 쌔고 잇다. 그는 제 地位를 자랑하고 財産을 자랑하는 것처럼 째째로 金時計를 내엇다 너헛다 하고 잇슬뿐이다. 그도 내게 말을 건네랴 아니하얏다. 나도 그에게 말을 건네랴 아니하엿다. 空然히 밉고 안이곱은 생각까지 들엇다. 이러고 보니 一刹那의 심심 破寂인들 어찌 어드랴. 게다가 沿路의 景致조차 바라볼 수 업다. 시커먼 밤빗이 山과 들을 흐리어버린 싸닭이다. 烟氣와 가티 안개와 가티, 空間에 감을 거리는 蒼茫한 夜色도, (버릴 棄)것 아니로되 그나마 窓鏡에 쏘인 電燈의 反射가 許諾지 안는다. 들리는 것은 무거운 짐을 실은 소가 헐덕이듯, 呻吟하는 鐵馬의 닷는 音響뿐이엇다. 우루루 우루루. 나는 팔을 비고 누엇다. 씃 모를 瞑想의 바다에 자자지고 잇섯다.…….

녯 사람이 말하기를, 人生은 지나가는 나그네라 하엿다. 그리고 덧업슨 쑴이라고도 하엿다. 그것은 물거품의 그림자나 질배업는 人世의 無常함을 形容함이리라. 풀곳헤 이슬가튼 生命의 虛妄함을 比喩함이리라. 쑴이고 나

그네인 사람으로, 꿈을 꾸고 나그네가 되는 것은 꿈가운대 꿈을 꿈이오, 나그네가, 나그네 됨일다. 꿈을 꾸어 보아야 꿈꾼 내 自體가 꿈인 줄 느낄 수 잇고 旅行을 하고야 旅行하는 이 몸이야말로 원원히 나그네인 줄 쌔달을 수 잇는 것이다. 꿈은 朦朧한 幻象일세, 夢境에 彷徨할 사이에는 꿈이 나인지 내가 꿈인지 생각할 意識이 업지마는, 旅行은 말둥말둥한 精神으로 할 수 잇는 것일세, 길을 가면서도 넉넉히 自我를 돌아볼 수 잇는 것이다. 하고나서 追憶하니 암만해도 어섬푸레하지 안흘 수 업고, 하면서 쌔달으니 明確치 안흘 수 업다.

『汽車는 人生의 象徵이다.』라고 그 쌔 나는 切切히 느끼엇다. 낫이면 낫, 밤이면 밤으로, 目的地에 다다르지 안흐면 말지 안는이 쉰힘업는 進行이야말로, 生의 길을 걸어가는 人生의 쌀이 아니고 무엇이랴. 닷고 쏘 닷는 가운데, 荒凉한 들판도 지내리라. 풀푸른 언덕도 스치리라. 銀玉色 무지개가 어리인 듯한 山 모롱이를 돌아돌제, 水晶가튼 맑은 물이 구비치는 景槪로운 곳도 잇스리라. 어느 쌔는 미친 바람도 만낫다. 모진 비도 맛는다. 그러나 汽車는 줄곳 다를 쑨이다. 勝地라고 바퀴의 굴음을 느추지 안흐며, 風雨로 말미암아 머리를 돌리지도 안는다. 아니 돌리랴 돌릴 수 업는 것이다. 사람이 사는 동안 쓴맛도 보고 단맛도 보며, 슬픔 일도 격고 깃븐 일도 격금과 다름이 업다고 할 수 잇다. 깃븜도 지나가고 슬픔도 지나가는 것이다. 幸福도 멈출 수 업고 苦痛도 避할 수 업는 것이다.

그러나! 그러나! 바람과 비는 車體를 부듸치고 두다리건만 웨 勝地는 그것만 지나칠 쑨인가? 바람과 비에 씨달림을 바든 代償으로, 푸른 뫼쌜리와 맑은 흐름도 車 안에 담기는 수가 잇서야 될 것이다. 하거늘 그것은 터문이 업는 妄想일다! 駱駝가 바늘 귀를 지나가기보담 더 어려운 일이다. 設令 超自然의 힘이 잇서 勝地江山을 그대로 베여온다할지라도, 車 안에 들게 맨들랴면 山은 싹가야 될 것이며, 물은 흘려서 밋바닥의 늘조각이 썩고는 말 것이다. 人生

에 잇서도 그러하다. 悲哀와 苦痛은 쎄ㅅ골에 사모치건만, 幸福은 멀리 멀리 애닲은 그림자만이 보이고 잇슬 쑨이다. 아모리 발버둥을 치고 두 팔을 내어 밀어도, 잡을 수 업는 것이다. 안흘 수 업는 것이다. 가진 苦楚와 온갖 困難을 무릅쓴 슷헤, 헐덕이는 숨을 돌리고, 흐르는 피ㅅ땀을 닥그며『인제야 잡앗고 나』하고, 깃버할 결을도 업시. 문득 쌔달으면 잡으랴든 幸福의 月桂花는 손 아귀에 들어도 오기 前에 벌서, 片片이 쩔어지고, 悲哀의 荊棘만 손바닥을 씨르고 잇슬 쑨이다.

이런 쓸대업는 空想의 長流에서 헤우적어리고 잇든 나는 감은 째 모르는, 눈을 쓰게 되엇다. 내 압헤 안진 이가 어대갓다가 돌아와서, 털석하고 나려 안는 소리에 놀내엇슴이리라. 아마 食堂에 갓다옴이리라. 그 자꾸 자꾸 부어 오른 것가튼 부석부석 살찐 얼굴이 酒氣를 씌어 붉으레하게 하엿다. 매우 滿 足한 듯이 몸을 뒤로 제치고 잇다. 물그럼이 그를 바라보고 잇는 나는 문득 前日에 읽은 「모파산」의 短編 「牧歌」를 생각하엿다. 그 梗槪는 이러한 것이엇 다. 汽車는 「지에루」를 써나 「말세이유」를 向하고 進行한다. 五月 그믐 가까 운 째이다. 해ㅅ말의 비는 나리붓는다. 한쩟 피인 「시토론」, 「오렌지」, 薔薇꼿 들은 열린 車窓으로부터 말할 수 업는 香氣를 심이어 흘리고 잇다. 그 客車의 한간에 彌勒가튼 살찐 게집과 말라쏭이 젊은 사나희가 말업시 마조안저잇 다. 게집은 판 삶은 鷄卵, 술을 주린 듯이 먹고 잇다. 사나희는 물쓰럼이 그것 을 바라만 보고잇다. 彼此에 몰르든 男女가 서로 말을 通하고 보니 다가티 故鄕사람이라. 서로 제 身上을 말하게 되엇다. 게집은 乳母 노릇하러 가는 길이고 사나희는 職業 求하러 가는 길이엇다. 肥胖한 게집은 자꾸 잠을 흘린 다. 젓이 불어서 못견디겟다고 하소연한다. 厥女에게는 젓만흔 것이 마음의 무거운 짐이라. 그것쌔문에 숨길이 막히고 手足을 마음대로 움즉일 수 업다 하엿다. 事實 厥女는 氣絶이나 할듯이 거북해 보이엇다. 어쩐 조그마한 停車

場에서 停車가 되자 乳母는 어썬 여윈 女子가 보채는 어린애를 안고 잇는 것을 보고 이런 말을 하엿다.『……父母子息을 다 버리고 雇用살이 하러가는 터이니 돈이야 넉넉지는 못하지만, 만일 저 애가 單十分이라도 조흐니, 이 젓을 쌜아주면, 五프란크쯤은 안아씨고 줄 터이야. 그러면 저 애도 조코 나도 조켓지……』그리고 쌈을 척척 흘리며, 아아 죽겟늬, 라고 하엿다. 그리고 가슴을 풀어 헤치엇다. 터질듯이 불은 젓가슴과 고구마가튼 젓 쏙지가 나타난다. 보다 못한 사나희는 自己가 그서을 쌜아줄 수 잇는가 무러보앗다. 게집은 諾從하엿다. 퉁퉁 불은 것을 그 사나희가 다 쌜아 먹엇다. 그리고 나서 게집은 『매우 弊를 씨쳣습니다. 무에라고 謝禮할 말슴이 업습니다.』라고 한 卽, 사나희는 感謝에 채운 소리로,『아니올시다. 謝禮는 내가 해야지요. 나는 이틀동안 쏠쏠 골앗습니다.』

이 몃페이지가 아니되는 短編 가운데 深刻한 人生의 反語가 包含된 듯 십헛다. 時間의 汽車에 실리어 바람이 닷시 번개가 번적이듯 물이 흐르듯 구름이 사라지듯, 죽음의 停車場에 아니 다흘 수 업는 것이 우리 人生이다●린다 가튼 運命을 질머진 사람이어늘 웨 누구는 살이 씨며 구구는 여위는가. 어썬 놈이 배불리 먹고 어썬 놈은 졸이는가. 人間의 모든 不平과 모든 不幸이 거의 다 여긔서 일어나는 것이다. 이로 말미암아 人類가 생긴 以來 幾 萬萬歲月을 두고 비린내 나는 戰鬪와 革命이 몃번을 反復하엿는지 모르리라 하건만 그 보람도 업시 只今쩟 이 問題는 解決의 曙光을 볼 수 업다. 몃 千年前이나 오늘날이나. 그러나 살찐 놈은 살에 눌리어 苦痛을 받고 줄인 놈은 줄임으로 하여 苦痛을 밧는다. 果然 人生은 火宅일다. 苦海일다! 아아 . 언제나 언제나 붓고 쏘 붓어 견딜 수 업는 젓을 배곱흔 이가 쌜아주며. 줄인 창자를 살찐이가 채워줄가?

나와 海雲臺

그 이튿날 釜山잇는 從兄집에서 아츰을 마치자 밤새도록 汽車에 흔들린 疲困한 것도 이저 버리고 急急히 몸을 일으켯다. 궁둥이가 들먹들먹하며 엇재 電車가는 것이 느릿느릿하여 焦燥한 생각을 抑制할 수 업섯다. 自動車를 밧구어 탈 南門에 다다르자 열 點에 써나는 것은 벌서 써낫고 열두 點에야 海雲臺가는 定期自動車가 온단 말을 들은 나는 이 두 時間동안을 참기 어려워 가시끼리를 할 가도 십헛다. 이대로록 나는 海雲臺의 景致를 가서 바쎄 보고 십헛다.

대관절 내가 이다지 海雲臺에 憧憬함은 數年前 春園의 海雲臺 紀行을 읽은 것이 큰 原因이엇다. 實物을 못 본 나는 그 글로 말미암아 別다른 彩劃 一幅을 어린 머리에 그려 두엇섯다. 나도 細 모래판에 미처 쒸어 보리라. 淸風에 옷 소매를 날리며 눈물을 흘려 보리라. 그리고 나도 그런 詩를 읊호리라. 그런 글을 지으리라. 한 것이 나의 숨은 宿願이엇다.

그러나 冷酷한 現實은 이 苟且한 꿈조차, 바람(願)조차 쌔털이고 말엇다. 아아 내가 웨 海雲臺에 갓든고? 만일 가지 안핫던들 내 가슴에 그려둔 그림에 기리기리 몬지가 아니안고 좀이 쓷지 안핫슬 것을! 그것으로 스스로 滿足하고 스스로 즐겨 하엿슬 것을! 아아. 幸福을 마시랴다 苦痛을 맛보고 詩를 어드랴다 너절한 散文으로 흰조히를 黑칠함은 무슨 일인가. 모를 일이다! 모를 일이다!

自動車를 나린 나는 荒塞寂寞한 들판에 집일흔 어린애 모양으로 彷徨하 엿다. 山도 업지 안코 바다도 업지 안타. 그러나 나의 꿈꾸든 海雲臺의 山海는 이런 것이 아니엇다. 무에라고 말할 수 업는 風情잇는 山과 어쎄라 形容할 수 업는 詩趣잇는 바다를 나는 期待하엿거늘 山도 그저 그러한 山이요. 바다도 그저 그러한 바다이엇다. 「蒼浪에서 이는 一陣淸風」도 나는 느낄 수 업고 「碧波우로 소리 업시 지나가는 一葉片舟」도 나는 볼 수 업섯다. 다만 無聊한

閑愁를 깨달을 쑨이엇다.

「透明한 海波를 헤치고 텀벙실 쒸어들어 두 팔로 滄海를 글어 당긔며 물결을 쌀아 오르락 나리락 하는 맛」도 볼 수 업슨 나는 俗될 망정 溫泉浴場에서나 몸을 씨스랴 하엿다. 첫겨를 날이 찬 까닭인지 다행이 사람 하나 업섯다. 沐浴桶 한 間에서는 물이 솟고, 다른 間은 이 間의 넘친 물을 담아 가득하엿다. 두 桶의 물을 마음대로 멋대로 혼자 써서 石炭에 그른 몸을 한 썻 시첫다. 그리고 그 썻썻한 물에 몸을 잠그고 잇섯다. 疲困한 몸이 海綿가티 풀어지며 나른하게 쑤벅쑤벅 조을고 잇섯다.

늘어지게 心身 洗滌를 한 나는 다시금 海岸으로 나왓다. 물결이 출렁 거리는 언덕 우에 나는 자리를 잡고 안젓다. 늠실늠실 닥치는 蒼波는 스르륵 이리로 부딋자 버글으하고 물러서며 겨울가튼 水面에 흰 花瓣의 거품을 씌윗다. 煙波渺茫한 地平線 저 便은 하늘과 바다가 한 대 어우러저, 蒼穹한가지 碧波에 녹아들어가는 듯하엿다. 가슴이 싀언함을 아니늣김은 아니언만 그래도 마음어대인지 『이 까짓 景致야 아모 海邊에서도 볼 수 잇다』 하는 不滿이 잇섯다.

南海遊記

滄海居士

《개벽》, 1922년 8월

고문투의 남해 지역 기행문이다. 중국 고사 등을 인용해 조선 쌍이 신선국이라 할 만큼 경치가 뛰어나다는 사실을 글 전체를 통해 강조하고 있다. 필자는 일찍부터 방랑하기를 좋아해 나이 20에 압록, 두만강에서 황해, 동해까지 두루 답파했으나 남해를 구경하지 못해 한이 되다 근일 남해를 여행할 기회가 생겼다고 여행의 동기를 밝힌다. 이어 여행지의 풍경과 소회를 순차로 정리한다. 마산은 물산 수출입이 많은 경제항이라기보다 경치 빼어난 풍치의 항이라하는 것이 옳다. 이 절경은 남해 수로를 따라 통영항에서 완성된다. 통영을 중심으로 남해 제도가 열림한 것은 무수한 병사들이 본영을 옹위하는 것과 같다. 이런 연유로 예부터 통영에 삼도통제사를 두었고 수군 도독을 설치했다. 일본이 진해만에 군항을 설비한 것 또한 군사적 정견에서 나온 것이다. (이순신인고사를 길게 인용하고 있다.) 7월 15일 쾌주선 경남호를 타고 진해만을 일주해 연안 풍경을 관상하면서 한산도를 거쳐 당일 오후 10시경 통영에 입항했

다. 통영에서 문화 강연을 두 차례 한 뒤 18일에는 다시 마산에 돌아왔다. 마산
에서 동아일보 지국 주최로 신조선이라는 제하 강연회가 열렸는데, 마침 전선
축구대회날임에도 많은 사람이 보였다. 19일에는 해안을 등지고 자동차를
몰아 영산이라는 곳을 찾았다. 영산에서 硯池에 배를 띄우고 쾌유한 바, 연지
안에는 작은 섬 4, 5개가 있고 섬에는 연꽃이 피어 향이 바람에 날렸다. 20일에
는 지역 보통학교에서 강연회를 열었다. 영산 가까운 창녕에 가 21일에 강연
회를 열었다. 22일에는 창녕에서 자동차로 김해로 갔다. 가는 길에 밀양에 들
러 영남루를 돌아보았다. 차에서 알게된 여선생에게 영남루의 내력을 들었
다. 영남루를 보고는 열차를 타고 구포에 내려 김해에 도착하였다. 김해에 도
착한 날 열에 중독되어 강연을 만족스럽게 하지 못해 미안하고 아쉽다.

1. 南海岸의 絶景

古代의 中國사람들이 흔히 長生不死의 方士術을 論할 째에 그의 理想的
人物을 가르처 神仙이라 하엿고 그리하야 이르되 長生不死의 術을 가진 神仙
님네는 우리들의 사는 이 塵世界를 隔하야 멀리 蓬萊, 方丈, 瀛州間 白雲紅樹
의 裡에 棲息한다 하엿스며 짤하서 蓬萊, 方丈, 瀛州라하는 三의 神仙은 東海
上에 잇다 傳하야 왓나니 中國大陸으로써 보면 朝鮮은 正히 東方君子의 國
이며 그리하야 그 江山의 秀麗함은 世界에서 別로이 어더 볼 수 업는 佳麗한
地이니 當時의 中國사람으로 朝鮮을 가르처 君子國이라 稱하니보다 神仙國
이라 이름하기도 쏘한 그럴듯한 일이엇다.

내 ㅣ 幼時로부터 放浪하기를 조하하야 十五六에 關西 關北의 絶勝을 踏
破하엿스며 年이 二十에 거의 三千里의 江山을 周遊하야 山으로써는 金剛,
妙香의 奇怪를 밟은지 이미 오랫스며 江으로써는 鴨綠, 大同의 壯流에 浮함

이 만핫스며 海으로써는 西으로 黃海에 浮하야 齊魯의 故地를 밟앗고 東으로 滄海에 流하야 멀리 鬱陵, 國島의 諸地에 遍遊하엿스나 不幸히 南海岸에 至하야는 아즉까지 足跡을 이에더진 일이 업서왓나니 이것이 나의 放浪記의 한 遺憾인지라. 그럼으로 由來ㅣ 神魂이 恒常 南天을 向하야 期望함을 마지아니 하엿더니 近日 事ㅣ 南海에 有하야 舟를 馬山港에 浮하고 帆을 鎭海灣에 揭한 후ㅣ 閑山島를 遠回하야 統營港을 周遊할 機會를 어덧다. 내ㅣ 이제 南海를 본 以後에는 天下의 江山이 東方에 勝할 者ㅣ 업슴을 알앗스며 그리하야 東方의 絶勝이 南海岸에 過할 者ㅣ 업슴을 알앗나니 中國人으로써 三神山의 絶勝을 東海上에서 찻게 되엇슴이 決코 偶然한 일이 아니엇슴을 알앗다.

2. 蓬萊인가 瀛洲인가

쌔마츰 壬戌之秋 七月 望間이라 舟를 馬山港에 浮하니 四圍의 環境이 完然히 詩仙 蘇東坡의 赤壁故事를 聯想케 하엿다. 비록 洞簫를 善吹하는 二客이 업스며 내 쏘한 鬼神을 泣케하는 詩想이 업스나 그러나 兩岸絶景이 넉넉히 赤壁의 平凡을 壓頭하며 海上의 淸風과 山間의 明月은 古今이 一如하고 一葦의 가는 배를 縱하야 萬頃의 茫然을 凌함에 至하야는 그 壯하고 그 快함이 人間 至上의 樂者이며 塵世 一時의 仙客이라. 人이 비록 蘇仙이 아니며 賦가 비록 赤壁이 아니며 時가 비록 古今이 異하며 境遇가 비록 彼我 다를지라도 一心이 妙法에 合하며 萬興이 自然에 融化함에 이르러는 이 千秋古今의 同然한 佳趣가 아니겟나뇨.

馬山港은 實로 風致의 港이니 物産의 輸出入이 盛旺한 經濟的 港이라 이르나니보다 돌이어 逸士高人의 探景處라 함이 可하고 金馬玉堂의 避暑地라 함이 가장 適當할 듯하다. 馬山港은 海灣의 彎曲이 數百里에 迂回하야 完然히 一大長江과 如하나니 馬山으로부터 鎭海를 經하야 統營에 至하는

水路 幾百里의 間에는 無數한 羣島가 叢在하야 그 綠岑碧巒이 高低叅差하야 海上 雲霧의 間에 靄靄隱隱한 景槪는 實로 世界 無比의 絶景이라 할지라. 그리하야 그 絶景은 統營港에 至하야 完成한 感이 잇게 되엇다.

統營을 中心으로 하고 南海의 諸島가 列立하엿슴이 恰然히 無數의 兵卒이 劍戟을 持하고 本營을 擁圍함과 如하니 舊時로부터 朝鮮에서 統營에 三道 統制使를 두어 水軍 都督을 此地에 置하엿스며 近時에는 日本이 鎭海灣에 軍港을 施設하엿슴이 또한 한가지의 軍略上 政見에서 出한 것이라 할지라. 統營은 北으로 固城郡에 接하고 鎭海灣을 隔하야 昌原郡과 相對하엿스며 東南은 大洋에 臨하야 島嶼로써 그 前을 遮하니 巨濟島, 欲知島, 蛇梁島, 閑山島, 彌勒島 등은 그 中에 最大한 者이며 其他 老大島, 蓮花島, 頭尾島, 龍草島, 北珍島, 國島, 煙臺島, 赤島, 加助島, 紙島 等의 無數의 大小島가 擁立하야 桃源의 迷宮을 이뤗스니 이 몸이 張子房이 되어 비록 赤松子를 차자 津을 問코저한들 可히 그 境涯를 窺치 못하리로다.

3. 南海岸과 李忠武公의 古事

統營을 中心으로 하고 南海의 絶景을 一瞥한 者는 누구나 一代英傑 李忠武公의 古事를 回顧치 아니할 수 업나니 試하야 統營 最高地인 碧芳山에 登하야 한번 宇宙를 俯仰하면 實로 慷慨無量의 感을 禁치 못하리라. 李忠武의 靈才神略을 水軍의 統制에서 發揮하엿스며 그리하야 公의 一代活動地는 統營을 中心으로 한 南海上이 곳 그곳이라. 그럼으로 尙今 것 南海 諸郡의 民이 비록 樵童菜婦라도 公의 奇蹟을 외우지 못하는 者ㅣ 업나니 當地의 人民이 公을 爲하야 忠烈祠를 建하엿슴이 實로 南海의 榮光이 아니겟느냐. 忠烈祠는 統營 西門外에 잇스니 壬辰役後 統制使ㅣ 李雲龍이 명을 承하야 此祠를 建한 것이며 그後 正宗朝에서 御製 祭文과 밋 忠武全書를 賜하엿스며 又 明의 水軍都督 陳璘이 公의 戰功을 皇帝에게 奏하야 「都督印」一, 「令牌」二,

「鬼刀」二, 「斬刀」二, 「督戰旗」一, 「紅小令旗」一, 「藍小令旗」一, 「曲喇叭」一 等의 品을 嘉賜한 者를 現今 同祠의 寶物로 秘藏하엿스며 制勝堂이라 하는 것은 閑山島 頭億洞에 잇스니 英宗 庚申에 統制使 趙儆이 建立한 바로이는 閑山島의 戰에 公의 勝捷을 紀念키 爲함이라. 堂의 前面에 公의 親書 額面이 잇스니 曰

水國秋光暮 驚寒●陣高 憂心展轉夜 殘月照弓刀 (夜吟)

誓海魚龍動 盟山草木知 (無題)

閑山島月明夜 上戍樓撫大劍 深愁時 何處一聲羌笛更添愁

等 詩가 有하야 千古 後 今日에 吾人으로 오히려 心血을 鼓動케한다.

이제 南海遊記를 적음에 미처 參考로써 忠武公의 戰史 一節을 左에 紹介하나니 此文은 櫻井英一氏가 當地에 校長으로 잇슬 當時에 硏鑽記述한 者이라 하는 것인데 그의 大槪를 抄出하야써 讀者의 參考에 供코저 하는 바이다.

文祿元年 壬辰에 豐臣秀吉이 征明의 大軍을 起할 새 道를 朝鮮에 借하니 李朝 十四世 宣祖ㅣ 此를 拒함으로써 日本은 먼저 征韓의 軍을 發하니라. 警報ㅣ 京城에 達하매 李舜臣은 당시 全羅道左水軍節度使로 擢拔하야 慶尙右水軍節度使 元均과 共히 日本水軍을 討伐하라는 大命을 拜하니라. 時에 日本水軍은 九鬼嘉隆 藤堂高虎 協坂安治 加藤嘉明 來島通之 菅遠長 等 七千餘人이 五百餘艘의 戰船으로 一歧 對島를 經하야 四月 二十二日에 陸軍을 踵하야 釜山에 着하야 慶尙道 南岸을 攻略하니라. 釜山, 熊川 間을 游弋하는 日軍은 三艦隊에 分하야 唐島, 欲知, 巨濟의 東方 多島海에 游弋하다가 五月 四日 唐浦의 戰에 韓軍을 敗케 하니라. 左水使 元均은 巨濟島 二運面 玉浦에 在하야 形勢 日非함을 보고 드디어 陽灣에 退하야 援을 全羅左水使 李舜臣에게 求하니 舜臣이 直히 八十餘 隻의 兵船을 率하고 玉浦에 來會하

다. 五月 七日에 舜臣은 高虎의 兵을 一擧에 大敗하고 戰船 三十餘 隻을 燒燼
케하야 殆히 燼滅乃已하다.(下略)

　「閑山島의 戰」七月 七日(中略) 日軍이 見乃梁에 着하야 韓軍의 不意를
襲코저할 새 元均은 前日의 戰捷에 狃하야 此를 邀하야 接戰코저한대 舜臣
이 此를 制하야 曰 見乃梁은 海口ㅣ 狹隘하고 隱嶼ㅣ 多하니 板船은 相觸하
야 戰키 難하고 且 敵勢ㅣ 窮하면 岸에 依하야 陸에 上할지니 故로 이를 閑山
島洋 中에 誘導하야 全捕의 計를 施함이 可하니 그 計는 먼저 板船 五六隻으
로써 日軍의 先鋒을 逐하야 掩擊의 狀을 示하면 日軍이 一時에 帆을 懸하고
逐至할지니 此時에 我軍은 佯退하야 洋中에 出하야 鶴翼陣을 張하야 一時
에 齊進하면 賊軍을 乃破하리라 하고 因하야 急히 號旗를 揮하야 退却을 命
하다. 이에 全艦을 急漕하야 龍頭浦에 退却하니 日軍이 果然 追擊하야 舜臣
의 術中에 陷하니라. 舜臣이 機를 見하고 打鼓一聲하니 戰兵이 문득 船舵를
轉하야 左右翼을 張하야 日船을 包圍 攻擊하니 喊聲은 天地를 震動하고 硝
煙은 白日을 蔽하야 混戰 亂擊 海水ㅣ 爲하야 赤하니 日船 七十餘 隻이 一時
에 擊破되고 來島親康 以下 諸 名將이 皆 戰死하니라. 舜臣이 龜船으로 크게
功을 奏하고 日軍 殘餘 四百餘名은 겨우 閑山에 逃하야 船을 棄하고 陸에
上하엿다 하니 此가 有名한 閑山島 前海의 海戰 戰況인데 實로 壬辰 七月
八日의 事이러라. 이에서 日本水軍은 陸軍과 合키 不能하고 舜臣은 元均과
共히 全羅慶尙 二道의 水師를 率하고 釜山을 回復코저하야 二回 加德島에
回航하니 於是에 鎭海 內外의 制海權은 全히 朝鮮水軍의 手에 歸하니라.(中
略) 同年 九月에 日軍이 再征의 軍을 起하니 水軍은 前役의 辱을 雪코저하야
더욱 警備에 不怠하니라. 時에 朝鮮 及 明의 軍은 全羅에 來하고 元均은 閑山
島에 在하엿스나 舜臣은 又 來合하야 守備를 嚴히 하니라. 時에 元均이 意의
不合함으로써 舜臣을 朝廷에 彈劾하니 王이 大怒하야 舜臣을 獄에 下케하고
元均으로써 水軍統制使에 任하니라. 然이나 元均이 日軍에게 屢破한 바 되

어 終에 陸에 走하야 被殺되엇스며 部將 李億祺ㅣ 쏘한 水에 投하야 死하니 이에 慶尙全羅의 海上權은 다시 日軍의 手에 歸하니라. 九月 十三日 高虎 嘉明 등은 屢屢 沿岸 諸津의 韓軍을 擊破하야 兵船의 太半은 日軍에게 燒棄 한 바 되니 이에 朝廷은 다시 舜臣을 登用하야 三道 統制使를 삼다. 時에 舜臣 을 渴望하든 沿岸의 諸民이 喜하야 來集하거늘 舜臣은 먼저 對馬 釜山의 海 峽을 抄掠하야 日軍의 糧食을 奪코저 하니라.

日軍은 元均을 殺한 以來ㅣ 意氣ㅣ 衝天하야 全羅의 海面으로부터 忠淸 道에 出하야 更히 京畿道를 突破코저 하니라. 九月 下旬 先鋒 菅正陰은 戰船 二百餘 隻으로 進軍하야 全羅南道 珍島 海峽에서 戰하다가 舜臣에게 擊敗 되어 戰死하니 日軍의 勢ㅣ 다시 不振乃已하니라.

以上은 大槪ㅣ 統營을 中心으로 한 南海岸의 壬辰役古戰史의 一節이니 南海에 遊하는 者ㅣ 公의 當時의 活戰史를 回顧한다 하면 뉘ㅣ 血이 躍하고 肉이 動치 아니하리요.

4. 南海岸의 列郡

나는 七月 十五日ㅣ 馬山에서 快走船 慶南號를 乘하고 鎭海灣을 一周하 야 沿岸의 風景을 觀賞하면서 閑山島 明月을 迎하야 統營港에 入하기는 當 日 午後 十時頃 이엇는데 統營의 名所古蹟이라 하는 것은 大槪가 忠武公의 戰史로부터 나온 바 만흐며 그리하야 自然의 景趣의 豊富함은 實로 意外의 別天地라 할만하다. 統營은 人口로도 可히 都會地의 名稱을 得할만하니 現 在 戶口 四千餘 戶의 大邑으로써 慶南에 잇서는 釜山에 次하는 戶數를 가젓 다 한다.

다음 統營人士의 覺醒은 近來ㅣ 刮目의 價値가 잇게되엇다 하나니 統營 에는 現在 七個 團體가 有하야 모든 일은 協同 調和의 裡에서 進行한다 함이 라. 七月 十七日은 當地 天道敎 靑年會로부터 講演을 要求함으로 그에 應하

야 當地 協成學院 內에 晝夜 二回에 文化 講演이 잇섯든 바 主催者로는 七個
團體가 聯合이 되엇고 聽衆은 모다 紳士淑女의 滿場의 景況은 慇懃히 나로
하야곰 喜悅의 情을 禁치 못하엿다.

　　近來 南海岸 諸郡의 文化 發展은 實로 氣勢衝天의 槪를 示하는 形便이
니 나는 統營에서 滿足한 快感을 엇든 後로 다시 棹를 回하야 十八日夕에
馬山에 到着하얏다. 馬山에는 마츰 全鮮蹴球大會의 日임으로 勇士 快漢이
虎戰龍躍하는 光景에 馬山의 市街는 一種 新生의 氣가 나타나 보인다. 當日
下午 八時에 東亞日報支局 主催로 新朝鮮이라는 演題 하에 講演會가 열리
게 되엇는데 終日토록 蹴球戰에 身體를 疲困케한 市民으로써 다시 講演席
의 滿員을 보게 되엇슴은 能히 當地의 文化發展 如何를 推測할 수 잇스며
더구나 나더러 天道敎의 敎理를 講談 中에 석거 말하여 달라는 人士가 적지
아니함을 보고는 當地 人士의 新思想의 要求가 얼마나 進步하엿슴을 알아
볼 수 잇다.

　　七月 十九日은 海岸을 등지고 自働車를 몰아 靈山이라 하는 山의 國을
到着하얏다. 靈山은 馬山港을 距함이 겨우 七十里 되는 非山非野의 佳麗한
곳인데 쏘한 써 南海岸의 沿景의 一輔가 될 듯하다. 靈山에서 가히 자랑할만
한 것은 靈鷲山의 秀麗한 그것과 硯池의 淸雅한 그것이라. 나는 靈山에 나는
길로 硯池에 舟를 浮하고 한번 快遊를 試하얏다. 硯池의 中에는 적은 섬이
四五個가 列在하엿스며 島의 中에는 連抱의 靑柳綠楊이 千萬의 長絲를 水
中에 垂하엿는데 南風이 一下하면 蓮香이 鼻를 觸한다. 舟를 島中 杭眉亭에
係하고 大白을 一傾하니 酒味의 淸冽은 當地 古來 特産이어니와 硯池 鮒魚
의 味는 實로 天下의 佳肴타 할만하다. 大槪 杭眉亭이라하는 名은 水原 西湖
에 잇스며 靈山에도 쏘한 硯池의 亭으로 杭眉亭이라 한 것을 보고 나는 朝鮮
人이 얼마나 慕華라 하는 卑陋의 思想이 잇슴을 唾罵하엿나니 大槪 杭眉亭
의 名은 그 意를 中國에서 取來한 것임으로써라. 그러나 近來 靑年의 思想이

야말로 可히 써 新 朝鮮의 서광을 볼만하나니 靈山에도 靈山靑年會 天道敎 靑年會의 團體가 잇서 盛히 新文化를 宣傳하며 더욱이 嘉尙할 일은 天道敎 靑年會의 微弱한 힘으로 五百餘圓의 建物을 買得하야 當地 傳敎의 所로 하 엿슴은 이곳 熱心의 所産이라 아니할 수 업다. 二十日은 當地 普通學校에 講演會를 열엇는데 聽衆의 滿員은 이미 論할 바 업거니와 女子로 四五十名 의 淑女가 講演을 熱心으로 傾聽함을 보고 나는 이상히 생각하야 그 원인을 問한즉 當地에는 이미 女子夜學이 잇서 女子의 覺醒이 적지 안케 되엇다함을 듯고는 慇懃히 靈山有志의 熱誠을 祝賀하엿다.

　昌寧과 靈山은 一郡이니 昌寧은 故郡이요 靈山은 新附라 한다. 그럼으로 昌寧의 發展은 곳 靈山의 發展이엇다. 昌寧에는 古蹟이 多하다 稱하나 旅行 中 身體가 疲困함으로써 一一이 探問치 못함은 大端한 遺憾이엇스나 山川의 佳麗함을 보기만 하야도 退隱의 情을 禁치 못하겟다. 昌寧에는 現在 外國 遊學生이 八人이엇는데 大槪 外形을 보아도 泣鬼의 才를 가진 奇士들이다. 二十一日의 講演은 圓滿한 裡에서 마츠엇는데 나는 遊學生 中 一人으로부터 이러한 質問을 바든 일이 잇다.「演士는 何故로 世界의 偉人이며 쏘한 世界의 大思潮인 레인氏 主義를 不贊成하는 語調를 發表하엿나냐」고 公衆의 中에 서 質問함으로 나는 어느듯 그 靑年의 立志를 살피고 慇懃히 握手로써 그의 志를 慰하고 말엇다. 當時에 在傍하든 警官들은 그 靑年을 有心히 注意하야 보는 것을 보고 靑年을 爲하야 要視察의 괴로움이나 밧지 아니할가 하고 나는 호을로 슬어하엿다. 들은즉 그 靑年은 現在 東京에서 苦學으로 지내간다 하 니 皇天아 삼가 그들의 쯧을 돌아보소서, 하고 祈禱함을 마지 아니하엿다.

　二十二日 昌寧發 自働車로 金海를 向하게 되엇는데 路ㅣ 密陽을 經하는 지라. 나는 嶺南樓의 高名을 들은지 이미 오랫슴으로 車를 停하고 樓에 登하 야 四面을 一覽하엿다. 四圍의 景光이 恰然히 平壤 浮碧樓와 가티 되엇다. 南川江은 大同江과 갓고 嶺南樓는 浮碧樓와 갓고 密陽平野는 大同平野와

갓다. 마즘 自働車 중에서 同伴이 되엇든 年齡 二十歲 가량 되는 女訓導 한분이 잇서 나에게 嶺南樓의 由來를 ——이 들려준다. 그이의 말을 들은즉 自己는 元來가 平壤人으로서 去年 八月에 靈山普通學校의 敎員으로 被任되어왓다한다. 째마즘 방학인지라 그 歸省 次로 平壤을 向하고 써난 길이라 한다. 그는 已往부터 나의 姓名을 들은 지 오랫다 하며 더욱이 開闢社에서 경영하는 婦人 讀者의 한 사람이라 함을 듯고 나는 스스로 敬愛의 쯧을 表하기를 마지 아니하엿다. 嶺南樓 欄干알에 족으마한 竹林이 잇고 竹林의 中에 尹娘子閣이라 하는 것이 잇슴을 보앗다. 이것이 嶺南樓에 대한 千古의 哀話이엇다. 그는 말하되 只今으로부터 約 百年 前인가 한데 密陽府使로 온 尹府使가 一女를 두엇스되 年方 二十八에 花容月態의 才色을 가젓다. 그런데 當時 廳內에 勤務하는 府使의 通引 某가 娘子의 才色을 欽慕하야 恒常 情慾을 禁치 못하든 中 마즘내 金錢으로써 그 乳母를 꾀여 하로는 乳母로 하야곰 娘子를 다리고 月色을 乘하야 嶺南樓에 登케 하엿는데 通引은 力으로써 娘子를 劫한즉 娘子ㅣ 死로써 對抗하는지라. 通引은 大端히 狼狽하야 遂히 刀를 拔하야 命을 絶케 하야 그의 尸體를 竹林의 中에 投하고 乳母로써 虎患이라 誣告하야 그 罪를 隱匿케 하엿다. 尹府使는 이로써 傷心하야 職을 辭하엿는데 後에 其郡에 任하는 府使는 三日 後이면 반듯이 猝死하는지라. 朝廷이 이로써 大憂하더니 南村에 一個 膽大한 寒上ㅣ 有하야 自願하고 密陽에 赴하야 尹娘子의 現夢을 得하고 그의 讎를 報한 後ㅣ 因而 竹林의 中에 그 閣을 建하엿다 하는 것이다. 나는 호을로 尹娘子의 千古의 哀恨을 弔하면서 女訓導에게 感謝의 意를 表하고 樓에 下하야 南行列車에 身을 載하고 龜浦에서 洛東江을 渡하야 金海에 到하다.

金海는 古駕洛國의 古都로 古蹟이 쏘한 적지 아니하리라 豫想하엿지마는 多日酷暑의 中에 身體가 疲困하야 얼음얼음 지내친 것이 나의 이번 旅行의 한 遺憾이엇다. 그러나 大體한 산하의 影子는 거의 나의 印象 속에 永久히 꺼지지 아니하리만치 되엇다. 나로써 보면 金海는 朝鮮에 金陵이라 할만하다. 나는 金海邑 중에 鳳凰臺라 하는 名所가 잇슴을 보고 얼는 생각나는 것은 李太白의 詩 一律이엇다. 그 詩에 曰

鳳凰臺上鳳凰遊 鳳去臺空江自流 三山半落靑天外 二水中分白鷺洲 吳宮花草 埋幽逕 晋代衣冠成古邱 摠爲浮雲能蔽日 長安不見使人愁

金海를 朝鮮의 金陵이라한 意味는 金海의 地形과 處地가 太白의 鳳凰臺 詩와 恰似함으로써 나온 말이다. 鳳凰臺 우에 鳳去臺空한 것도 그와 한가지요 洛東江이 夕陽에 걸려 無限히 흘름도 한가지요 駕洛國의 녯 宮殿이 이미 古邱를 일워 當時의 歌舞繁華 當時의 衣冠文物을 하나도 차즐 것이 업슴도 그와 恰似하고 더욱이 金海의 뒤에 三山이 잇스며 金海의 압혜 洛東江이 二分하야 白鷺洲를 일워 노흔 것도 偶然치 아니한 일이다. 駕洛國의 始祖 金首露 王의 陵墓는 아즉까지 陵叅奉의 任으로 奉祀를 한다는데 그의 叅奉될 資格은 다만 金氏 許氏 以外에는 되지 못한다 한다. 金氏는 金首露王의 子孫이 되는 까닭이요. 許氏는 곳 金首露王의 王后이엇든 緣分으로써이라. 이로써 往時 朝鮮이 家族制度가 얼마나 强大한 것을 알만하다. 金海는 天然의 農産物도 적지 아니하야 住民이 大槪 安樂한 生活을 하는 모양이다. 곳곳이 뉘의 別莊이라는 것이 잇슴을 보아도 可히써 生活程度 如何를 알아볼 수 잇다. 내가 金海에 到着하는 날은 偶然히 熱에 中毒이 되어 滿足한 講演을 하지 못하엿다. 이로써 나는 金海 人士에게 謝過할 섇이다. 바쁜 中이라 金海의 모든 發展을 뭇고 오지 못하엿슴이 遺憾 中 더욱 한 遺憾이지마는 다만 나의 깃버한 것은 金海에는 近來ㅣ 崔水雲先生의 人乃天主義가 宣傳되어 天道敎會의 敎堂이 嶺南에서는 同敎會 中 第一 큼을 보앗나니 이로써 推測하야보면 金海의 將來는 어써할 것을 可히 알만하며 金海에 金海靑年會는 내가 가든

날 바로 靑年會 總會를 열엇다는데 萬事ㅣ 靑年의 奮鬪 中에서 解決될 것을 可知할 것이다.

原稿日字가 急한 까닭에 有望한 南鮮의 文化를 一一 紹介하지 못함은 境遇에 使然한 바어니와 다만 간 곳마다 바든 바 惠澤이 만흠을 一言으로써 이에 代身할 쏜이엇다.

慶南에서

起瀍

《개벽》, 1923년 3월

조선문화의 기본조사 첫 답사지인 경남에 내려간 김기전이 사천, 昆陽, 하동, 남해 지역에서 겪은 일과 감상을 편집실의 형님(편집위원 중 한 사람일 것으로 추정)에게 보내는 편지 형식으로 적은 글이다. 글에는 2월 10일, 11일, 12일, 17일, 18일, 19일의 행적을 적었으며 말미에 21일 삼천포에서 적은 것으로 표시하고 있다. 경남 답사 첫날 사천의 일본인 집을 방문해 그들이 사는 모습을 살펴본다. 이어 보통학교에서 아동문고의 도서가 오로지 일본에 관한 것임을 보고 놀라고 분노하는 마음을 갖는다. 이튿날 곤양으로 이동한다. 2월 11일이 일본의 명절인 기원절이라 하는데 곤양이라는 작은 마을조차 일장기가 곳곳에 날리는 것을 보고 놀란다. 12일에 다시 하동으로 이동한다. 마침 하동 장날이어서 구경하고 섬진강 구경에도 나선다. 강 건너는 광양 쌍인데 갑오년에 서로 적대한 적이 있어 그 후 한동안 서로 반목하고 있다는 사실을 생각한다. 일기가 계속 나빠 하동에서 나흘 묵게 된다. 17일에 남해로 이동해 남해 이락산을 구경한다. 18일은 음력 정월 3일로 설 분위기가 아직 남아 있어 즐거운 날이라 한다. 몇 가지 일을 하려 했으나 여의치 않아 이루지 못한다. 19일에 통영으로 가려 했으나 역시 일기 나빠 못가고 남해의 유래를 서술하며 글을 맺는다.

2月 10日 晴風

泗川의 第二 主人되는 일본 녕감 이상들의 사는 모양이 보고 십퍼서 이날 아츰에는 나혼자 日本人板東某를 차젓습니다. 그는 明治 41년에 그곳을 왓다는데 크게 돈을 모흐거나 한 사람은 되지 못하나 泗川골 안에 잇는 자기네 축에는 자못 聲望을 가진 듯 하더이다. 純조선식의 초가에 入門과 변소를 약간 일본식으로 고쳐노코 그대로 사는데 방안의 도배 가튼 것은 자못 깨긋하나 별로 자기네의 套를 발휘한 것도 업고 다못 벽 한편에 널쪽 집을 짓고 天皇大神 云云의 神位를 設한 것 뿐이 심히 보는 사람의 마음을 이상케 하더이다. 「嶺外家家祖神像」의 녯말 (李奎報의 題率居所畫檀君御眞贊中一節)을 다못 글로써 듯던 나로서 생각하던 祖神의 像은 꿈에조차 볼 수가 업고 天皇大神位를 조선식의 古壁에서 보는 나의 마음이 과연 엇더하엿겟습니까.

極東인 그는 일본인 또는 조선인의 최근 (當地標準) 형편에 대하야 여러 가지로 말하더이다. 今日에 잇서 明日의 계획을 세울 줄을 모르며 今日의 시작이 明日에 계속할 줄을 닛는 것이 조선사람이며 또 조선사람의 일이오, 4, 5년전까지도 주거의 안정을 엇지 못하던 것이 今日에는 확실히 생활의 안정을 어더 지금 사는 이곳으로 제2의 고향을 삼으려 하는 것이 일본인(泗川)이라 하더이다. 그런 중에도 그는 第一로 근래 조선사람의 권리사상의 발달되는 그것을 우려하더이다. 그 이유는 그곳에 잇는 일본인의 殖利의 唯一策은 조선인을 상대로 하는 貸金業인데 조선인의 최근 激越한 권리사상의 팽창은 자기네의 貸金業에 유일한 지장이 된다는 그것이외다. 진실로 在鮮日本人의 입이 아니고는 드러보지 못할 珍談이외다.

　小作相助會를 차젓스나 주인이 업섯고 普通學校를 차젓스나 내가 생각하던 「어린이」를 대하리라 한 계획은 실패되여섯습니다. 어느 곳에서 設施하는 일인지는 모르나 이곳 普通學校의 아동문고는 그 藏書의 목록을 一瞥할 때에 나는 새삼스러운 놀남을 금치 못하엿나이다. 즉 藏書의 大部는 풍경지, 위인전 가튼 그것인데 그것은 100이면 99가 일본풍경, 일본위인에 관한 그것이엿습니다. 일본 사람된 당국자로서는 물론이라 할 수밧게는 업겟지오. 그러나 우리 조선 사람조차야 여긔에 恬然할 줄이 잇겟습니까. 그러나 實地와 사실을 보면 엇더함니까. 10년 후 조선의 주인될 「어린이」 그들을 위하야 格別한 생각을 가지는 이가 아지못케 하면 사람입니까. 나는 그 자리에서 울고십허소이다. 갈 길을 재촉 또 재촉하야 오후 2시에나 泗川을 떠낫소이다. 昆陽으로 향하는 것이엿습니다. 尹值相, 朴南俊, 姜駿鎬, 黃載秀 등 여러 형님이 멀리 우리를 보내준 것은 돌이여 미안하엿습니다. 오전까지는 꽤 靜溫하던 이 날도 오후에는 바람이 닐고 찬 긔운이 動합니다. 泗川서 昆陽이 30리, 우리 일행은 어린 사람 한 분에게 약간의 짐을 지여가지고 어슬넝 어슬넝 도보로 昆陽을 왓습니다. 촌사람의 살림살이를 등살대이는 執達吏 한 분이 자전거를 모라 우리의 압흘 서고 山으로 나려오는 나무진 樵童이 매양 우리 엽흘 지내더이다. 漕倉浦에서 다리를 쉬고 昆陽城內에 다은 때는 해가 이미 떨어지고 어두운 기색이 나더이다. 昆陽分社長 崔學範씨의 宅에 旅具를 나리고 耿耿한 등잔을 고요히 對望하니 먼나라의 외로운 손이 고국의 녯집을 차즌 듯하야 감회ᅵ 처절하더이다. 서울의 光化門 압 한쪽에 계신 당신이여, 당신은 2월 10일의 이 밤을 엇지 지내엿습니까. 泗川, 昆陽에서

2月 11日 曇

일요일이외다. 紀元節이외다. 170호의 적은 이 마을에도 대일본제국의 위력은 남기지 아니하고 뻐쳣슴니다. 일장기가 處處에 날리나이다. 새로히 지여진 예배당에 들어가 약 60명 신도의 예배하는 모양을 보고 仍하야 그곳의 老少有志 여러분을 차젓슴니다. 오후에는 청년회관에서 이곳의 明日主人인 소년 여러 동무를 차저 따수한 이악이를 주거니 밧거니 하엿슴니다. 나는 무엇보다도 이것이 깃벗슴니다.

형님, 제가 來遊하는 「昆陽」이란 이곳은 본래는 한낫의 독립한 郡이엿스나 지금은 泗川郡에 속한 面임니다. 족으마한 산촌 가튼 곳이라 별로 이악이 할 거리는 업스나 趙珉淳, 黃三淸, 崔榮範 등 幾多의 청년유지가 잇서 사회적 시설은 자못 적지 아니함니다. 昆陽勞農協會, 昆陽靑年會, 昆陽基督靑年會, 昆陽自作支會 가튼 것은 著例임니다. 이제 그들이 서로 붓들 줄을 알고 새로히 전개할 方을 考究하야 精進不屈하면 썩 滋味잇게 되여 갈 것임니다.

2月 12日 晴

깨끗하게 개인 날이 쓸쓸한 바람을 불어옴니다. 昆陽을 떠나 河東을 향하엿슴니다. 院田이란 곳까지 15리를 거러나와 河東가는 自轉車를 탄다는 것이 약 3분의 틀림으로써 하동 가는 오전차를 노치고 눈이 멍멍하야 오후차를 기다리고 잇슴니다. 오후차(晋州에서 나오는)가 만일 滿員만 되면 그야말로 큰일나리라 하며 이글을 겻고 잇슴니다. 아지 못케라 오늘 일이 엇지될 것일가. 泗川, 昆明, 院田에서

河東行 오후차가 다행히 두 사람을 태일 여지가 잇섯슴니다. 우리 두 사람은 곳 河東을 향하얏 떠낫슴니다. 한울에 다은 듯한 黃峙재를 넘어 白沙靑竹이 이곳저곳인 蟾津江岸을 尋常하게 바라보며 河東 시내에 들어온 때는 해가 거의 저물엇슴니다. 이날이 마츰 河東에 장날이라. 장 보고 돌아가는 쟝꾼이

거리를 덥헛슴니다. 간판도 보이지 안는 엇건 으슥컴컴한 집에 주인을 定하고 이곳의 청년 趙東燤, 金珍斗, 趙鍾錄 등 여러 동무의 인도를 바더 慶南에 제일 번화한 시장이라는 河東市場을 위시하야 향교와 예배당을 보고 그 걸음으로 邑의 西에 흐르는 蟾津江岸을 향햇슴니다.

형님, 우리가 일즉이 地誌書에서 배운 바와 가티 蟾津江은 源을 全南의 馬耳山 중에 發하야 淳昌, 谷城의 각지를 시츠며 求禮, 河東에 들어서는 別로 智異山洞의 諸流와 合하야 白沙靑竹의 그새를 흘러 光陽灣으로 들어가는 젹고도 깨끗한 강이외다. 이 강이 하나를 새에 두고 그 東은 慶南, 그 西는 全南이 되엿슴니다.

나를 인도해주는 趙東燤 長兄은 이와 가티 말햇슴니다. 곳이 강의 彼岸은 全南 光陽의 땅인데 지난 갑오년에 동학의 亂이 닐며 全南의 民軍이 이 강을 건네여 河東을 점령하려 할 새 河東의 民砲가 이에 응전하야 얼마동안 相持하다가 드듸여 河東의 편이 패하야 同年 9월 4일에 陷城되엿는데 全南의 民軍은 河東의 시민에 대한 復讐戰을 하야 양민을 학살하얏스며 그후 관군이 來하야 全南의 軍이 패함에 미처는 河東의 民人이 역시 강을 건너 光陽에 入하야 掠殺을 자행하야 일대의 수라장을 化成하엿섯다 합니다. 그래서 그후 한참동안은 兩道의 沿民이 서로 仇敵視하야 일종 불상한 현상을 지여섯다 합니다. 과연 얼마나 처참한 일이엿슴니까.

해는 떨어진 지 이미 오래여 강의 西岸에는 어두운 빗이 나고 저 건너편의 식컴한 산미테는 두어 점의 篝火가 번뜩이여 當年의 음침한, 悽愴한 氣味를 그대로 나타내는 듯 하엿슴니다.

17日 晴

그적게는 비오고 어젹게는 흐리던 날이 오늘에야 겨우 明朗해젓나이라. 하로 묵을 예정이 나흘을 묵어버린 河東에 支離한 旅夢을 오늘이야 깨쳐버렷습니다. 邑에서 露梁津까지(50리) 자동차를 타고 거긔서 약 7리의 海水를 건네고, 다시 35리를 徒行하야 밤 여덜시를 지내서 南海邑에 왔습니다.

형님 歷路의 견문을 일일히 말슴할 수는 업스나 오늘 일 뿐은 아니 말슴할 수 업습니다. 두말할 것이 업시 南海의 露梁은 만고의 精忠 李忠武公을 제사하는 忠烈祠가 잇스며 仝郡 固縣面 소재의 觀音浦는 距今 320여 년전 戊戌 11월 19일 拂曉에 살신성인하던 그곳이외다. 이날 오후이외다. 우리는 족으마한 風船에 돗을 달고 露梁의 바다를 건너엿습니다. 멀리 동편 쪽으로 새로 회칠한 盖瓦집이 보이는데 舟子에게 무르면 거긔가 南海의 舊露梁이오, 보이는 그집이 바로 忠烈祠라 합니다. 每歲의 11월 19일에는 군민으로부터 제사를 행하는데 日氣가 제아모리 不順하다가도 제사하는 그 時만 되면 雲捲風息, 반듯이 조흔 日勢가 된다 합니다. 이 바다(河東 南海의 間)을 건네여 약 5리를 남행하면 거긔에는 走馬 가티 海中에 돌출한 李落山이 잇는데 그 산 밋이 곳 觀音浦입니다.

명절 술에 몸을 비틀거리는 취객에게 말을 무러 우리 일행이 李落山頂에 오른 때는 오후 다섯시 15분 빗업는 夕日이 海面에 비치고 風船 한 척이 멀리 西으로 뵈여 오는지 가는지를 모르겟는데 烟霞에 싸힌 麗水(全南)의 놉흔 산, 뾰죽한 峯들이 바다를 격하야 아득할 뿐입니다. 山頂에는 공의 최후를 기념한 遺墟碑가 잇는데 그곳의 里民으로부터 다시 祠를 建하야 碑를 奠한다 합니다. 그러나 형님, 一片의 碑碣이 공의 忠烈에 대한 무슨 기념이 되오릿가. 觀音浦의 海水가 고갈치 아니하고 李落山의 夕日이 다 하지안는 한에 公의 義烈은 의연히 우리민족의 생명이 될지며 공의 精靈은 永劫에 우리 山河를 固守할 것이외다. 우리는 李晬光의 輓詩數句를 낭독하야 삼가 선생의 壯節을 추모하는 뜻을 표하엿슬 뿐이엿습니다. 이제 그 시를 別記하오니 형님도 이 땅을 밟는 듯한 느낌으로 이 시를 낭독해줍시오.

威名久慴犬羊群, 盖世奇功天下聞. 蠻祲夜收湖月外, 將星晨落海雲中. 波濤未

洩英雄恨, 竹帛空垂戰伐勳. 今日男兒知幾個, 可憐忠義李將軍.

18日 晴

형님, 오늘은 음력으로 정월 3일이웨다. 남해와 한울에는 열분 구름이 날
음이다. 그러나 아조 陰天은 아니외다. 무슨 큰 비나 내리랴는 전조의 日氣
가타서 자못 따수하고도 부드럽슴니다. 500호에 갓가운 南海의 골안에는 설
명절의 기분이 그대로 넘치여서 빨간 저고리, 검은 바지에 鳶줄을 딸하 허둥
거리는 어린이들이며 호쟝저고리(시집갈 때에 입던 이곳의 여자옷) 명주치
마(혹은 모시 치마)에 동무를 딸하 어정거리는 각씨님들이 때아닌 꼿나라를
일우며 잇슴니다. 더욱히 오늘은 이곳 풍속에 각시님이 출동하는 날이라 하야
부녀자의 내왕이 가장 빈번합니다. 중에서도 특히 南海의 이날을 번화하게
하는 것은 남조선 재래의 民衆舞樂이 埋鬼치는 그것과 작년 10월에 創立된
南海少年團의 新派出演인 그것이엿슴니다. 埋鬼 노름은 낫에, 新派 노름은
밤에 제각기 특색잇는 노름을 하엿슴니다. 南海의 오날은 과연 즐거운 날이
엿슴니다.

형님 이곳 형제가 이러케 즐기는 이날에 우리는 우리대로 활동하려 하엿
슴니다. 무엇을 좀 알려 하고 무엇을 窮究하려 하엿슴니다. 이것이 엇지될
리가 잇섯겟슴니까. 모다 실패이엿슴니다. 더욱 이곳에는 靑年會나 新聞支
分局과 가튼 아모러한 사회적 단체가 업는지라 무엇을 더블어 논의할 길이
업스며 사람이 업슴니다. 슬프다, 露梁의 검푸른 물결, 李落山의 떨어지는
해를 누구와 더블어 弔問하며 錦山의 다시업는 절경, 海南의 흐터지는 浪雲
을 누구와 더블어 감상하리까. 여인숙 하는 모퉁방에 외로히 坐臥하는 旅子
의 마음은 주리는 듯 하노이다.

19日 雨

형님 오늘 아츰에 이곳을 떠나 統營을 향하리라던 어적게의 예정은 또 트러짐니다. 바람이 불고 비가 나리여 엇지 할 수 업슴니다. 旅室 한 방에 그만 들어 백이고 말게 됨니다. 마치 南海라는 크다라한 울 안에 가치인 셈이 되엿습니다. 이전 녯적에 이땅에 流謫된 선인들의 고통이 연상됨니다. 바람소리- 획획하며 찬 비방울이 우리 旁旅窓을 때릴 때에 그윽히 客懷가 생김니다. 이것이 현대인의 인정일가 하며 우리는 스스로 苦笑하지 아니치 못함니다.

형님 때ㅣ 마츰 한가하오니 南海에 대한 이악이나 하겟슴니다. 서울서 水陸 1천38리 밧 게 잇는 江南 먼 나라의 일로 알고 滋味잇게 보아주시기 바람니다.

南海는 면적 23方里餘 인구 1만7천여 명으로 珍島, 巨濟의 兩島와 幷峙하야 天南의 形勝을 이룬 俗所謂「小江南」이라는 이땅이외다. 民俗은 매우 순박하나 其性은 자못 완강하야 南海의 民亂은 古來로 유명한 것이며 柚子, 梔子, 南苧와 가튼 他地未有의 특산물이 잇고 조선의 小金剛이라는(錦山本郡 三東面에 잇소) 절경은 실로 海中의 別個天地를 지여잇다 함니다.

元名이 普光山이엿슴니다. 그런대 傳에 의하면 錦山은 李朝 태조께옵서 일즉히 이 산에서 백일 기도를 행한 바 태조 등극 후 특히 이 산을 애호하야 산의 全幅을 비단(錦)으로써 싸려고 하엿슴니다. 그러나 비단으로 싼다는 것은 그것이 썩으면 그만인즉 차라리「錦山」이란 號를 賜함이 맛당하다 하야 仍히「錦山」의 稱이 잇게 되엿다 함니다. 여긔에는 1천 3백여 년 前 高僧 元曉의 손에 창건되엿다는 普光寺(현 菩提庵)이 잇고 大藏峰, 日峰, 月峰, 九鼎峰 등의 峨峨矗矗한 峻峰이 잇스며 左仙臺, 右仙臺, 風流庵, 浮巖, 甘露水, 石虹門 가튼 奇奇別別한 水石이 잇서 鬼釜神鑿의 妙를 盡하엿스며 특히 이 山頂에서는 춘분 추분의 日氣晴朗한 밤이면 남극의 老人星을 본다 하야 嶺南地方의 滋味잇는 말거리가 되여 잇슴니다. 그리고 眞인지 假인지는 알 수 업스나 이 산 밋의 해안 절벽에는 「徐市過次」의 4자가 뚜렷하게 색이여 잇서 넷날 넷적 童男童女 500을 싯고 三神山의 仙藥을 구한다는 稱托 미테서 秦의 苛政을 피하야 東海島中을 향하던 徐市가 그 압흘 지내엿다 합니다. 이번의 南海行에 이와 가튼 명산을 차자보지 못하고 다못 三千浦 전의 海上에서 아득하게 그의 雄姿 뿐을 眺望하고 말은 것은 생각사록 섭섭합니다. 그러나 형님, 伊後에 형님과 손잡고 가티 보면 엇더하겟슴니까. 다못 그때가 하로라도 속히 잇기를 빌 뿐임니다.

2월 21일 三千浦에서

釜山의 貧民窟과 富民窟
南海一帶를 어름어름 지내든 追憶

小春
《개벽》, 1923년 4월

김기전이 경남 일대 답사 기간 중 부산을 방문하고 기록한 짧은 글이다. 앞에서 소개한 "경남에서"에 기록된 여정 이후의 답사 일정을 짐작할 수 있다. 2월 20일 남해 창선도를 떠나 삼천포에서 1박(이로 미루어 삼천포에서 "경남에서" 원고를 작성한 것으로 보인다)한 뒤 기선(순천환)을 타고 통영에 도착(2월 22일)한다. 이후 마산→김해(2월 25일)→구포→부산(2월 27일)→동래(온천에서 일박)→범어사를 이어서 답사하고 울산을 가려다 중지한다.

김기전은 부산 지역의 현실을 무척 부정적으로 표현하고 있다. 무엇보다 일본 유력가들에게 지역 경제의 기반을 빼앗긴 상황을 개탄하며, 이로 말미암아 조선 사람들의 가난이 더욱 극심해졌다고 파악한다. 특히 부산의 빈민가 밀집지역에 대해서는 "굴혈"로 묘사해 가난한 자들이 모인 소굴이자 일본 유력가들의 조선 착취의 소굴이라 썼다. 부산은 "무서운 큰 굴혈이며 소굴이다. 대신동 빈민굴의 굴됨은 말할 것도 없고 조선의 부를 착취하는 幾多 일본인 유력가의 屯聚한 소굴이며 허영 실업가, 무식 부가자의 둔취하는 소굴이며 기다의 가련한 조선 유산자의 황금 文券을 落失하는 동굴이다."

二月 二十日. 細雨霏霏日落西山의 頃에 南海의 昌善島를 써나 三千浦에 一泊하고 順天丸의 너절汽船으로 多感多恨한 閑山列島의 갓을 씻치여 統營에 드러가기는 二十二日 午后이엇다. 忠烈祠, 纛所, 受降樓, 鑿梁橋 等을 보아 壬辰 當時 我軍의 威武가 如何히 振作한 것과 日軍의 窮狀이 如何히 極甚하엿난가를 聯想하며 水産傳習所 藏財島의 金鑛, 新舊의 市街를 보아 이 쌍의 生産物 쏘는 이에 對한 日本人의 勢力이 如何히 宏壯한가를 느낄 째에 感古傷今의 筆者의 痛懷는 무엇이 슨허지는 듯 십퍼스며, 그 다음 馬山에 드러 朝鮮倉庫株式, 元東貿易會社 等 朝鮮人의 經濟的 努力이 可觀할 者ㅣ 有함과 十餘年의 歷史를 有한 勞働夜學校의 持續이 有함을 見함과 如함은 各地를 歷廻하던 筆者로서의 가장 欣快한 點이여섯다.

달밝고 바람찬 二十五日의 밤은 우리가 金海의 城內를 들든 째이다. 엇던 알지 못하는 동무의 周旋으로 네집만에 한집을 懇辛히 차자드니 妓生집ㅣ 滋味잇는 집이엿다. 되는대로 하자하고 그 翌日의 一日을 費하며 金海靑年들의 言多事多의 活氣잇는 貌樣과 許后陵, 首露王陵의 規模ㅣ 宏大한 것을 보고 二十七日은 龜浦를 지내여 釜山이란 큰 窟에 드러가섯다.

昨年末 現在의 釜山居住民은 朝鮮人이 一萬三十一戶에 日本人이 八千百十一戶이오 그 外에 六十四戶의 其他 外國人이 잇다. 卽 朝鮮人, 日本人 約 半半인 셈이다. 그런대 日本人 中의 迫間房太郎과 가튼 사람은 그 一人의 富力이 一萬三十一戶 朝鮮人의 全富力을 當하고도 有餘한다. 朝鮮人의 經

濟的 亡狀의 標本을 보라. 그것은 釜山의 朝鮮人이다. 쏘는 朝鮮에 在한 日本人의 發展의 標本을 보라. 그것은 釜山의 日本人이다. 朝鮮八路의 地點이 이러케만 되리라 이것이 나먹신 씌는 族屬의 希望이오 죄다 이러케 되게 하리라 이것이 朝鮮에 在한 日本爲政者의 일하는 솜씨이다.

釜山! 그곳은 한 무셔운 큰 窟穴이며 巢窟이다. 大新洞 貧民窟의 窟됨은 말할 것도 업고 朝鮮의 富를 搾取하는 幾多 日本人 有力家의 屯聚한 巢窟이며 虛榮實業家, 無識富家者의 屯聚하는 巢窟이며 幾多의 可憐한 朝鮮有産者의 黃金ㅣ 文劵을 落失하는 洞窟이다.

우리가 그곳에 든 지 잇틀되는 아츰에 그 곳의 金魯喆君과 가티 大新洞의 貧民窟을 보앗다. 貧民窟은 分明한 貧民窟이다. 洋鐵 쏘각, 가마니 쏘각을 함부로 뒤덥고 무슨 널족板을 되는대로 뒤맛치여 도야지우리 가튼 그 집들을 쏙쏙 한 間式 쓰더 마터서 各姓各家가 別居하는대 市街의 不潔(夏節이면 정말 寒心하다고)은 말할 것도 업스며 그 中에도 尤憐한 것은 大新洞의 그 집들도 亦 迫間의 집인대 모다 一間月 二三圓의 貰金을 내이며 잇는 그것이다. 朝鮮內의 貧民窟이 엇지 이곳쑨이랴. 釜山의 貧民窟! 네 일홈이 大新洞이니 한번 根本的 大新이 잇서지이다.

釜山에 對한 仔細한 니야기를 여긔에 쓰고 십지 안타. 釜山을 써난 우리는 곳 그 隣邑인 東萊에 들녓다. 東萊에 普通學校의 만흠과 東萊高等普通學校, 東萊銀行이 잇는 것과 東萊의 各面, 各洞에 靑年會가 잇는 것은 甚히 반가운 現狀이엿다. 그런대 地方의 中心人物이 엇던 人物일가 하엿더니 東萊의 金秉圭씨와 가튼 이는 그 地方의 中心人物됨을 不失한다.

東萊의 溫泉에서 하루밤 豪奢를 하고 蔚山가려는 길에 慶南 三代 寺刹의 一인 梵魚寺에 들녓더니 그 寺刹이 宏大 쏘 華麗한 그만큼 그 寺刹의 僧職들도 엇지 하이카라인지 우리가튼 村夫子의 사람으로는 名啣 드리기에도 쌈이 날 形便이엿다. (實際 筆者는 正말 名啣도 못 드리고 東萊邑으로 가는 그들을

中途에서 보아슬 쑨, 近年來 僧侶界의 豪華의 度가 第三者의 注意를 이끌이
만큼이 나위여지는 것은 朝鮮에 在한 社會問題의 하나으로서 注意할 價値잇
는 것을 새삼스럽게 느끼엿다. 最後로 未安한 것은 蔚山行을 中途에 中止한
그것이다. 本社에 對한 日時의 關係로 不得已 그리 되엿다. 그곳 人士의 寬恕
를 빈다.)(小春)

한닙이 떨어짐을 보고, 慶南地方을 본 느낌의 一端

저자 미상
《개벽》, 1923년 4월

이 기사만으로는 기행문이기보다는 평론에 가까워 보이나 경남 지역을 답사한 경험을 바탕으로 작성한 일련의 기사 가운데 하나라는 점에서 앞에 소개했던 기행문들의 연장으로 읽어볼 만하다. 필자는 기명되어 있지 않으나 글투나 하동, 부산, 김해 등지의 사례를 주로 거론하는 것으로 보아 김기전의 글로 짐작된다. 경남 지역을 답사하며 목격한 지역의 사회, 경제, 문화적 실상을 몇 가지 주제로 묶어 비판하는데, 돈의 위력이 어느 때보다 커진 반면 빈부 격차가 점점 심해지고 있는 사실을 특히 강조했다. 본문에 제시된 각 소주제는 "부자의 황금시대," "半日無 爲警察官의 駐在所 - 아아 그들을 먹여 살리는 사람은 누구," "貧富의 感情疎隔과 有産階級의 親日傾向," "可憎할 洋服쟁이의 亡家 - 그들은 完全한 高等浮浪者," "怨恨漲天의 煙草專賣와 酒稅 - 法規 그것보다도 運用의 本公이 可憎," "鞠躬盡瘁한 地方靑年 - 우리가 그들에게 告하고 십흔 두어 말" 등 여섯 가지이다.

"부자의 황금시대"는 부자가 득세하는 현실을 인정하면서도 그들의 호사가 마치 떨어지는 해가 내뿜는 낙조처럼 일시적이고 허망할 것이라는 인식을 보인다. "주재소" 문제를 다룬 부분은 이른바 경찰제도 개혁으로 경남 지역 경찰서, 파출소, 주재소 수가 경찰서는 각 군, 부에 하나씩 하고도 두 곳이 남으며 파출소와 주재소는 각 면에 거의 하나씩 설치되어 있음을 지적한다. 기껏 도박이나 산림 훼손 정도의 범죄를 다루는 경찰력을 먹여 살리는 게 누구인지 개탄한다. "빈부 감정 소격"은 빈부 격차가 심해짐에 따라 이들 사이에 계층적 대립감정도 심해져 서로 이민족 대하듯 한다고 지적한다. 이밖에 사업 운운하며 양복 입고 요릿집이나 전전하는 고등 룸펜, 연초전매 등으로 고통 받는 농민들의 문제, 지방 청년들의 무기력 등을 다루었다.

富者의 黃金時代

夕日의 써러지는 빗이라 할가

반다시 慶尙南道에 쑨 잇슬 일은 아니다. 엇지햇던 慶尙南道의 今日(來日은 쏘 엇지될 지는 모르나)은 富者의 黃金時代이다. 總督政治의 주는 브스렉이 惠澤(日本사람이 가지다 남은)은 거희 그들이 專有하다십히 되엿다.

얼마前이다. 李朝 末葉의 政治가 한창 亡할 길을 차자 急馳할 쌔에 富者의 사람이란 實로 姓名이 업섯다. 그의 生命이며 財産은 專혀 비렁뱅이 兩班과 盜賊놈인 官吏輩를 爲하여셔쑨 存在하엿섯다. 그런대 總督政治 布施 以後의 只今은 엇더한가. 前日과 가튼 直接의 討索이 업슬 쑨이랴. 反亂鎭壓, 秩序維持를 唯一의 內容으로 하는 今日의 政治는 主로 飽食暖衣의 그들을 中心삼아 運轉되며 잇다. 今日의 朝鮮에 잇서는 第一 身分 됴흔 사람도 그들이며 쏘는 第一 名望 놉흔 사람도 그들이다. 道評議員, 學務委員, 面協議員,

赤十字社員 가튼 모든 榮職은 거히 그들의 立身을 爲하야 잇다.

이러케 背景이 튼튼하고 威勢가 堂堂한 그들은 前代의 有意莫遂의 所願을 이제 한번 成就해 본다는 듯키 數十 乃至 數百間의 家屋을 新築하며 墳墓를 修하며 妾姬를 購入하는 等, 其所欲을 極하는 中이다. 筆者가 보고 들은 바로써 말할지라도 泗川의 一富 崔演國氏의 家屋과 墳墓, 河東一富 余琮燁씨의 家屋, 金海 朴錫權씨의 墳墓 及 此에 屬한 山亭과 가튼 것은 實로 王者의 豪奢에 比하리만큼 宏壯한 것이며 慶南의 一富 金琪邰씨는 年前에 山淸의 엇던 新女子를 第三의 婦人으로 迎聘하야 晝笑夜樂에 人間의 泰平을 極하는 今日이라 한다.

慶南의 富豪ㅣ 아니 朝鮮의 富豪는 이와 갓티 今日로써 黃金의 時代를 招致하엿다. 그러나 아지 못케라 이 時代의 延長이 몃날일가, 零度에서 얼은 얼음은 다시 零度에서 풀니기 始作되는 셈으로 黃金時代에 잇는 그들의 黃金은 黃金時代인 今日에서브터 벌서 덜니기 始作되엿다. 그들의 土地文券의 大部는 벌서 自己의 손에서 써난 것이 事實이며 또 只今 가지고 잇는 그것이 大體 어느 날까지 持續될 것인가 함에 對하야는 自他가 한가지로 疑訝不措하는 바이다.

우리는 째째로 方今 써러지는 夕日의 그 빗이 別달니 찬란한 光彩를 놋는 그런 것을 볼 째가 잇다. 筆者가 이번에 慶南富豪의 豪奢 그것을 볼 째에 꼭 그와 가튼 생각이 드럿다. 卽 夕日의 써러지는 빗을 봄과 가튼 생각이 드럿다.

半日無 爲警察官의 駐在所

아아 그들을 먹여살리는 사람은 누구

大正 八年 八月 警察制度 改革 以後의 本道 警察機關은 警察署가 二十三, 派出所 十八, 駐在所가 二百二十七(大正 十年 末 現在)인 바 此를 本道의 二府 十九郡 二百五十七面에 按分하면 警察署는 一府郡 一署式에 二署가

餘하고, 派出所와 駐在所는 一面 一所에 겨우 十二所가 不足하는 샘이다. 當局의 說明에 依하면 現에 警察署나 또는 駐在所의 設置가 업는 面은 僅僅 十四인데 是等은 모다 地勢, 交通 等의 關係上 아직 警備上의 指章을 不感하는 곳이라 한다.

　動輒標榜하는 自己네들의 말과 갓티 平穩無事의 慶南의 今日에 在하야 一面 一駐在所의 警察網이 其用이 何處리요. 近日의 그들은 半日無爲에 事務室을 空守하고 往往 無産民衆의 自暴棄로 生하는 賭博犯, 國有林 或은 日本人의 貸付林에 對한 元住民의 樹林侵伐犯을 捕縛하야써 其責을 塞할 샌이다. 이것은 今番에 筆者가 各地를 歷訪하는 中에 各處에서 實見한 現狀이다. 嗚呼라. 그들을 먹여살니는 사람은 누구이며 그들을 먹여살니면셔 밧는 報酬는 무엇인가?

貧富의 感情疎隔과

有産階級의 親日傾向

　貧富의 懸隔이 甚한 곳에서 貧者가 自己의 運命에 自安하지 아니하면 거기에는 반드시 貧富間의 感情疎隔이 생기는 것이다. 그런대 慶南은 貧富의 懸隔이 甚하야 小數 富者의 幕下에 在한 多數의 民衆은 前日과 가티 自己의 奇薄한 運命에 自安하지 안는다. 自進하야 小作運動 가튼 反富豪의 運動을 起하며 機會만 잇스면 그들의 今日의 所有를 一擧에 ○○할 心算까지를 가지고 잇다. 이에 富豪들은 多少의 不安을 느낌과 共히 곳 當局의 威力을 依賴하게 된다. 億千萬年이 지낼지리도 이 現狀이 그대로 整然進行되기만 바란다. 조곰이라도 秩序만 變動되면 우리의 身勢는 말못되리라 하는 것이 그들의 생각이다. 이와 가티 當局의 威力을 依賴하는 傾向은 스사로 親日하는 傾向이 되게 된다. 이리되야 貧富의 感情의 疎隔은 날노 甚하며 多數의 貧者는 小數의 富者를 거희 異民族과 가티 본다. 이러한 傾向을 觀察한 當局은 자못 그들에게 대한 顧護를 厚히 하야 各種의 機會에서 그들을 優遇한다. 村里의 엇더한 警察 駐在所와 如한 것은 그 곳의 엇더한 富豪를 爲하여 存在함과 如한 感이 업지 못하다 한다. 그러나 이것은 大體로 이러한 傾向이 잇다 함이오 富者의 全部 쏘는 貧者의 全部가 그러타 함은 아니다.

可憎할 洋服쟁이의 亡家 - 그들은 完全한 高等浮浪者

識者尤患이란 말은 금즉히도 드러마젓다. 大正 九年의 夏로브터 생기는 金融界의 變調에 際하야 朝鮮의 一般 經濟界는 문득 不振에 陷하는 중 그래도 좀 大規模的으로 經營하던 朝鮮人側의 事業(主로 商業)은 거히 一網打盡格으로 凋落되고 마럿다. 同時에 慘境遇에 陷하엿던 日本人側의 不影響은 只今에 하나式 둘式 蘇復되는대 朝鮮人側의 事業은 依然히 불죽은 재이다. 이것이 무슨 까닭이냐. 勿論 日本人은 一時 失敗를 볼지라도 그 뒤를 밧쳐주는 救援者가 잇슴에 不拘하고 朝鮮人側에는 그것이 업슴에 因함일지나 그러나 朝鮮人이 이러케 蘇復치 못함은 쏘 한가지 다른 原因이 잇슴을 忘却할 수 업다. 卽 朝鮮人側의 失敗는 失敗 中에도 慘酷한 失敗인지라 다시 蘇復할 餘地가 업게 된 그 까닭이다.

우리가 探問한 바에 依하면 慶尙南道 특히 釜山을 隣한 地方의 富豪로서 大正 八九年頃에 무엇을 한다고 손내민 사람치고 失敗보지 아니한 사람 업스며 其中에도 十萬圓 以上 損害를 본 사람이 約 七八人이나 된다 한다(機張의 杓仁杓, 釜山의 宋台觀 가튼 사람도 그 例의 一이라 할가).

그런대 그와 가티 失敗를 본 사람 中에는 勿論 自身이 直接으로 그 業에 關係하야 그리 된 사람도 잇슬지나 其中의 七八人은 自己가 自營한 것이 안이오 日本에 다니고 京城에 다니던 所謂 新人級의 洋服쨍이의 靑年들을 압세우고 일하다가 그만 그리 된 것이라 한다. 卽 洋服쟁의 그 級의 新人들은 돈만 잇스면 營業하는 것이오 營業만 하면 大規模로 하는 것이라 하엿다. 卽

그들은 如何한 看板을 부쳣던지 낫이면 電話口에 브터서 銀行에 手形割引交涉하는 것이 唯一의 寺務이엿고 밤이면 料理집, 藝妓집 가는 것이 唯一의 能事이엿다. 그리하다가 颶風이 一過하며 그들은 秋風落葉이 되고 말엇다. 제各히 몃 十萬圓式의 朝鮮돈을 헛터다한 前科者의 그들은 이즘에도 仁川, 京城의 方面에 徘徊하며 米豆取引, 證券取引에 埋頭하고 一攫千里의 僥倖을 꿈꾸고 잇다 한다. 誠意업는 有識者의 民族의 前途를 그릇쳣 놋는 過誤도 實로 젹지 아니하다.

怨恨漲天의 煙草專賣와 酒稅 - 法規 그것보다도 運用의 本公이 可憎

朝鮮 全般을 通한 禁酒斷煙의 氣風은 只今 暴風雨와 가티 振作한다. 이것이 무슨 까닭이냐. 新聞 雜誌의 宣傳의 力이냐 그러치 아느면 그 地方의 中心人되는 者의 指導의 力이냐, 勿論 그것이 一種의 加勢가 되지 아늠이 아니나 그보다도 十倍, 二十倍의 原勢力되는 힘은 一般 民衆의 그에 對한 必然的 自覺이란 그것이다. 卽 民衆 그들은 事實上 그 煙草의 그것을 生産할 수도 업고 消費할 수도 업게 된 故이라. 卽 昨年 前브터 始作한 煙草專賣制의 實施는 幾多의 煙草耕作者의 生業을 一擧에 剝奪할 샘이 되엿다. 第一 河東郡 花開面의 大部 住民은 在來로 煙草栽培를 專門하야서 살아왓는대 煙草專賣制가 實施되며 專賣局에 廉賣하는 結果는 一年 栽培한 것이 組合費, 來往費 등을 除하고 나면 不過 一貳圓이라 한다. 이와 가치 廉賣하면 그것이 官廳이나 或은 消費者의 利益이 되는가 하면 그런 것도 아니다. 그 中間에션 煙草元賣捌組合이란 그것이 大部의 利益을 壟斷한다. 慶南地方의 市場에서 小賣되는 煙草를 보면 中葉 一葉에 平均 一錢이라. 情勢如此하니 이것을 耕作할 사람은 누구이며 消費할 者는 누구이랴. 消費者는 斷煙이라도 하야 其禍를 免한다 할지라도 可憐한 者는 울면셔도 煙草의 耕作을 하지 아느치 못하게 되는 智異山의 山間住民 그들이다.

酒稅로 말하면 酒額이 문득 引上되여 그리함이 아니요 酒造石數가 突然히 增加되는 그것이니 오즉 稅金의 增收를 目的하는 官廳의 財務當局에서는 各地 府, 郡의 財務係 主任을 會同하야 어름 斟酌으로「今番 某郡에 酒造石數幾何, 某府에 幾何를 任意로 排別」한다. 이 排別을 밧아온 府, 郡의 當局者들은 그 地方 從來의 釀酒業者를 向하야「너는 自今으로 幾石을 新히 釀造하야 稅金幾何額을 加出하되 不然하면 酒牌를 還上하라」한다. 이와 가티 하야 無理의 酒稅는 徵收된다. 果然 얼마나 甚한 無理의 徵稅力이냐.

이제 여긔에 對한 數字的 說明을 不加함은 遺憾이나 엇지 하엿던 煙草專賣, 酒稅酷徵에 對한 民怨은 漲天又漲天하엿다. 말하면 煙草專賣制度 그것 又는 酒稅徵收率 그것에 對한 怨嗟보다도 그 制度의 運用 中間에 立한 그 者들의 處事에 對한 咀呪가 尤甚함이 잇다.

鞠躬盡瘁한 地方靑年 - 우리가 그들에게 告하고 십흔 두어 말

엇더한 地方이나 그곳에 드러가면 먼저 그 地方의 靑年을 對하게 된다. 그런대 그들의 容貌에나 辭色에는 숨기려 하여도 숨길 수 업는 疲勞의 氣色이 들어남을 보게 된다. 自己의 地方에서 自己가 主人되야 一時의 來客을 對하는 堂堂한 主人인 그들도 우리를 對하는 瞬間의 그들의 느낌은 正히 千里他鄕에서 故人을 對하는 듯한 외롭고도 반가운 것이엿슴을 우리가 알엇다. 果然 그들은 他鄕의 客과 가튼 쓸쓸함을 느끼는 兄弟인 듯 십고 病餘의 사람 가티 동무를 반겨하는 心理의 所有者인 듯 십다.

누구가 그러치 안타고 햐리요, 그들 中의 或 사람은 일즉히 그 地方 萬歲運動의 中堅이 되야 가진 苦楚를 격근 이도 잇스며 或은 四圍의 逼迫이 甚惡함에 因하야 一時로 其身을 海外에 飄浪하엿던 이도 잇슬지요, 쏘는 그 地方의 靑年會, 夜學會, 勞友會 가튼 것을 起하야 財力, 心力을 幷盡하고 이제는 氣盡脈盡한 이도 잇슬지며 쏘 或은 百尺竿頭에 一步를 更進할 決心으로 最后

의 一命을 賭하야써 自己의 所信에 忠하려 하는 鬪士의 悲壯을 노래하는 동무도 잇슬 것이다. 그들의 心懷가 엇지 平然할 수 잇스리요.

最近 各地에서 起하는 物産獎勵의 소래는 그들의 不少한 興味를 끠을미 되엿다. 그러나 그것은 그들의 取할 唯一의 길이 되기까지의 根據잇는 것이 되지 못하엿스며 昨年 以來의 社會主義的 思潮의 勃興은 그들의 疲困한 神經을 刺戟함이 되엿다. 그러나 그 亦是 自己의 最后의 覺悟를 가지기까지의 分明한 것이 되지 못하엿다. 自己가 救濟되고 朝鮮이 救濟되며 그 波紋이 들퍼저 드대여 全人間이 救濟될 唯一한 事爲는 果如何한 것이냐. 또 그것을 實地로 現顯케 할 唯一의 方途는 엇더한 것이냐 하는 그 點에 對하야 아직도 適確한 答案을 엇지 못함과 갓다. 爲先 敎育하자, 殖産하쟈, 團結하쟈 이리함으로 因하야 卽 이러케 步一步의 實力을 養함으로 因하야 朝鮮이 完全히 救濟될 與否는 아직 모른다 할지라도 爲先 이러케 하는 수 밧게 업스며 또 敎育, 殖産의 事業과 如함은 우리가 어느 째이라도 할 일인즉 一日이라도 速히 그리함이 잇자고 함과 갓다. 그래서 그네는 幾多의 私立學校(例하면 晉州의 一新高普, 金海의 合成中學校 등과 如한 것), 講習院 가튼 것을 設하되 講習所는 거의 洞洞村村에 施設하고 敎授와 가튼 것은 그 地方의 靑年들이 大槪 無料로 當한다. 筆者는 小經各地에서 그들의 晝宵盡瘁함을 目擊할 째에 感涙가 滂沱하기까지 感激하엿섯다.

그러나 엇지하리요. 勞力은 多하나 功果는 들어나지 못한다. 人心支離의 所致이냐 또 或은 財界凋殘의 所致이냐 각지의 社會事業은 中途에 頓挫된 것이 不少하야 靑年會館 가튼 것도 建築未半에 工事ㅣ 旣歇한 者가 잇스며 男女靑年會, 其他의 諸事業的會合 가튼 것도 太半은 有名코 無實하야 異民族의 笑資가 됨도 不少한 今日이다.

「自己가 救濟되고 朝鮮이 救濟될 唯一한 標的을 차즈라. 그래서 그 標的에 到達할 唯一한 方策을 생각하라. 여긔에 對하야 스스로 斷案됨이 잇거든 그 斷案에 同意하는 眞正한 同志를 求하라. 그리하야 氣分中心의 聯結을 지으되 그 聯結의 力으로써 일즉히 標榜한 여러 가지에 새로운 內容을 불어너흐라.」이 두어 마듸의 말을 特히 慶南青年에게 告하고 십다.

우리의 足跡

京城에서 咸陽까지

車相瓚

《개벽》, 1923년 4월 부록

차상찬이 경남 지역 답사를 위해 경성을 떠나던 날(2월 2일)부터 2월 13일(산청)까지의 여정을 기록한 글이다. 날짜별로 일과를 상세하게 기록했다. 지역 명소 탐방, 시장 구경, 주민 관찰, 지역 관리의 태도, 유적이나 장소에 얽힌 고사, 이를 소재로 삼은 한시 등이 다채롭게 담겨있다. 차상찬의 글은 박달성처럼 영탄조가 많지도 않고 김기전처럼 이론적이지 않은 대신 풍부한 고전 문학 소양과 역사 지식을 다양하게 반영한다.

차상찬의 여정은 경남 내륙의 군단위 여러 도시를 아우르고 있어 이동 방법과 경로를 따라가는 것만으로도 흥미진진하다.

경성에서 저녁 7시 20분 경부선 기차로 출발한다. 삼랑진에서 마산행으로 갈아타고 이른 아침 마산에 도착, 마산에서 여관을 정해 간단히 식사와 세수를 하고 다시 진주행 자동차를 타고 출발한다. 도로변의 누추한 가옥을 보며 사회의 불평등을 고민한다. 도중에 노상에서 쉬고 있는 한 떼의 우차를 만났는데, 맞은편에서 오던 자동차가 우차 한 대와 바퀴가 부딪치는 사고가 일어난다. 자동차 운전수가 다짜고짜 우차꾼을 때리지만 다른 우차꾼 일행은 보고만 있다. 제풀에 때리기를 멈추자 차상찬 일행은 남선의 노동자가 저토록 유순하고 무능한 까닭이 고래로 양반에 복종하던 유전성과 근개 헌병 보조원과 순사에게 압박당한 탓이라 생각한다.

진주에 도착해 천도교 관계자와 개벽 지사 관계자를 만나 시내 구경을 한다. 시내 곳곳에 홍등이 행객의 눈을 혼란시킨다. 촉석루에 올라 진주성을 바라보며 역사의 고난을 생각한다. 촉석루에서 내려와 진열관, 서장대, 북장대, 충렬사, 호국사 등을 돌아보고 여관으로 돌아온다. 이후 한동안 진주에 머무른다. 4일에는 일요일이라 천도교당에 나가 시일식을 보고, 5일에는 동아일보 지국 기자의 도움으로 도청에서 기사 자료를 얻고 지역 유지를 만나 이야기를 듣는다. 저녁에는 유지의 초대로 즐거운 만찬을 한다. 6일에는 현지인들의 안내로 민간측 제상황을 조사한다. 7일에 진주 일이 대개 마무리 되어 떠나려 했으나 지사의 일로 떠나지 못하고 장날 구경을 한다. 남선의 인민은 물건 사라고 외치는 소리까지 육자백이 아니면 단가조로 하다며 재미있어 한다. 오후에는 진주 남강 하류 적벽을 구경하고 옛날 토색질하던 관찰사 이재현의 악행 사례를 떠올린다.

8일에 진주를 떠나 자동차로 단성에 도착, 현지인들의 안내로 성내를 시찰한다. 9일에 면소에서 면장을 만나 단성 명소를 안내해줄 것을 청해 허락을 받는다. 먼저 문익점 선생의 유적이 있는 조선면화의 발원지 배양동을 찾는다. 배양동에서 주민들을 만나 근면하게 생산에 종사하는 이야기를 듣는다. 단성의 양반 부호가 많이 사는 남사리를 찾아간다. 남사리에서 천도교 청년회장을 만나 하룻밤 묵는다. 신지식이 있는 사람일 것이라 생각했으나 상투에 정자관, 장죽을 문 모습에 놀란다. 10일 날이 밝은 뒤 남사리를 돌아보고 마을이 크고 집도 넓은 것을 보고 놀란다. 청년회장의 집을 나와 보성전문 동창의 집을 찾아 만난다. 여기서 나와 덕산으로 출발할 때 그동안 뒤를 따르던 경찰 미행꾼(査公)이 마침내 돌아간다. 도중 입덕이란 곳을 지나며 이곳 바위에 입덕문이라는 글자를 남명 조식이 쓴 적이 있었는데 신작로 공사에서 유실되고 모사품만 남은 것을 알고 분개한다. 실천면소에서 면장을 만나 면의 일반 상황을 듣고 여관으로 들어간다. 11일 아침 대학연습림을 방문한 뒤 남명 선생의 묘소와 독서하던 산천재를 참배하고 여관으로 돌아온다. 여관에서 덕산에서 조사한 자료를 검토하면서 덕산이 겉으로는 극락생활을 하는 것처럼 보이지만 실제를 보면 비참하고 가련하다 생각한다. 지리산이 의병란에 혹사당하고 대학 연습림이 생긴 뒤로 생활의 길이 전무해졌기 때문이다. 이름은 덕산이지만 실제는 독산(毒山)이라 비판한다. 다시 단성으로 돌아나온다.

12일에 자동차를 타고 산청으로 간다. 산청은 산수가 아름답지만 교통이 불편해 현상보다 더 발전할 가능성이 없어보인다 생각한다. 자기 산지로 유명한 금서면 특리를 답사해 자기 제작과 연구에 공이 많은 민영식을 만난다. 저녁 7시쯤 산청으로 돌아온다.

13일에 군청과 면소를 방문하고 유지를 만난 뒤 산청을 떠나 사근역(함양군)에 도착한다. 사근역은 고려말 삼도원사 배극렴이 상주에서 넘어오는 왜구를 맞서 싸우다 패해 박수경, 배극언 두 장군과 오백여 장정이 순국한 곳이다. 이곳에서 회고시를 짓는다.

우리 開闢社에서 癸亥年 新事業으로 계획하던 「朝鮮文化의 基本調査」는 이제 이것을 실현하게 되얏다. 면저 手를 慶南에 着하야 그 實況을 조사할 새 本社主幹 金起㙻氏와 나는 그 조사원으로 被選되얏다. 우리 일행은 2월 1일에 京城을 꼭 떠나 목적지로 향하랴고 작정하얏스나 多端한 浮世의 생활은 자연 분망하야 2일 오후에야 비로소 출발하게 되얏다. 나는 오후 6시에

行裝을 수습하고 腕車上의 몸이 되야 京城驛으로 往하얏다. 예비성 만흔 小春형과 우리 일행을 餞送하라는 春坡, 一然 及 少年會員 몃 분이 벌서 정거장 구내에 와서 나오기를 고대하고 잇고, 金海학생으로 京城에 유학중인 崔鳳守양도 우리를 동반하야 歸省, 治療(其時 崔孃 有身羔)하러 가랴고 또 와서 잇다. 우리 두 사람은 二等乘車券을 가젓스나 崔양과 동반하기 위하야 三等車 한 모통이에 자리를 잡아노코 전송하러 온 여러분과 이말저말하는 중에 무정한 시간은 벌서 7시 20분이 되얏다. 사람을 催促하는 기적소리에 그이들의 따뜻한 손을 노코,「부듸 평안이 너 잘 잇거라. 陽春 3월에나 돌아오마」하고 離別詞를 부르면서 차안으로 들어갓다. 차는 퍽퍽 소리를 지르며 연기를 토하더니 점차 속도를 가하야 쎅 소리 한 마듸에 고만 京城驛을 떠낫다. 京城은 나의 고향이 안이지만은 근 20년 星霜을 此에서 성장하고 此에서 방랑하야 가장 인연이 만코, 恨淚가 만코 애정이 만흔 제 2고향이다. 비록 잠시를 떠날지라도 나의 가슴에는 여러가지 회포가 만이 일어난다. 이 생각 저 생각하고 안젓는 동안에 車는 벌서 龍山驛을 지나 漢江鐵橋를 건너간다. 때는 正히 음력 12월 17일이라 東으로 솟아오는 一輪 明月이 漢江에 비치워 上下天光이 一色이 되고 冠岳山에 싸힌 눈은 은세계를 이루워 車中으로 내여다보니 과연「月白雪白天地白」이다. 나는 爵寂하던 중 이것을 보고 胸衿이 자연 상쾌하야 혹 노래도 부르며 詩도 읍다가 小春과 가티 여러가지 이약기도 하얏다. 차가 水原에 다다르니 달빗은 점점 밝아 천지가 거울과 갓고 西湖의 어름은 萬張의 유리를 펴인 듯 하다. 만일에 기차가 우리의 자유를 속박지 안이할 것 가트면 杭眉亭과 訪花隨柳亭의 夜色도 구경하고 華虹門, 華山陵의 舊跡도 탐사하고 십헛다. 그러나 무정한 기차는 삼십육계에 走爲上策으로 머무르지 안이하고 작고 달아난다. 鳥山, 平澤, 成歡, 全義... 등 驛을 얼른 지나 鳥致院에 이르니 밤이 점점 깁고 몸도 자연 피곤하다. 몸을 침대에 의탁하야 잠을 이루니 芙江, 沃川, 永同, 秋風嶺, 金泉, 倭館, 大邱, 慶山, 淸道,

榆川, 密陽 등 驛에 半千里 도로는 片時春夢 중에 다가고 말엇다. 차는 三浪津에 이르니 시간은 벌서 새로 다섯 点이 되얏다. 우리 두 사람은 여긔에서 馬山車를 갈어타게 됨으로 崔鳳守양과 작별하고 자던 눈을 부비면서 행장을 수습하야 가지고 차에 나렷다. 나의 가진「파스」는 京城과 釜山간을 통행하는 것인 고로 驛長에게 특별교섭을 하야 馬山까지도 통행하게 되얏다. 5시 20분에 차가 출발하야 洛東驛에 이르니 東方이 점점 밝아오는데 洛東江은 벌서 解氷이 되야 洋洋이 흐른다. 어제밤 京城을 떠날 때에 漢江은 어름이 아즉 튼튼하야 氷上으로 人馬가 통행하는 것을 보왓더니 洛東江은 벌서 解氷이 되얏스니 기후의 차이는 말을 안이 하야도 자연이 알겟다고 小春과 말을 하면서 榆林, 進永, 舊馬山을 얼는 지나 馬山驛에 當頭하니 이 정거장은 三馬線의 최종점이다. 행장을 수습하야 차에 나리니 馬山에 잇는 각 여관의 안내자들은 무슨 친절한 정이나 잇는 듯이 쫏차와서 어느 여관이 조쿳니다, 어느 하숙이 편리합니다 하고 목성 놉흔 嶺南말로 왓작 떠드러 정거장이 떠나갈 듯 하다. 엇던 사람의 旅行詩에「看過山容疑舊土 忽聞人語覺殊鄕」이란 句를 보왓더니 참 과연 그러하다. 사람의 말만 듯고도 嶺南地方인 줄 알겟다. 우리는 京城에 잇는 사람이라도 지방사정을 대개 짐작하니까 별로 괴이하게 녁일 것이 업겟지만은 만일에 초행이고 볼 것 가트면 무슨 쌈이나 하러 달겨드는 줄로 알기 쉽겟다. 나는 돈주고 먹는 밥에 아모 여관이라도 잘해주는 곳으로 가겟다고 웃으면서 생각나는대로 그 중 한 사람에게 행장을 위탁하얏다. 그러나 그들은 내가 먼저 말하얏스니, 엇잿느니 하고 서로 쌈을 하야 또 왓작 떠든다. 우리 두 사람은 정신이 먹먹하야 아모 말도 못하고 잇섯더니 자기네길이 문제를 해결하고 도로 우리가 지정한 사람의 집으로 가게 되얏다. 우리는 孤雲臺로부터 살살 불어드는 새벽바람을 안고, 깜박깜박 꺼저가는 馬山市街의 전등을 바라보며 안내자를 따라서 여관으로 갓다. 晋州行의 자동차시간을 마치랴고 허둥지둥 세수를 하고 밥을 먹고나니 차가 벌서 떠

나랴고 行客을 재촉한다. 우리는 다시 행장을 가지고 자동차 우의 사람이 되
얏다. 나는 馬山이 초행이지만은 시간의 관계로 시가지도 잘 보지 못하고 꿈
속가치 떠낫다. 馬山灣, 月影臺, 斗尺山, 近衛丘의 遠景만 바라보고 晉州의
路로 향하얏다. 天邊에 紅日이 점점 놉하오니 南國의 風光은 旅客으로 하야
금 상쾌를 感케 한다. 산 우에는 눈이 다 녹고 물가에는 풀이 벌서 파릇파릇하
며 沿路 좌우에는 집집마다 綠竹이 猗猗하다. 이것은 참 京城에서 보지 못하
던 기이한 일이다. 그러나 도로 沿邊의 빈민이 생활하는 왜소한 가옥을 보면
自然히 悲感한 눈물이 흐른다. 아아 다 가튼 자유의 民이오 평등의 人이지만
은 엇지 이다지 사회의 제도가 불공평하고 불완전하야 엇더한 사람은 高臺
廣室을 잘 지어 놋코 안락한 생활을 하며 엇더한 사람은 2, 3間 斗屋에 窓壁
이 파괴하야 風雨를 잘 가리지 못하고 朝夕에 糊口之策이 업서 밤낫으로 근
심을 하는가. 이것이 自來 資本主義와 班閥主義의 害毒이 안인가. 北鮮에도
물론 빈부의 차이가 잇지만은 南鮮처럼 현격한 차이가 잇는 것은 보지 못하
얏다. 이것을 본 나는 자연 불평이 심중에 충만하얏다. 만일에 나의 불평이
重量이 잇다할 것 가트면 그 자동차는 무거워서 가지 못할 번 하얏다. 그럭저
럭 하는 중에 차는 벌서 中里를 다달아다 路中에는 未久에 개통될 馬木線鐵
道의 工夫들이 떼를 지여 간다. 길도 험하거니와 자동차가 날거서 매우 위태
하다. 한참 가노라니 晉州로 향하는 牛車 수십 대가 路上에서 休憩한다. 우
리의 차를 보고 피하랴고 하는 차에 마참 晉州에서 馬山으로 가는 자동차 1대
가 風雨가치 모라오다가 엇더한 牛車에 박쿠가 抵觸된 모양이다. 운전수가
뛰여나리더니 댓자, 곳자업시 牛車軍의 상투를 잡어끌고 발길로 차며 뺨을
따리다 못하야 길로 마치 개잡어 끌덧 한다. 그 牛車軍은 아모 말도 못하고
그저 애걸복걸하며 살려달나 하나 悖惡無道한 그 운전수 놈은 작고 따린다.
다른 牛車軍은 수십 명이나 잇지만은 남의 일이라고 먹먹히 보고만 잇다. 우
리 두 사람은 이것을 보다가 하도 긔가 막히여서 저놈들 다 죽은 놈이니 南鮮

의 노동자는 심장이 업는 놈들이니, 京城이나 平安道 가트면 벌서 다른 牛車
軍들이 운전수 놈을 따러 죽엇느니 하고 분을 참다 못하야 말이라도 한 마듸
하랴고 차에 뒤여나리니 그 자도 따릴망콤 따럿는지, 양심이 회복되얏는지
그만 그치엿다. 떡메로 치는 놈은 떡메로 친다고 만일 우리 두 사람 새이에
한 사람이라도 완력만 잇고 보면 그 자야 구만 두엇던지 계속하던지 간에 人
道를 위하야서도 한번 잡어패고 십지만은 완력이 능히 그 자를 굴복식히지
못할진댄 또다시 문제를 일으킬 필요가 업다 하고 抑制로 분을 참고 다시 차
로 올낫다. 참 南鮮의 노동자야말로 넘우도 유순하고 무능하다. 이것은 前日
에 양반에게 절대복종하야 자기의 귀중한 생명과 재산을 뺏기여도 아모 말
도 못하던 遺傳性과 또한 근래에 헌병보조원과 순사에게 無常한 압박을 당
하야 흔텰방이 양복만 입은 사람을 보와도 무서워서 불불 떨고 머리깍근 보
통학교 학생만 보와도 나리님하는 弊習에서 생긴 것이다. 조선노동자 중에
도 南鮮의 노동자는 참 비참하고 가련하다. 엇지하면 이러한 동포를 광명의
길로 인도할고하며 두 사람이 무한의 개탄을 하얏다. 이로부터 車를 다시 몰
아 晉州地境에 이르니 길은 점점 평탄하나 解凍된 흙이 牛馬車 등에 유린되
야 마치 수렁논가티 되얏다. 靑魚바리를 실고가는 荷車는 우리 탄 자동차를
만나 피하랴고 하다가 길이 하도 질어서 마참내 피하지를 못하고 자동차와
충돌되는 바람에 나의 「도랑크」는 왓삭 바서젓다. 운전수는 차를 멈치고 뛰
여나린다. 나는 아까 광경으로 보앗기로 운전수가 또 荷車軍을 따릴가 하고
염려하야, 여보 도랑크는 내것이라 破傷이 되야도 나의 손해가 될 뿐이니 아
모 말하지 말나하고 내가 가로마터 荷車軍을 불너가지고 戱弄的으로 破傷
된 물건의 손해를 무러내라 하얏다. 그 荷車軍은 아모 말 업시 손해를 물어달
나시면 무어들이지요 하고 그 손해액을 뭇는다. 나는 15원 가량이라한즉 荷
車軍은 말하기를 저의 가진 靑魚는 7원 가격 밧게 못 되온즉 집에 가기 전에
는 變通할 수가 업다 한다. 나는 우스면서 손해는 그만두고 이 다음에는 특별

주의하야 다른 사람에게 손해를 끼치거나 욕을 당하지 말게 하라하고 그대로 돌여보냇다. 그 사람들은 부주의하는 일이 만치만은 淳實하기는 매우 淳實하다. 다시 차를 재촉하야 晉州沃野를 밟아보고 南江橋를 건너 晉州城內로 들어갓다. 정류장에 이르니 아는 사람은 하나도 업고 여러 가지가 다 생소할 뿐이다. 부득이 운전수에게 여관을 하나 안내하라고 청한즉 운전수는 大安洞 中央旅館을 指示한다. 우리는 行具를 인부에게 직히고 여관으로 가다가 途中에서 마츰 우리를 영접하랴고 오는 當地 天道敎 宗法師 申鏞九씨와 同靑年會長 朴台弘씨를 만낫다. 피차에 반가움을 익이지 못하야 따뜻한 손을 잡고 그간 隔阻된 말과 여러가지 情話를 하면서 여관으로 들어갓다. 조곰 잇다가 晉州支社 總務 朴鳳儀씨가 또한 왓다. 主客이 마주 안저 한참 이약이를 하다가 시가지를 구경하랴고 여관을 떠나 나섯다. 諸氏의 안내로 엇더한 음식집에 들어가서 晉州의 명물인 비빔밥 한 그릇식을 잔득 먹고 다시 路를 轉하야 當地 天道敎 大敎區, 靑年會, 勞働共濟會를 방문한 후 飛鳳山下로 건너가서 飛鳳潭에 이르니 우리 4,5인 동지의 交情과 深淺을 다투는 千尺의 潭水는 春波가 方生하야 洋洋浩浩 흐른는데 春光을 사랑하는 南國의 佳人들은 삼삼오오로 隊를 지여 한가히 빨내한다. 우리는 潭上에서 暫時間 莊叟의 濠上之樂을 취하다가 다시 步를 變하야 시가지로 향하얏다. 晉州俗語에 「一匙見三蠅이오 三步逢一妓」라는 말을 들엇더니 기후관계로 파리는 볼 수 업스나 기생은 과연 만은 모양이다. 골목마다 紅粧羅裙이 오락가락하야 行客의 眼을 현란케 한다. 천천이 緩步하야 南江연안으로 향하니 論介娘의 萬古芳名을 자랑하는 義娘岩은 江畔에 嵬然이 홀로 섯고 3壯士 金千鎰, 崔慶會, 黃進의 千載忠魂을 吊喪하는 長江水는 嗚咽이 흐른다. 矗石樓에 올나가서 晉州城內를 발아보니 방방곡곡이 다 眼中에 잇다. 河崙矗石樓記에 「飛鳳山이 北에 止하고 望晉이 南에 拱하며, 菁川이 西에 繞하고 長江이 其間에 流하며 東西諸山이 宛轉四環」이라 한 것은 참 晉州城의 지형을 畵한 것이라. 晋州는 慶南의 중심지오 도청소재지다. 우리 조선민족이 가장 恨이 만코, 눈물이 만코 피 만이 흘닌 곳이다. 宣廟龍蛇亂陷城할 시에 우리 晋州 동포의 祖先 6만 여명이 일시에 순절한 곳이다. 아모리 剛腸鐵肝의 人이라도 矗石樓에 오르면 滿衿의 涙를 뿌리지 안이치 못할 곳이다. 나는 난간에 의지하야 千古에 壯絶悲絶한 3壯士의 立節時 노래「矗石樓中三壯士, 一盃笑指 長江水. 長江之水滔滔兮, 波不窮兮魂不死」를 부르다가 우연히 申維翰씨의「晋陽城外水東流, 叢竹芳蘭綠暎州」云云의 韻을 次하야 一首의 詩를 作하얏다.

千尺朱欄枕碧流, 登臨怳若上瀛洲. 山河百戰餘空郭, 風雨重經有此樓. 江水無窮壯士恨, 岩花尙帶美人愁. 居民不識當年事, 但醉笙歌月夜遊.

우리 일행은 다시 矗石樓를 나려 陳列館을 구경한 후 西으로 廻하야 西將臺, 北將臺, 忠烈祠, 護國寺를 보고 도청 後를 經하야 여관으로 歸하얏다. 몸이 피곤하야 좀 누엇더니 夕飯이 벌서 나옴으로 우리를 안내하던 여러분은 집으로 돌아가고 나와 小春과 두 사람만 밥을 먹게 되얏다. 밤에는 晋州의 有志 諸氏가 來訪하야 여러가지 이약기를 하다가 11시경에 各 歸하고 우리도 역시 취침하얏다.

4일, 晴. 本日은 일요일인 고로 11시에 敎區에 가서 侍日禮式을 보왓다. 연령은 장년이지만 소년과는 특별이 조하하야 소년에 관한 말을 하면 해가고 날새는 줄을 모르는 小春은 또다시 當地 天道敎少年會員에게 말을 하게 되얏다. 그럭저럭 오후 2시나 되야 말을 畢하고 떠나서 또 비빔밥으로 午腸을 充하고 다시 시가지구경을 하고 여관으로 돌아왔다. 우리 일행을 사랑하는 晋州의 人士들은 일의 분망함을 不顧하고 밤에 또다시 차저와서 인정풍속과 역사, 전설에 관한 여러가지 유익한 이약기을 하야주고 심야에 歸하얏다.

5일(월요), 晴. 오전 11시경에 나는 東亞日報支局 記者 尹炳殷씨의 안내로 道廳에 가서 각종의 기사자료를 어더가지고 와서 점심을 먹고 朴鳳儀씨와 다시 民間有志를 방문하얏다. 오후 7시 반에 晋州의 有志 諸氏는 우리 두 사람을 京城館으로 招하야 만찬회를 開함으로 우리는 거긔에 가서 따듯한 사랑과 질거운 우슴 속에서 滿盤의 盛饌을 飽喫하고 11시경에 여관으로 歸하얏다.

6일(화요), 晴. 朝飯을 먹은 후에 小春과 나는 두 隊로 논아 當地 諸氏의 안내로 민간측 諸 狀況을 조사하얏다.

7일(수요), 晴. 우리는 晋州의 일을 대개 畢하얏슴으로 今日에는 他郡으로 가랴고 하얏스나 支社의 일이 미흡한 것이 잇서 또 다시 못떠낫다. 오날은 마참 晋州의 장날인 고로 우리는 장구경을 하랴고 시장에 나갓다. 晋州의 시장은 참 번창하다. 장소도 널거니와 출품된 물건도 만타. 농산, 수산, 공업품, 축산 기타 각종의 잡화, 과실, 식료품 등이 업는 것이 업다. 北鮮地方 장시에서는 보지도 못하던 小鼓, 腰鼓, 錚, 팽쉬, 부시돌, 黃찍은 가리셕약까지 다 잇다. 더구나 음력 歲末이 임박한 고로 각지의 행상들도 다 들어오고 名日興成을 하랴는 村農民들도 모도 와서 무려 數萬餘이 와글와글 물끌틋 한다. 西鮮地方의 인민이 農夫歌를 하던지 소설을 보와도 愁心歌調로 하드시 南鮮의 인민은 물건사라고 외는 소리까지도 모다 六字拍이 調가 안이면 短歌調이다. 참 壯觀이오 奇觀이다. 우리 두 사람은 정신업시 이곳저곳을 단이며 무슨 물건이나 살 듯시 가격도 물어보고 구경도 하얏다. 한 시간이나 돌아단이다가 敎區로 가니 敎區에서는 우리에게 떡국으로 점심을 준다. 우리는 맛잇게 먹고 朴台弘, 金義鎭 兩氏와 少年會 간부 몃 분을 동반하야 晋州에서 제일 名區인 南江下流 赤壁 구경을 하러갓다. 往路에 또한 장시에 들어가 文魚, 乾柿, 白糖 등을 사가지고 桃花勝地로 유명한 玉峯里를 지나 南江을 順流하야 赤壁에 다다르니 과연 岩石도 기괴하고 景槪가 絶勝하다. 작년 秋 7월 旣望에 假者 蘇東坡가 만이 생겨 일반의 비평까지 듯게 된 것도 無理의 事가 안이다.

우리는 문장이 안이닛가 蘇東坡의 赤壁賦 갓튼 美文은 짓지 못하지만은 美文 대신에 文魚나 먹자하고 사가지고 간 文魚를 논아 먹으며 石逕斜路로 나려가니 岩壁上에 李載現의 題名한 것이 두렷이 뵈인다. 이것은 前日에 觀察使로 別般 惡政을 다하고 인민의 재산을 橫奪하야 晋州의 흙을 세 치까지 먹엇다는 동요를 웃던 皇族의 李載現이다. 그가 觀察使로 한참 잘 호강할 따에는 晋州邑에서 東으로 20여리 되는 靑谷寺를 날마다 가서 妓樂으로 질탕이 놀다가 밤중에 돌아올 때면 沿路人民으로 炬火(밤바라기)를 들게 하야 20여리가 每夜 不夜城을 이르럿고 南江에 船遊를 하면 수백의 船雙을 幾日式 執留하야 全江을 連環함으로 江水가 흐르지 못한 때가 잇섯다. 그뿐 안이라 各郡의 名妓를 선택하야 觀察府에 직속케 하고 京鄕의 蕩子浪輩를 모도 모와 晝夜遊逸함으로 수풀에 독갑이 끌듯시 각지 기생들이 작구 모와들어 본래 20여명에 불과하던 妓가 1년내에 7백여명에 달하얏섯다. 지금까지 晋州에 기생이 만은 것은 全혀 그 李씨의 遺德이라 한다. 과연 그는 무죄한 良民의 고혈을 얼마나 짜먹엇스며 국가에 죄악은 얼마나 지엇는가. 惡을 積한 者는 天이 禍로써 報한다고 그가 지금에 衣食거리가 업서 아우의 집에서 신세를 지우며 다 해진 쇠똥벙거지에 맛지 안는 짝짝이 고무신짝을 끌고 風病마진 입살을 실룩실룩하고 京城市街로 돌아단니는 것을 보면 참 天意가 무심치 안이하다. 못된 일을 다하고도 몃 백년이나 遺臭를 전하랴던지 그의 題名한 것을 보면 참 가소롭고 가련하다. 우리는 이런 말 저런 말하는 중에 석양은 벌서 玉峯山에 반사되고 집을 찾는 가마구무리는 飛鳳山下로 날어든다. 우리는 그만 거름을 돌여 삼삼오오로 흐터저가는 場軍과 압서거니 뒤서거니 하고 성내로 돌아왓다. 참 오날은 유쾌하게 잘 놀앗다. 夕飯을 먹고 우리를 방문하러 온 여러 손과 明日에 출발할 의논도 하고 다른 이약기를 하다가 손님이 간 후에 몸이 곤하야 즉시 잣다.

多情多感한 晉陽城을 떠나

水明山紫의 丹城古郡으로

　　日割의 예정이 잇는 우리 일행은 하루라도 밧비 晉州의 일을 맛치고 다른
곳으로 떠나랴 하얏스나 多情多感한 晉陽城은 자연 우리로 하야금 4, 5일을
소비케 하얏다. 여하한 사정에 잇던지 8일에는 꼭 떠나가기로 결심하고 7일
저역부터 行李를 정돈하고 또 일을 신속히 마치기 위하야 小春형과 나는 南北
隊로 分하야 小春은 朴鳳儀씨와 泗川, 南海 등지의 沿海諸郡으로 가고 나는
申鏞九씨와 山淸, 咸陽 등 山峽 諸郡으로 가기로 작정하얏다.

　　8일(목요), 晴. 나는 朝飯을 먹은 후에 郡廳과 面所에 가서 조사할 것을
맛치고 여관으로 돌아오니 우리 일행을 전송하랴는 晉陽 여러분 人士는 별서
여관에 와서 기달이고 잇다. 나는 그의들에게 너무 감사하다는 禮辭를 한 후
行具를 催促하야 자동차정류장으로 나갓다. 小春은 오후에 떠나게 됨으로
나를 전송하랴고 역시 정류장까지 왓다. 나는 晉州의 여러 人士와 小春의 사
랑하는 손을 잡고 悵然이 고별한 후에 차로 올나갓다. 뽕뽕하는 소리에 차는
별서 떠나 나의 잠시 정든 晉州城을 이별하게 되얏다. 俗歌에 간대 족족 정들
여 놋코 이별이 자저 못살겟다」더니 참 내야말로 이별이 잣다하고 혼자 생각
하는 중에 질풍갓치 다러나는 차는 飛鳳山 밋을 얼는 지나간다. 矗石樓는 구
름 박그로 점점 멀어젓다. 40리 가량이나 가서 吐峴에 당도하니 晉州郡界가
다 되고 여긔서부터는 丹城이다. 丹城은 참 이름과 갓치 산도 붉고 들도 붉다.
黃州土色이 누루러 黃州라 하듯시 丹城은 土色이 붉거 丹城이다. 순식간에
차는 별서 新安驛정류장에 이르럿다. 우리는 차에서 나려 잠시 休憩하다가
인부를 어더 行具를 지우고 新安驛을 건너 丹城古邑內로 향하얏다. 新基坪
에 이르니 當地 天道敎傳敎師 姜益秀씨는 우리를 마지랴고 거긔까지 와서
고대하고 잇다. 서로 반가이 만나 寒暄을 마친 후에 氏의 안내로 城內里에

入하얏다. 여관에서 점심을 먹고 丹城靑年會 간부 李漢東씨의 안내로 몬저 城內全市街를 시찰하고 面所, 靑年會, 天道敎 傳敎室을 방문하얏다. 丹城은 원래 小邑인 중 山淸의 屬郡이 된 후로(大正 3년 3월 1일) 더욱 凋殘하야 시찰하는 人으로 하야금 寂寞蕭條의 感을 이리킨다. 그러나 天然의 景槪와 인물의 산출과 산업의 발전은 다른 雄村巨郡에 손색이 少無하다. 이는 晉江의 상류 新安江이 灣回하고 江上에 嚴惡山이 屹立하얏스며 西에는 來山이 잇고 北에는 景槪 이름 다 조흔 明月, 白馬 兩山이 遙遙擁立하고 東北으로 赤壁이 錦屛과 갓치 나열하얏스며 南山에는 尼丘山이 聳翼하얏다. 黙谷, 明紬, 文臺의 礪石, 淸溪磁器와 白雲陶器, 城內靑葱은 本面의 특산물로 慶南에서 유명하고 江城(文益漸)군의 出天의 孝와 大綿을 移種한 德은 世人이 다 추모하며 人民의 富力 3천석 이상이 6인, 5백석 내지 천석까지 하는 사람이 15, 6인이나 된다. 참 죽어도 실속이 만은 곳이다. 나는 李漢東씨에게 丹城에 관한 여러가지 이약이도 듯고 또 郡誌를 어더서 名勝, 古蹟, 人物, 風俗 등을 瞭然이 알엇다. 참 감사하게 생각하얏다.

朝鮮棉花의 根源地 培養洞을 踏査하고
慶南의 第一 模範村인 黙谷里를 訪問함.

9일(토요), 晴. 朝飯에 나는 申鏞九씨와 姜益秀씨를 동반하야 面所에 가서 面長 孫秉國씨를 방문하얏다. 이 孫씨는 亦 當地 靑年會副會員이다. 나는 孫씨에게 丹城名所의 안내를 청한 즉 孫씨는 公務의 多端을 불구하고 此를 승낙한다. 즉시 출발하야 몬저 조선면화의 발원지 培養洞(今 沙月里)을 답사하얏다. 此培養洞은 江城(丹城古號)君 文益漸선생의 故基라 尙今까지 그의 孝子碑가 잇고 其碑閣의 南에는 약 십오륙坪되는 장방형의 田이 잇는데(名曰 培養田) 此는 선생이 목화를 手植하고 시험배양하던 田이다. 그러나 今에는 其中間으로 新作路가 통하야 약 4분의 1은 도로가 되고 其田은 東西로 양분되얏다. 나는 선생의 碑閣과 그 밧을 볼 때에 감개가 무량하얏다. 오날 우리 조선민족이 木棉衣를 着하야 육체는 완전 보호하게 된 것은 全혀 선생의 덕이언만은 시대가 疎遠하고 인심이 枵朴하야 선생의 碑閣이 風雨에 퇴락되고 선생의 遺田이 도로에 入하얏스되 此를 보존 기념하랴는 人이 一個도 無함은 넘우도 한심하고 可惜한 일이다. 況 且 국산을 장려하는 이 시대에 우리는 민족적으로 선생을 숭배하고 또는 선생의 遺跡을 보존할 필요가 잇다. 우리 일행은 개탄을 不禁하면서 其地를 떠나 慶南제일 模範村이란 黙谷里로 향하얏다. 十里明沙에 蒼松綠竹이 간간이 叢生한 琵琶島上에서 流入遷客(昔日 流謫地)의 寂寞孤魂을 吊하고 新安江을 渡하야 약1町을 迂回하니 山谷이 平潤한데 인가가 즐비(170호)하고 洞의 주위에는 竹林과 栗林이 鬱密하며 鷄鳴犬吠의 聲이 四隣에 달하야 완연이 陶淵明의 柴桑村을 간 것 갓다. 洞口에서 崔斗秀氏를 만나 氏의 家로 入하니 氏는 그 洞內의 유력한 人으로 家勢도 不貧한 모양이다. 가옥도 淸楚하거니와 庭園도 상당히 치장하얏는데 나의 눈에 선득 몬저 뵈이는 것은 連理樹(일명 相思木)이다. 나는 前日에 白樂天의 長恨歌에 在地願爲連理樹라는 글만 보고 실물은 보지 못하얏더니 이제 그 실물을 보매 더욱 기이하게 생각하야 주인에게 그 나무의 특징을 물엇다. 주인은 말하기를 그 나무는 葉과 花의 형태가 全혀 李와 相似한데 황색의 實이 잇서 難産하는 부인의 靈藥이 되고 其枝는 항상 相對直上하야 아모리 人工으로 분열케하야도 도로 相對하는 특성이 잇는데 慶南에도 희귀한 식물이라 한다(其後 昌寧에서 又 此樹를 見함). 相思의 情이 만은 나는 이 相思樹邊에서 또 한참 相思하다가 주인집 사랑으로 드러갓다. 나는 주인에게 그 洞里의 풍속, 습관과 模範村된 이유를 물으니 주인은 또 대답하되 우리 洞里는 다른 것은 모범될 것이 업고 다만 주민이 근검하며 自來副業이 多하야 매년 明紬 약 80匹 시가 6천원, 栗 30여石 시가 900여원, 竹物이 약 1,500원 계

9,400여원 其中 明紬는(품질 견고) 人民이 貧寒한 자가 업스며 세금도 인민이 자진납부함으로 官公吏의 督促出張하는 일이 업다 한다. 개인이나 단체나 세금만 잘 내면 유일한 모범으로 認하는 收入主義의 현 정치하에서는 참 모범될 만하다. 하여간 인민이 생산에 힘을 쓰는 것은 매우 조흔 일이다. 시간이 급급함으로 우리 일행은 주인에게 즉시 고별하고 그 洞里에서 제일 부호요 제일 인색하야 되야지의 별호를 듯는다는 李進士집을 또 차젓다(其名 鎭動). 본치는 업슬지라도 墻垣의 崇高한 것, 가옥의 宏大한 것은 外面만 보와도 참 부호다. 우리는 사랑으로 들어가니 의심만코 陰徵만코 인색한 여러가지 특색을 가진 주인공은 우리의 온 것을 不吉이 안는 모양이다. 더구나 우리를 미행하는 平服한 丹城査公이 來房에 와서 잇슴으로 눈치만 슬슬 보고 잇다. 우리는 물을 말을 뭇고 주는 茶果를 먹은 후에 다시 떠나 新安江을 건너서 召南村 趙顯璋씨를 방문하고 丹城의 양반, 학자, 부호의 집중지 南沙里를 한번 보랴고 夕陽山路로 兩兩이 짝을 지어가는 목동과 동반하야 南沙里로 들어갓다. 나는 孫秉國씨의 안내로 山淸郡의 首富오 丹城靑年會長인 崔仁煥씨 家를 尋訪하얏다. 나는 氏가 靑年會長이라 하기로 다소 신지식이 잇는 사람으로 알엇더니 주먹만한 상투에 程子冠을 의연이 쓰고 널즉한 明紬바지에 응덩이를 휘두르며 翠玉 물부리長竹을 물고 우리를 맛는다. 그의 말과 갓치 참 재산 덕분에 돌임회장이다. 이말저말 하는 동안에 시간을 벌서 7시 가량이나 되얏다. 孫秉國씨와 姜益秀씨는 일이 밧붐으로 城內里로 돌아가고 나와 申鏞九씨는 崔氏家에서 留宿하얏다.

10일(토요), 晴. 나는 오전 7시경에 기상하얏다. 昨日에는 日邑이 己暮하야 洞里의 전경을 잘 보지 못하얏슴으로 각갑한 생각이 절로 나서 食前에 혼자 洞內를 순시하얏다. 南沙里는 참 듯던 말과 갓치 부호의 집중지다. 수백여호 大村에 5, 60間식 되는 瓦家가 즐비한데다 其中 崔璇鎬라 하는 이의 집은 慶南의 甲第라 한다. 京釜線鐵道 沿路나 晉州城內에서 왜소한 가옥만 본 나는 항상 不備한 생각이 만이 잇더니 南沙里부자들의 거대한 가옥을 보고는 도로혀 놀낫다. 各色 道廳所在인 晉州城 중에는 이러한 가옥을 보지 못하얏다. 그러나 그의 의복, 음식 등을 보면 엇지 이러한 가옥을 건축할 생각이 난나 하고 혼자말하면서 주인의 집으로 돌아왓다. 때는 벌서 10시나 되엿는데 무사태평한 주인집에서는 朝飯이 아즉 안이되얏다. 시간이 밧분 우리는 번민 중에 잇다가 11시경에야 비로소 朝飯을 먹고 떠나게 되얏다. 어젯날 黙谷서부터 우리를 미행하던 査公은 어듸서 자고 또 崔氏家로 왓다. 道號發行祝賀廣告를 하려던 崔씨는 査公을 보고는 겁이 나서 광고비를 잘 주지 못하고 査公을 눈짓하야 다른 방에서 수근수근하다가 그제야 나와서 준다. 이것은 물론 향촌부자의 常事다. 우리는 그에서 감사한 禮謝를 하고 작별한 후 다시 그 이웃의 李炳權씨를 방문하니 氏는 병석에 잇고 그의 季氏 李炳和씨가 초췌한 안색으로 우리를 만는다. 氏는 京城普成專門學校 졸업생인고로 나와는 前日부터 校友의 親誼가 잇다. 보수성이 만은 李君은 법과를 졸업한 후로 귀향하야 다시 髮을 長하고 근10년이 되도록 집에만 蟄伏하고 잇는 터이다. 참 頑固 中 文明의 찰 頑固다. 나는 李君이 주는 茶果를 먹는 중에 냄새 잘맛는 査公이 또 들어오더니 조곰 잇다가 査公의 대장인 칼치장사 두 분이 李씨집 사랑前으로 지나간다. 査公은 다시 나갓다가 또 들어온다. 추후에 전하는 말을 들은즉 그들은 우리를 감시하기 위하야 夜警하고 가는 길이라 한다. 참 그들의 신경은 너무도 예민하다. 우리로 인하야 밤잠도 잘 못자게 된 것은 도로혀 가업다. 우리가 떠나랴 하는 중에 德山까지 동행하기로 昨日에 약속한 丹城青年會總務 權泰漢씨가 마침 왓다. 李君은 작별하고 權씨의 안내로 우리는 德山가는 길로 향하얏다. 兩日間이나 우리를 보호하던 査公은 너무도 심심한지 구만 뺑손이를 치고 간다. 만일에 德山까지 갓치 가게되면 木物 만은 德山에서 木盃라도 한아 주어 그의 기특한 공을 賞주랴고 하얏더니 福철리이가 구만 갓다. 이로부터는 우리 동지 3인 뿐이다. 뿍바우를 지나 尼丘山下 탄탄대로를 여러가지 이약이를 하며 간다. 漆亭里에셔 잠시 휴게하고 다시 천연의 콤라스를 놀이게 되니 여긔서부터는 矢川面 所在地가 약 10리 가량이라 한다. 鱖魚産出로 유명한 德山江을 끼고 (德山江에 鱖魚가 多産하는데 其味가 極佳하야 속설에 德山소작인이 지주에게 鱖魚鱠를 주지 아니하면 논을 땐다는 말까지 有함) 白雪洞을 지나 入德에 이르니 이 入德門은 南冥선생 曹植씨가 德山에 歸隱할 시에 친필로 岩石上에 入德門 三字를 써서 삭인 곳이라. 그는 道學君子일뿐 안이라 我東의 유수한 명필이라. 그의 쓰신 入德門 3字는 畫이 雄健하야 龍蛇가 飛騰함과 如한고로 此地에 유람하는 人은 반듯시 이것을 模寫하여 갓섯다. 그러나 年前에 新作路를 鑿할 시에 그 바우를 파괴하얏슴으로 선생의 필적은 爆烟과 갓치 소실되고 但히 이것을 模寫하야 다른 바우에 移刻한 것만 남엇다. 나는 이것을 보고 慨歎不己하다가 다시 步를 移하얏다. 入德門에 入하기까지는 비록 산중이나 俗臭가 만터니 入德門을 入한 이후로는 洞府가 점점 深邃하고 白石淸溪가 曲曲이 흘너 運然히 別有天地에 入함과 갓다. 峰回路轉하야 系里洞에 入하니 해발 6,600척 되는 智異山은 白雪이 皚皚하야 나를 반기는 듯하다. 戲言 잘하는 나는 智異山을 보고 申鏞九씨에게 이러한 말을 하얏다. 前日에 車京錫씨가 智異山에 와서 車天子가 하강하얏다고 인민을 만이 유혹케 하얏스니 나도 姓이 車哥라 역시 車天子라 칭하고 키크고, 수염조촌 당신은 申將軍이라 하야 智異山下 주민을 또 한번 유혹케 하자 하얏다. 却說, 우리 일행은 系里洞으로 들어가니 山谷은 平開하야 壺中과 如한데 수백여 호의 인가가 즐비하고 松竹과 柿木이 處處에 林立하얏다. 우리는 權씨의 지도로 德山旅館에 들어가니 主婆 姜巨閣은 우리를 반가이 마저 사랑으로 안내한다. 이 主婆는 원래 河東의 良家女子로 우연이 此山中에 淪落하야 春風秋月에 送舊迎新하는 여관업생활을 하는데 연령은 비록 근 50되얏스나 그의 花柳巷裏에서 百戰한 노련의 交際手段은 능히 소년의 遊客을 魔殺한다. 나는 그를 보고 天台山 36峯에서 烟霞를 호흡하던 麻姑女

가 方丈山中으로 移來하얏나 의심하얏다. 少焉에 午饌을 내오니 요리의 범절도 참 산중에서는 희귀한 善手다. 우리는 이것을 飽喫한 후 智異山으로 부러드는 모진 북풍을 무릅쓰고 德川橋를 건너 矢川面所로 가다. 사무의 시간이 지냇지만은 특별이 面長을 청하야 面에 관한 일반상황과 大學演習林의 상황을 조사하고 즉시 여관으로 도라왓다. 夕飯을 먹은 후에 주인은 목욕물을 준비하고 우리에게 목욕하라 권한다. 우리는 더욱 감사하게 思하고 목욕을 하니 몸도 자연 피곤하야 一夜를 別有天地 속에서 留宿하얏다.

11일(일요), 晴. 나는 早起하야 세수를 하고 大學演習林 看守 靑木군을 방문하야 演習林에 관한 말을 듯고 歸路에 南溟선생의 독서하던 山天齋(先生所築)와 선생의 묘소를 拜觀하고 (묘소는 系洞 后山에 잇는데 그 神道碑文은 許眉叟, 宋尤菴이 撰함) 여관으로 歸하야 朝飯을 먹은 후 德山에서 조사한 여러가지 서류를 종합하야 一覽하얏다. 外面으로 德山을 볼 따에는 산수가 佳麗하고 삼림, 과수, 전답 등이 구비하야 거긔 주민은 아모 걱정도 업시 극락생활을 하는 줄로 알기 쉬우나 각 방면으로 그 내막을 조사하면 참 비참하고 가련하다. 智異山은 鄭堪錄에 소위 十勝之地라 하얏지마는 甲午民衆亂과 其後 義兵亂에 酷禍를 獨當하고 且 大學演習林이 생겨 그의 생명인 智異山을 被奪한 후로는 생활의 路가 全無하며 (大學林은 別로 詳論하얏기 畧함) 南溟선생의 썩은 뼈를 울게 먹는 떼만은 曹씨 등살과 조선인의 血을 흡수하는 일본인의 고리대금업자 때문에 못살 지경이다. 이름은 조와 德山이라만은 실상은 毒山이라 나는 德山人民의 참상을 생각하고 無限의 慨歎을 하면서 떠나랴 하는 중 權泰漢씨는 또 와서 當地産物 竹杖 두개를 우리 兩人에게 기념품으로 준다. 우리는 감사히 밧고 氏와 주인에게 작별한 후 洞口로 다시 나갓다. 나는 竹杖을 휘두르며 入德門을 지나다가 우연이 一句를 吟하얏다.

客入桃源非別界, 仙歸方丈亦人間

나는 詩思가 索莫하야 一首를 채우지 못하고 구만 두엇다. 삼삼오오 흐터
저 나오는 숫장사들과 作伴하야 여러 이약기를 하는 중에 벌서 漆亭里를 지나
南沙里에 당도하얏다. 路邊에서 歇脚하고 다시 떠나 십여 리를 行하니 山下
一村에 竹林이 深邃한데 수십호의 茅崖이 隱暎한다. 이곳은 최근 嶺南의 巨
儒 郭鍾奭씨의 居하던 升坪里이다. 우리는 路邊 槐樹下에서 잠시 村容을 살
피다가 또 떠나 吹笛峯頭를 발고 살고내에 이르니 이는 出天의 효자 江城君
文益漸씨가 奉親하랴고 살을 노와 고기잡던 곳이다. 여긔에서는 丹城古邑이
다 보인이다. 琵琶島를 지나 江城君孝子碑를 다시 한번 보고 城內里 여관으
로 들러가니 11일은 그럭저럭 丹城에서 또 보내게 되얏다.

山水佳麗한 山陰縣에 이르러

駕洛亡國主仇衡王陵을 吊함.

12일(월요), 晴. 우리는 朝飯을 먹은 후에 즉시 출발하야 姜益秀씨의 안내
로 江樓里에 往하야 權載協씨를 방문하고 新安江을 渡하야 山晉自働車停留
場에 至하니 차는 마침 와서 行客을 기다린다. 우리는 山淸行의 차표를 사가
지고 전송하러 온 丹城有志 諸氏에게 고별한 후 차에 올으니 때는 오전 11시경
이다. 차는 院旨驛을 떠나 景槪絶勝한 赤壁, 白馬 兩山을 등지고 春風이 슬슬
부러드는 蝴蝶樓(일명 新要樓)의 舊址를 번개갓치 지나 明月山下 탄탄대로
를 달려간다. 新安, 外松을 지나 泛鶴里에 다다르니 산은 次次 놉고, 물은 점
점 맑은데 兩峽의 雪景은 더욱 조와 중국 山陰의 雪後景과 과연 방불하다(山
淸 古號가 山陰 故로 云). 차는 전속력을 가하야 다라나는 바람에 正谷, 井亭
두 洞里는 등뒤로 片時에 물너가고 벌서 山淸郡內 정류장이 압헤 왔다. 나는
차에서 나려 郡內의 전경을 살펴보니 듯던 바와 갓치 山淸은 참 山水의 鄕이
다. 南에는 三峯山, 西에는 態石山이 屹立하고 北에는 銀魚産地로 유명한

鏡湖江이 萬丈白練과 如히 會稽山(郡 後山)을 포위하야 南으로 向流하고 江南岸에는 老樹가 울창한 絶壁上에 換鵝亭(今 普通學校 標本室)이 翼然이 臨하고 東에는 登鷄, 黃梅(無烟産地) 兩山이 遙遙相對하얏다. 그러나 산악이 重疊하고 교통이 불편하야 현상보다 더 발전할 희망이 업슬 것 갓다. 申鏞九씨의 안내로 塞洞 慶興旅館에 들어가 점심을 먹은 후 우리는 다시 용기를 내서 磁器産地로 유망한 今西面 特里를 답사하기로 결심하얏다. 여관을 나와 竹杖洋鞋로 會稽山등을 넘어 鏡湖江을 건너간다. 나는 路上에서 一首의 詩를 吟하얏다.

鏡湖春水碧於烟, 白鳥雙飛夕照邊, 晩踏換鵝亭下路, 竹林深處有孤船.

배를 나려 夕陽山路로 特里를 바라고 가니 石逕이 崎嶇하야 험하기도 하거니와 반즘 록은 눈이 대단이 滑膩하야 세 거름에 한 번식은 넘어진다. 구두에는 진흙칠이오 모자에 땀투성이다. 허위허위하고 10여리 되는 고개를 넘어가니 特里의 뒷산인 王山이 점점 각가워 온다. 이 王山은 駕洛國 十世王 金仇衡이 新羅 法興王에게 항복하고 此山北 花山洞에 至하야 餘年을 送하다가 死後에 此山에 葬한 고로 세인이 仍하야 名한 것이다. 나는 遙遙히 此亡國王의 古陵을 吊하고 特里로 入하니 當地 普通學校 訓導 金渭尙씨가 도중에 잇다가 우리를 맛는다. 우리는 金씨의 안내로 閔泳吉씨를 방문한 후 다시 閔씨와 作伴하야 磁器研究에 多大한 노력과 金力을 희생에 供한 閔泳直씨를 방문하얏다. 氏는 병석에 在하여서도 오혀려 磁器제조연구에 관한 서적을 보고 잇다. 나는 氏에서 磁器에 대한 여러가지 말과 시험한 성적품을 상세히 본 후 시간이 총총함으로 즉시 떠낫다(此에 관한 상세한 事는 別錄에 在함). 閔, 金 兩氏는 우리의 留宿하기를 권하나 일이 분망함으로 此를 固謝하니 閔, 金 兩氏는 다시 우리를 위하야 山淸城內까지 동반하야 준다. 오후 7시경에 歸城

하야 諸氏와 갓치 夕飯을 먹은 후에 몸이 困하야 즉시 취침하얏다.

韓日古戰場인 沙斤驛을 過하야
名勝古蹟이 豊富한 咸陽城으로.

13일(수요), 晴. 閔, 金 兩氏는 학교의 시간이 잇슴으로 食前에 귀가하고 우리는 吳周錫씨와 金永增씨의 안내로 郡廳, 面所, 기타 有志를 방문한 후 오전 11시에 山淸을 출발하얏다. 오후 3시경에 沙斤驛에 至하니 此沙斤驛(咸陽郡)은 麗朝辛禑 10년에 三道元帥 裵克廉이 대군을 率하고 尙州로부터 來襲하는 왜구를 拒하다가 敗績하야 朴修敬, 裵克彦 兩將이 立節하고 500여의 장정이 비참히 순국한 곳이다(其 時 溪水가 盡赤하야 仍名 血溪라). 나는 李詹씨의 「血濺咸陽原上草」란 此地 懷古詩를 誦함에 비장한 눈물이 절로 흘넛다. 아— 우리 咸陽의 동포냐 此恨을 知하는가, 否하는가? 오륙백년전의 일이라도 이것을 생각하면 참으로 뼈가 매치고 피가 끌는다. 나는 억지로 눈물을 참고 또다시 西으로 愁智峯을 발아보다가 뭇득 이 月明塚 생각이 나서 懷古詩 一首를 지엿다.

月明塚上月惟明, 環珮無聲蜀魄鳴, 此是人間腸斷處, 街童莫唱望東京

(俗傳昔時東京(慶州) 商人與沙斤驛美人月明愛商人一去月明日夜相思成病遂死埋於愁智峰上 其後商人聞其死來哭, 于墓前亦死人葬之同穴, 佔畢齋, 兪濡溪諸賢皆題詠, 望東京其歌 名)

「雪裏花開, 四時長春」의 智異山

一記者

《개벽》, 1923년 4월 부록

김기전이 경남 지역 답사 중 하동에 머무는 동안 일행과 화개장터, 쌍계사를 답사하고 적은 기행문이다. 일정으로 보면 앞에 소개한 김기전의 "경남에서" 와 같은 기간에 이루어진 답사이다. 말하자면 김기전이 경남 지역을 답사하고 여정 전체를 다룬 것이 "경남에서"이고, 그 중 하루 하동에 머물면서 지리산에 소풍삼아 다녀온 기록이 이 글이다. "편집실에 있는 박형(박달성으로 추정)"에게 보내는 편지 형식의 글이며, 글 끝에 '小春'이라는 기명이 있다. 하동에서 화개장터를 거쳐 쌍계사까지 가는 길의 풍광과 정서를 소개하였다.

朴형, 2월 14일이외다. 河東 시내에서 하로를 묵은 우리 두 사람은 東亞日報分局長 金珍斗씨의 인도를 바다 智異山의 勝景을 차잣습니다. 日氣는 晴朗하야 半點의 風雲이 닐지 아니하는대 風景의 佳麗로 조선의 첫재라는 蟾津江

岸을 더듬어 올나가는 그 운치는 무엇이라 비할 바가 업섯습니다. 그러니 말
슴이지 江兩岸의 白沙는 엇지면 그러케도 히고 고으며 그 白沙의 한복판 혹은
한갓을 흘러나리는 물결은 엇지면 그러케도 파라코 고요합니까. 江의 右便은
慶尙이오 左便은 全南으로서 그 새에는 아모러한 평야도 업고 다못 智異(慶
南의 便), 白雲(全南의 便)의 山嶽이 대립하엿슬 뿐인대 그 중간을 가득하게
흘러가는 蟾津의 물은 볼사록 정다웁니다. 智異山 미테 雙溪寺가 창립되든
距今 1,080여년 전의 그 때에는 이 江의 兩岸을 통해서 얼클어진 다래덩굴을
밟아가면서 건너 왓다갓다 하엿다고 합니다. 듯기만 함에도 얼마나 흥미잇는
말슴입니까. 平沙落鴈洞庭湖, 姑蘇城, 岳陽亭(河東의 勝景이라 할 만한)을
歷路에서 보고 花開場터에서 거름을 돌리여 三神里에서 점심을 먹고 山紫水
明의 智異山洞壑을 차자 들엇습니다. 花開場터는 智異山洞에서 내리는 한
줄기의 큰 물이 蟾津江에 來會하는 交點이며 이곳서 智異山上까지 약 40리
인대 분주히 가면 하로 동안에 그 山峯까지를 도라 올 수 잇다 합니다. 그러나
우리는 그 行을 짓지 못하엿습니다. 아수운대로 산 밋까지 나가보자 한 것이
그 산의 中肩이라 할 수 잇는 雙溪寺까지만 가게 되엿습니다.

날은 임이 낮이 기울어(오후 1시 過) 길지 못한 그림자들이 살짝 東으로
빗서기 시작는데 우리들 일행은 한거름 두거름 그 곳을 차저듭니다.

형님, 지금 우리 밟는 길은 景行이 아니나 우리의 仰하는 산은 果然 是
高山이며 우리의 사람된 바는 知者, 仁者도 아니나 지금 우리의 즐겨하는 바
는 山水이외다. 나의 압흘 선 朴鳳儀형은 엇지나 조흔지 어린애 가티 노래를
부르며 나의 뒤를 선 金珍斗형은 우리가 조하라고 할스록 자기 亦 깁거워서
입에 춤이 마르도록 향토의 勝을 자랑합니다.

朴형, 조키는 과연 조습니다. 술 잘 마시는 당신이나 夜雷선생이 보면 물
론 조타 할 것이오 천진 그대로의 우리 소년동무 다려 보라 하면 미치여 날뛸
것이외다. 起塵의 마음이 頑하고 起塵의 붓이 鈍하야 風韻을 느낄 수가 업고

그 眞景을 그릴 수가 업는 것은 제의 일생의 유감이오나 조키는 과연 조흔 곳입니다. 첫재 조흔 것은 그 곳의 기후이외다. 내가 가는 그 때는 正히 陰12월 30일 그 시절인대 산의 全面에는 눈 한점 어름 한쪼각 업스며 日氣는 따수하야 京城 부근의 2월 말(음력) 기후를 느끼게 하는대 우리의 압흘 서 가는「어린이」한 사람이 맨발로 길을 가길내 당신 갈 길이 얼마나 되느냐 무르니 30여리라 합니다. 물론 업는 형세이니까 그리함도 되겟지요마는 서울 부근 가트면 어대 될 뻔이나 한 일입니까.

그 다음은 물론 山景의 絶勝한 그것이외다. 그러나 智異의 景은 金剛山의 景과는 아조 딴판의 경치입니다. 부분으로 떼여보면 智異山 其中에는 奇岩怪石도 잇슬지요 深潭飛瀑도 잇슬 것이나 산 전체로써 보면 아모러한 奇怪도 업는 극히 佳麗한 산입니다. 참으로 君子, 仙客의 徜徉할 곳이며 眞人佛子의 接息할 땅입니다. 넷 사람은 일즉히「靑鶴洞」說을 전하야 智異山 憧憬의 情實을 그렷는대 그 가운대에는「雪裏花開, 四時長春」이란 句語가 잇슴니다. 이 산에도 물론 눈이 내리고 어름이 얼 때도 잇겟슴니다. 그러나 이 산의 雍容自若한 그 眞景은 과연「雪裏花開, 四時長春」의 氣像입니다. 엇지햇던 靑鶴洞說은 가장 잘 智異山의 전경을 상징햇다 할 것입니다.

花開場터로부터 三神里까지 쯤 드러가면 확실히 智異山中의 사람이 된 기분이 생김니다. 40리나 흘러오는 山下(물론 河東의 쪽)의 諸流는 합하고 또 합하야 그 수량의 만흠이 金剛山 萬瀑洞물 이상입니다. 그러나 萬瀑洞의 물과 가튼 急流飛瀑도 업고 조각돌 우를 흐르는 물이 듯기 조흐리만큼 물소리를 내이며 지나갈 뿐입니다. 이 물의 兩岸에 잇는 산은 서로 마조 붓지 아니하고 다못 잇다금잇다금 兩便의 山峯이 서로서로 交錯하여서 바라다보면 사람의 손과 손을 포개 세운 듯 하야 그 모양이 과연 묘함니다. 그리고 강의 左右山에는 人家가 種種하고 桃李의 나무가 處處인대 꼿 필 때만 되면 兩岸의 桃李가 그 어엽분 影姿를 그 洞天의 산과 또 물에 나타내여 桃花流水ㅣ 渺然히 가는 별개의 천지를 이루워 그 隣近의 才子佳人, 詩人墨客이 모힐대로 모힌다 함니다. 그 중에도 雙溪寺 前溪쯤은 한 나무와 한둘이 사람의 抱擁物이 되지 안는 바가 업다고 함니다.

이 날의 우리는 10步 9休의 閑步로써 雙溪寺를 차젓슴니다. 寺는 智異山의 中腹 景槪幽絶한 곳에 잇는대 입구의 兩個岩面에는 新羅 崔孤雲선생의 筆을 刻한「雙溪」「石門」의 四字가 잇서 천년 전의 넷날을 그대로 설명하고 잇스며 건물 6棟, 건평 2,600여평을 算하는 바 외에 別로 國師菴, 佛日菴, 七佛菴이 잇는 중 雙溪의 本寺에는 新羅 聖德 22년에 大悲, 三法 兩師의 苦心으로써 가져온 惠能大師의 頂相을 담은 六祖頂上塔과 崔孤雲의 文及筆에 成한 眞鑑禪師의 碑가 잇서 佛家의 重寶를 지엿스며 尙又 佛日菴은 景槪의 絶勝으로 七佛菴은 창건연대의 久遠으로써 그 일홈이 놉다 함니다.

備考 雙溪寺 ─ 新羅 聖德王 22년에 大悲和尙이 창건
佛日菴 ─ 新羅 興德王 11년에 眞鑑禪師 창건
七佛菴 ─ 新羅 婆娑王 24년에 駕洛國 王子 7인이 來建(距今 1,800여년 전)

山의 勝, 寺의 壯을 一目에 收하며 우리는 旅中의 1일을 이 곳에서 지내엿는대 밤에는 本寺의 金龍基, 成碩宗, 姜守一等 여러 동무가 이런 니약이 져런 니약이를 들려주어서 우리 마음이 별로 悠閑하엿스며 때맛츰 12월 晦日이라 밤새도록 울리여오는 慶南盛行인 풍물치는 소리가 요란하야 山深夜深의 우리의 客懷를 이상케 하더이다. 일행 중「내」라는 단단치 못한 자가 夜來에 건강을 損하야 智異山의 전경을 보지 못하고 그 翌日로써 仙境의 그 땅을 고별케 된 것은 미안 또 섭섭한 일이엿슴니다. 智異山에 대한 자세한 말슴은 別項의 別考가 잇겟삽기 爲先 이러케 적어 보냄니다. (小春)

東海의 一點碧인 鬱陵島를 찾고서

李乙
《개벽》, 1923년 11월

〈개벽〉의 조선문화 기본조사 기획의 두 번째 대상지인 경북 지역 답사기 중 일부이다. 필자는 경북 영해의 대진항에서 초복날 오후 한 시에 우편선 "김해환"을 타고 죽변을 거쳐 울릉도로 항해한다. 도중에 풍랑을 만나 고생하지만 이튿날 오전 9시에 도동항에 무사히 정박한다. 도동항이 울릉도의 물산이 모이는 경제적 중심이자 각 관공서가 설치된 도내 유일의 도시임을 소개한다. 도착한 뒤 며칠 동안 안개와 비로 활동을 못하다 도내 답사에 나선다. 4일에 걸쳐 도내 주요 지역을 답사하고 마지막 날 도동으로 돌아온다. 첫날에는 행남동 팔판가, 저동, 와달령, 석포동, 죽암, 천부동, 창동으로 이어지는 일정을 보인다. 첫날 답사 중 와달령에 올라 독도를 조망한 사실을 기록하였는데, 독도가 아니라 '죽도'라는 이름으로 부르고 있다. 아울러 박재천이라는 사람이 홀로 들어가 섬을 개척하며 생활을 영위한다고 소개한다. 둘쨋날에는 홍문동, 나리동(대분화구), 소나리동(대분천), 해안(공암, 추산), 평리, 현포동, 향

목동, 황토감, 태하동으로 답사한다. 황토감의 붉은 흙이 유명해서 예전부터 해적을 토벌하는 관리가 울릉도에 오면 반드시 이 흙을 가지고 조정으로 돌아가 다녀온 증거를 삼았다고 한다. 셋쨋날은 태하동(청계천), 태하령, 남서동, 남양동으로 답사를 이어간다. 도중에 비바람을 만나 고생하였으나 남양동에 도착한 뒤 서면 면장의 도움을 받는다. 남양동은 서면의 중심지이다. 마지막 날에는 비가 계속 내리는 탓에 석문동, 막동을 들르려던 원래 일정을 바꾸어 통구미로 바로 가 비가 그치기를 기다린다. 이곳에서 해안도로를 따라 가두봉 앞에 이를 때 다시 일어난 강풍과 노도가 도로를 위협한다. 파도가 잠시 잦은 틈을 타 위험한 지역을 넘어선 뒤에는 중령, 신리, 사동(잠업전습장)을 거쳐 도동으로 돌아온다. 도동에 도착한 뒤 자료와 원고를 정리하고 26일 오후 4시 무렵 돌아오는 배에 오른다. 이후의 글은 울릉도의 연혁, 지형, 각종 통계, 물산 등에 관한 자료의 인용과 정리로 이루어진다.

東海에 突出한 鬱陵島야 너는 잘 잇드냐. 깁흔 곳에 숨은 네 얼골 속절업시 그리워하던 나의 熱情 뉘라서 알아주랴 만은 琴湖, 兄山의 廣野를 돌아서 日月, 石屛의 天險을 넘어 산 거듭, 물 거듭 文化調査의 거름, 今日이 나로서는 千載一遇의 絶好機이다. 더구나 아모리 하야도 結緣의 길이 업던 成年總角的인 나로서 맞츰내 너의 선을 보게 되얏슴에야 그 狂喜가 엇더하랴.

海國一夜의 인류애

出發點을 寧海 大津港으로 하게된 쌔는 正이 初伏日 下午 一点이얏다. 埠頭에 列立하야 一路平安을 齊祝하는 當地 人士 多數의 聲援을 어든 나는 朝鮮郵船金海丸우의 一人이 되야 私情업는 汽笛 一聲 어느덧 觀魚臺를 뒤

에 두고 竹邊을 향하야 北走한지 須臾에 다시 羅針을 돌니어 東折하야 烟波
千里를 一瀉하얏다. 이로부터 斗轉月落刻 一刻 밤이 깁허지자 아아 意外 泰
山가티 일어나는 淘湧蕩漾하는 怒濤激浪은 漸漸 危險을 加하야 온다. 원악
船暈에 强氣가 부족한 나의 短軀는 발서 風打浪打 依地업시 寢臺中에서 격
거못보던 回轉運動을 始作하야 寸暇를 겨를치 못하얏다. 이것을 나의 弱點
에 붓칠 뿐이랴. 二百十七噸에 불과한 船體의 公廱를 凌駕하는 샙바람(南
風)의 亂暴에야 엇지하랴. 그러나 一毛의 利를 다토던 異邦人도 囊橐을 기울
이어 慰藉하며 避席外面하야 제법 禮節을 찻던 男女도 서로 붓들고 呼天한
다, 이러케 同一한 境遇를 當한 舟中은 도리어 同病相憐 四海一室의 慈愛가
橫溢하는 것 갓다. 利害의 衝突, 貧富의 差別, 階級의 爭鬪, 懊惱, 憧憬, 咀呪
의 世界로부터 버서 난 이날 밤, 그야말로 나의 半生을 처음 늣긴 刹那!

海面에서 一瞥한 全島의 外形

一寸의 縷命을 櫓頭에 걸어노코 鰐浪鯨波에 나붓기어 가즌 苦難을 備嘗
하던 一夜는 다시 風靜浪息의 曙天으로 옴기어 彼岸에 接近하야 온다. 入港
의 準備를 豫報하는 汽笛소리에 驚起한 나는 蒼皇이 甲板 우에 올나서서 望
遠鏡의 힘을 빌어 멀니 鬱島全體의 外形을 一瞥하얏다. 一手로 움킬 듯한 全
島의 影子속에 凸峯凹壑이 原始林의 萬綠에 包圍되야 紅日로 더부러 빗을
다토는 鮮明한 山色, 層岩絶壁이 屛風과 가티 茫洋한 海洋 中에 둘니어 兀硉
한 孤島를 守護하면서 侵迫하는 怒濤를 擊破하야 永恤의 戰을 持續함은 恰
似 이 地圖上으로 본 『지불올타』가 聯想되며 싸라서 絶海千秋의 로맨쓰가
적지 안은 別區로 알어진다.

山門이 半開된 道洞港

竹邊에서 一折하야 七十六浬의 全速力으로 風浪을 破碎하고 寸寸推進

하는 汽船은 어느덧 曉色이 稀薄하야 오는 海岸을 迂回하야 上午 九時 豫定대로 道洞港에 碇泊되얏다. 가는 곳마다 四顧無親한 나에게 남달니 주는 것 업시 고맙은 사람은 警察界의 從事者들인 듯 하다. 避難處로 알고 安心하야 上陸하는 弱者를 붓들고 『당신이 ○○氏 이지요. 宿所는 어듸로 하실 터이오.』라고 뭇는 소리는 다시 蓬萊島의 眞境을 차자 들어오던 俗客의 신경을 變動케 하는 것 갓다. 그러나 엇지 되얏던지 절에 간 색시的인 나는 그들의 引導하는 대로 客苦를 풀게된 것만 多幸으로 역일 쭌이다.

듯건댄 道洞(本名 道房)은 최초 日本人 岩鶴이란 자가 鳥取縣 방면으로부터 渡來하야 이 곳에 雜貨商의 貨房을 舖設한 후 島民 多數가 蝟集하야 互相 交易함으로 本洞名을 道房이라고 하얏다 한다. 目下 洞內의 住民은 朝鮮人 百二十戶, 日本人 百三十七戶가 잇다. 本洞은 비록 峽中에 介在하얏스나 全海岸 中에 船隻出入의 가장 利便을 주는 關門이 되는 關係相 台霞洞으로부터 官公署가 이곳으로 移設된 後 水産組合이며 釜山稅關出張所도 本港 內에 逐次 排置되고 다시 日露戰時에 敷設되야 元山을 經由하야 各地 陸線을 聯絡하는 海底電線이 이곳으로 通過되고 쏘한 內日本의 境港과 直通되야 月 一回의 生産品貿易의 互市를 開始하고 雙方의 經濟的 調和를 力圖하는 것이며 다시 每週 定期郵船의 寄港日을 市日로 하야 內外의 物産이 集中됨을 보면 本洞은 實로 一島中 唯一의 都市가 된다. 그러나 이곳도 발서 남의 世上가티 뵈인다. 烏賊魚의 産地라 한다 만은 그 利益이 뉘의 손에 도라가며 木物이 名産이라 하지만은 資本主義를 發揮하야 利權을 攫取하는 者 그 누구이냐?

島內 一周의 四日間

太陽의 熱을 밧는 海面의 水蒸氣, 聖人峰頭를 것칠적 마다 霏霏이 나리는 踈雨. 數日 동안을 두고 遠方來客의 困憊를 풀어줌도 滿足하거니와 다시 霽

天의 輕風은 颯颯이 吹動하야 無冠宰相의 短策을 催促하야 먼저 北路를 열어 全島를 料理할 만한 氣焰을 吐케한다. 道廳後山麓에 올나 一般夫의 開通地로 名傳하는 沙工넘이라는 杏南洞의 連鱗한 八板家를 俯瞰하고 다시 方向을 變하야 等外新路로부터 苧洞(모시게)으로 넘어가서 村翁의 指端을 짜라 日露戰役에 爆沈된 露艦의 戰跡을 구경하고 다시 窮谷의 險路를 밟아 臥達嶺에 올나 臥牛形의 竹島(대섬)를 眺望하얏다. 竹島는 目下 本島 農會의 所有多苗圃로 竹林이 繁茂하고 森林 其他 木茸과 藥材가 多産하는 外에 大豆와 玉蜀黍의 作物도 不少하야 이것만으로도 一家産의 生活이 裕足하다고 한다. 島內에는 朴在天이란 者가 本島개척과 同時에 이 無人島에 들어가서 一戶를 新設하고 至今까지 제법 自由로운 生活을 享樂한다고 한다. 그러나 島中에는 食水가 업서서 警察署로부터 一週 一桶水의 供給을 밧음은 너무나 遺憾이다. 다시 石圃洞으로 向하는 길에 無人島인 觀音島와 三本立의 怪岩을 一瞥하고 燭臺形의 竹岩을 지나 往年 慶北視察使 尹始炳이 本島를 視察하는 當時 紀念으로 일홈 지은 天府洞을 環視하고 芮船倉이라는 昌洞의 客舍에서 一泊하게 되얏다. 昌洞은 北面의 中心地로 面事務所와 警察官駐在所가 잇는 外에 目下 新築 中인 私立學校가 잇다. 이것을 飢者甘食이라 할는지 記者의 甘食이라 할는지 엇더턴지 朝夕으로 食卓에 오르는 꽉새고기와 貼鰒의 珍錯이 客子의 口味를 도두어줌은 實로 昌洞主婆의 飮食솜씨를 發揮하는 것 갓다.

二日은 多幸이 朴敬鎭君의 指路로 다시 于山古都의 洪門洞(본명 紅箭門洞)을 지나 高坂을 넘어 石屛과 雲林에 包圍된 羅里洞(一名 白合洞)의 大噴火口에 들어가 入島後 처음되는 白雲深處 七十餘戶의 山村을 구경을 하고 그 길로 바로 小羅里洞으로 넘어가서 大噴泉을 차자 들어갓다. 이 湧泉의 水量은 一次의 十斗以上을 超過하고 한번 이 水面에 接近하면 骨冷, 魂淸, 幻世의 늣김을 堪禁할 수가 업다. 이 곳에서 海岸으로 나리어 腹背로 漁船을

呑吐하는 孔岩과 意氣沖天한 錐山(송곳산)의 奇絶을 歷見하고 光岩에서 午餐을 노닌 後 그만 朴君을 써나게 되얏다. 이로부터 나의 動作을 가티하게 된 것은 다만 三尺을 短筇뿐이다. 生面江山에서 이러케 朴君의 慇懃한 사랑을 바다보기는 千萬豫想外로 생각하는 나는 滿腔의 謝意를 表하고 急急이 前路를 물어 平里를 것치어 老人峯을 엽헤두고 玄圃洞(거문개)에 일으러 暫間 歇脚하는 길에 海岸의 暗黑한 水石과 于山시대의 遺物인 古墳의 數箇所를 一望하고 이 곳으로부터 香木洞의 通路와 分岐된 台霞洞의 行路를 一貫하야 黃土坎(황토금)을 넘어 台霞洞으로 나려가서 一泊하얏다. 黃土坎은 古來 海賊 搜討使가 一次 本島로 들어오면 반다시 이 곳에서 黃土를 取하야 歸朝後 鬱島賊搜討의 證據物을 삼아 獻上하얏다는데 이 黃土이야말로 金色이 玲瓏한 纖塵이 浮動하야 一見에 珍奇物로 뵈이어진다. 台霞洞은 本島 開拓初에 先着居民中 崔雲奎라는 者가 自稱 乘霞天台仙이라 하고 洞名을 台霞라 하얏다 한다. 本洞은 水稻가 油油한 洞內의 地形도 比較的 平坦한데다가 싸라서 開島以來 文物이 가장 賑盛하던 邑市이얏는대 아즉도 百六十戶에 近한 農村의 狀態가 그리 彫殘치 안어 뵈이고 다시 朝鮮新教育令을 超越하야 日鮮共學制가 實施된 것은 너무나 새삼스럽어 뵈인다. 警察官 駐在所前에 建在한 城隍祠에는 距今 七十餘年前에 搜討使 南昊가 率來하얏다가 本洞 港口에서 溺死한 通引, 妓生의 亡靈을 慰安한다는 慰靈物로 至今까지 衣裳 二件이 依然이 걸니어잇는 것은 그나마 本島의 一箇 舊蹟거리가 된다고 한다. 그러나 恒時 港內에는 風浪이 激高하야 交通上 不便이 甚한 缺陷으로 하야 往年 島廳을 道洞으로 移轉한 後 市況은 다시 昔日의 繁榮을 볼 수가 업게 되얏다.

　　三日 아츰은 台霞洞 淸溪川下流에서 濯足하고 輕步를 옴기어 南陽洞으로 向하야 前進하는 途中에 不意驟雨의 沮止를 當한지 半晌에 겨우 台霞嶺을 넘어서자 다시 怒號하는 山風은 深壑을 울니어 萬籟가 일어나고 海面을

뒤덥허 濛濛이 蒸上하는 怪霧는 全山을 一種二種 匝圍하야 격심하게도 행인의 魂膽을 戰慄케 한다. 이것이야말로 天台麻姑의 幻戲가 안인가 하얏다. 夕陽은 발서 樹枝에 걸니고 雨水에 流流된 山路는 맛츰내 險惡하야젓다. 하는 수 업시 鶴圃洞, 水層洞, 龜岩 등 向路를 變更하야 南西洞을 지나 南陽洞으로 直向. 나는 廉恥를 무릅쓰고 西面長 申泰翼君의 도움을 바다 一夜의 安息을 엇게 되얏다. 南陽洞은 西面 十區의 中心地로 面事務所가 이곳에 잇고 四十餘名의 靑年을 收容한 私立學院이 잇는 外에 다시 廢校와 다름업는 日人의 小學校 名色도 一箇所가 잇슴을 보앗다.

四日은 道洞으로 歸着하는 最終日이다. 南陽洞을 등지고 石門洞 幕洞의 同胞를 慰問치 못하고 섭섭이 凄雨中에 高嶺을 넘어 一息의 驅步로 通九味로 直走하야 雨歇을 긔다려 洞口를 一瞥하얏다. 本洞은 地名과 가티 桶內形의 海岸峽谷에 五十餘戶의 人家가 連甍하야 잇고 다시 路傍에 傾斜된 石碧面에 檢察使 李圭遠의 銘文이 잇슴을 보앗다. 이로부터 海岸 一線의 坦道로 可頭峯압헤 當到하자 다시 强風을 짜라 일어나는 怒濤는 泰山가티 모라들어 峯頭의 岩壁을 猛擊하야 交通을 遮斷한다. 아아 今回의 行程은 엇지 이러케 險惡할 쓴인고. 그러나 百尺干頭에 一步를 躕躇치 안은 나는 이에 意를 決하고 파도의 進退하는 瞬間을 타서 無事通過하야 그 길로 다시 中嶺에 올나 滿山한 作物의 靑草를 둘너보고 長興洞을 바라보면서 新里로 나려와서 香肥한 猪肉과 美味의 甘蔗로써 배를 채우고 다시 活氣잇게 前進하야 玉泉洞을 眼前에 두고도 들어가지 못하고 바로 아룩사 라는 沙洞(本名 아래구석)으로 들어가서 蠶業傳習場을 歷覽하고 道洞으로 넘어오는 歷路에 炭酸 水源池를 차자 數盃의 淸凉劑로써 四日間의 煩惱를 痛滌하고 悠悠이 客店에 歸着하야 雜記帳을 整理하고 다시 島勢一班을 槪括하야 數題의 起草를 맛치고 나니 쌔는 임의 二十六日 下午 四時가 되얏다. 발서 硯池의 香煙은 사라지고 遠浦의 歸帆은 急을 告한다. 卽時 行李를 收拾하야 船頭에 올나서니 滿島의

風樹가 멀니 離恨을 먹음어 뵈이더라. 도라보건댄 日程의 短促과 天氣의 不調로 하야 豫定의 行事를 圓滿이 進行치 못하게 된 것은 勿論, 더구나 刻刻으로 變化하는 沿路의 風景 그 中에서도 聖人峯의 殘雪, 羅里洞의 風穴, 草峰洞窟의 靈蹟, 西面의 水層層 등의 名區를 探險치 못한 것은 무엇보다 以上의 遺憾이다. 그리고 地形 及 物相과 人事의 移動的으로 作成된 本島地名의 由來는 一種 史談거리가 적지 안타. 이것은 開島以來 全南 麗水郡 三山面 三島 方面의 漁夫의 多數가 本島 名産인 靑藿을 採取키 爲하야 每年 三四月에 來集하얏다가 六七月이 되면 撤歸하야 이러케 來往이 頻數하는 동안 不知 中 그럭저럭 變稱된 것이 거의 全般에 亘하얏다 한다.

所謂 小王國의 沿革

鬱陵島는 新羅 當時 于山國으로 何瑟羅州(今 江陵) 軍主 異斯夫가 詭計로써 兼倂한 以來 漸次 新羅의 衰頹로부터 高麗의 內訌과 李朝의 文弱은 맛츰내 島民으로 하야금 化外에 放任치 아니 못하게 되야섯다. 그리하야 無人跋扈하는 島人의 橫暴는 逐年 沿海一帶를 蹂躪함으로 李朝 世宗時부터 月松(今 平海) 萬戶를 鬱島 賊搜討使로 兼任하야 隋時 搜討한 結果 一時 本島는 無人島로 化하얏섯다.

그러나 全島沿岸의 莫大한 漁利와 島內 無盡藏의 林産은 모다 內日本의 漁民 及 木商 等의 侵掠을 바다 다시 本島의 慘狀은 거의 危機一髮에 瀕하얏섯다. 그리하야 領土開拓의 必要를 感한 韓廷에서는 즉시 廟議를 決하야 距今 四十一年前(癸未)에 鬱島開拓令을 發布하고 島長을 置하야 島務를 掌理한 後부터 內陸의 移住者가 激增하야 一島의 面目이 一新하야젓다 하며 이러함을 싸라 光武 五年에 島를 郡으로 昇格하얏다가 日韓倂合의 際에 다시 島制를 頒布하야 今日에 至하얏다 한다.

그리고 本島의 住民은 아즉까지 石田草食이나마 島內의 天産物이 豊富

하고 싸라서 外圍의 刺戟을 受하는 事가 少함으로 남달니 樂天的 生活을 享하고 더구나 郡守級으로서의 行政, 司法의 全權을 行使하는 島司는 그야말로 一島의 王者로 擬치 안을 수 업서 뵈인다. 이로써 보면 本島로서 東海上의 小王國이란 尊稱을 밧음이 그리 남붓그럽지 안으리라 한다.

〈島內 日鮮人의 所有地價의 比較〉

區分	田	畓	垈	雜種地
日本人	8,852	645	3,020	7
朝鮮人	14,810	4,159	5,922	1

多角的 趣味의 地形

本島는 朝鮮의 極東에 僻在한 絶海의 一孤島로 江原道 蔚珍郡 竹邊을 距하기 東北海上 七十六浬, 內日本 鳥取縣 境港을 距하기 南海上 百七十二浬의 不等邊 五角形을 成하얏다. 島의 全體는 火成岩으로 成한 一大 死火山으로 鬱蒼한 原始林에 隱蔽되얏다. 그리하야 本島 名稱의 由來가 이로써 비롯하얏다 한다.

太古 噴火口의 外壁의 中央에 聳立한 最高峰으로 海拔 九百八十三米突되는 聖人峯, 本峯의 最高峰인 九百米突의 卵峯, 九百六十六米突되는 彌勒峯의 諸峯은 모다 島內 北便으로부터 噴火口의 左右 羅里洞을 圍立하고 다시 各方面으로 分派된 支脉은 모다 海面을 向하야 急走하얏다. 그리하야 全島의 地勢는 直立한 山岳으로 成하얏슬 뿐이다.

다시 聖人峯으로부터 南面 苧洞灣에 注入하는 延長 一里의 溪水와 羅里洞 舊噴火口에 浸潤되는 雨水가 卵峯의 中腹(海拔 四百米突)으로부터 約 十五六派의 水量이 되야 飛流直下 十四五町을 지나서 海에 注入하는 溪水, 이러케 蜀道의 險을 聯想하는 方方谷谷 斷崖絶壁의 사이사이로 潺湲하는

溪流 或은 急湍이 되야 雲林을 헷치며 或은 飛瀑이 되야 天梯石棧을 넘어
그 變態無窮한 氣勢. 이러케 多角的 趣味를 가진 本島의 地形은 實로 別有天
地의 靈區인 듯하다.

〈島内 日鮮人의 教育機關〉

校名	箇所	生徒數
尋常小學校	3	162
普通定校	1	139
改良書堂	12	190

朝鮮一의 貧民窟

本島 面積 四方里 七二, 三面 九洞里에 分布된 戶數는 千五百四十九戶
(内日本人 一七六)이다. 開拓以來 本島의 移住者의 多數는 生計末由者, 犯
罪亡命者, 一時避難者 等으로 모다 遠慮의 乏한 者 쑨이라 한다. 目下 内外
人을 不問하고 貧富의 懸隔이 別無한 資産程度의 低級됨을 보아도 一島는
全혀 貧民窟임을 넉넉히 證明하겟다.

먼저 農村을 보면 全住民의 日常生活上 必須物로 하는 馬鈴薯, 玉蜀黍,
大豆가 主作이 되고 養蠶이 副業이 되얏다. 其 中에도 大豆와 養蠶의 豊凶은
農家의 經濟를 左右한다고 한다. 그리고 本島는 往昔 森林時代에 在하야는
推積한 落葉의 腐朽覆土한 天惠로 地味가 肥沃하얏스나 開島後 三十年間
에 一掬외 肥料를 施치 안코 耕食하얏슬 쑨 아니라 入鋤地의 大部分은 三十
五度 以上의 急傾斜地요. 더구나 粘着力이 不足함으로 强風大雨의 季節이
되면 반다시 表土를 喪失한다, 養分을 流下한다 하야 이러케 漸次 消耗되는
地力은 結局 農作物의 收穫을 減少치 아니치 못하게 된다. 그러나 이 反面에
年年 五六萬圓에 達하야 生産率을 增加하는 蠶繭의 收益은 도리여 島民의

喉渴을 免하게 하는 것 갓다.

다음 漁村을 보면 從來 烏賊이 漁業을 主業으로 하야 生計의 資를 求하야 왓스나 大正 七年以來 繼續되는 漁凶으로 하야 窮乏이 其極에 達한 漁民의 大部分은 他地方으로 移去하고 至今 殘存한 者는 雜魚의 漁業으로 若干의 收入과 其他勞動으로 僅僅 糊口하는 中이라 한다. 그리하야 數年前까지 繁華의 中心地라 하던 本島 唯一의 漁港인 道洞도 맛츰내 寂寞江山이 된 感이 업지안타. 그러나 今春부터 漸次 烏賊의 魚子가 沿海附近에 多數 遊泳한다 함이 그윽히 漁民의 神經을 銳敏케 하는 듯 하다.

다시 商界를 도라보면 從來 島內에서 商業에 從事한 者의 多數는 日本人의 雜貨商兼 仲買業者이얏다 한다. 漁業不振의 影響은 맛츰내 金融의 逼迫과 商取引의 圓滑을 缺케하야 아모리 時勢挽回에 苦心하얏스나 其效를 奏치 못하야 箇中 資力이 有한 者는 모다 他處로 移去하얏다 한다. 그리하야 此亦 農事의 改良과 漁況의 回復의 新機運을 企待치 안을 수 업슬 쑨이다.

〈島內 住民의 一年間 生活費(各業別 槪算, 단위 円)〉

區分	上流	中流	下流
農	1,100	400	120
漁	900	410	90
商	1,840	890	360
平均	1,290	570	190

※ 備考 各 階級의 八割은 食料品 及 衣服費로 外 二割은 其他 ●費로 消費

有多無多의 多多島

本島는 잇는 것도 만커니와 쏘한 업는 것도 만타. 그리하야 웨 그리 만타는 것이 만으냐 하는 것이 이 地方의 笑話거리가 되얏다. 奇巖怪石도 만코 飛湍

瀑流도 만코 急坂曲逕도 만코 春秋이면 全島를 剝皮祛骨하는 烈風淫雨, 三冬이면 八方封鎖하는 陰雪도 만타만은 文房具, 衣襨材로 四圍海岸에 馥氣가 濃厚한 香樹, 家具 及 建築材로 山野到處에 叢立한 槻檜, 首飾品으로 眞冬柏油, 藥材로 厚朴, 獨活, 前胡, 大黃, 其他 食用의 「멩이草」 等 天然의 名産이 豊富하다. 다시 動物로는 累年 全島의 慘禍를 暴注하던 田鼠類, 當時 窮境에 沒入한 島民의 飢饉을 救急하던 「꽉새」고기, 每年 生産이 過剩되야 百餘頭에 達하는 生牛의 移出, 冬節이면 七十錢에 不過하는 歇價의 軟牛肉, 吸煙者만 보아도 쌀부쌀부 啼逐한다는 烏子, 客子의 苦悶을 더하는 蚤虱, 穀物로는 米飯은 너무 滑澤하야 口味에 不適하다고 換食하는 玉蜀黍, 家家門頭에 버려노코 未成少年의 頭腦를 浸潰하는 濁酒, 이만하면 잇는 것도 어지간하거니와

다시 山野에는 山猫, 鼠類, 啄木鳥, 烏, 梟, 隼, 「꽉새」, 頭背의 毛色이 濃赤한 小雀외에는 아모것도 업고 家畜으로는 牛, 羔, 鷄, 犬 외에는 아모 것도 업고 虫類로는 谿谷間에 凄息하는 蜈蚣, 人體의 搔癢物이 되는 蚤虱를 除한 外에는 亦是 아모 것도 업고 晉代의 衣冠을 버서노은 案頭에는 文化程度의 低劣을 들어내이는 天皇氏 木德王의 冊子 外에는 其 亦 아모 것도 뵈이지 안코 金剛山이니 東洋-公園이니 써들어 地方자랑에 口涎이 마르는 官廳에도 繪葉書 一枚를 구경하기 어렵다. 자아 업는 것도 이만하면 그리 적지 안을 듯하다. 이제 이것을 서로 較計하면 잇는 것이 만은가? 업는 것이 만은가? 엇더턴지 만키만 한 것이 그리 조흘 것이 아니다. 그리고 잇서야 할 것은 잇서야 하겟다 만은 이와 反對로 업서야 할 것이 잇던가 잇서야 할 것이 업던가의 이것을 瞠察하야 其 壞土의 安定策을 講究하야 봄이 무엇보다 以上의 急일 것이다.

眞野島司의 囈語

『山마다 奇峯이요. 물마다 玉流라. 이러한 神秘的 勝區를 그냥 世外視할 수 업다. 적어도 東洋的 公園으로 開放한다. 本島에 限하야는 內鮮의 融化는 云爲할 必要가 업다. 萬一 論한다하면 人爲가 아니요. 自然이다, 四面環海에 水産이 豊富하니 이것이 島民의 厚生物이요 山植物로 乳名한 藥草와 木物이며 岩間薄土에라도 一粒의 施肥가 업시 落種만 하면 油油成長하는 百穀, 어느 것이 島民의 福利되지 안는 것이 업다. 그리하야 明春부터 全島農作에 綠肥를 實施하야 地力의 衰耗를 補充하야 三年 以內로 六十萬圓의 生産率을 增進케한다. 公立普通學校에 木工場을 擴張하고 島內 無盡藏의 良材를 利用하야 歇價의 特製品을 島外로 移出하야 本島 特産의 聲價를 昂騰케 한다. 滿山蒭草는 牧畜에 適切하니 養牛의 獎勵를 倍前加勢하야 生牛의 移出高를 激增케 하겠다. 到處叢生한 山桑의 恩露로 年年 五六萬圓의 猝富를 致하는 本을 바다 다시 一千六百餘戶의 全島를 通하야 養鷄의 副業을 振興케 한다』는 以上의 諸問題가 島司 眞野景象君의 鬱島發展의 大方針이라 한다.

抑컨댄 「江東雖小亦足以王」이라는 泗上船夫의 말은 글로는 보앗다 만은 多年警界의 老軀를 잇글고 湖南으로부터 武陵으로 들어가 桃園의 囈語를 橫竪함은 도리여 漁舟子를 向하야 明珠자랑으로 大氣熖을 吐하던 魏人의 滑稽를 再演한 은 아모리 하야도 擧世의 苦笑거리를 주는 것 갓다. 보라! 山도 조코 물도 조타. 果然 勝地江山이다. 엇지 東洋的 公園에 긋치랴. 그야말로 世界的 公園으로 開放할 만한 價値는 업스랴. 朝鮮郵船會社에 每年 一萬二千圓이라는 巨金의 補助를 주어가면서도 아모리 火速的이라도 一週日後가 아니면 公文구경도 못하는 交通機關의 不完全은 엇지하며 人爲的 融和에 沒頭하는 統治圈을 超越한 地方이라고 狂喜自負하는 一方에는 漁業의 不況으로 撤歸의 不得己에 出한 以來 無主空舍와 無異한 場所에 日鮮兒童의 共

學制를 實施한 台霞公立尋常小學校가 잇다. 이것도 新敎育令의 發布前 事라 如何間 幸이라면 幸일 듯도 하다만은 一千二百圓이라는 不少한 地方費의 補助를 바다가지고 겨우 三名의 兒童을 수용한 南陽公立小學校는 엇지된 세음인가.

果然 一二 乞飯者의 救濟에 冒沒하는 其者들은 鐵面皮라고 唾罵함보다 차라리 同情의 淚水를 添酌한 木盃 一箇의 善賜라도 잇슬 만하다……. 허허……. 엇지 이쑌이랴. 兒童數의 多少는 不拘하고 尋常小學校는 三面三校나 되는데 普通學校는 겨우 三面一校에 긋치얏는가. 이것이 朝鮮人의 負擔難일가? 當局의 塞責的 施政인가? 萬一 朝鮮人의 負擔難이라 하면 南陽洞에 天府洞에 蒸蒸日上하는 私立校는 그 뉘의 血汗의 結晶이라 하는가. 이것은 그만두고라도 同一한 時間, 同一한 努力, 同一한 客地, 쏘한 同一한 人類로서 昇級時마다 本俸의 一割을 加算支給하는 島手當金을 日本人에게 限하야 人類愛를 無視하는 天人共鳴의 蕭墻의 不平은 엇지 하며 天惠와 地利만 全恃하던 農作에 綠肥를 施與하느니 不幾年內에 六十萬圓의 生産增加이니 하는 이것도 皮相的에 不外하는 壯談인 듯 하다. 死火山인 本島의 地形의 大部分은 急傾斜地로 地盤은 「알카리」性의 岩石으로 成한 數尺에 不過한 土皮로써 包被하얏고 土壤은 火山材質이라 粘着力이 乏한데다가 風化한 岩石이 混雜하얏슬 쑨 아니라 年年不絶하는 暴風雨는 地皮를 剝奪함에야 엇지 하며 特産을 天下에 紹介한도 조타만은 本島의 代表的 名物인 香木, 槻木과 가튼 良材는 발서 日本 窃盜黨의 濫伐로 거의 滅亡을 當하얏다. 그 瘡痍의 完治이야말로 幾十年의 長年月을 經過치 못하면 所望이 絶이다. 若干의 看色品으로야 뉘의 눈을 奢惑케 할가. 돈을 벌어야 한다는 데는 뉘가 슬타하랴. 養牛도 조코 養鷄도 조타만은 屠牛는 三歲이상으로 제한하야 牝牛는 善賣되나 牡牛는 逐年 過剩되야 牧養者로 하야금 도러여 막대한 고통을 밧게 하고 다시 夏不上九十度冬不下零十度라는 本島의 기후를 예측하고 그런 설계가

생기얏는지는 모르겟스나 冬寒에 산란치 못하고 설사 溫暖時를 당하야 산란한다 할지라도 卵 一箇價가 30錢이나 넘어서 上等料理店 所用밧게 못되는 더구나 보편적 商賣가 못되는 洋鷄四首를 每首 15圓이라는 不少한 公金을 주고 매입하야 全島에 분포하랴는 그 胸算이 那邊에 在한가?

年富力强하던 少時에는 猛虎도 잡아보앗노라는 상식경험이 兼富한 眞野君의 老鍊, 아아 이것이 君의 苦心織出한 腹案인가? 犬馬十年의 공로도 겨우 馘首를 면하고 遠竄을 당하얏다 함은 너무나 과언일가 하거니와 仙樓의 瓊漿玉液이 제아모리 香美타 하야도 田家의 粟食菜羹만 못하다는 것은 目下 本島 大小官員의 大同的의 하소연인 듯하다. 다시 先見의 明을 가지고 雲霞와 가티 蝟集하야 本島의 利權을 좌우하던 數千의 日本人의 部落인 연안일대는 임의 天寒白屋의 星稀한 荒村으로 化한지 오래거니와 더구나 開島이래 금일 忠淸明日 慶尙移去移來의 萍水生活로 姑息苟安하는 殘民 多數의 불안은 엇지하랴는가. 이것을 安定한다 하야 일시 彌縫的 宣傳에만 偏事하다가 如掌小島에 과잉되는 인구 즉 貧窮多族의 생활난은 엇더케 구제하랴는가. 그야말로 本島를 위하랴는 眞摯한 성의가 잇는가. 과연 잇다 하면 그러한 沒趣味하고도 不徹底한 甕算的 窮策일난 一擲하고 다시 松風蘿月에 煩惱를 露灑하야 鬱島百年의 大計를 取하야 봄이 如何.

謝白

靑松, 鬱島의 膾炙거리가 엇지 이쑨일 것이며 揭載의 시일이 엇지 이처럼 뒤써러 젓스라만은 편집상 지면이 一步를 假借치 안는 데야 엇지 함니싸. 청컨댄 讀者諸賢은 恕諒하시라.(本記者)

慶尙道行, 나의 秋收

石溪

《개벽》, 1924년 11월

경성에서 부산으로 내려간 뒤 다시 대구, 경주, 포항, 김천 등으로 이어지는 여정을 기록한 글이다. 여행의 목적은 불분명하다. 그러나 여행지에서 주로 잡지사, 신문사, 출판사 등의 운영자나 관계자, 학교 관계자 등을 만나고 글의 말미에 남선 지역의 문화사업의 여의치 못한 점을 지적하는 것으로 미루어 〈개벽〉의 문화운동의 연장에서 지역 실태 조사와 사업 협력 방안 등을 찾기 위한 것으로 보인다.

10월 3일 밤 10에 용산에서 출발하는 부산행 열차를 타고 여행을 시작한다. 부산까지 이동 과정에는 별다른 소회를 붙이지 않고 어둠 속에서 역두의 불빛이 지나는 모습들만 간략히 소개한다. 부산에서는 〈개벽〉 지사 직원과 동래온천을 찾아 목욕과 식사를 한다. 저녁에는 모 교회당에서 열린 음악가극회에 참석하지만 부실한 공연 내용에 실망한다. 공연 뒤 모금을 시작하자 청중들이 모두 빠져나가는 것을 보고 부산 부자들의 인심을 짐작한다. 5일에는 마산으로 이동해 이은상 등을 만나고, 이튿날 이은상을 따라 창신교를 구경한 뒤 교사를 신축한다는 이야기를 듣고 감복한다. 7일 밤차로 대구에 와 자료 조사 들을 마치고 8일 밤에는 다시 경주로 이동한다. 당일 다시 포항으로 출발해 9일에 포항에 도착한다. 포항에서 지인들과 포항 문화운동에 관한 이야기를 나눈다. 12일에 경주로 돌아와 이튿날부터 불국사, 석굴암 등을 구경한다. 불국사 창건 설화인 김대건 이야기를 한 승려에게 들은대로 소개하고 있다. 13일에 다시 경주 박물관과 첨성대 등을 구경한다. 14일에는 김천으로 이동하는데, 이곳에서 시대일보 지국장과 만나던 중 시체가 유기된 현장을 목격한다. 경찰의 설명은 가난한 자들이 병으로 죽은 자를 장례치를 돈이 없어 유기한 것으로 보인다는 것이다. 크게 놀라고 탄식한다. 글 말미에 이번 여행에서 조선 문화운동이 발전 못하는 이유가 소위 안다는 사람들 때문임을 알았다는 게 소득이라며 자조한다. 특히 일본 신문은 선금 내고 보면서도 조선 사람이 발행하는 신문, 잡지는 돈 내고 사보지도 않고 구독료도 내지 않는 현실을 개탄한다.

千里同行의 어둑나라

土地를 가진 者는 賭租秋收를 하지마는 나는 그것이 업는 대신에 精神秋收나 좀 해볼가 하고 달도 업고 비ㅅ방울이 후둑후둑하는 十月 三日 밤 十時 龍山發釜山行 火車를 탓다. 同乘의 客이 업는 것은 아니지만 可히 더불어 말할 만한 사람은 하나도 업다. 獨行千里나 마찬가지다. 車室 안에는 흐리멍덩하나마 電燈불이 몃 개 달렷지마는 車窓밧겐 아조 깜깜한 어둑 나라이다. 나는 距床을 등지고 念佛僧 모양으로 눈을 싹 감고 보이지도 아는 그 무엇을 한참 생각하다가 호젓이 잠이 들기도 하고 잠이 들다가도 목구멍에 왕방울 단 驛夫들이 ○○驛 ○○驛하고 웨치는 소리에 번쩍 쌔서 밧겔 내다보면 左右에 웃둑 웃둑 섯는 石油燈이 마치 독가비불 모양으로 검푸르게 번쩍번쩍하다가 火車 박휘소리만 나면 독가비불들은 고만 뒤로 달아나고 다시 어둑나라가 닥처온다. 이러케 자며 말며 가는 줄 모르게 간 것이 어느듯 四十六驛을 지나 釜山에 다달앗다. 千里同行하던 어둡나라는 간 곳 업고 밝은 세상이 대신한다.

釜山으로 東萊로

釜山서 下車하는 길로 開闢支社의 任態吉君을 차젓다. 關係되는 일에 對하야 서로 實情을 말하고 새 計劃을 約束하엿다.

任君은 公私間 여러 가지 일에 奔走하야 寸暇가 업는 모양인데 이 날은 나를 爲하야 百忙을 다 제처노코 東萊溫泉을 가자 한다. 나는 그야말로 聞齊僧으로 좃타고나 하고 딸하섯다. 釜山서 電車로 三十里를 가니싸 거긔가 바로 東萊 溫泉浴場이다. 溫泉이 잇는 德에 훌륭한 都會地가 되엿다. 自動車소리가 끈일 새가 업고 집우산잡이가 길에 널럿다. 浴場에는 무슨 旅館, 무슨 ホテル라고 번쩍한 看板을 부친 큰 집이 十餘채가 늘비하다. 그 집안에는 沐浴場(男湯, 女湯, 家族湯)과 貸間, 食堂 等 設備가 잇다. 나는 任君을 딸하 同萊ホテル로 들어섯다. 主人 少女가 마저 들인다. 浴槽는 人造 大理石으로 만들어서 보기에도 淨潔하거니와 事實 물도 쌧긋하다. 一邊 고무管으로 새물이 들어오고 一邊흠(水出口)으로 흐린 물이 밧그로 나가는 쌔문에 늘 新陳代謝가 되어 언제던지 틕 한 점업시 맑핫타. 任君의 말을 들으니 十餘 浴場이 모다 一源의 水를 引用하는 쌔문에 水源의 距離를 조차 水源이 近한 곳은 溫度가 高하고 水源이 遠한 곳은 溫度가 低한데 지금 이 湯이 其中 不寒不熱한 適當한 곳이라 한다. 理致가 그럴 듯하다. 沐浴을 마친 뒤에 食堂에 들어가서 茶菓와 밥으로 점심을 먹고 돌아왓다.

그날 밤이다. 開闢支社의 盧震鉉君을 딸하 某敎會堂에 열린 音樂歌劇大會 구경을 갓섯다. 音樂歌劇에 素昧한 나는 可謂 盲人丹靑이다. 무엇이 무엇인지 辨別力이 업지마는 男女合唱에 基督讚頌歌, 幼稚園 兒童들에게 나뷔노 래를 日語로 식히는 것은 꼭 그리해야 될 것인지 알 수 업고 童畵劇이라고 어쩐 雜誌에 낫던 싯팔이 少女를 實演한다는 것은 더구나 서투른 點이 여간이 아니다. 그 모양으로 멧 가지 하다가 司會者가 무슨 贊助를 請하는데 無名會 金壹封이란 紙片하나가 나와 붓트니까 會衆은 그만 하나둘씩 슬금슬금 통발 에 미꾸리 싸지듯이 뒷문으로 쌔저 나간다. 그만 저만 散會가 된다. 나는 그 會衆이 모다 無名會만도 못한 無産者들인가 햇더니 及 其 알고 보니 其中에는 釜山 一流의 富豪들이 잇섯다 한다. 그만하면 釜山 富豪들도 알아 둘 만하다.

北으로 坐 東으로

五日 馬山와서 東亞日報 支局長 李澄宰氏와 昌信校의 李殷相氏를 맛나 여러 가지 有益한 이약이를 들엇다.

그 이튼날 李殷相氏를 쌀하 昌信校구경을 가서 同校普通科 高等科校舍 를 모다 一新하게 새로 建築하는 이약이를 듯고 나는 크게 感服하엿다. 오늘 날 가티 錢慌한 이 째에 더구나 民間에서 巨金을 내서 큰 校舍를 建築함에야 누가 感服치 아니하랴. 昌信校를 단여와서 海岸구경을 잠간하고 곳 써낫다.

七日 밤 車로 大邱에 왓다. 그 이튼날 아츰부터 나서서 新舊書林 茂英堂 有文堂과 其他 關係잇는 이를 歷訪하야 情談도 논우고 將來도 부탁하엿다. 밤에는 洪宙一氏를 맛나 調査資料도 어덧다. 그럭저럭 大邱서 볼 일은 싯을 맛첫다.

八日 밤에 慶東綜으로 慶州에 왓다. 그 이튼날 아츰에 時代日報 支局長 孫秀文氏를 訪問하야 來意를 말하고 한참 이약이 하다가 後日 다시 맛나기로 約束하고 그 길로 崇德殿에 가서 新羅 始祖王의 碑閣 聖殿 五陵을 둘우 보고 곳 浦項을 향하야 써낫다.

九日 浦項에 오는 길로 金和攝 鄭學先 兩君을 歷訪하야 浦項의 文化運動

에 對하야 種種 協議한 結果 머지 아니한 將來에 相當한 成績이 잇슬 것을
밋게 되엿다.

佛國寺 압헤 日料理店

十二日 다시 慶州에 왓다. 그 이튿날이 마츰 休日됨을 期會로 하야 佛國寺
石窟庵을 구경하얏다.

佛國寺의 이악이를 좀 들어보랴고 住持를 차즈니 住持는 市場에 갓다.
다른 僧徒는 하나도 업다 한다. 月前에 새로 왓다는 불목한이 가튼 중이 저
아는대로 이악이를 하는데 녜전에 이 골 牟梁里에 어떤 貧女의 아들 大城이가
일즉이 죽엇습니다. 大城이 죽던 날 그째 宰相 金文亮의 집에 난대업는 귀신
이 空中에서 웨치기를 牟亮里 大城이 지금 너의 집에 태인다 하더니 文亮의
妻가 果然 그 달부터 胎氣가 잇서 十朔만에 一個 玉童을 나핫는데 七日이
되도록 右手를 쪽 쥐고 잇는 고로 펴고 보니 金簡에「大城」二字가 색이여 잇슴
으로 因해 大城이라고 이름을 지엇답니다. 大城이가 長成하야 前生母 貧女
를 奉養하기를 現生母와 가티 하고 쏘 이 寺刹을 이룩하고 僧表訓을 請하야
二母를 爲하야 祝壽하얏다 하고 다시 話頭를 고처 大雄殿 압헤 多寶塔과 無
影塔의 神奇를 말한다. 五里밧 影池에 가서 보면 우리 눈에 보이는 無影塔은
물속에 그림자가 업고 우리 눈에 보이지 안는 多寶塔은 물속에 그림자가 잇다
고 못 미덥거던 實地 試驗으로 가 보라고 까지 말하고 쏘 古代 石造物의 價値
를 어쩐 日本 博士가 鑑定하얏는데 長石六個 幢柱四個 石獅子一個 그것들
은 한 個에 萬圓씩이나 된다고 風을 친다. 나는 神話가튼 그 중의 이악이를
한참 듯다 보니 벌서 點心째가 되엿다. 돈푼이나 가진 者들은 妓生 더리고
佛國寺 旅館에 가서 日本料理를 제마음대로 먹는다. 나는 집석이 제날 좃타
고 족으마한 朝鮮 飮食店에 가서 點心을 먹는체 햇다.

點心 뒤에 石窟庵에 가서 窟內에 잇는 有名한 釋迦本尊의 石像과 周圍

石壁에 半肉彫로써 刻한 上下層의 여러 佛像을 보고 窟外 石層에서 나오는 맑은 샘물을 맛보고 곳 돌아섯다.

十三日 時代日報 支局長 孫秀文氏를 맛나 前日의 未盡條件을 다시 이악이하고 孫承祖氏와 가티 慶州古蹟陳烈館에 가서 石棺, 金冠, 奉德寺鍾외 여러 가지 古代 美術品을 一瞥하고 그 길로 孫煥柱氏와 가티 瞻星臺, 石氷庫, 崇信殿, 崇惠殿, 鷄林 等을 走馬看山 격으로 얼는 얼는 것처 왓다.

죽어도 무칠 쌍이 업는 사람

十四日 金泉서 時代日報 支局長의 周南秦氏와 이악이 하는 中에 놀라운 소문이 들린다. 公立普校 뒤에서 두 손을 꼭 묵거서 거적에 싸서 무든 二十餘歲의 朝鮮女子屍體를 發見해 가지고 사람들이 야단이라 한다. 그 말을 드른 나는 곳 現場에 달려 갓다. 屍體는 벌서 共同墓地로 갓다 한다. 그래서 當地 警察署에 가서 물어본 즉 當署의 대답은 이러하다.

그 事實을 新聞에 내시랍니까. 그 屍體를 發見하기는 오늘 上午 九時 頃인데 生徒들이 그 學校 뒤 菜田에서 놀다가 개(拘)들이 사람의 屍體를 쯧는 것을 보고 警察署에 告發하엿습니다. 그래서 醫師를 다리고 가서 檢尸한 결과 죽은 지 約 一個月 가량이요, 外部에 아모 打撲傷의 痕迹이 업스매 被殺은 아닌 것 갓고 아마 病死한 것을 極貧한 家勢로 葬費가 업서 그런 짓을 한 듯하오, 그러나 그 者는 墓地規則違反者인 故로 只今 搜索中이오 한다.

슬프다. 사람은 마챤가지언마는 어썬 사람은 죽어도 조흔 쌍을 廣占하는대 어썬 사람은 죽어도 무들 쌍이 업고 쏘 거적으로 싸서 무들만한 돈 몃 圓까지도 업단 말인가. 이러한 不合理한 制度가 어느 날이나 업서질가.

問題의 안다는 사람들

이번 所得이 무엇이냐 하면 이러라고 내놀 것은 업스나 南鮮의 文化事業

이 順調로 發展치 못하는 原因은 알아 어덧다. 所謂 안다는 사람 째문에 안된다. 그 안다는 사람은 中에서 兩班이요, 또 돈냥이나 잇는 사람들이다. 남에게 아첨하는 것이 그들의 행세요, 남의 것을 먹고 지내는 것이 그들의 재조다. 그들이 돈냥이나 잇는 德에 中等學校나 마치고 東京에나 다녀오면 言必稱 日本의 新聞雜誌는 볼 것이 만코 갑이 싼데 朝鮮의 新聞雜誌는 볼 것이 업고 갑이 빗싸다 한다. 그리고 행세거리로 日本의 新聞雜誌는 先金내고 보고 體面으로 보는 朝鮮의 新聞雜誌는 後金도 안낸다. 盈海郡某面의 尹相赫 가튼이는 ○○高等學校 出身이요, 當地 靑年會長이요, 其中에 안다는 사람으로서 朝鮮日報를 보던 첫 달부터 三十八個月이 되도록 九十五錢자리 新聞代金이 三十六圓이 되도록 한푼도 내지 안타가 나종에 支佛命令을 當하고야 自己 同志들에게서 그 돈을 變通해 냇다 한다. 그런 사람이 하나 둘이 아니다. 업는대가 업다 한다. 그 싸위 안다는 사람들이 만흔 째문에 朝鮮人의 經營하는 新聞雜誌는 어느 것을 勿論하고 發展이 되지 못하고 그 反面에 日人經營에 係한 釜山日報 朝鮮時報 朝鮮民報 等은 날로 發展이 된다 한다. 이 現象이 이대로 나간다 하면 안다는 그 사람들의 將來는 어찌 되며 또는 南鮮의 將來는 어찌될가. 나는 南鮮을 爲하야 걱정하는 同時에 그들의 反省함을 바란다.

漢詩二首

東萊溫泉

鑿石通中引水長, 東西屈曲擧羊腸. 一經溫浴心神快, 笑看黃花立夕陽.

鷄林懷古

半月城頭半月傾, 今來追憶古時情. 六部村容新制度, 五陵石面舊文明. 玉笛寥寥歸廢物, 星臺兀兀有虛名. 雲空水逝千年事, 謾使行人百感生.

南國行

尙進

《개벽》, 1925년 4월

지역을 답사하고 각지에서 보고 들은 사항들을 짧게 촌평하는 형식으로 기록한 글이다. 온전한 기행문 형식은 갖추지 않았으나 방문지의 자연, 사회, 인심 등을 짐작할 수 있고 필자의 소회도 읽을 수 있어 논설류 글과는 다르다. 여행 또는 답사의 동기는 불분명하나 대개 〈개벽〉사의 사업 관계 출장일 것으로 짐작된다. 대상 지역은 성주, 고령, 해인사, 영천, 안동, 양산, 통도사 등이다. 성주에서는 예전에 목사의 좌정지였던 도시가 일로 피폐해지는 현실을 개탄한다. 빈부 격차가 심하고 주민들 함께 모일 공공시설도 부족하다. 여기에 지역 청년회가 옛 수령행차를 재현하며 후원금을 모으는 방식도 마땅치 않게 본다. 결국 고개를 넘다 들리는 초동의 민요가락에 눈물을 흘린다. 고령 또한 성주와 다르지 않은 실상을 보인다. 옛 대가야의 영화는 사라진지 오랜 데다 최근 수해까지 겹쳐 주민 생활이 몹시 피폐해 있다고 전한다. 그나마 군수가 부채에 허덕이는 빈민들을 구제할 방책을 찾고 있는 게 다행스럽다고 한다.

해인사를 방문하고 유래 등을 기술한다. 최근 지주와 그 부하의 전횡으로 절의 살림 또한 몹시 피폐해지고 소송에 휘말려 있음을 알린다. 영천에서는 지역 지주가 가뭄 피해가 극심한데도 소작료를 예전과 같이 징수하려는 상황을 전하고 군청이나 면사무소가 농민들을 돕기는커녕 오히려 빈말로 속여 농민들의 분노를 무마한 사실을 고발한다. 안동에서는 청년회에서 여러 면이 연합해 노동야학을 개설하고 수백명의 수강생을 교육한 사실을 칭찬한다. 통도사를 방문했다가 산문 안에 들어서 있는 음식점, 술집들을 보고 한탄한다.

山謠一曲 淚添巾

星山伽倻의 往事는 물어야 대답할 이 업고 더듬어 차즐 자최 업다 할지라도 嶺南의 一大 雄州로 한째는 14縣을 總轄하고 近古까지 牧使의 坐定하엿든 星州는 物換星移도 분수가 잇지 이처럼 적막하고 蕭條할 줄 짐작이나 하엿스랴. 市街는 秋風이 지내간 듯 하고 도로는 정돈되지 못하고 物貨集散이라고는 外人의 상점 幾個所가 잇슬 쑨이고 集會機關이라고는 양반냄새 관료냄새 나는 靑年會가 잇슬 쑨이다. 그래도 집회의 基本金을 모집한다고 청년들은 원노름을 (舊式의 守令行次를 倣하야) 조직하야 村落으로 돌아다니면서 기부를 請한다. 이것이 亡國 官吏輩의 民財討索을 諷刺함인가 憧憬함인가. 도모지 그 眞意를 알 수 업다. 그러면 생활정도는 어쩌한가. 東學, 義兵의 兵禍에 疲弊한 星州는 庚戌의 大洪水로 雪上加霜격이다. 殖産銀行의 負債만이 全郡 80여 萬元이라니 대체로 보아서 한심하고 그 우에 南鮮通弊인 貧富의 懸隔을 加味하엿스니 대중의 생활은 不言可想이로다. 全省吾郡守 말과 가티 인민이 無進就之氣像임은 현실이 그러하다. 장래는 어쩌할는지?

星山城址를 指點하면서 星峙(별틔)를 넘을 쎄는 석양이 솔숩 사이로 漏

照한다. 맛츰 樵童의 길게 쌔는 山謠一曲이 넘우나 哀切悽切하게 耳膜을 두다린다. 音波는 電流와 가티 心肝으로 숨여들고 숨여들고 싸늘한 눈물로 化해 쎄러진다.

琴韻寥寥 石蒼苔

9面 97洞里 9,400戶 5만 2천 인구로 된 高靈은 뉘가 보든지 山峽小色이라 하겟지마는 멀니 古代史를 溯考하면 당당한 大伽倻國의 520년간 古都地이다. 첩첩한 錦林에 쏫 피고 입 쎄러지기 무릇 幾回이며 深碧한 御井에 人來人去가 쏘한 멧 萬인가. 伽倻琴의 創作이 우리 음악사에 위대한 가치가 잇건마는 다만 그 地名(琴谷)만 傳함은 懷古의 눈물을 禁키 어렵고(大伽國 嘉悉王時 一樂人이 此谷에서 12絃琴을 製作 云) 石柱, 石佛, 石燈 가튼 고적을 그냥 風磨雨洗에 一任함은 엇지 傷心할 일이 안이랴.

이 곳도 庚戌의 洪水餘孼이 아즉 蘇回되지 못하엿다. 戶口는 줄어지고 負債는 늘어가며 3面 1校制도 今春에야 겨우 실현될 희망이 잇다 한다. 청년회는 負債 관계로 會舘까지 存廢問題 중이라니 이 엇지 地方興替에 적은 문제이랴. 二三몽모가 애쓰고 허덕어리는 것은 동정을 禁키 어렵다. 동시에 열렬한 奮鬪를 一囑하지 안을 수 업다. 權重翼군수가 殖産銀行 債金 대응책으로 貯穀實施共勵會를 조직한 것도 가상한 일이다. 그것이나마 쓴기 잇게 노력하엿스면 萬一의 구제책이 될가 한다. 그리고 우리 開闢運動을 위하야 틈 잇는대로 활동하는 趙秉郁군을 고맙게 생각한다. 싸라서 이번 길에 맛나지 못한 것은 不少한 遺憾이다.

小金剛裡大藏經

『伽倻山景問松落老僧曰紅流洞口花吹笛峯頭月』이것은 崔致遠선생의 海印寺詩이다. 그러면 나와 가치 쏫 업고 달 업는 쌔 온 者는 伽倻山景을 보지 못햇다 할가. 아니다 나는 보앗다. 그보다 더 淸楚하고 高潔한 景을 보앗다. 말하자면 紅流洞口松吹笛峯頭雪 이것이다. 讀者 或 억지 수작이라 할는지 모른다. 그러나 곳을 보랴면 도회지 근방이 조코 달의 美는 해안이나 大江 언덕이 훨신 나을 줄 생각는다. 적어도 深山을 찾고 古刹에 오는 자는 華麗美 明朗美 그것보다 幽寂하고 超世間的인 高潔美를 맛보려 하는 점에서 가치 잇다고 나는 생각는다. 그쌘이랴 靑黑한 深潭에서 넘치는 奔波는 碧玉堆 가튼 어름 우으로 소리 놉혀 쒸여 나리고 너저분한 石上의 刻名은 氷雪이 가리워서 그 퀴퀴한 인간냄새를 업도록 함이 얼마나 絶景이랴. 잇다면 志士的인 蒼松과 군대군대의 叢竹이 아무러한 風雪에도 顔色自若한 그것이 얼마나 마음을 깃부게 하는 것이리오. 閑談은 그만두고 海印寺 이약이나 대강 하자.

이 절은 距今 1124년전 新羅 哀莊王時 順應大師의 創建으로 慶南 아니 朝鮮에 屈指하는 大刹이요 유명한 大藏經板閣의 소재지이다. 春花秋楓에 來賓去客이 絡繹不絶함도 괴이치 안커니와 經板 그것은 우리 文化史上에 一大 자랑거림은 누구나 다 아는 바이다. 距今 625년 전에 준공된 것으로 8만 6천3枚의 木版이 1천571종의 部秩, 7천146권의 佛經을 雕造한 것이다. 木材는 樺(거재나무)로 全板에 染을 塗하야 腐蝕을 예방한 것이나 四角에 銅鐵로 장식하야 파손의 憂가 업도록 한 것이 당시의 周到한 用意를 볼 수 잇스며 此寺가 6回나 화재의 劫運을 經하엿스되 焰塵이 犯치 못하고 閣內에 烏雀의 棲息이 업슴은 또한 기적이라 안이치 못할지라. 다만 本閣의 관리를 警官이 하는 관계로 관찰의 불편이 종종 잇다 한다. (나는 오든 즉시로 보앗지마는) 쓰는 김이라 海印의 近日狀態도 略記하쟈. 수년 전만 해도 寺營인 私立小學校, 地方學林의 敎育機關이 잇서 만흔 소년을 敎導하든 것이 지금은 아주 蕭條古刹 쑨이다. 그쑨인가. 全寺가 存廢問題로 남어 잇는 승려들은 이마ㅅ살을 씹흐리고 허덕어리는 판이다. 내용을 듯건대 前住持 李晦光이 寺財를 낭비하고 그 부하인 陳昌洙까지 李의 명의로 多大한 起債를 한 것이 곳 海印의 운명과 관계되야 京城 光化門金融組合에서 4천5백元의 件으로 寺內의 보물, 器具에 差押의 紅紙를 貼付하여 노코, 京城 貞洞 布敎堂을 구실로 起債 (殖産銀行) 7만7천元은 매년 萬元식 年賦償還하기로 旣히 결정하엿고 該基地代 13만元은 僅僅 해약하엿스며 기타 李의 手形으로 十數萬元의 債金을 起한 것은 역시 陳昌洙사건과 共히 소송 중에 잇다 한다. 李가 십여 년 住持의 의자를 强占하고 가진 수단으로 橫暴를 肆行한 것은 海印 쑌 안이라 朝鮮 불교계에 幾多한 파란을 니르키고 社會公論까지 여러 번 喚起한 것은 贅論할 필요가 업거니와 朝鮮의 승려가 넘우나 각성이 적고 柔弱한 것이 곳 今日의 狀을 招致함을 생각하면 쏘한 一歎을 禁키 어렵다. 同時 佛弟子 諸氏를 향하야 第2 第3의 李晦光이 업도록 노력하기를 囑한다.

見牛未見羊의 永川郡廳

永川 華東面 일대 토지는 該郡 巨富 李某 鄭某가 대부분을 점령하엿다. 小作制는 定賭로 하여 왔는데 작년가튼 旱害에 거의 赤地된 전답에도 소 가튼 地主는 依前例로 밧겟다 하니 소작인들은 수확을 정지하고 面所로 가서 멧 번이나 陳情의 哀願을 하엿다. 군청에서 가장 同情하는 척하고 農會技手를 보내 일반 소작인에게 말하기를 금년은 定賭대로 내기가 정말 冤抑하니 某日에는 꼭 農會에서 出張하야 收穫場에 立會하고 半分하도록 하리라고 聲明하엿다. 그러나 그 期日에 소작인들은 면사무소 압헤서 해를 지우고 立會한다든 자의 形影은 그 후 幾日에 볼 수 업섯다. 아- 이 羊가치 순하기만 한 소작인들은 그래도 다음해 소작권이나 쌕기지 안을 양으로 惡地主의 하자는대로 하엿다. 一般은 郡當局을 評하되 羊가튼 소작인은 頓不顧見하고 소 가튼 부자 놈만 치어다 본다고.

若合符節의 兩地靑年

지내간 1월에 安東郡의 一直靑年會總會를 구경할 째 가장 인상을 깁히 가진 것은 그 청년들이 無産兒童敎育을 專力하야 11개 洞里에 각각 소규모의 勞働夜學을 설립하고 약 4백명 노동자를 교육식힌다는 것이엿다. 今番 蔚山을 지내다가 上南面 時代靑年會에서 전자와 쪽가튼 19面을 통해서 역시 11개소 약 4백명의 노동자교육을 열성으로 한다니 쇠퇴하여 가는 농촌을 부여잡고 피ㅅ석기고 눈물 석긴 그들의 노력이 얼마나 고마우며 數字까지 符合됨이 쏘한 奇蹟的 이약이거리라 안이 할 수 업다.

不如無書의 通度山門

新平里서 靈鷲山을 바라보고 한참 가면 2개 石柱를 세우고 佛刹 大本山 通度寺, 山門禁葷酒 등 文句를 大書特刻한 것이 잇다. 누구나 여긔서는 淸淨法界의 道場을 연상하고 경건한 생각을 가지리라. 蒼鬱한 松林 사이로 數里를 緩步하는 동안은 그럴 듯 하게 神思의 灑落을 늣기엇다. 그러나 及其 寺門에 이르러서 規模宏大한 술집을 보고 豊備한 생선안주며 腥臭나는 靑魚국가마를 볼 째나 煙草小賣商店을 볼 째는 서울서 골목 술집 근방을 지내는 듯한 불유쾌를 맛보앗다. 아마 이것은 俗客의 편의를 圖함인 모양이다. 승려 그분들이야 물론 禁葷禁酒를 실행할 터이지? 그러나 大禪師요 現住持의 法書(筆法은 無法無軆이지마는 그것까지는 그만 두고)가 그럿케 엄청나게도 虛文이 될 바에는 이야말로 不如無書.

亦或一道의 富豪事業

梁山郡의 富豪 金敎桓씨는 朝鮮 實業界의 不振을 근심하며 小學校 졸업생의 入學難을 구제할 취지로 자기의 주택잇는 上北面 上森里에 私立農工學校를 설립하엿다. 아즉은 假敎室에 설립비 1만元(6천圓은 負擔 4천圓은 他

有力者)과 農業實習地 약 만평(田 5천 평 畓 4천여 평)을 기부하고 그 유지비로 年 4천圓을 부담하겟다 한다. 其子 正杓君은 지방에 유망한 청년으로 기어이 이상을 실현하겟다 하며 벌서 水原高農 출신인 池泳鱗君을 雇聘하야 오는 4월 중의 개학 준비에 奔忙하다. 一般은 氏의 美擧를 칭찬함과 동시에 그 위치가 一隅임을 유감으로 생각한다고.

嶺南地方 巡廻片感

林元根

《개벽》, 1925년 12월

필자가 '조선기근구제회'라는 단체의 일로 영남 일대를 시찰하며 보고 들은 일을 각 도시별로 나누어 서술한 글이다. 글의 내용상 '조선기근구제회'는 수해를 입은 현장을 조사해 지원 규모와 구제 계획을 세우려는 취지의 단체로 보인다. 답사에는 4주가 걸렸으며 돌아본 도시는 모두 14곳이라 한다. 지역마다 사정과 풍습이 달라 여러 가지 견문과 느낌을 얻을 수 있었는데, 그 느낌이 때로는 우습고 때로는 진기했다고 밝힌다.

대구에서는 달성공원을 구경하고 공원이라기보다는 신사에 가깝다며 비판한다. 대구역 주위에서 여관을 얻어 자다가 '도리우찌단'이라는 건달들의 패싸움을 목격하고 탄식한다. 대구역 광장에 자동차를 세워두고 자동차 안에 미모의 여인을 앉혀 여행객을 유인하는 것 또한 대구의 체면을 상하는 일이라 지적한다. 동래에서는 청년들의 문제를 주로 거론한다. 군내에 사립중학교가 있어 교육 받은 청년들이 많으나 그 때문에 오히려 성실성이 떨어진다는 지적이 있으나 곧 해결될 것으로 본다. 동래 온천은 조선 사람이 운영하는 욕장 시설이 떨어짐을 지적한다. 양산은 소읍이어서 전기, 수도 시설도 없고 조선인이 운영하는 여관조차 없지만 다른 지역에 비해 부유한 곳이라 한다. 이 때문에 번듯한 청년회관도 있으나 실제 운동이나 활동은 매우 미약하다. 대신 소년회 활동이 활발한 것은 다행이라 한다. 언양은 양산보다 못해 보이는 소읍인데 미나리가 유명해 막걸리와 함께 먹는 맛이 뛰어나다고 한다. 다만 마을에 담배라도 파는 곳은 모두 일본인들이라며 탄식한다. 울산은 수해가 심하지 않고 산읍도시로는 상당히 번화한 편이라 보고한다. 그러나 청년회 등의 운동은 활발하지 못하며 오히려 울산청년회는 관제청년회라는 말이 있으니 개선하기를 부탁한다. 경주에서는 박물관과 첨성대 등을 찾으나 역사 소양이 없어 옛 과학기술이 그만했는데 왜 망해빠졌나 하는 생각밖에 안 든다는 말로 줄인다. 경주청년회가 내부 문제로 지도부가 불신임을 받은 뒤 제대로 운영되지 않음을 지적한다. 특히 인구 2천명의 경주에 기생이 3백명이어서 청년들이 다른 활동을 할 의지를 못가진다는 말이 사실이 아니기를 바란다. 이후 영천, 영일, 영덕, 청송, 의성 등지에서도 지역 청년회의 활동을 평하고 일본인들의 경제 잠식 실태를 소개한다.

나는 이번에 偶然치 안케 朝鮮饑饉救濟會의 使命을 가지고 지난달 十三日에 京城을 出發하야 그동안 慶尙南北道 地方을 巡廻하게 되엇섯다. 그 間 旅程에 消費된 時日은 四週日 동안이엇섯고, 巡廻한 地方은 慶北 大邱를 爲始하야 前後 十四個이엇다. 그래서 나는 이가티 도라단이면서 그 地方의 事情과 風習이 相異한 것을 싸라 여러 가지로 새로운 見聞과 새로운 늣김을 엇게 되엿다. 다시 말하면 그 동안에는 내가 메고 단이는 使命을 背景하야 直接, 間接으로 우수운 일도 잇섯고, 또는 淘汰되는 時代相의 한 가지 幕割로서의

珍奇한 일도 잇섯다. 그래서 나는 이번에 旅行을 맛치고 도라온 少暇를 利用하야 不充分하나마 거긔 對한 片片感을 적어 보랴는 것이다.

大邱

이 곳은 慶北의 道廳所在地일 쑨더러 맛침 交通上의 要衝이 되여잇는 싸닭에 나는 爲先 京城을 써난 後, 첫 발길을 이 곳에 멈추게 되엿다. 前日에도 이 곳은 몃 번이나 通過하엿섯스나, 이번가티 다만 兩 三日間이라도 逗留하여 본 적은 업섯다. 그래서 나는 停車場에서 나리는 첫 발길로 直時 市街地를 一巡하고 비로소 이만하면「大邱求景」은 꽤 잘하엿다는 듯이 즈윽히 安心과 滿足을 어든 것 갓해엿다.

나는 일즉이 嶺南의 大邱-大邱의 達城公園이라는 말을 자조 들엇다. 그러나 내가 본 達城公園은 勝景의 公園, 遊園地의 公園, 公園의 公園이라는 것보담 彼의 神社의 公園이오,「取居」(神社 入口에 세운 石桂門)의 公園이엇다. 公園 내에 드러가는 첫 感想은 新鮮한 空氣를 마시며 悠然한 氣分으로 散步를 한다는 것보다 맛치「神社參拜」나 하러 드러가는 듯한 첫 氣分이 생기고 萬一 그러치 안으면 그 神社 집구경이나 들어가는 것 가티도 생각된다. 이는 다른 싸닭이 아니다. 누구나 達城公園에만 발길을 드려노으면 바로 正面 入口에 宏壯한 神社建物이 서잇는 것을 볼 수 잇는 싸닭이다. 그래서 나는 모처럼 企待하엿던 達城公園 求景도 結局 남아지 늣김은『그저 어대이던지 그럿쿠나 別 數 업고나』하는 것 쑨이엇다. 그리고는 나는 大邱에 나려서 한 가지 새로운 集團을 發見하엿다. 그것은 곳 俗稱「도리우찌단」이라는 것이니 이는 곳 鳥打帽子를 쓴 사람들의 特殊한 集團을 指稱함이다. 마침 나의 旅舍는 바로 大邱 驛前으로 直通된 大路를 이웃하고 잇는 볼상업는 一個 陋屋이엇다. 처음부터『請客쟁이』를 싸르지 안코 空然히 나 혼자 도라단이다가 내 짠으로는 갑싸고 쌔끗한 旅館을 定한다는 것이 겨우 그런 福德房을 차지하게 되엿든 것이다.

　그래서 밤이 깁도록『구루마』소래와 通行人들의 뒤끌는 소래로 因하야
終是 平安한 잠을 이루지 못하게 되엿다. 아마 밤이 그 잇흔날 새로 두 時頃이
나 되여서는 瞥眼間 門밧 큰 길 한복판에서 치고 맛고 하는 아우성소래가 요란
이 들녀오며 今時에 큰 일이나 일어날 듯이 大邱城의 夜黙을 깨치고 一大 格
鬪場이 버러진다. 酒酊軍의 편 싸홈이 일어난 것이다.「도리우찌단」의 日課
復習時間이 닥쳐온 것이다. 그저 된 말 안된 말로「고라」「빠가」하면서, 발길
로 차고 손으로 따리고, 야단법석을 나린다. 或은 둘 씩 或은 한아씩 서로 맛붓
허서 한 五六人의 한 덩어리가 되여가지고 밤새여 가는 줄도 모르며 優勝 업
는 勝負를 決하고 잇다. 이 싸홈에는 本是 仲裁도 업고 是非 判斷도 업다 한다.
싸홈 말니러 달녀간 警官들도 매맛기가 十常八九이오 그저 普通 사람은 말
한마듸 건너보지도 못한다는 것이다. 그래나 亦是 제 물에 恐怖를 늣기고 그
대로 잠시 서서 보다가 드러와바렷다. 엇던 親舊의 말을 듯건대 本是 大邱에
는 그 갓흔「도리우찌단」이라는 意識업는「테로」단이 有名한 것으로 그저 그
사람들은 한 푼이면 한 푼, 두 푼이면 두 푼, 잇스면 잇는 대로 먹고 나서는
밤이 깁도록 왼 길가를 헤매이며 서로 물고 쯧기고 차고 울며 부르짓다가 그
잇흔 날 맛나서 돈 잇스면 쏘 먹고 마신다는 것이라 한다. 그 사람들의 人生觀
은 어듸까지던지 肉의 享樂을 바탕한 現實主義로서 極히 放漫的이오 樂天的
이라 하겟다. 그런 種類의 사람들이 大邱城內에 幾十, 幾百이나 되는지 恰似
하게 한 개 小王國을 이루고 脫世的 超人生活을 하고 잇는 것 가티도 생각된
다. 大邱人의 性癖은 마치 西鮮 平壤人의 그것과도 가티 좀 急한 便이 만흔
모양이다. 그러고 市街地나 人口의 比準을 볼지라도 嶺南의 平壤가튼 感이
잇다.

　於此彼 말이 낫스니 어듸 한 마듸 더 적어 보자. 누구나 아마 最近에 大邱
에 나리면 바로 그 驛前 廣場 한 복판에 美人 시른 自動車 한 대가 보기 조케

노혀 잇는 것을 볼 것이다. 이것은 무엇을 쯧함인지? 아마 그 自動車 엽헤『市內自動車』라고 써 붓친 것을 보고 그 車內에 粉裝한 時代美人을 안처 노흔 것을 보면 짐작컨대 그 女子는 自動車 運轉手 兼 花柳男子의 好奇心을 잇쓰는 俗稱「仲居」비슷한 女子로서 은근히 大邱에 나리는 뭇 손님들에게 더러운 秋波를 전하는 것가티 보힌다. 나는 그 自動車 主人이 누구이며 쏘한 그가튼 考案을 엇던 兩班이 하엿는지는 몰으나 이가튼 美人計를 써 外來 손님의 주머니 속을 털고 쏘한 그들에게 첫 不快를 주는 것은 大邱의 體面을 좀 돌보앗스면 한다. 말성 만흔 大邱의『朝陽館』은 것치레만 잔쯕 하고 엇저니 엇저니 뒤써드는 大邱의 運動線은 그만한 都會處에 比하야 正反對로 不振不況이엇다. 要컨대 問題는 어듸까지던지 實質과 實際를 바탕하고 쉬지 안코 잘 싸우는 데 잇다. 좀 더 努力하여 주기를 바라는 바이다.

東萊

不幸히 나는 이곳에 여러 날 滯留할 수 업섯던 그 만콤 東萊郡에 대하야는 特殊한 材料를 가지지 못하엿다. 그러나 何如間 東萊까지 왓스니 爲先 맛하 가지고 온 使命이나 다 맛친 뒤에 東萊溫泉에나 하로밤 쉬여가리라는 생각으로 나는 東萊의 知友 P군과 함쎄 溫泉場에서 一夜를 보내게 되엿다. 그의 말을 듯건대 東萊郡에는 무엇보다도 比較的 近代敎育이 他地方에 比하야 어느 程度까지 잘 普及된 것이 자랑거리라 한다. 그것은 本來로 東萊郡에는 兩班 勢力이 꽝장하엿던 바 그 餘波의 한아로 多幸히 그네들의 經營하는 育英事業으로 一個 私立中學이 잇는 까닭에 至今 部內에는 비록 完全하다고는 할 수 업스나 中學 常職을 가진 靑年이 五十餘名 以上을 計算하게 되여잇고 그만콤 知識階級의 靑年이 多數인 까닭에 무슨 事物에 對하여서나 極히 打算的이오 理智的이라 한다. 同時에 그것이 아지 못하는 가운데 은근히 利己主義를 培養하야 일에 對한 勇敢力과 義憤熱을 抹殺식히는 故로 逃避와 妥協

을 말하고 環境에 順應하는 現實生活을 그대로 支持하여 나가랴는 弊害가
만히 잇다 한다. 그러나 나는 東萊郡 內에 임의 三十餘個 以上의 靑年團體가
잇는 싸닭에 비록 至今 現狀으로는 그 組織 施設이 不完全하다 할지나 東萊
郡聯盟의 創立을 싸라 그 모든 細胞團體가 純化되고 訓練될 것을 깁히 미드
며 同時에 東萊 靑年界의 思想 傾向이 轉換될 것을 짐작한다. 무엇보다도
東萊라는 그 地點이 溫泉場을 가진 享樂地帶인 그것만콤 自然히 道樂的 習
性이 잇게 되는 것도 一時的으로 免치 못할 現狀이라 한다.

　　旅館밥갑은 一泊에 壹圓 六十錢 飮食料理法이 깨 발달되엿다. 嶺南味가
잇다는 것보다는 京味가 잇고 산듯한 맛이 잇다. 朝鮮에서 第一 有名하다는
東萊溫泉도 朝鮮人 經營의 共同 浴湯으로는 비슷지도 안은 밝안 거짓말이
다. 資本업자 權利 업고 勢力 업는 朝鮮 사람들은 제법 溫泉場을 한 사람 압혜
제대로 所有한 사람이 업고 다른 곳에서 물을 옴겨다가 共同 浴場을 經營하
고 잇스니 아츰에는 몰나도 저녁째부터는 물이 더럽고 미지근하고 냄새가
나서 그것이 普通 浴場과 죡음도 따름이 업스니 무엇이 엇더타고 東萊溫泉이
朝鮮 第一이라고 우리 朝鮮 사람들이 써들 수가 잇다 말인가. 勿論 東萊溫泉
「그 물건」이 本質上으로 조흐면 조흔게지마는 우리가 쓸 수도 업고 가질 수도
업는 그것이 무엇에 利益이 될 것인가.

梁山, 彦陽

　　京城을 써난 이후로 電燈 업는 都市에 드러서기는 梁山人城으로 嚆矢가
되엿다. 梁山邑은 三百五十餘戶에 不過하는 小邑으로 電燈과 水道의 架設
이 업는 것은 勿論이어니와 우리 사람 經營의 旅館 한 개 제법한 것이 업는
것은 너무 遺憾으로 생각한다. 그러나 그것도 알고 보니 그럴 듯하다. 梁山邑
은 戶數는 얼마되지 안치마는 富裕하기로는 隣近 邑에 第一 일홈이 놉다는
것이다. 젊은 靑年들도 若干 잇기는 하지마는 極少數의 『푸로』分子를 際하야

노코는 모다가 제 밥술이나 걱정업는 친구들임으로 모처럼 一金 四千五百圓의 巨額을 드려서 二層 洋製로 보기조케 新建築하여 노흔 靑年會館도 그저 한두 사람이 붓들고 허덕어리는 모양이니 이가튼 現狀으로는 梁山 運動의 前途가 즈윽히 憂慮된다는 것도 無妨한 말이라 하겟다. 그 會館조차 알고 보니 한참 當年 京城에 『朝鮮靑年聯合會』가 組織되여 잇슬 쌔에 梁山郡에 故鄕을 가젓던 某氏의 努力으로 되엿던 것이라 한다. 이가튼 反面에 少年運動은 매우 括目할 것이 잇스니 임의 三個의 少年團體가 조직되여 잇고 또 다시 그 細胞들이 모히여 『梁山少年聯合會』까지 創立되엿다. 그러나 그것도 普通學校 先生님들이 너무 걱정을 하시고 生徒들로 하야곰 少年會 入會를 마음대로 못하게 하는 싸닭에 少年會 發展上에 多大한 支障이 되는 모양이다. 간 곳마다 그 兩班들의 無用한 걱정이야말로 참말 걱정이 된다.

彦陽

이 곳은 原彦陽邑으로 至今은 蔚山郡에 編入되여 잇는 一個 面役所 所在地에 不過한다. 그런 싸닭에 戶數나 人口나 其他 모든 것이 梁山邑에 比하야는 오히려 小村落의 感이 不無하다. 그러나 彦陽 名産「미나리」의 特味는 足히 都會人의 奢侈스러운 生活을 嘲笑할 만치 自來로 그 附近 住民들은 彦陽을 말할 쌔는 반드시「미나리」를 聯想하고「미나리」를 생각할 쌔는 冬三雪中에 오히려 그 찍찍한 新鮮味를 맛볼 수 잇는 것을 크게 자랑한다. 텁텁한「막걸니」에「미나리」생회를 먹는 것도 그다지 趣味 업고 맛없는 飮食은 아니 엿다.

자랑거리가 이만치 잇는 反面에 또 한 가지「흉」거리가 잇스니 不過 몃百戶 되지 못하는 곳에 所謂「담배」店이라도 버려 노흔 것은 모다 물 건너 兩班들쑨이다. 小規模의 雜貨와 煙草 等屬을 버려 노흔 商店이 十餘個所나 되는데 그것이 모다 저 사람들 것이다. 彦陽은 터전」이 낫분지 모다 녯적 大監님들만 사시는지 朝鮮 사람들은 하다 못해 「구멍가개」 한아 못 열어 놋는다는 것은 彦陽 有志青年의 不平과 呼訴이엇다. 이 곳도 亦是 少年運動은 比較的 發達되야 今年 夏期에 巡廻 講演隊까지 組織하야 가지고 各 村里를 巡廻한 일이 잇섯고 旣成된 少年團體가 三個所나 된다 한다. 모다 「어린이」의 벗들이오 그들의 運動圈內이엇다.

蔚山

郡內 水害狀況을 알기 爲하야 郡守令監을 訪問하엿더니 名刺를 한참 드려다보던 郡守는 「아무엇 이러케 싸로 할 것 업시 朝鮮水害救濟會가 잇는데 그것과 合하는 것이 조치 안슴닛가.」 하고 半皮肉的 言辭를 한다. 그리고는 「何如間 우리 고을에는 한 돈 萬圓이나 보내 주시구려.」 하며 日本말 반 석기 朝鮮말로 輕快한 듯한 口分으로 官僚臭를 제법 은근히 잘 피운다. 그래서 나도 亦是 그냥 그대로 주고 밧고 하며 나의 볼 일을 다 맛치어 바렷다. 엇잿던 惡意 업는 親切한 郡守이엇다. 그래 이 곳에서 볼 일을 다 맛친 우리 一行은 또 다시 實地 踏査를 하기 爲하야 나는 下廂面으로 行하고 權君은 東面을 向하야 出發하엿다. 蔚山郡은 他郡에 比하야 그다지 水害도 甚치 안코 싸라서 救濟를 要할 만한 사람들도 比較的 少數이엇다.

蔚山郡은 慶南 山邑都市로는 쫴 宏壯하다 할 만하다. 電燈, 電話의 施設이 잇고 店頭의 街路 裝飾이 잇고 公衆沐浴湯이 잇고 料理屋이 數多하고 街路가 제법 井然하다. 그러나 나는 蔚山 오기 前에 他郡 知友에게 이러한 말을 들엇다. 「蔚山邑에 한 가지 所産이 잇는데 그것은 巡査所産이라」고 이것이 果然 眞인지 否인지는 알 수 업스나 엇잿던 그 만한 別名이 잇는 것 만침 思想 不純化의 傾向이 잇슬가 하는 疑心이 잇다. 더욱히나 「蔚山靑年會는 官製靑年會」라는 말이 도라단이는 이 판국에 그런 別名은 아조 업서지기를 바란다. 그리고 蔚山運動線은 엇지나 되엿는지 지난 十月 十八日에 「蔚山靑年聯盟」

이 創立된 以後로 蔚山靑年會 等은 그에 對한 聲明書를 印刷配布하는 모양
이다. 아즉것 모든 調練과 組織이 不完全한 地方運動에 잇서 매우 遺憾이라
고 생각한다. 나는 當路者들에게 感情과 盲目의 使嗾을 밧지 말나는 것을 一
言으로 付託한다.

慶州

　新羅의 古蹟이 만키로 有名한 新羅古都 慶州邑은 모든 것이 廢墟에 울고
잠들고 식들어 째진 感이 잇다. 市街는 繁華하고 人士의 往來는 複雜하다
할지나 엇재 그런지 自然히 녯 사람들의 溫順한 氣風이 그대로 慶州人의 얼
골과 말속에서 흘너나오고 生氣잇는 潑剌한 氣分이 나타나지 안는다. 손님
接待에 訓練 바든 곳이 되여서 그러한지 旅館 심바람 兒孩들은 맛치 입인의
혀(舌) 끗가티 고분고분하게 손님의 말을 잘 듯고 飮食料理法도 他郡에 比하
야는 매우 淸潔하고 優味한 것 갓해엿다. 더욱히 慶州「紅露酒」는 빗이 밝으
레하고 매콤한 맛이 外來 손의 醉興을 도들만 하엿다.

　그러나 나는 일즉히부터 慶州에 新羅 古蹟이 만타는 말을 드른 까닭에
空然히 慶州에 나려서는 나의 本 使命도 다 하기 前에「古蹟! 古蹟!」하는 생각
이 작고 머리 우에 써올낫다. 그래서 나는 마침내 古蹟 陳列欌과 天文臺 等을
求景하엿다. 그러나 歷史의 素養이 업는 나로서는 그저「古代人의 科學이
決코 우리에게 써러질 배 아니라.」는 것과 쏘한「저럿튼 朝鮮人이 엇지도 이
러케 亡하여 째젓냐.」하는 늣김밧게 아모 것도 가지지 못하엿섯다. 慶州靑年
會는 왜 그 모양인지? 고을은 큼직한데 運動은 말 못되는 形便이다. 事實인지
안인지는 알 수 업스나 慶州靑年會 前幹部들이 總會 決議의 形式도 밟지 안
코 會館 購入과 會報 發行을 自意로 하엿다는 것으로 不信任 逐出을 當한
以後로 靑年會는 不知不識間에 官邊 사람들에게 거의 占領이 되여바렷다
한다. 그 詳細한 內容이야 어찌 되엿던지 그만한 큰 고을에 아즉것 一個 靑年

會가 完全한 發達을 이루지 못하고 잇는 것은 그만큼 誠意잇는 일꾼이 업는 것과 一般의 意識의 朦朧한 所致이다. 有心人의 말을 듯건대 이가티 모든 運動이 不振하는 것은 慶州 花柳巷이 매우 繁昌한 까닭이니 二千餘戶 남즛한 慶州 邑內에 油頭粉面의 青衣 妓生이 겨우 三百名 넘을락 말락하다고 그래서 紅顔 青年들은 自然히 享樂鄉의 慶州를 만들기에 다른 생각은 머리에도 잘 두지 안는다는 것이다. 果然 이라면 참으로 울 만한 일이다. 그러나 나는 이 말을 밋고 십지 안타. 慶州의 青年 諸氏에 一進 又一進을 바라는 바이다. 먼저 너머저 가는「慶州青年會」를 革新하라!

永川

永川邑은 地垈가 놉흔 그것만치 山비탈 우에 억지로 부터 잇는 不安定한 고을가튼 생각이 난다. 그러타 속담에「고초가 적어도 맵다」는 格으로 第一 運動上으로 보아 永川은 到底히 凌駕할 수 업는 곳이다. 임의 郡內 三個 細胞團體로써「永川郡聯盟」이 組織되여 잇고 各 마을「머슴꾼」들을 綜合한「永川 勞農會」가 잇고 讀書俱樂部가 잇서 量으로 보아 얼마 되지 못하는 會員들은 二百餘 券의 書籍을 가지고 그것을 巡讀하기에 자못 熱誠을 다하는 모양이다. 그리고는 새로히 三千 五百圓의 建築 豫算費를 세워 가지고 會館 建築을 準備中이다. 交通이 不便한 山間小邑으로서 이만큼 運動이 進展된 것은 오로지 着實한 指導者를 맛난 까닭이다. 다른 것은 別로히 特殊한 것이 업고 오즉 市內에 若干 精米所가 잇스니 이는 郡內에 産米가 豊富함을 말함이다.

迎日

迎日은 浦項과 함께 東海를 接하고 잇는 浦港이다. 발서 市內에만 드러서도 生鮮 비린내가 나고 浦口사람들의 特色이 보힌다. 東海水에 鹽分이 含有되엿기 째문에 皮膚빗이 比較的 검고 물맛은 氣막히게 낫부다. 萬一 浦項에

特産이 무엇이냐 하면 第一로「물맛 낫분 것」이라 하겟다. 生水는 絶對 禁物이오 쓰린 물을 마서도 물맛이 씹질하고 밥 숭늉을 마서도 구수한 맛이 업다. 거긔다가 그 물을 얼마동안만 먹으면 얼골빗까지 검어진다는 데는 하로 밧비 써나고 십흔 생각조차 은근히 머리 속에 써올낫다. 手匙도 비리고 食器도 비리고 물그릇도 비리다. 風勢나 사나웁고 漁船이나 數百隻씩 한써번에 드려 몰니면 浦項 市街地는 별안간에 얼골 검은 배사람(船夫)들의 世上이 되고 그들의 天地가 되여바린다. 나는 浦項에 머물너 잇는 동안 沐浴場에를 몃 차레나 갓섯스나 어느 째던지 거의 船夫들로 滿員이엇섯다. 모다 얼골이 검고 쏙가튼 日本 두루매기를 입엇기 째문에 朝鮮人과 日本人과의 區別이 極히 困難하엿다. 배사람들은 이가티 모다 한 모양이엇다. 料理店과 遊廓도 매우 繁昌한 모양이다.

그리고 우리 一行이 迎日 滯留하는 동안에 맛침「迎日靑年聯盟」主催로 慶北蹴球大會가 二日間에 亘하야 開催되엿기 째문에 나는 郡內 各面 靑年 運動者들을 맛나 그곳 運動의 情形과 地方事情을 듯게 되엿다. 至今 郡聯盟에 加盟된 團體는 十個 細胞이고 運動은 자못 組織化하여가는 傾向이 잇다. 會館의 施設도 相當하고 將來가 매우 多幸하다.

식골 警官은 어찌 그러케 沒常識한지 아모데서나 맛나면 맛나는 대로 그저 手帖과 鉛筆을 쓰내들고 맛치「암치 쌕다구에 불개아미」格으로 줄줄 쏘차단인다. 運動場 한 모통이에서 나와 同行인 K君과 말수작을 하니 별안간 群衆이 쓰러몰닌다. 溫順한 K君은 그대로 뭇는 대로 對答을 한 모양이엇다.

浦項은 慶北의 相當한 都市이고 慶浦(大邱-浦項)輕鐵의 終點이다.

盈德

山間으로 들어 올사록 SPY의 성화는 漸漸 더 甚하여 간다. 그저 空然히 쏘차단인다. 밤 十二時가 되야 이부자리를 펴고 잘 때가 되엿는데도 그래도

발길 돌녀 노키를 실혀하는 모양이다. 萬一(녜전 詩節에) 自己 父母에게 그
가튼 孝誠을 다하엿스면 孝子門 한아는 갈데입섯슬 것이다. 아모리 責任도
責任이려니와 남의 생각도 좀 하여 주어야지.

「盈德靑年會」에서는 우리 一行을 爲하야 特別히 慰勞會를 열어 주엇다.
마침 그 날 밤에 공교롭게 비가 나렷기 째문에 來參者는 多數가 아니엇스나
靑年會 幹部 諸氏와 밋 邑內 有志와 時代社 支局 諸位들로 자못 誠意잇는
小宴이엇다. 當夜 飮食은 特히 盈德 所産인 大蝦와 大蟹를 原料 삼은 것으로
特別味를 加하엿고 當夜 問題는 自然히 饑饉救濟會와 靑年運動 등에 關한
것이엇다. 아즉것 盈德靑年會는 낡은 組織을 가진 本來 靑年會로서 總務 以
上 會長 副會長이 모다 四十以上의 老年들인 까닭에 나는 偶然치 안케 「年齡
制限」 問題를 提出하엿더니 理論百出! 「아즉것 盈德 靑年에게는 이만 事業
을 安心하고 맛길 수 업다」거니 「압흐로는 勿論 이로도 制限하게 되겟다」거
니 하야 盈德 人士의 心理를 즈윽히 엿볼 수 잇섯다. 結局은 아즉 「時期尙早」
로 結論이 될 모양 갓햇스나 나 亦是나 의사를 固執치 안엇다. 아즉도 그들
年老閣의 舊勢力 下에 邑內 靑年들은 敢히 擡頭를 못하는 모양이다. 郡內에
서 제법 組織的으로 運動이 發展되는 곳은 時代 支局 K君의 本第인 南亭 가
티 보히나 아즉 그곳도 大衆이 쎄이지 안으면 鮮明한 旗幟를 내세우기 어려
울 것 갓다.

邑에서 海岸으로 한 二十里 되는 「江口」라는 곳은 一個 小滿으로 漁船이
輻輳하는 곳인데 權利 잇는 물 건너 兩班들이 江岸 一帶를 占領하고 朝鮮人
들은 게짝지 가튼 집을 써메이고 漸漸 海岸으로부터 뒤로 물너가기 始作하야
놉직한 山골 언덕에 드문드문 박혀 사는 形便이다. 萬一에 그것이 다 쓰러저
가는 草家가 아니엇더면 文明人의 衛生 자랑이라도 할 번하엿다. 나중에 그
山 너머서는 어대로 갈 터인고? 西伯利亞로 滿洲 뜰로 후유- 그곳에도 「주림」
과 「치위」가 잇다. 조선 사람들아 꼭 살아야 하겟거던 삶에 適應한 生存意識

을 가저라!

英陽

英陽 邑內에는 日本人 商店이 한 곳 잇는데 「晚近 十年 間에 朝鮮 사람에 게는 菓子 한 푼 어치 못 팔아 보앗다」 한다. 이만치 英陽人은 排他性이 濃厚 한 것을 말함이다. 이것도 그 탓인지 邑內에는 다른 곳에서 例를 보지 못한 一種 右傾團體가 旗를 날리고 잇스니 官公署員 들의 大部分으로 組織된 「三育會」라는 것이 곳 그것이라 한다. 그것도 今年 五月頃에 英陽靑年會가 改革 된 後로 그 가튼 것이 別立하게 되엿다고 그러나 英陽五五會 靑年會 等이 壓倒的 勢力을 가지고 잇다.

英陽의 名産은 『松茸』이나 每 市日마다 外來 商人으로 말미암아 모다 都 賣買가 되여바리는 까닭에 모처럼 맛조흔 松茸도 말만 듯고 먹어 보기는 어려 운 모양이다. 英陽 말이 낫스니 아모거나 또 한마듸 하여 보자. 英陽普通學校 在職 中인 某 女訓導와 男訓導가 華燭의 盛典을 이루게 되엿는데 英陽 말성 靑年들은 은근히 그것을 부러워하며 『요사이 저러케 한 學校 內에서 敎鞭을 잡고 잇는 男女 敎員을 結合식히는 것은 總督府 道方針이라』고 그것도 그럴 듯한 일이다마는 能率 發揮 上의 差異가 엇더 할는지?

靑松, 義城

英陽서 靑松 가는 길은 그다지 險하지 안치마는 靑松서 義城 가는 길은 꽤 어지간이 險惡하다. 傾斜 질닌 嶺을 넘어 갈 쌔는 맛치 飛行機나 타고 地上 을 나려다보는 것 갓다. 나는 일즉이 飛行機는 타보지 못하엿지마는 空中人 의 觸感은 同一할 것이다.

英陽으로부터 義城까지는 어찌 그다지 싀골 警官들의 성화가 甚한지 길 가는 自動車停留所마다 服裝巡査가 쏘차와서 『당신이 서울서 오신 아모가 아니요』하고 뭇는다. 아니 우리 가튼 無名 靑年이 도라단이는데도 이럴 쌔야 좀 무엇한 世 所謂 一等 紳士들이 단이면 大小便보는 便所까지 딸아 다닐 것 갓다.

　靑松의 하로 밤은 몹시 閑寂하엿다. 그 만콤 靑松은 할 수 업는 곳인가 하는 생각이 난다. 게다가 밥 갑은 엄청나게 빗싼데 그 까닭을 무러보니까 『特等』이 되여서 그러타고. 特等 이라 하면서도 밥床 우에 고기라고는 그림자도 업스니 「고기 업는 밥이 靑松의 特等」모양이다. 靑松靑年會長은 現 面職員이고 靑松勞働共濟會長은 某報 靑松分局長인데 아즉 靑松運動은 말이 못되고 무엇보다도 압흐로 啓蒙에 努力하여야겟다.

　아즉도 高靈, 星州, 善山 其他 몃 곳이 잇스나 有限한 紙面에 到底히 그 모든 것을 다 쓸 수 업슬 쑨더러 또한 이번에는 水害에 關한 것은 좀 性質이 다르기 쌔문에 한 마듸도 넛치 안엇다.

慶州古蹟遊覽記(一)

止齊 金瑗根

《청년》, 1925년 11월

수학여행으로 경주를 다녀온 감상을 기록한 글이다. 떠나기 전부터 많이 듣던 곳이라 실제 가보니 취미와 감상이 많았다고 술회한다.

모두 네 편으로 나뉜 글의 첫회분에는 주로 경주의 연혁, 지리, 풍속 등을 소개한다. 경주 시조 박혁거세가 나라를 경주에 세울 때는 일본 숭신황 41년, 중국 한나라 선제오봉 원년, 서력 기원전 57년이다. 4세 석탈해왕 때 시림에 닭이 우는 것을 보고 가니 영준한 아이가 있어 데려다 왕자를 삼고 성을 김이라 주고 나라 이름을 계림이라 했다. 11세 기림왕 때 신라로 이름을 고쳤다. 고려 태조 18년에 경순왕 김부가 항복해 나라를 패하고 경주라 하고, 성종 때 동경이라 하고 유수를 두었다. 조선 태종 때 다시 경주라 하고 판원은 부윤이라 했으나 현재는 군수라 한다. 이밖에 경주 지리(영일, 영천, 울산, 흥해 인근. 형산강. 현 호수 1312호, 인구 6650인), 성씨와 풍속, 토산물, 봉덕사 종, 불국사 다보탑과 석가탑을 소개한다.

一. 慶州의 沿革

나난 십월 상순에 경쥬에 슈학려행에 함게 갓셧다. 전일에 경쥬 고젹에 대한 문쟈와 말을 만히 보고 드럿다. 이번에 가셔 전에 드른 말과 본 력사를 실지로 참고할 째에 취미와 감상을 만히 어덧다. 지금은 경쥬의 연혁과 그 싸브터 몬져 말하려 한다.

경쥬난 신라의 쳔년 문명의 고도이다. 시조왕 박혁거셰(朴赫居世)끠셔 나라를 처음으로 경쥬에 세워섯다. 이 째에 (일본숭신황(崇神皇) 사십일년이오. 지나 한나라 선뎨오봉(宣帝五鳳) 원년이오. 셔력 긔원젼 오십칠년이라) 나라일흠을 셔나벌(徐羅伐)이라도 하고 혹 사로(斯盧)라도 하엿다. 이난 방언에 새롭다 하난 말이다. 뎨사셰 탈해왕(脫解王昔氏) 구년에 왕끠셔 시림(始林)에 닭이 우난 것을 보시고 이상히 녁여 호공(瓠公)을 명하야 가셔 시찰하라 하셧다. 호공이 도라와셔 아리우되 나무숩 사이에 쇠로 만든 궤가 잇삽고 속 안에 영쥰한 어린 아해가 잇더이다 하엿다. 왕끠셔 크게 깃버 슈양(收養)하야 왕자(王子)를 삼고 셩을 김(金)이라 주고 인하야 나라일흠을 곳쳐 게림(鷄林)이라 하엿다. 뎨 십일셰 긔림왕(基臨王)째에 비로소 신라(新羅)로 곳쳣다. 뎨이십삼셰 법흥왕(法興王) 십사년에 (일본계톄황(繼體皇)이십년 셔력 긔원 후 오백십칠년) 불교가 고구려로부터 전하야 크게 행하엿다. 뎨이십구셰 무렬왕(武烈王) 째에 삼한을 통일하고 고려(高麗) 태조 왕건(王建) 십팔년에 신라 경슌왕 김부(敬順王 金傅)가 와셔 항복하니 비로소 나라을 폐하야 경쥬(慶州)라 하엿다. 고려 셩종(成宗) 째에 東京이라하고 류슈(留守)를 두엇다. 고려 말년까지 연혁이 너무 복잡하야 아직 끗친다.

리조 태종(李朝太宗)째에 다시 경쥬라 하고 관원은 부윤(府尹)이라 하엿더니 현금은 군슈라 한다.

二. 慶州의 地形

경쥬의 디형을 말하면 경상북도 동남에 잇다. 대구에셔 거리가 일백팔십 리이다. 동은 영일군(迎日郡)이오 셔난 영천군(永川郡)이오 남은 울산(蔚 山)이오 북은 흥해군(興海郡)이다. 동셔난 일백삼십리오. 남북은 팔십리오. 쥬위난 오백리이다. 호수난 일쳔삼백십이호오. 인구난 륙쳔륙백오십여인 이다.

신라가 젼셩하엿슬 쌔에 셔울에 호수가 십칠만팔쳔구백삼십륙호가 되엿 다. 매 호에 평균 다섯스로 계산하면 그 쌔에 신라난 실로 구십만 인구의 대도 회를 일우윗셧다.

경쥬의 사면에난 산이 만히 둘녓다. 동편에난 형산강(兄山江)이 잇다.

三. 姓氏와 風俗

경쥬의 대셩(大姓)은 아홉인대 박셕김(朴昔金) 삼셩은 신라왕실의 일가 이다. 쏘 급량(及梁)리씨와 사량(沙梁) 최씨와 본피(本彼) 졍씨와 셜(薛)씨와 모량(牟梁) 손씨와 한지(漢祇) 배(裵)씨 등 륙개 대셩이 잇난대 이난 신라왕 실에셔 쥬신 셩씨이다.

풍속을 대강 말하면 의복은 흰 빗을 숭상하고 백셩은 례의를 숭상하고 사 람을 대할 쌔에난 반다시 쑤러안고 졍월 보름에 찰밥을 지어 가마귀를 위하야 먹이고 물건은 니고 지고 단이며 쏘 차(車)를 사용한다.

四. 土産物

백반(白礬)셕류황(石硫黃)꿀(蜂蜜)해송쟈(海松子)송이버섯(松蕈)칠 (漆)텬문동(天門冬)하슈오(何首烏)오슈유(吳茱萸)방어(魴魚)규어(鮭魚) 황어(黃魚)문어(文魚)로어(鱸魚)숑어(松魚)은구어(銀口魚)김(海衣)미역 (藿)

五. 大鍾(宗敎的古蹟及遺物)

큰쵱(大鍾)은 처음에 봉덕사(奉德寺)에 잇셧슴으로 일흠을 봉덕사죵이라 한다. 지금은 경쥬박물관 종각 안에 잇다. 이 박물관 집은 경쥬군텽겻헤 잇난대 녯젹 시대에 내동헌으로 쓰든 집이다. 이 죵은 신라 뎨삼십륙셰 혜공왕 륙년에(日本光仁皇二年 唐代宗太曆六年 西曆七百七十年) 제조한 것이다. 그 후에 봉덕사가 무너지매 이 죵이 봉덕사 북천변(北川邊)에 무쳐잇셧다. 그럼으로 령묘사(靈妙寺)에 옴겨두엇다가 현금은 이 곳에 옴겨온 것이다. 혜공왕 째에 한림으로 잇던 김필해(金弼奚)가 이 죵의 명문(銘文)을 지엇난대 대강 말하면 신라 뎨삼십오셰 경덕왕(景德王)이 축복하기 위하야 청동(靑銅) 십이만근으로 제조하랴다가 일우지 못하고 훙(薨)하시매 그 아달 혜공왕이 유명(遺命)을 밧아 제조한 것이라 하엿다. 종의 즁량은 청동(靑銅)이 십이만근이오. 황금이 사백관(貫)이오. 구(口)의 직경(直徑)이 칠척오촌(七尺五寸)이오. 구(口)의 쥬위(周圍)가 이십삼척사촌(二十三尺四寸)이오. 구의 둑게가 여달치오. 소래가 백리밧게 들닌다. 그러케 큰 물건이 손톱으로 잠간두대려도 간은 소래가 발서난다. 이난 됴션에 첫재되난 큰 죵이다. 그 전테의 형상이 매우 아름답고 그 양식(樣式)은 지나이나 일본의 것과 다르고 순연한 됴션의 특색이 잇다. 종의 중부에난 텬인(天人)과 찰나(刹那)의 형상을 양각(陽刻)으로 하엿다. 그 텬인의 아름다온 몸은 산 사람과 갓치 하엿다. 쏘 찰나의 동작(動作)하랴난 듯한 광경(光景)은 더욱 산 것과 갓치 그려삭엿다. 그 규모로 보던지 장식으로 보던지 일본이나 지나에난 이와 비교할 것이 업슬 듯하다. 그 종의 웅장한 긔상과 정밀한 긔술(技術)은 실노 오날날 동양에 씻쳐 잇난 즁에 뎨일 아름다온 동종(銅鍾)이라 하겟다.

六. 佛國寺의 多寶塔과 釋迦塔

다보탑은 불국사 대웅뎐 압헤 잇다. 불국사난 읍에셔 동으로 사십되난 내동면(內東面) 마두동(馬頭洞) 토함산(吐含山) 아래잇다. 토함산 동편은 동해바다를 바라본다. 이 산 일흠의 쯧을 대강 말하면 달이 동해에셔 소사올 째에 그 산 동편 사람은 말하기를 이 산에셔 달을 토하야 보낸다 하야 토월산(吐月山)이라 부르고 산 서편 사람은 동편 산으로 올나오난 달을 먹음는다 하야 함월산(含月山)이라 부른다. 그래서 토자와 함자를 합하야 토함산이 되엿다. 이 산은 사긔에 여러번 일흠이 낫타낫다.

불국사난 신라 데이십사셰 법흥왕(法興王) 십사년 日本繼體皇二十六年 支那六朝梁武帝太通二年 西曆五百二十八年 거금 一千三百九十七年前) 에 창건한 것이다. 그 절 지은 규모로 말하면 웅장화려긔묘하게 지은 대웅뎐은 남향으로 가운데잇다. 그 전면에는 돌노 제조한 쟝명 등이 잇다. 마당 동셔량편으로 셕탑 둘이 잇난대 동에난 다보탑이오. 셔에는 셕가탑이라 한다.

다보탑으로 말하면 현금 동양에 남어잇는 탑 중에난 데일 긔묘한 것이다. 그 형상의 슈려(秀麗)함과 그 의쟝(意匠)의 풍부함은 천년 후에 보난 사람으로 하여금 탄샹(歎賞)할 만한 것이다. 다시 말하면 굿은 화강셕으로 제조한 것이지만은 그 정밀함이 맛치 나무로 결구(結構)함과 갓치 정밀하고 공교한 예술(藝術)의 손씨로 하하엿다. 천여년동안 풍우에 폭로(曝露)하엿슬지라도 오히려 그 긔묘한 형상을 보존하엿슨 즉 그 째에 긔술가(技術家)의 재능이 얼마나 공교한 것을 알 수 잇다.

셕가탑은 혹 무영탑(無影塔)이라도 하는 삼칭의 탑인대 이칭의 단(壇)으로 된 긔초 우헤 세윗고 그 우헤난 보쥬와 로반(寶珠露盤)을 두엇다. 놉히난 이십륙칠척 가량으로 보인다. 아래칭은 낫고 견실하며 우히난 놉고 졈졈 가늘게 하엿다. 데삼칭의 탑신(塔身)과 그 텬개(天盖)난 졈졈 그 큰 것과 놉히를 줄여 아래 우헤 톄태가 완전한 권형(權衡)을 엇도록 하엿다. 그 법은 비록 간략히나 규모난 커셔 진톄의 모양이 균뎍(均適)함을 어덧다.

남방졍면으로 단청의 자하문(紫霞門)이 잇다. 문의 좌우편으로 보랑(步

廊)이 잇셧난대 지금은 다 퇴락하고 쥬초만 남아잇고 그디대난 젼에 형식을
의지하야 근일에 새로 즁슈하엿다. 그 셔편 보랑 꼿헤 남(南)으로 씩거셔 범츌
루(泛鍾樓) 혹 함영루(涵影樓)라 하난 문루가 잇다. 다시 자하문으로 통행하
는 젼면에 구름다리 둘을 평디에셔 브터 자하문턱까지 올녀노앗다. 대개 불
국사와 긔디난 광대한 놉흔 언덕 우헤 잇셔 젼면에 난 씬어진 언덕으로 되엿
다. 자하문을 그 언덕 우헤 셰웟슴으로 이 돌구름다리로브터 올녀가셔 그 문
으로 드러가 대웅뎐으로 통하게 된 것이다. 이 돌구름다리의 일홈은 쳥운교
(靑雲橋)와 백운교(白雲橋)인대 웃칭은 쳥운교라 하고 아래칭은 백운교라
한다. 그 긔이한 운치(韻致)난 진실노 탄상할 만하다.

다시 범종루로 나가면 극락뎐(極樂殿)이 잇다. 이러난 대웅뎐터보다 매
우 얏다. 집도 대웅뎐보다 적다. 뎐의 좌우에난 즁의 집이 잇다. 그 젼면에난
적은 문이 잇난대 이난 녯젹에 안양문(安養門)이다. 그 압헤 쏘한 긔슐(技術)
이 긔교하고 규모가 줍직게 만든 돌구름 다리가 쏘 잇난대 이난 칠보교(七寶
橋)와 연화교(蓮花橋)라 칭한다. 이 구름다리난 쳥운교와 백운교에 비하면
좀 적다. 극락뎐의 후면으로 관음뎐(觀音殿)과 비로뎐(毘盧殿)의 녯젹 터가
잇다. 자하문과 함영루난 임진병란 후에 재건축한 것인대 대개난 처음 형상대
로 지은 것이다.

백게 마당가에 놉고 넓젹한 돌을 셰웟다. 이것은 불국사의 디형이 배(舟)
형상과 갓다 하야 돌노 배돗대를 만드러 셰웟든 것인대 병란에 돌돗대난 부러
지고 좌우에 보쳠햇던 셕쥬(石柱)만 남아 잇난 것이다.

대개 불국사난 처음에 김대셩(金大城)이가 지은 것이다. 년대난 우헤 말
햇다. 김대셩은 신라 셔울 모량리(牟梁里)에 살든 가난한 집 부녀(婦女)의 아
달이다. 대셩이가 어려셔 죽어 한 재상 김문량(金文亮)의 집에 다시 태여낫난
대 우편 손에 대셩이라 썻슴으로 인하야 대셩이라 일홈하엿다 한다. 대셩이난
쟝셩한 후에 그 사실을 드러 알고 그 가난한 집 부녀를 다려다가 생모와 갓치

봉양하엿다. 또 그 모친을 위하야 불국사를 이와 갓치 굉장화려하게 짓고 고명한 즁표훈(表訓)을 청하야 두 모친을 위하야 목심을 축복하엿다 일노 보면 그 째에 불교가 얼마쯤 젼션하엿스며 긔술이 얼마쯤 발달된 것을 알 수 잇다. (未完)

慶州古蹟遊覽記(二)

止齊 金瑗根

《청년》, 1925년 12월

수학여행으로 경주를 다녀온 감상을 기록한 글이다. 떠나기 전부터 많이 듣던 곳이라 실제 가보니 취미와 감상이 많았다고 술회한다.

2회분에는 석굴암, 분황사 구층석탑, 북면 용강리 굴불사 사면석불, 북면 용강리 백률사 육각석당, 강서면 옥산리 정혜사 터의 13중탑을 방문한 사실을 기록했다. 주로 이들 고적에 관한 일반적 소개와 아울러 필자의 느낌을 간략히 덧붙였다. 곳곳에 신라 시기의 문화와 기술이 빼어남에 탄복하는 표현들을 남기고 있다.

七. 石窟庵과 그 美術

셕굴암은 불국사(佛國寺) 동편에셔 거진 륙리쯤되ᄂᆞᆫ 토함산 동편으로 산허리에 잇다. 이ᄂᆞᆫ 경덕왕(敬德王) 십년(거금일쳔오빅년젼)에 창건한 것이

다. 토함산은 대단히 험하고 놉흔 산이다. 올나가는 일리의 힘이 나려가는 삼
리의 비례가 될 만하게 험하고 급하다. 그러나 지금은 총독부에서 십삼만원의
거액을 지출하야 불국사와 셕굴암을 일신하게 중슈하고 셕굴암으로 가는 길
이 그와 갓치 험준하든 것을 지금은 산허리로 돌너 신작로를 냇다. 자동차가
당길만치 평탄하고 광활하게 잘 닥거서 유람하는 사람들이 녯적 유람하든
사람들의 괴로옴을 알지 못하게 되잇다. 토함산은 해발(海拔) 이빅척이다.
그 꼭댁이에 올나가면 동으로 창해(滄海)를 눈압헤 바라본다. 그 산꼭댁이에
서 조곰 좌편으로 썩거 산허리로 이릿즘 북으로 도라가면 곳 셕굴암이 산허리
에 잇다.

셕굴암은 그 일홈과 갓치 산의 중간을 깁히파고 그 속에 화강셕(花岡石)
으로 긔묘하게 건축한 것이다. 텬정은 궁륭(穹窿)한 원형(圓形)인대 돌노 긔
묘하게 지엿다. 근년에 흙으로 산과 ᄀ치 덥고 잔디를 닙혓다. 드러가는 문
좌우에는 사텬왕(四天王)과 인왕(仁王)의 형상을 박육(薄肉)으로 죠각(彫
刻)하엿고 내부 쥬위벽(內部 周圍壁)에는 십일면의 관음샹(觀音像)과 십륙
뎨자(十六弟子)와 범텬뎨셕(梵天帝釋) 등 삼십륙화샹을 셕면에 박육으로 죠
각하고 중앙 련화대샹(蓮花臺上)에는 셕가여래불의 셕샹을 봉안(奉安)하엿
다. 샹방도리우희 셕벽을 둥글게 파셔 열간의 셕감실(石龕室)을 조성하고 적
은 셕불열위를 간마다 봉안하엿는대 그 중 두위는 총독부에서 기술의 모범하
기 위하야 옴겨갓다한다. 지금은 여덟위만 남엇다. 그 제조의 긔묘함과 그
죠각의 정밀함은 신라시대 기술 중에도 뎨일 잘한 것이라 하겟다.

셕가여래의 셕상(石像)은 대좌(臺座)가 다섯자이오. 대좌 우에 좌상(座
床)이 스므자 한치이다. 합하야 스물다섯자 한치이다. 그 셕불의 머리와 사지
와 젼톄를 다 한 돌노 죠성하엿고 죠각을 대지 아니하엿다. 그 기슐의 정묘함
과 그 싱각의 공교함은 신라시대의 조각을 대표한 걸작(傑作)이 될 쑨 아니라
진실노 동양고금의 미슐의 뎨일 아름다운 작품이라 하겟다.

석굴암의 턴정(天井) 우희를 흙과 잔디로 덥기 젼에는 텬정의 돌틈으로 하날 빗츨 혹 볼 수가 이섯다한다. 그러치마는 빗물이 그 안에 한 뎜도 새지 아니하엿다한다. 지금은 셕굴암을 잘 즁슈하엿고 그 텬정 박글 산맥(山脈)과 갓치 흙으로 덥고 잔디로 덥헛다. 그러나 빗물이 새셔 잇다금 불샹이 젖는 쌔가 잇다한다. 이는 무삼 까닭인지 알 수 업다한다. 산 쇽으로 흐르난 새암물을 셕굴암 슈도 쇽으로 흘너 드러가게 하야 셕굴암 젼면 좌편 언덕 슈도 쇽으로 흘너나와 연연한 옥슈가 한길쯤 되는 언덕 아래로 써러지는 광경은 참으로 긔묘하다.

셕가여래의 불샹은 정(正) 동면으로 향하야 안즈셧다. 부테니마에 호광(豪光)은 닭의 알 갓치 큰 보옥으로 쇠겨셧다. 해가 동해에셔 쇼슬 쌔에는 햇빗치 몬져 불샹젼면에 광명하게 빗최이면 짜라셔 내부에 잇는 모든 셕불의게 반샤(反射)되여 일시에 휘황찬란한 광채는 참으로 인간이 안이오. 불계(佛界)의 션경이라 할 수가 잇셧다. 지금은 그 보옥을 엇던 몹쓸 사람이 쎄다가 팔고 꼿쳣든 자리만 남어잇다. 쏘 내부 셕벽에 반육죠각(半肉彫刻)한 불샹은 가쟝 아름다온 미슐뎍의 죠각이다. 그 즁 관음보살의 모양의 아름다옴과 사텬왕의 용쟝(勇壯)한 긔샹과 불뎨자(佛弟子)의 변화하랴눈 모양이 풍부함은 실노 칭찬할 만한 가치가 잇다. 쏘 외부좌우에 잇는 여러 셕샹(石像)을 내부 셕샹에 비교하면 좀 못한 졈(點)이 업지 안타. 이 암자를 건축하든 시대는 쏘한 신라 미슐이 젼성하든 시대이다. 이 셕굴암으로만도 죡히 신라젼성하든 시긔에 문화와 기슐이 얼마나 발뎐되엿든 것을 알 수 잇다.

셕굴암의 죠각한 불샹을 보면 진실노 대지원만(大智圓滿)한 불샹은 구비하엿스나 다시 숭고존엄(崇高尊嚴)한 감샹은 적다. 찰하리 현세육테(現世肉體)의 아름다옴을 발휘하엿다함이 올흘 듯 하다. 이 불샹들은 남셩뎍(男性的)이 아니오. 녀셩뎍(女性的)이 만하다 그 은근한 경회를 품은 듯 한 셩격이다. 그 엇개가 넓음과 팔둑의 비대(肥大)함과 젓의 비만(肥滿)함과 손과 발의 부드럽고 고은 태도가 낫타난 것을 보면 분명히 녀성(女性)을 표시함이다. 만일 이 젓은 남성(男性)이라 하면 이는 과연 현세에 미남자라 하겟다.

이런 불샹은 신라 사람의 톄질(體質) 특히 신라 사람의 녀성(女性)을 모범함이라 하겟다. 쏘 이런 불샹은 신라 사람의 아름다옴을 대표로 볼 수 잇고 쏘 그 몸의 밧탕은 신라 민족을 표시함으로써 인종학샹(人種學上)과 민족예술력사샹(民族藝術史上)에 뎨일 긴요한 재료가 된다 하겟다.

八. 九層塔과 芬皇寺

구층탑은 읍에셔 남으로 오리쯤되는 부남면(府南面) 분황ᄉ(芬皇寺)의 구역 안에 잇다. 이는 선덕녀왕 삼년 거금 일쳔이빅오십오년 전에 건축한 것이다. 갈흑색(褐黑色)의 젹은 석재(石材)로 싸흔 것인대 거진 벽돌노 싸흔 것 갓치 보인다. 그대톄(大體)의 형샹은 즁국 셔안셩(西安城) 박게 잇는 유명한 작은ᄉ(慈恩寺)탑과 갓다 한다.

동경지에 말하기를 분황사의 탑은 신라 삼보(三寶) 즁에 하나인대(三寶는 聖帶, 丈六金像九層塔) 임진병란에 그 반이 헐넛더니 그 후에 엇던 미련한 즁이 다시 싸코져 하야 쏘 그 반을 헐다가 다 헐지 못하고 마럿다 하엿다.

처음에 구층이든 것이 점점 헐녀서 지금은 그 하부의 삼층만 남아잇다. 이난 슷나라와 당나라의 식으로 웅장하게 건축한 것인대 현재 죠션에 뎨일 오랜 건축물 즁 하나이다.

九. 四面石佛

셕불은 읍에셔 남으로 오리쯤되는 북면 룡강리에 잇는 금강산 밋헤 백률사(栢栗寺)의 아래잇는 굴불사(掘佛寺)의 셕불이라 한다. 녯젹에는 이곳에 굉장한 굴불사가 잇섯더니 지금은 다 헐녀 업셔지고 겨우 사면셕불만 남엇다.

삼국유사란 책에 말하기를 경덕왕이 빅률사에 거동하야 산 아래 니르러

쌍 속에셔 인도쇼래가 나는 것을 듯고 그 곳을 파셔 큰 돌을 엇어 사면으로 돌녀 불샹을 색이고 그 곳에 졀을 짓고 일홈을 굴불사라 하엿다. 이는 자연의 돌을 리용하야 그 사면에 부톄를 죠각하엿다. 그 죠각의 긔묘한 솜씨는 확실히 셕굴암의 셕불과 안행(雁行)이 될 만하다.

十. 六角石幢과 金生의 筆跡

륙각셕당은 백률사 문 압 길 가온대 잇다. 이는 당나라 헌종(憲宗) 원화(元和) 십이년 팔월 오일에 세운 것이다. 헌덕왕(憲德王) 팔년에 김생의 쓴 바 필젹이 남아잇다. 이는 신라 래일의 금셕문자(金石文字)이다. 이는 법흥왕 쌔에 불교를 위하야 순사(殉死)한 이차돈(異次頓)의 공양탑(供養塔)이다. 이는 죠션에 졔일 오래고 졔일 귀한 금석문자의 사료품(史料品)이다.

十一. 十三重塔

십삼즁탑은 읍에셔 오십리되는 강셔면 옥산리(江西面 玉山里) 정혜사(淨惠寺)터 안에 잇다. 놉기는 이십륙칠쳑가량이나 된다. 보기에 매우 아름다운 셕탑이다. 외국 사람들이 그 탑에 죠각한 그림을 보고 칭찬하기를 조희에 그려도 진뎍한 형상을 그와 갓치 나타내게 하기가 어렵겟다한다. 이 탑은 산즁에 편벽하게 잇슴으로 임진년란리의 재앙을 면하야 오날날까지 그 형톄를 보존한 것이다. 이 박게도 종교뎍 고물이 만치마는 사실이 쇼샹치 못하야 아직 긋치고 아래는 비종교뎍 고젹를 긔록하겟다.(未完)

慶州古蹟遊覽記(三)

止齊 金瑗根

《청년》, 1926년 1월

수학여행으로 경주를 다녀온 감상을 기록한 글이다. 떠나기 전부터 많이 듣던 곳이라 실제 가보니 취미와 감상이 많았다고 술회한다.

3회분은 첨성대, 임해전(반월성 북쪽 부대면 신기리) 터와 안압지, 포석정(읍 남쪽 50리 내남면 포석리) 유지, 석빙고(읍 동남쪽 월성 성벽 안), 오릉(박혁거세왕과 왕비, 남해왕, 유리왕, 파사왕의 왕릉을 합친 것.) 무열왕릉(읍 서쪽 부내면 서악)을 답사한 기록이다. 역시 일반적 소개와 간단한 감상을 적었다.

十二. 瞻星臺(非宗敎的古蹟과 其遺物)

첨성대는 읍에서 동남으로 삼리쯤되는 부남면 교촌리(校村里)에 잇다. 이는 데이십칠세 션덕녀왕(善德女王)끠셔 즉위하신 처음에 역사를 시작하야 진덕녀왕(眞德女王)씌셔 즉위하실 쌔싸지(일천이빅구십이년젼) 역사를 비로소 맛치워슨 즉 이는 십여년 긴 세월을 허비하야 건축한 것이다. 긔초(基礎)에는 두 겹으로 디면(地面)을 덥흔 디대셕이 잇다. 그 돌 우헤는 화강셕(花岡石)으로 싸흔 원형(圓形)의 놉흔 대가 잇다. 이는 곳 쳠셩대이다. 대의 하루는 직션원형(直線圓形)으로 시작되여 졈졈 처음보다 가늘게 올나가다가 온 놉히 삼분의 일즘 되는 곳에셔부터는 더 가느러졋고 삼분의 이쯤되는 곳에셔부터는 다시 널게되여 쏙싹이까지를 모양으로 갓초엇고 쏙싹이는 네모이난 널룬 화강셕으로 등마로가 놉게하야 덥헛다. 그 속은 통하고 비혀셔 사람이 그가 온대로부터 올나가고 나려가게 만드럿다. 대의 밋헤셔부터 쏙싹이까지 스물아홉자 한치오. 아래 직경(直徑)이 열닐곱자 한 치이다. 이는 동양에 데일 오랜 텬문대이다.

十三. 臨海殿과 鴈鴨池

림해뎐의 터는 반월셩(半月城)의 복편 일리쯤되는 부대면 신긔리에 잇다. 이는 데 삼십셰 문무왕씌셔 건축하신 뎐이다. 유명한 안압지는 곳 그 비원(秘苑) 안에 잇던 못시다. 당년에는 쥬궁패궐(珠宮貝闕)을 굉쟝 화려ㅎ게 짓고 안압지를 파고 즁국 셔편에 잇는 명산인 무산(巫山) 십이봉을 형상하야 그 못 우헤 쌋코 긔화요초(奇花瑤草)를 심오고 이상한 새와 긔이한 즘생을 길으든 곳이다. 이 것을 보건대 신라가 삼국을 통일하고 젼셩할 쌔에 왕셩에셔 유연오락(遊宴娛樂)하던 대(臺)와 못이인 것을 샹샹할 슈가 잇다. 지금은 황랭한 남은 터에 셕양 빗만 밝게 빗최일 쑨이다.

十四. 鮑石亭의 遺址

포셕뎡은 읍에셔 남으로 십오리쯤되는 내남면 포셕리에 잇다. 이는 그 곡슈(曲水)가 온대 잇는 돌의 형상이 젼복과 갓다하야 일홈을 포셕졍이라 지엇다. 이 것도 쏘한 신라 왕실에서 유샹곡슈(流觴曲水)의 노름을 하던 곳이다. 유샹곡슈라 함은 못물 샹좌에 안즌 이가 슐 한 잔을 싸라서 잔대에 밧혀셔 물에 씌우면 그 다음 못물 굽의 셕차에 안즌 이가 그 술잔을 밧아 마시고 쏘 그 잔에 술을 싸라 전과 갓치 씌워 련쇽 부졀하는 것이다. 그 유젹을 보이는 포셕은 지금까지의 구히 류존하엿는대 그 연셕에서 참예하야 놀던 명신들은 누구누구인지 하나도 알 슈 업고 후 사람의 회고(懷古)하는 마암만 셥셥하게 할 쑨이다. 이 끗은 경애왕(景哀王)의 왕후가 이 뎡자에서 잘 놀다가 후백졔의 견훤(甄萱)이 엄습하는 군사가 드러오는 줄을 모르고 패망을 당한 곳이다.

十五. 石氷庫

셕빙고는 읍에서 동남으로 수리쯤되는 월성(月城)의 성벽 안에 잇다. 이 는 화강셕으로 우히가 궁륭하게 싸흔 것이다. 이는 신라죠에 건축한 것인대 리죠 영종대왕(英宗大王) 십칠년(일백륙십년 젼)에 이 곳으로 옴겨셔 녯젹 모양대로 건축한 것이다. 그 빙고의 모양은 셕굴암 텬졍(天井)의 구죠(構造) 한 것과 갓흔 솜씨로 지은 것이다.

十六. 五陵

오능은 신라시조 박혁거세왕과 왕비의 능이오. 쏘 그 이하 남해왕과 유리 왕과 파사왕의 세 능을 병하야 오능이라 한다. 능소의 사면에는 나즌 돌담을 돌녀 싸코 압혜는 적은 문을 셰윗다. 이 담은 아마 후셰에 싸흔 것 갓다.

대개 이 능묘들을 건축한 법은 광 우혜 흙을 덥고 흙 우혜 돌노 홍예와 갓치 니혜를 련하야 젼부를 다 그 모양으로 하엿다. 만일 한 돌이라도 쌔여내면 젼부가 일시에 무너지기째문에 그 안에 잇는 보물은 다 파쇄되게 하엿다. 만 일 고물찻는 사람이 능묘를 파다가 돌만 맛나면 다시 파지 못하고 뎡지한다. 만일 이 능묘를 정식으로 팔 것 갓흐면 능묘 하나 파는대 여러 천원의 경비가 드러야 파겟슴으로 파지 안는다 한다.

十七. 武烈王陵

무렬왕의 능은 읍에셔 셔으로 십리되는 부내면 셔악(西岳)에 잇다. 이는
그 아달 문무왕 원년에 건축한 것이다. 능은 동향으로 평디에 모셧다. 능 압혜
는 당나라식에 비셕이 잇셧다. 지금은 그 비셕의 몸테는 업서지고 그 빗머리
에 씨웟던 룡(龍) 삭임과 비셕밧침 거복돌만 남앗다. 그 룡의 삭임을 말하면
여섯 룡의 둥이 서로 셔리워 엉키여서 굼틀거리는 모양이 안과 박 그로 낫타나
보이게 하고 쏘 여셧 룡이 각각 발을 들고 여의쥬(如意珠)를 밧으랴는 형상을
양각(陽刻)으로 긔묘하게 삭엿다. 그 비셕에 쓴 비문을 다른대셔 상고하여
본 즉 전면에 태종 무렬대왕지비(太宗武烈王之碑)란 여달자를 두줄노 양각
(陽刻)으로 삭인 것인대 지금은 비의 몸은 업셔졋다. 그 글씨는 신라 명필 김인
문(金仁問)의 필격이라 한다. 그 필격이 업셔진 것이 애셕하다. 비셕 밧침(龜
趺)은 장방형(長方形)의 대셕(坮石) 우헤 노앗다. 그 거복이가 머리를 쌔여들
고 압발노 기어나가랴는 형상을 삭엿다. 보기에 거복이가 기여가는 듯 하다.
그 생각의 공교함과 기술의 신묘함은 족히 천년 후까지 자랑할 만 하다. 그
비셕 머리의 광은 넉자 여닯치요. 놉히는 셕자 여섯치 닷분이오. 두터이는 한
자 한치이다. 돌거복의 광은 여달자 네치오. 쟝은 머리에셔부터 쏭댕이까지
열한자이오. 놉히는 발 밋헤셔부터 비셕 밋까지 두자 여달치 여섯분이다. 비
셕이 만일 잇셧드면 그 얼마나 쟝관일 것을 샹샹하겟다. 비셕 사방으로 쥬초
돌이 지금까지 잇는 것을 보면 그 비에 비각(碑閣)이 잇던 것을 추측하겟다.

慶州古蹟遊覽記(四)

止齊 金瑗根

《청년》, 1926년 2월

수학여행으로 경주를 다녀온 감상을 기록한 글이다. 떠나기 전부터 많이 듣던 곳이라 실제 가보니 취미와 감상이 많았다고 술회한다.

4회분은 괘릉(문무왕릉. 읍 서쪽 불국사 동남쪽 오리쯤. 문무왕의 유언에 따라 왕의 시신을 동해 바다 바위 위에 걸어두었더니 시체를 잃고 관만 장시지내어 이름을 괘릉이라 한다.), 김각간묘(김유신의 묘. 읍 서쪽 오리 송화산 중간), 옥산서원(읍에서 오십리 되는 강서면 옥산리. 시간이 없어 가보지는 못했다), 경주박물관(어떤 사람이 우연히 발견한 15, 6상자 분량의 고물을 총독부에 바치자 경주 인사들이 이를 경주에서 보관하겠다 청했다. 총독부는 귀한 고물이므로 적당한 시설이 있어야 한다고 하자 인사들이 6만 원을 모으로 재단법인을 조직하고 부윤 시절의 집을 빌려 박물관으로 정했다.)을 방문한 기록이다. 말미에 경주의 공업과 장래 희망(경주는 원래 공업지이므로 제지업과 요업, 기타 공업을 발달시키는 것이 필요.)을 제시하고 유물 보관이 시급하다는 요지로 글을 맺는다.

十八. 掛陵

괘능은 문무왕(文武王)의 능인대 읍에셔 삼십 오리되난 의동면 괘능이라 부름으로 어느 왕의 능인 줄을 몰낫다. 근년에 정확히 조사한 결과로 문무왕의 능인 줄노 확뎡이 되엿다. 문무왕 법민(法敏)이 붕하실 쌔에 유면하시기를 짐이 죽어 귀신이 되어 외국 군병이 침범함을 막겟스니 죽은 후에 장사지나지 말고 관을 동해바다가 바위 돌 우에 거러 두라 하셧다. 군신들이 그 말삼대로 왕의 시톄를 바다가 바위 돌 우에 거러 모셧더니 그 후에 시톄를 일코 관만 쟝사 지내엿슴으로 일홈을 괘능이라 하엿다. 그 능의 양식은 온전히 당나라 제도를 모방한 것이다. 능쇼난 불국사에셔 동남으로 오리쯤되난 산발 언덕 아래잇다. 지금 디가셔로 말하면 그다지 죠타고 말할 수 업다. 능쇼 젼면에난 셕샹(石床)을 노앗다. 능의 쥬 위에난 십이면으로 호위셕(護衛石)을 둘넛다. 호위셕은 광이 침쳑(針尺) 한자가웃즘되고 놉히난 침쳑 두자가웃즘 되겟다. 호위셕이 십사개가 면(面)을 둘너 세윗난대 한 면식 지내셔 자츅인묘진사오미신유술해(子丑寅卯辰巳午未申酉戌亥) 십이지신(十二支神)의 각각 무장한 형샹을 삭엿다. 니를터이면 자난 쥐라 하야 머리난 쥐의 머리오 몸은 사람의 몸에 무장하고 병긔 든 것을 반육(半肉)형으로 삭엿다. 츅(丑)은 쇼요 인은 호랑이오 묘난 톡기인대 그 방법은 다 우헤 말한 것과 갓치의 방하야 생각할 것이다. 그 그림의 신묘함과 조각의 졍밀함은 참 칭찬할 만 하다. 다시 그 박그로 셕난간을 둘넛다. 그 난간은 만히 파샹되엿다. 그 아래로 망두셕 한쌍이 좌우에 버텨서 잇다. 제졀 언덕 아래셔부터 활 두밧탕쯤 나려가셔 널문 마당에 돌사자 두 쌍이 좌우에 버텨셧다. 그 사자를 각한지가 천여년이되여 진녁한 모양이 만히 반탁되엿지마는 그 텬연한 형샹이 오히려 낫타난다. 그 박그로 문신셕(文臣石) 한 쌍이 사모품대(紗帽品帶)하고 좌우에 읍하고 셧다. 그 위대하고 엄슉한 모양은 텬연격 사람과 갓다. 무신셕(武臣石) 한 쌍은 갑쥬를 닙고 병긔를 들엇난대 보기에 용감할 쑨 아니라 막즁존엄지디를 호위하난데

대(對)하야 그 존경하난 마음이 표면에 낫타나게 한 것이 칭찬할 만 하다. 이 능쇼의 양식의 완전함과 기술의 졍밀함과 규모의 웅장함은 실노 각 능 즁 뎨일 화려하다 하겟다. 그 압 냇물이 바로 무신셕 압으로 흘너간다. 처음에난 필연 냇물가에 세워슬 리가 업섯겟다. 천여년의 장셰월을 지나매 디형이 필경 변쳔 된 줄을 알겟다. 이 능쇼의 숑림이 매우 울챵하야 녀름에도 더운 줄을 니즐 만 하다.

十九. 金角干墓

김각간유신(庾信)은 신라 태종 무렬왕(太宗武烈王)을 도아 삼국을 통일 한 큰 공이 잇난 대신이다. 그의 묘쇼난 읍에셔 셔편으로 오리쯤되난 숑화산 (松花山) 즁간에 잇다. 이난 큰 공노가 잇난 고로 장사를 국쟝으로 지낸 것 갓다. 그럼으로 묘쇼난 문무왕능과 갓치 쑴이고 다만 사자셕과 문무신셕만 업다. 그 묘쇼 호위셕의 십이지신이 조각한 모양과 기술은 문무왕능과 쏙 갓 치 하엿다. 묘쇼자리난 오히려 왕능보다도 나흔 편이 만타.

라졍(蘿井)은 읍에셔 남으로 일리쯤 나가셔 오능(五陵) 동남으로 솔밧 가 은대에 잇다. 이 곳은 곳 신라시조 발샹(發祥)하신 곳이오. 쏘 신라 륙부(六 部) 즁 양산촌(楊山村)이다. 그 부근 언덕 밋헤셔 지금도 셕긔(石器, 돌칼, 독 긔)를 만히 발굴한다.

계림(鷄林)은 우혜 셜명하엿기로 생략하나 신문왕능과 셩덕왕능과 흥덕 왕능의 사실을 아직 생략한다. 셩덕왕능의 졔도난 문무왕능과 갓흔 졔도로 건축하엿다.

二十. 玉山書院

옥산셔원은 읍에셔 오십리 되난 강셔면 옥산리에 잇다. 시일의 긔한을 인 하야 그 곳에 가보지난 못하엿다. 그러나 그 곳을 쇼개아니할 수 업다. 이난 명종대왕 쌔에 유명한 유신(儒臣) 회재선생(晦齋先生) 리언적(李彦迪)의 봉사(奉祀)하난 서원이다. 션조대왕 륙년에 창립되엿다. 산 속에 유벽하게 잇슴으로 임진병란을 면하고 넷적 근축물이 그냥 남아잇다한다. 셔원 박게난 옥천이 잇고 옥천의 연안(沿岸)에난 회재션생의 넷젹 쥬틱(住宅)이 잇다. 그 곳은 봄과 녀름과 가을의 철을 싸라 각각 아름다운 경치가 결승하기로 유명하다. 나난 가보지 못한 것이 유감이다. 고젹 유람하난 이난 이 명승디에 가셔 선정(先正)이 사든 곳에 산쳔 초목에 남은 정채(精彩)가 잇난 것을 거스려 생각하난 것도 쏘한 조흔 일이다.

二十一. 慶州의 博物館

경쥬에 박물관이 셜립되난 슈삼년 전에 한 사람이 길가에셔 흙을 파다가 열대여슷 상자에 담을만한 고물을 여덧다. 그것을 총독부에 밧첫더니 경쥬인사(人士)들이 그 고물을 본 군에 보관해둘 쯧으로 총독부에 청원하엿다. 총독부에셔난 말하기를 이런 고물은 고물 즁에도 귀진픔인 즉 보관하난대 뎍당한 재산이 잇셔야 허가한다 하엿다. 그럼으로 경쥬인사들은 륙만원의 거액을 모집하야 재단법인을 조직하고 우에 긔록한 것과 갓치 경쥬부윤 시대의 내동 헌집을 비러 박물관으로 뎡한 결과 총독부에셔 그 고물을 곳 내주엇고 그 타셕관과 셕긔와 자긔 등을 진셜하야 일반 유람하난 사람들의 관람하기에 요족하게 되엿다. 그 고물 즁 데일 귀진픔은 금관과 그타 금쇽픔이다. 그 금관은 슌금으로 제조하고 비취옥으로 장식하야 휘황찬란함은 비록 바보가 쓰고 안져슬지라도 못지 안코 왕으로 대접할 만콤 제조한 것이다. 그 제조한 모양은 비슷한 물건이 업고 쏘 형용사가 부족하야 보지 안은 사람으로 보난 것 갓치 셜명할 수가 업다. 그 가치난 팔십만원 내지 백만원 어치가 된다한다. 그 고물 두난 집은 벽돌노 보통 양옥 두간쯤 되게 단층으로 짓고 유리탁자 속에 진렬하고 신라 고대 유명한 옥통쇼도 그 속에 잇다. 관람인이 나온 후에난 그 방문을 곳 잠근다.

二十二. 慶州의 工業과 將來의 希望

경쥬는 원래 공업디이다. 제조업(製造業)과 요업(窯業, 자긔 굽는 가마)과 그타 공업을 발달케함이 긴요하다. 경쥬의 죠희난 본대 유명하다. 구정부(舊政府) 시대에 관에서 경영하난 제지쇼(製紙所)를 두고 즁앙졍부에 긴요한 용지난 거진 젼부를 경쥬에서 공급하엿다. 지금은 교통의 편리함을 엇어슨 즉 이 제지사업을 힘써서 더욱 발달되게 하난 동시에 갓흔 문졔로 생각할 것은 요업(자긔굽난 업)이다. 녯젹부터 그 긔술의 공교함은 엇더케 보던지 특색이 잇다. 또 원료입도 넉넉하다. 싸라셔 신라 자긔 흰 빗헤 지금 신식 채색을 더하면 특색이 나타날 것을 연구하야 발달이 되기까지 힘씀이 필요하다.

二十三. 結論

대개 신랴 법흥왕이 종교를 흥왕케 한 후로 신라가 쇠망할 째까지 력대 군왕이 다 불교에 도라가셔 마암을 의탁하야 다수의 셕탑과 사찰을 건축하야 그 젼셩할 째에난 도셩 내외에 잇는 졀이 실노 팔백팔이나 되난 대셩황을 일우웟다. 그러나 그 즁에 남은 것은 흥륜사와 황룡사와 령묘사와 백률사와 분황사와 봉덕사와 불국사 등이 겨우 남아다. 분황사의 구층탑의 거룩하고 장려함을 다시 말하면 그 텰반(鐵盤) 우희의 놉히가 사십삼쳑이오. 그 아래가 일백팔십삼쳑에 달한 것이다. 남대문 놉히가 구십쳑이다. 남대문 놉히보다 삼갑졀이나 더 놉흐니 얼마나 엄쟝하고 웅려(雄麗)하엿슬 것을 샹샹하겟다. 그타 대 건물도 오백년간 대 압박을 밧아셔 불교가 쇠퇴함으로 졈차 황폐되얏고 그 남어지난 임진병란에 파궤되고 잔존한 것이 만치 못하니 진실노 개탄할 만하다. 지금은 고젹보관회(古跡保管會)가 셜립되엿다. 이난 잔존한 유물에 대하야 행복되난 시대가 되엿다. 잘 보젼만 할 쑌만 아니라고 대기슐을 후생의 장려하야 신묘한 예슐을 다시 발뎐케 하기를 바라난 바이다. (完)

半月城을 써나면서

朴英熙

《개벽》, 1926년 5월

열흘 가량 경주에 머무르며 경주 시내와 인근 안강, 포항 등지를 다녀온 기록
이다. 여정이 나타나기는 하나 경주와 경주 사람들의 무기력, 불국사 주지의
박대와 민가에서의 일박 등을 소재로 조선의 현실과 미래를 성찰하는 분위기
가 강하다.

필자는 3월 16일 밤 경성을 출발해 17일 경주에 도착하고 27일 경주를 출발
해 28일 경성에 도착하는 여정을 기록했다. 경주 도착 후 봄 분위기에 잠시 마
음을 빼앗기지만 자신이 만나기로 한 사람을 아무도 찾지 못해 당장 잠자리를
걱정해야 할 처지가 된다. 어렵게 연락이 닿은 C군의 안내로 경주 청년 몇 사람
을 만나지만 그들의 뻣뻣하고 폐쇄적이며 무례한 태도에 이야기 한 번 제대로
못 나누고 돌아서 나온다. 나오며 C에게 경주 청년회는 관제청년회나 다름없
으며 동지라 할 만한 청년들이 방금 보고 나온 사람들이라는 말에 낙심한다.
필자의 문제의식은 "경주는… 청년들의 붉은 피가 결합해 현실과 싸우는 건

전한 도시가 아니라... 고적보존지로서만 이름이 있는 것인가?"라는 자문에
잘 드러난다. 이튿날 전보를 받고 찾아온 K를 만나 그가 교사로 일하는 안강
옥산촌으로 들어간다. 경치가 아름다워 즐거운 마음으로 머무르게 되었으나
며칠 사이 K와 그의 동료 교사 L이 보여주는 무기력함에 놀란다. 두 사람은
피로에 짓눌린 듯 수시로 낮잠을 자며 주위 자연이나 인간 관계에서 아무런
자극을 얻지 못하는 상태이다. 필자를 만나러 찾아온 K의 또 다른 동료 R은
이야기를 나누다 말고 낮잠을 자야겠다고 돌아가고 만다. 필자는 "피곤한 촌,
피곤한 조선의 청년"이라 탄식한다. 24일에 K와 포항에 가서야 비로소 청년
회다운 청년회를 만나게 된다. 활기찬 청년들과 대화를 나누며 생기를 얻은
뒤 다시 경주로 돌아온다. 경주로 돌아오는 기차에서 간도로 떠나는 형제 자
매를 전송하는 가족을 만난다. 드넓은 조선 땅에서 주린 배를 채우지 못해 떠
나는 현실을 개탄한다. 그들의 울음이 무의미하게 돌아가지 않으리라 스스로
다짐한다. 경주에서 귀경하기 전날 불국사를 구경하러 나선다. 그러나 여비
가 없는 탓에 가자마다 절 구경보다는 속소를 찾기에 급하다. 불국사 주지에
게 일박을 청하나 일본 여관업자들이 항의한다며 거절당하고 절 아래 어떤
민가에서 신세를 진다. 그 집은 병든 가장과 불구인 아내, 한쪽 눈이 먼 아이가
일가로 사는데 커다란 절집 아래에서 비참하게 살아가는 모습에서 아이러니
를 느낀다. 이러한 상황을 자본주의가 가져온 해악이라 지적하고 투쟁이 필
요함을 되새긴다.

　　古蹟을 사랑하는 사람은 누구나 慶州를 말하며 쏘한 慶州에를 가보려고
한다. 新羅의 솟싸운 文物의 遺跡이 오히려 今日의 모든 사람들을 놀래일
만한 것이 잇섯든 까닭이다.
　　이곳에를 내가 오기는 三月 十七日 午前 十一時이엿다. 내가 이곳에를

온 것으로 말하면 古蹟을 보고 십허서 온 것보다도 쏘한 慶州를 憧憬하여서 온 것보다도 무엇보다도 먼저 네 自身이 가지 안으면 안이 될 事情과 쏘한 K君의 다섯번재의 오라는 편지를 밧고서 하는 수 업시 일을 爲해서 慶州란 쌍에 발을 듸려 노앗든 것이다. 十六日날 밤 京城을 써날 째에 驛前에서 全君의 簡短한 注意를 드르면서 定刻에 늦지 안으령으로 소매를 서로 난호이고 汽車의 客이 되며 自働車에 손이 되여서 멀리 온 데가 이 慶州란 쌍이엿다.

疲困한 精神을 가다듬고 헛트러진 衣服을 整制하고 慶州에 나리니 곳은 他鄕일 망정 春色은 變함이 업다. 바라보니 압산에는 아지랭이가 그윽히 숭얼거리며 보리의 푸른 입새가 春風에 간엷히 흔날릴제 仙道山 놉흔 峯은 積雪이 다 녹앗고 半月城 넷잔듸는 봄소식이 새로웁다. 봄이다. 慶州 邑內에는 봄이 왓다. 悠長한 山脈의 굽은 허리에 간엷히 靑松에도 봄이 왓고 長遠한 新羅의 遺物이 앗가움업시 散在한 古跡의 廢墟에도 봄이 왓다. 보리밧 매는 젊은 女子의 분홍저고리에도 봄이 왓고 쿵덕거리는 물방아간안에도 봄은 왓다.

봄은 모든 것을 즐거웁게만 하는 것은 안이다. 봄은 죽엇든 生命을 復活시키는 것이며 寒風積雪에 눌엇든 생물에게 새로운 生의 躍動을 주는 것이다. 봄의 가장 큰힘이 이것에 잇다.

그러한 봄이 慶州에도 왓다. 그러나 참으로 慶州는 살려고 하는가? 그리고 새로운 生의 躍動을 맛보려 하는가?

如何間 旅路에 疲困한 나는 더욱이 서투른 길에서 허매이며 K君과 C君을 차젓다. 그러나 兩君을 맛나지 못하엿다. 그쌔 나는 一種의 恐怖를 생각하지 안을 수 업섯다. 첫재는 배가 곱흐고 둘재는 잠잘 데가 업섯든 까닭이엿다. K君이 잇슬듯한 玉山村의 小學校까지 쫏차 가 보앗스면 조켓는데 旅費가 업섯다. 慶州가 만일 五六十里 더 멀엇드면 나는 하는 수 업시 거러 갓슬 것이엿다.

마음을 부지럽시 태우면서 남들은 憧憬의 쌍이라고 얼굴에 웃음을 씌우고 가고 오는데 나만은 張次 어써케 하면 오늘 하루의 無料寢食을 어들까 하는 危急한 問題로 괴로웟다.

이러하다가 慶州驛前에서 C君을 맛난 것은 참으로 즐거운 일이엿다. 그는 그의 支社에서 심부름하는 아해로부터 驛前에서 내가 기다린다고 하는 소리를 듯고 쫏차 온 것이 엿다. 그에 對해서는 나는 C君에게 참으로 感謝하는 바이다. 그리해서 비로소 나는 마음을 놋코 잇섯스나 C君은 나의 仔細한 事情을 모르는 것 갓다. 무엇보다도 나는 나의 事情을 그에게 말하지 안을 수 업섯다. 나는 그의 손을 붓잡은 채로

「그런데 이야기는 나종 할 셈 치고 내 이야기 먼저 좀 드러주시오.」

그는 나의 맛나기는 이번이 두번째이엿스나 熟親한 사람과 맛티

「네 무슨 말슴이예요?」
「오날밤만 내가 좀 잘곳이 잇슬까요?」

하고 나는 그에게 急히 물엇다. 그째 C君은 생각할 餘暇도 업시 안이 그는 내말의 대답을 벌서부터 準備한 것처럼 「잇고 말구요」 이 소리를 듯고 나는 마음을 놋코 그와 한가지 慶州邑內로 드러갓다.

C君은 나의 意見을 무러볼 餘暇도 업시 나를 다리고 第一 먼저 어느 집으로 다리고 드러간다. 어느 곳이냐고 물어본 즉 그는 반드시 만나볼 사람이 잇다고 力說하엿다. 門우를 치여다 본 즉 某新聞支社라고 써서 잇섯다. 「그러면 드러가도 관계치 안켓다」고 나는 생각하엿든 結果 나는 그를 짜라드러 갓다. 그째 그 방안에는 靑年紳士가 五六人이나 둘러 안젓섯다. 나는 누구나 흔히

생각할 수 잇는 것과 가티 新聞支社이니깐 그곳에 모힌 靑年中에는 반드시 만나볼 사람이 잇슬 것이라고 생각하고 안젓섯다. 그런데 그새 그 방안에는 엿(飴) 晚餐이 썩버러 젓슬 째이엿다. 그들은 낫 모르는 사람이 드러가는데도 不顧하고 食事를 긋치지 안한다. 아마 그들은 퍽 시장하엿든 모양갓다. 그러나 나를 다리고 드러간 C君은 좀 未安한 듯한 모양인지「자- 인사하시지요.」하고 C君이 말을 씌내자 나는 그들과 인사할 準備를 하엿다. 그러나 그들은 별로 準備도 하는 氣色이 보이지 안코 잇다가 그 中에도 活潑한 靑年 한아가 엿 한個를 집어서 입속에 느면서 별안간 하는 소리가「엿 좀 먹고 인사합시다」하엿다. 普通 이러한 境遇에 서울 靑年들 가트면 서로 씰씰거리고 웃음을 우섯슬 것이다. 그런데 그러한 말은 慶州本來의 風俗이나 가티 그 방에 잇는 靑年들의 얼굴에는 조금도 웃는 氣色이 보이지 안엇다. 짜라서 나는 그들이 네 自身에 對한 侮辱을 하령으로 그러는 것이 勿論 안이라고 억지로 미덧다. 안이다. 그러한 處地에는 가장 自然한 듯하엿다. 그와 나와 結局 인사를 마친 後에 그 中에 한사람이 紹介者를 보고「여보 C君 인사시키거든 紹介를 좀 徹底히 하시요」하고 高喊을 지른다. 慶州에를 처음 오는 내가 쏘한 첫번 맛난 이 무리 中에서 그러한 行動과 소리를 듯게 된 것은 나로서는 그것은 낫브고 조흔것은 別問題로 하고 如何間 慶州의 靑年들은 대단히 活潑하고 形式을 가리지 안코 쏘한 自尊心이 强하고 外來客을 歡迎하지 안는구나 하고 心中에 생각이 닐어 날 쑌이엿다. 그리고 뒤밋처 나는 지내간 날에 外來客에게 對한 慶州의 人心을 그리여 보앗다. 첫재로 襤褸한 옷을 입엇든 C君을 쏘차 내든 것과 C君의 紀行文에서 본 慶州(그 紀行文에 대해서는 當地 靑年間에 不平이 잇섯다고)를 生覺하여 보앗다. 그리고 내 自身을 反省하여 보앗다.

　내 自身이 나를 생각할 째에 나도 쏘한 慶州에서 쫏기여 나나 보다 하고 그 瞬間에 엇더한 覺悟를 미리 하고 잇섯다. 그 방에 오래 안젓스면 그 만큼 내게는 損이 될 것 갓다는 것보다도 그들과 比하면 내 自身이 經濟的 條件의

表出的 形式이 너무나 뒤써러진 것을 그들에게 嘲笑를 밧지 안으령으로 C君에게 눈짓을 하고 그 자리를 써나서 나왔다. 그리고 나는 길로 거러 가면서 C君에게 물어 보앗다.

　「이곳에는 우리 同志가 업슴니까? 나는 同志를 맛나고 십슴니다」
　「同志요? 아까 그 방안에 멎사람 잇섯지만-」

하고 그의 얼굴은 붉어 젓다. 나도 벌서 알아채리엿다. 그리고 話題는 다시 돌려젓다.

　「그러면 靑年會는 어됨니까?」
　「잇기는 잇지만 무어 官制 靑年會나 다름이 업슴니다」 나는 그 소리를 듯고는 좀 胍이 풀리엿다.
　「그러면 慶州는 조선사람이 사는 데가 안이라, 靑年들의 붉은 피가 結合해서 現實과 싸우는 健全한 고을이 안이라, 오래된 古蹟과 新羅의 遺物만이 구경군을 爲해서 어느 考古學者들을 爲해서만 慶州는 古蹟保存地로서만 이름이 잇는 것인가?」

하고 나는 속으로 생각하엿다.
　그러면서 나는 C君의 好意로써 어느집 널다란 방안에서 旅路의 疲困한 몸을 쉬이게 되엿다. 압미다지를 열고 遠山을 眺望하니 서울의 몃倍나 되는 慶州의 넓은 城內에는 틀림업시 陽春佳節이 도라왓다. 일흔 봄에는 흔이 잇는 狂風이 휘파람소리를 치며 도라 단이나 죽엇든 나무의 生命을 復活시키는 봄은 은근히 퍼저 드러왓다.
　慶州의 봄은 靑年의 活動하는 봄이 안이요 古蹟이 疲困한 하품을 하는 봄이엿다. 그럼으로 慶州驛前에서 客들의 旅行가방이 한아, 둘, 나타날 쌔에야 비로소 慶州에는 봄이 온 줄로 생각하게 된다.

그날 밤에 몃몃 동무를 맛나 보앗다. 그리고 그들과 한가지로 여러가지의 이야기도 잇섯다. 그 동무들의 말과 내 自身이 본 바를 생각하면 지금의 慶州는 대단이 疲困하엿고 無氣力하엿다. 그러나 그 몃몃 靑年들의 가슴속에는 잠자는 慶州를 살리며 쌔게 하여 興奮시킬 만한 쓰거운 熱誠이 잇슴을 보앗다. 그럼으로 過去의 慶州는 古蹟의 慶州이엿스나 將次의 慶州는 靑年들의 慶州이겟슴을 밝히 보앗다. 이에서 우리는 즐거워 할 것이다.

나는 더 慶州를 보앗스면 하얏스나 몃칠 後 내일이 씃난 後에 하리라고 생각하고 그 이튼날 나의 急電을 보고 달려온 K君과 한가지 그가 잇는 玉山村으로 쌀하 갓다. 그가 잇는 조고마한 小學校에씨지 내가 가서 卒業式을 마치지 안이면 K君의 몸을 쌔낼 수가 업슴으로 하는 수 업시 窮村으로 드러갓다.

玉山村이라는 곳은 恰似히 그 村家가 되여 잇는 것이 한 洞窟의 感이 업지 안타. 邑內에 比하면 家族的 氣分을 내면서도 放散한 狀態에 잇다. 安康驛에서 천천히 거러서 時間半을 要求하게 된다.

村口에 드러서니 이리저리 흥에 겨워서 구부러진 듯한 길ㅅ가에는 古木들이 쌕쌕히 드러서서 自然의 並木路를 이루윗스며 모퉁이를 도라갈 쌔마다 방긋방긋 웃는 듯한 辛荑의 노란 꼿봉오리가 서투른 손에게 봄소식을 傳한다. 더욱이 學校를 드러가는 入口에는 玉山書院이 잇스며 그 書院 압흐로는 검은 바위의 奇怪한 둥이 씬이지 안코 連接하고 그 틈과 틈으로서는 淸流의 가는 샘물이 용소슴처 흘너나리다가 龍湫라는 瀑布를 이루엇스니 景色의 絶勝은 말할 것도 업거니와 山마다 奇巖이요 간곳마다 怪石이 쌀렷스니 이에 이 村을 玉山村이라고 한 것일 것이다.

東西로 花開山과 道德山을 씨고 적은 小學校가 잇스니 이곳이 K君이 잇는 學校이엿다.

나는 三四日동안이나 이곳에 머무르지 안으면 안이되겟다. 첫번에 나는 景色에 아름다움에 취해서 몃칠이든지 머무르고 십헛다. 그러나 사람의 生活은 或은 情緖는 아름다운 自然쑨만으로 美化되는 것은 안이다. K君이 敎授하러 學班에 드러간 동안 三四時間이나 나는 홀로서 아름다운 景色을 구경하려고 奇岩 우에 或은 淸溪엽헤 서서 문득 自然의 憂鬱을 發見하엿다.

自然의 憂鬱! 無味乾燥한 沈黙의 自然! 옛날 사람들은 이러한 孤寂하고 쓸쓸한 곳에서 深遠한 哲理와 永遠性의 妙理를 發見하엿것다. 그러나 現代 靑年民衆 틈에서 자라난 靑年으로서는 이러한 自然 가운데 혼자 잇슬 쌔에는 무엇보다도 먼저 自然의 憂鬱을 깨닷게 된다. 그리고 叫喚하는 民衆이 새삼스럽게 그리워진다. 鬪爭하는 同志들이 쏘다시 보고 십다. 그러나 이러한 조흔 곳에서 民衆이 한가지로 노래하며 쒸고 놀 쌔에는 비로소 自然의 憂鬱도 업서질 것이다. 이럼으로써 모든 自然, 모든 藝術이 社會的 關係을 써나서 無價値함을 쉽게 가르처 준다.

더욱이 내가 자는 방에는 K君과 쏘한 그의 친구(그도 敎師이엿다) L君이 잇섯다. 그들은 이러케 조흔 自然 속에 잇스면서도 그 自然에는 無關心이엿다. 그 싸닭은 이러하다. 무엇보다도 疲困! 이것이 그들에게 잇서서는 큰 問題이엿든 모양이다. 三四時間이나 아해들하고 싸우고 몸이 疲勞한 데다가 먹는 것이 흰밥 쑨이엿다. 무엇보다도 疲勞를 補充할 만한 滋養이 업섯다. 얼는 말하면 營養不足이엿다. 그럼으로써 그들은 情緖의 破壞를 當한 者가 되엿다. 그들에게는 自然을 노래하기 前에 먼저 그의 精神을 기를 滋養이 必要하엿다. 第一 놀나운 것을 나는 發見하엿다. 玉山 간 後로 K君과 L君은 번갈러 가면서 낮잠자기를 競爭한다. 나는 말쑥모양으로 낮잠 자는 그 두 젊은 친구를 爲해서 직히고 잇는 守備의 役을 마튼 사람모양으로 우둑허니 안저 잇섯다. 녀름가트면 그들에 얼굴에 안는 파리라도 날려 주엇스면 좃켓는데 그것도 업스니 다만 우두커니 안저서 잠자는 그들의 病色들린 黃顔을 보고 歎息만을 마지 안핫다. 방안을 삷히여 보니 天井에는 입새부튼 生木이 이리저리 달려 잇섯다. 그것이 어느 째의 것인지는 모르나 말고 말러서 조곰만 건드리면 우수수 부서질 것 갓다. 이러한 作亂도 K가 이 學校를 처음 왓슬 째는 퍽 浪漫的이엿든 모양이엿다. 먼지 무든 맨도린이 죽은 듯이 노여잇는 것만 보아도 그의 精神이 얼마나 疲困한지 알 수 잇슬 것이며 그의 肉體가 얼마나 疲勞한지도 생각할 수 잇다. 冊床머리를 살피여 보면 불떵이처럼 쓰거운 處女들의 戀愛편지도 無價値하게 벌려 잇섯고 冷却하고 無情한 絶戀狀도 두려움업시 널풀어저 잇섯다.

그들만 그럿케 疲困한 것은 안이다. 또 例들을 들겟다.

하로는 쏘다른 R敎師가 나의 왓단 소리를 듯고 차저 왓섯다. 조금 잇드니 그는 不安한 表情으로

「그만 失禮하겟습니다─」
「웨 그리 곳 가시렴니까? 더 노시지요?」

하고 一同이 물엇다. 그는 나오는 하품을 억지로 참고 낫츨 조곰 붉히면서

「가서 낫잠을 좀 자야겟서요」

하고 참을 수 업는 것 모양으로 달여 갓다. 一同은 웃섯다.

「아! 疲困한 村아! 아! 疲困한 朝鮮의 靑年아!」

하고 속으로 부르지젓다. 그러나 나역시 이곳에서 진이 쌔지고 氣力이 업게 되면 그들과 가티 疲困하지 안을까?하는 反省이 생겻다.

「오냐! 얼는 이 잠자는 村을 쌔기 爲해서 밧게 血氣잇는 靑年을 모라 드러자」

하고 속으로 부르지지면서 하로밧비 卒業式이 씃나자 곳 K君과 安康에를 왓다. 그곳에도 역시 잠자는 곳이엿다.

「靑年團體가 잇슴니까?」

하고 내가 有力한 P氏에게 물을 쌔 그는

「잇다고 오히려 업는 것만도 못함니다」

하는 대답은 가슴이 압흔 소리다.

간 곳마다 活氣가 업기도 하려니와 두려운 壓迫의 氣勢가 딍딍하다.

그 곳에서 써나서 二十四日에 浦項에를 가령으로 밤차를 탓다. 조그마한 輕便車 안에 疲困한 몸을 의지하고 어둠 속으로 달려간다. 偶然히 車窓을 내다보면 이즈러진 初승달(陰)이 흐미하게 빗치는 山골 속에 조고마한 붉은 불이 반짝반짝 조희窓에 비치인다. 맛치 녀름밤 반듸불과 갓다. 그것이 農家이다. 生活의 모든 勢力을 쌔앗기고 혀덕거리는 農夫의 방에서 반짝이는 한적은 등잔불이다. 그러나 그곳으로부터 XX이나 올것 가트면 세상사람들은 놀라울 것이다. 그러나 힘은 그곳에 잇다.

浦項에 와서 나는 비로소 靑年會를 가보게 되엿다. 會館도 相當할 쌘만 안이라 責任者 諸氏의 쓰거운 誠心도 퍽 반가웟다. 더욱이 同會樂隊의 울렁찬 소리에는 疲困한 精神을 새롭게 하엿다. 鄭學先氏와 李載雨氏의 仔細한 紹介와 쏘한 靑年會의 對한 자미잇는 말을 만히 들엇다. 그리고 그날밤 責任者 諸氏와 한방에 모듸엿슬 째 熟親한 同志와 가티 圓을 지여 발을 모다 이불 속으로 늣코 안저서 이야기 하든 것이 지금까지도 내 머리 속에 남어 잇다. 이곳에 오래 잇고 십헛스나 事情에 依해서 또다시 浦項을 써낫다.

나는 車를 탈 째에 별안간 哭聲을 드럿다. 무슨 일인가 하고 車窓으로 내여다 본 즉 襤褸한 衣服을 입은 一團과 그들을 送別하는 親戚들의 울음소리엿다. 그들은 間島로 가는 사람이라 한다. 그리운 故鄕, 사랑하는 親戚을 써나 멀고 서투른 짱에 밥을 어드러 가는 이들의 눈물과 울음소리는 朝鮮의 運命을 잘 말하여 준다. 「동생아. 너는 먼저 가거라. 나는 來年에 가겟다. 누나아. 너는 울지를 마러라. 나는 가을에 갈 것이다」 하는 듯이 그들은 엇지 할 줄을 모르고 몸을 뒹굴면서 운다. 巡査가 말리고 乘客이 말리나 북바처 나오는 억울한 울음이야 그 누가 말릴 수 잇스랴! 흙빗과 가튼 얼굴에서 흐르는 맑은 怨恨의 눈물을 나무등걸 가튼 손등으로 문지르면서 그들은 悲慘한 旅路의 客이 되엿다. 오냐 울지를 마러라. 그대들의 울음이 決코 無意味하게 도라가지 안으리라!

驛마다 間島로 가는 사람들의 一團을 볼 수 잇다. 널분 朝鮮의 짱이 엇지해서 주린 간장을 위해서는 한톨의 쌀알(米粒)도 주지 못하엿든가?

이것을 決코 運命的으로나 浪漫的으로 보아서는 안이 된다. 가장 鮮明한 朝鮮의 現實이다. 우리는 이 現實을 爲해서 이 現實의 暴惡한 勢力을 업새고 壓迫밧는 階級 或은 民族의 새로운 眞相을 그곳으로부터 비롯되게 하지 안으면 안이된다.

또다시 慶州에를 왓다. 그리고 慶州邑內를 잘 살피여 보앗다. 그째에야 비로소 慶州에는 古蹟의 王陵이 만코 돌짝이 만코 妓生이 만흔 것을 보앗다. 中産階級의 靑年들이 만흠으로 그곳에는 留學生도 잇고 長髮客도 잇고 誤入쟁이도 잇슴을 보앗다. 卽 말자면 生活苦의 團結的 運動이 업고 따라서 階級的 意識이 盲目的으로 服從이라는 穩順한 幕에 가리여지고 말엇다. 다만 잠자는 慶州邑內에는 밤마다 妓生들의 구슬픈 悲歎이 써돌 쑨이니

仙道山 넘어로 해는 저물고
半月城 옛잔듸는 봄소식을 전한다

는 노래가 그것이다. 옛것을 밀우어 現在를 悲歎하고 現在를 咀呪하야 未來
를 落望하는 것 쑨이다.

아! 慶州야! 慶州는 朝鮮의 未來를 爲해서 眞理를 爲한 戰線에 나오지 안
으려는가? 慶州는 古蹟만을 가지고 永久히 자랑하려는가? 慶州는 새로운 歷
史의 첫 페지를 爲해서 團結하지 안으려는가?

그러나 나는 이곳에서 朴君과 C君의 새로운 同志를 어덧다. C君은 너무
熱烈하다고 漫評이 잇스나 그의 眞實한 것은 반가운 일이다. 더욱이 朴君의
熱心과 그의 意志를 헤아린 나로서는 그의 굿센 손목을 쥐고 압흐로 가티 나
가기를 즐거웁게 盟約한다.

아모조록 慶州의 靑年運動에 만흔 功勞가 잇슬 것을 나는 밋는다.

慶州까지서 佛國寺와 石窟庵을 안이 볼 수가 업다고 함으로 나 역시 그
말에 反對는 하지 안엇다.

그럼으로 주머니속에 돈이 업슴도 不顧하고 길을 써낫다. 午後 6時쯤해
서 佛國寺에를 이르럿다. K君과 나는 爲先 잘 곳을 定하지 안으면 안이 되겟
다. 아모리 생각하여도 佛國寺에서 하로밤을 자지 안으면 안될 形便이엿다.
그 압헤 日本旅館이 잇기는 하나 1人1泊에 3,4圓을 빼앗긴다니 그곳은 꿈에
도 생각할 수 업섯다. 하는 수 업시 佛國寺에를 드러가 住持를 차지니 白髮老
人이 문을 열고 드러오라고 한다. 우리는 드러가 안젓다. 그는 그야말로 身老
心不老란 格으로 비단마고자에다가 분홍을 자지러지게 드리여 입엇다. 爲先
인사를 마친 後에 그 老住持는 이야기를 親切한 語調로 시작한다. 처음에는
佛國寺와 時代의 變遷 그 다음에는 佛國寺의 財璀£에 關한 事(참말일지는
모르나) 그 後에는 自己의 處地를 이야기하더니 結局은 사람을 재울 수 업다

는 結論이다. 그리고 그는 말하기를 만일 사람을 이 寺內에 자게 하면 日本旅館에서 말이 만타고 한다. 自己네 營業 妨害라고 해서 自己네 獨斷政治를 行한다고 한다.「그러기로 이곳에서 못잘 것이 무엇이냐」고 한즉 그는 역시 斷然히 拒絶을 하고 점잔히 逐客을 하니 쫏겨 나오는 우리는 根本覺悟한 일이지만 日本人 旅館의 權利가 무서워서 自己의 自由를 스스로 拘束하고 그와가튼 非禮의 行動을 하는데 대해서는 적지 안은 惡感을 닐으키지 안을 수 업섯다. 그 소리를 듯고 우리는 쏘다시 그 幽靈하고 말하지 안코 길에서 헤매인다. 해는 西山을 넘엇다. 하는 수 업시 그 아래 人家를 차저 드러갓다. 처음에는 그들도 拒絶을 하더니 우리의 懇願하는 소리를 듯고 그들은 許諾하엿다. 처음에 그들이 許諾하지 안은 것도 역시 日本旅館의 勢力이 두려웟든 것이다.

우리는 캄캄한 그 방으로 드러갓다. 그 집이야말로 悲慘한 生活을 하는 貧難한 사람 中에 한사람이엿다. 貧難쑨만이 안이라 可憐한 人生들이엿다. 술장사로써 生活을 겨우 이여서 가기는 하나 그것이 그러한 곳에서 팔릴 까닭이 업슬 것이다.

主人은 10餘年 病者로 身體는 등걸만 남고 그의 안해는 코가 반이나 업는 畸形女이며 그의 아들은 눈 한아가 멀럿다. 이러한 不幸한 家庭에 하로밤이란 참말로 人生의 不幸의 깁흔 구렁텅이에서 허덕거리는 可憐한 무리들의 하소연을 드를 수 잇섯섯다. 그와 나는 이야기를 한참 하다가 그에게 물엇다.

「그러면 一箇月에 얼마나 가지면 生活을 하겟소?」
「10圓만 가지면!」하고 그는 滿足한 듯시 입을 버렷다.

1年에 120圓이면 그는 웃음 웃는 生活을 繼續할 것이다. 그러나 그에게는 一箇月에 5圓의 收入도 업는 赤貧人이엿다. 高樓巨閣 속에 靜坐한 衆生을

爲한다는 佛像밋헤 이러한 悲慘한 人生이 잇는 것이야 그 얼마나 現代的 嘲笑이랴!

안이다. 모든 ○○○종교, 假面을 쓴 平和 不公平한 生活 悲慘한 奴隷이 모든 人生生活에 不健全한 要素는 資本主義社會가 産出시킨 不幸이다.

人類의 平和를 爲하고 健全한 社會의 制度와 그 안에서 사는 民衆生活의 幸福을 爲해서는 이 社會를 ●●하며 새로운 ●●를 爲해서 鬪爭하지 안을 수 업는 것이다.

石窟庵을 다녀오기는 27日이엿스며 서울에 오기는 28日 밤이엿다.

周王山探勝記

鄭顯模

《별건곤》, 1926년 11월

필자는 주왕산 가까운 향리(안동)에 머무르는 동안 주왕산 구경할 기회가 있어 산의 아름다움을 소개해 나중 탐승객들에게 路次나 알려주고자 한다고 여행의 동기를 밝힌다. 자동차를 타고 험한 산과 고개를 넘어 청송으로 이동, 이튿날 모 신문 청송지국장 S군과 동행으로 주왕산으로 출발한다. 주왕산 초입에 있는 백련암에 들러 주지를 찾았으나 마침 자리를 비웠다. 기다리는 동안 모자와 외투, 양복 상의를 벗고 백련암 앞 시내에 수족을 씻었다. 점심을 먹는데 음식부터 밥상까지 모두가 일본식이다. 음식만으로는 조선 사찰의 맛을 느낄 수 없다. 마침 주지가 돌아와 인사하고 산행 안내를 부탁한 뒤 우선 주왕산의 사적 재료를 대강 이야기해줄 것을 부탁한다. 주지의 이야기를 듣고 주왕산지를 읽어본 뒤 주지와 산행을 시작한다.

旗岩(일명 군량암): 바위에 기를 꽂고 적군을 방비(바위 둘레를 섬으로 싸 군량처럼 보이게 함) → 자하성(왼쪽 청학동과 오른쪽 주왕동을 감추려고 바위

사이를 연결해 쌓은 성) → 瓢岩/汲水岩: 표주박 모양, 물 긷는 모양의 바위 → 醉水岩, 향등봉, 학소대 → 외룡추 → 내룡추: 안내하던 주지는 내룡추로 들어가기 위해서는 물에 들어가 헤엄쳐 가야 하는데 여름 동안 비가 많이 와 물 밑이 패이고 수심을 알 수 없어 위험하다 함. 나는 내룡추의 아름다움을 보고싶은 생각에 기어이 모험하고 싶으니 만일 위험하거든 구해달라 했다. 주지는 다시 한번 위험을 알려주며 경치에 관해서는 자신이 설명해주겠다 한다. 결국 들어가기를 포기하고 주지의 설명을 듣는다. → 외룡추 → 주왕암 → 주왕굴(주왕이 피신하던 중 어느날 굴 앞 석함에 내려와 세수할 때 마사성의 철추가 굴 위로 내려와 걸어 잡아갔다는 곳) → 주왕암 → 하산길에 주왕산 입구의 대전사에 들름 → 백련암 숙소.

주지는 주왕산은 아름다운 산이지만 幅圓이 좁아 구경하기에 간편한 산이라며 짧은 시간에 다 구경할 수 있는 아름다운 곳이라 한다. 하산해 백련암 숙소로 돌아온다. 이튿날 자동차를 타고 청송읍으로 돌아와 S군을 작별하고 자동차에 올라 안동으로 돌아온다.

이 周王山은 慶北의 山邑인 靑松에서도 훨신 四十里나 드러가 숨어잇는 아름다운 名山이다. 一名은 「小金剛」이라고 부르는 慶北 代表의 唯一한 名勝이다. 그러나 이것이 年前 엇던 新聞의 紙面에 若干 그 影子를 빗치 윗든 일과 또 이 名勝을 爲하야 靑松郡 읍내에 周王山 古蹟保存會라는 것이 되여 잇슬 쑨이다. 이 周王山도 일즉이 主人을 못 맛난 우리 江山의 하나가 되여 널리 世界的으로 그 아름다운 存在를 자랑하지 못하엿슴은 무엇보담 遺憾이 엿다.

나는 多幸히 이 周王山 갓가운 地方에서 生長하엿스나 不幸히 어더볼 機會가 업섯다. 海外에 在學할 째이나 京城에서 방랑할 째이나 恒常 마음으로

만 그 아름다운 自然을 憧憬하든 나는 當分間 鄕里의 田園生活을 맛보게 되는 今日에야 비로소 와 보게 되엿다.

　아름다웁고 사랑스러운 이 偉大한 自然에 擁抱된 나는 이것이 나 혼자만의 歡喜할 幸福이 아닌 것을 쌔달엇다. 그리하야 비록 拙劣한 붓이나마 猥濫히 그 全景의 萬一이라도 그려서 널리 永遠히 이 周王山을 빗낼 만흔 探勝客들의 도라볼 쌔의 路次나 알려줌이 될가 한다.

　나는 여러 해를 두고 願하든 周王山 求景의 길을 오늘이야 써낫다. 쌔마츰 아름다운 丹楓이 山의 언덕과 골작구니의 우거진 樹林에 불근 물을 드리고 잇는 서늘한 가을 九月(陰曆) 初六日 午後 四時 頃이엇다.

　구름 한 點도 업는 가을 한울은 동그러케 놉흐고 내리 쏘이는 日光은 오히려 지나간 녀름을 聯想하리만큼 더운 늣김을 주고 잇다. 簡單한 旅具를 가지고 自動車 오기를 기다리면서 鄕第의 洞口에서 徘徊하든 나는 쌩쌩하는 소리로 모라오는 自動車에 반가이 쒸어올넛다. 자리에 안즈매 車는 如前히 소리를 치면서 다라나기를 始作한다. 어느 듯 泉旨坪을 지나게 된다. 이곳은 安東으로도 主要한 農産地의 하나이다. 널분들의 여긔 저긔서 農夫들의 베비는 소리와 벼 실어드리는 光景. 모다 그들 農村 生活을 그려내는 藝術이오 詩이다. 그러나 나는 그들을 볼 쌔에 다시 이러한 늣김을 가지게 된다.

　아! 고마운 農夫들아? 貴重한 兄弟들이여! 그대들이야말로 生을 爲하야 奮鬪하는 勇士이며 일쑨들이다. 손발이 달코 피땀이 흘너도 쉬지 안코 일하는 이들이다. 그러나 이 世上은 아직도 그대들의 恩惠와 功勞를 모르는 惡한 世上이다. 矛盾의 世界이다. 고맙고 貴重한 그대들을 도리혀 賤待하는 世界이오 抑壓하는 世界이오 欺瞞하는 世界이오 搾取하는 世界이다. 果然 그럿타. 그러나 이 모든 欺瞞이 充滿한 世界로부터서 아름다운 眞理의 勝利한 世界가 出現되는 것이 原則이라 하면 밋노니 갓가우나 멀거나 將來는 오즉 고마웁고 貴重한 그대들의 世界일 것이라 하엿다.

泉旨坪을 지나서 東으로 山下里의 後嶺에 다다럿다. 이 山은 이 附近에서도 有名하게 險峻한 山이다. 乘客 六人을 실은 自動車는 게다가 또 郵便物을 달고 이 놉흔 재를 기어오른다. 맹낭이 거북한 模樣이다. 목이 메이고 氣가 막키는 模樣이다. 올나갈스록 갈사록 煙氣를 吐하며 소리를 질느며 헐덕어린다. 그리다가는 아무 소리도 煙氣도 헐덕어리지도 못하고 도리혀 뒤거름질 할번한 재를 멧 번이나 격거서 간신이 山上에 올나섯다. 이러케도 險峻한 山이다.

여기에서는 새로운 氣運이 난는 듯이 自動車는 다시금 다라나기를 繼續하엿다. 한참 가다가 또 그 다음이나 되는 德川後山을 넘어 빗긴 夕陽을 등지고 東으로 東으로 그리하야 靑松邑 停留場에 다다르니 落照는 먼 山 丹楓의 무르녹은 빗과 調和되야 불그레하게 엉키어 사라지고 활(弓)가치 굽은 半月은 天空에 소사 맑고도 밝은 빗을 大地의 서늘한 느진 가을 夜景에 빗치고 잇섯다. 나는 旅具를 들이고 旅館으로 드러갓다.

夕飯을 마친 후 市街에 나와 밝은 달을 바라보면서 아! 周王山의 月夜는 限업시 조흐리다. 그 맑고도 아름다운 自然의 사랑에서 沐浴하고 洗禮를 밧고 擁抱을 엇고 보면 아!! 世塵에 물들여서 病들고 弱한 이 몸이 얼마나 淸新한 慰安을 밧는 幸運兒이랴 하엿다. 그리고 다시 旅館으로 드러갓다.

(七日晴)

예정과 가티 朝飯을 맛치고는 周王山으로 드러가게 되엿다. 맛츰 某日報 靑松 支局長 S 君을 맛나 同行하게 되엇다. 今行에 孤獨을 늣기든 나는 意外에 이 S 君과의 同伴이 무엇보담 幸福인 것을 멧 番이나 말하고 가티 自轉車를 빌어타고는 싸우는 소리 써더는 소리의 擾亂한 이 靑松邑 市街를 떠나 시내도 건너고 논쑥 조분길도 밟고 山 빗탈길도 지나 구비구비 도라서 左右의 風景을 바라보면서 어느 듯 四十 里의 길을 다 왓다. 우거진 丹楓의 무르녹은 빗이 밝은 太陽 光線의 調節을 바다 누리불그레하게 前後左右로 비치이고 眼前에 부드치는 까가세운 듯한 우렁찬 바우 큰 바우 적은 바우 奇岩怪石이 이리저리 버려잇고 또 周王窟로 흘너나리는 시내를 사이에다 두고 樹林 우거진 兩便 언덕 우으로 멧 千年이나 무근 듯한 古刹이 하나씩 서 잇다. 드러오는 東便은 大典寺요 北便은 白蓮庵이라 한다. 이것이 周王山 初入口라 한다.

白蓮庵에 드러왓다. 主持을 차즌 즉 한 婦人이 나와 主持는 맛츰 出他中이라 하면서 다른 중 한 사람을 불너 親切히 應接室로 引導한다. 나는 爲先 여기에서 帽子와 外套과 洋服 上衣와 洋襪을 모다 버서노코 급한듯시 手巾과 石鹼을 가지고 白蓮庵 압 맑고도 히게 흐르는 시내가에 나와 아-맑기도 한 시내물이다! 하면서 곳 世塵이 켜켜히 무든 얼골과 手足을 씻첫다. 그리고 드러와 午飯을 먹게 되엿다. 飮食은 意外의 日本式이라 朝鮮式과 日本式을 折衷한 것이라 하기 보담도 아주 日本式이라는 便이 훨신 妥當할 듯하다. 모다 日本을 배우는 世上이라 이것 만이 그리 놀낼 것은 아니나 이 깁고도 世上과의 因緣이 먼- 周王山 古刹까지에도 알들이 차자 왓구나! 하고 얼골을 한 番 씽 그리고는 日本 간장으로 맨든 반찬을 노여온 消毒箸로 맛보앗다. 배우느라고 쇄 애써 맨든 日本式 飮食이다. 할 일 업시 밥주걱으로 통밥을 담어 밥공기를 들엇다. 밥床까지도 日本 것이다. 同行한 S君과 가티 쭈부리고 안자 서너 食器식 하엿다. 이 飮食만으로는 우리 朝鮮의 寺刹味는 조곰도 업섯다. 如何間 今番 旅行의 目的이 周王山 求景이라 그 案內者인 主持가 出他한 것이 무엇보담 遺憾이엇다. 이러케 生覺하는 中에 마츰 主持가 도라왓다. 當地의 所産인 沉柿를 한 쟁반 가득이 담아 들리고 恭順한 態度로 窓 밧게 와서는 合掌하고 절을 한다. 人事의 말이 계속하야「지가 업서서 여러 가지 未對接이엇습니다」 한다. 나는 반가이 引接하야 房으로 들어오기를 請하엿다. 서로 人事가 싯나자 나는 急한 듯이 周王山 求景의 案內를 請하엿다. 그러나 일즉이 周王山에 對한 知識이 貧弱하엿슴으로 먼저 主持에게 請하기를 求景의 順序로

名勝에 對한 及蹟 材料를 대강 이애기하여 달나 하엿다. 主持는 溫恭한 態度와 謙遜한 語調로 말한다. 만히 알리지는 못하나 대강 아는 대로는 엿주오리다 라고 그리고 아래와 가티 말한다.

周王山의 名稱은 이러케 된 것이람이다 하고는 唐의 德宗皇帝 當時에 晋世臣周顗의 八代 孫周鍍가 祖先의 古國인 晋이 唐에 滅亡된 것을 憤慨하야 恢復의 大志를 품고 萬衆의 兵을 擧하야 自稱 周天子라 하고 唐을 치다가 唐將郭子儀에게 敗하야 멀리 遼東을 건너 千餘의 兵士를 다리고 이 山으로 逃亡온 後 高句麗王에게 猛烈 交涉으로 이 周鍍를 사로잡아 보내라는 唐의 要求에 應하야 唐詩 名將인 馬一聲 二聲 三聲 四聲 等을 보내여 이 山을 에워싸고 周王인 周鍍을 잡아갓다 함이다. 그 後로 이 山을 周王山이라고 불느게 되엿다 함이다. 그리고 史的으로 可考할 만한 모든 것은 現場에 이르러 말슴 하오리다 한다.

나는 感謝하다는 말을 멧 番이나 거듭하고 일어서서 다시 壁上에 부터잇는 周王山誌를 한번 읽어 보앗다. 史的으로 考察할 만한 材料도 모다 여긔에 記載되어 잇다. 올타 이만하면 足하다 하고는 主持의 주는 집신을 신고 S君과 나는 뒤서고 主持는 압서 只今부터 探勝의 길을 案內한다. 門 밧글 나서 黃菊이 우거진 속으로 조고마한 다리(橋)를 건너 北便 將軍岩을 도라다 보면서 山 빗탈길로 旗岩에 이르럿다. 이 旗岩은 一名이 軍糧岩이라 한다. 이 바우는 山上에서 다시 近 千尺 가량의 놉히를 가진 우렁찬 바우이다. 이 바우에 旗를 꼿고 敵軍 防備의 陣營을 整頓하엿다는 意味에서 「旗岩」이 되고 또 敵軍에 對한 示威運動으로 이 바우를 「섬」으로 싸고 이것이 軍糧이라 하엿다는 意味로 一名이 「軍糧岩」이 되엿다 한다. 그리고 岩의 前面에 無數한 傷處를 보고는 主持에게 무럿다. 主持는 말하되 敵軍이 와서 이것이 果然 軍糧인가를 試驗해보기 爲하야 활(弓) 쏜 터이라 한다.

뭇노라 軍糧岩아

너 일홈 조타마는

아름다운 너 허리에

傷處가 무삼일고

차라리 無名岩되어

아름다운 너의 몸을

그대로 두엇드면

내 아니 슬허하리라

이러케 興詩를 지어 한 번 읽엇다. 그리고 여긔에서 다시 비탈길로 나려 맑은 시내ㅅ가 얼킨 樹林속 조분 길로 深谷을 向하야 차츰 차츰 도라 드러간 다. 山덤이 가튼 우렁찬 바우가 서로 머리를 대인 듯한 그 밋 조분 골쟉구니로 드러간다. 그리고 여긔서부터는 서늘한 바람이 손등으로 몰녀 兩便 바우에 부드처 이러나는 反響이 윙-하고는 들린다. 압흐로 紫霞城이 보인다. 이것은 左便의 靑鶴洞 右便의 周王洞을 감추랴고 큰 바우덤과 덤과의 사이에 連築 한 城이다. 城터 진한 便을 넘어 드러왓다. 이곳은 좀 널벗다. 靑鶴洞과 周王 洞이 兩便으로 안고는 蓮花峯과 蓮花窟과 其他 無數한 峯과 岩이 둘너쌋다. 족음을 나서서는 瓢岩과 汲水岩이 서로 억개를 대이고 섯다. 瓢岩은 果然 瓢 주박 모양으으로 크다란 구멍이 움푹하게 쭈러저잇고 汲水岩도 恰似히 물길 는 모양으로 방울방울의 물을 흘리고 잇다. 나는 여긔에 주저안저 當時 周王 의 末路를 잠간 追憶하고는

아 祖先의 녯일을 生覺하야「何用先祖泣, 山河自無異」를 크게 부르짓고 이러낫든 그이의 末路이로구나 하엿다.

紫霞城 놉히 쌋고
千兵을 감춰두어
머믈를 곳 닥것스니
靑鶴, 周王이라더라
汲水岩에 물을 길어
瓢岩으로 담어들고
軍糧岩에 밥을 지어
飢渴을 면햇든가
아마도 敗한 運命
挽回하기 쉬울소냐
成敗는 뭇지마라
古今이 다름업다
素志를 찬미하야
나 쏘한 슬허하노라

　나는 이 곳에서 이러케 感歎하엿다. 쏘 여긔서부터는 丹楓이 더욱 探勝客
의 집팽이를 멈추게 한다. 이 언덕 저 비탈 모퉁이 모퉁이 모도다 붉은 곳이다.
元來 小金剛의 일홈을 가진 周王山이라 더욱이 黃菊丹楓의 아름다운 季節을
맛나 오고가는 探勝客을 각금 각금 만나게 된다. 다시 外龍湫로 向해 써낫다.
죡음 비탈길을 지나와서는 골자구니 바닥에 形形色色의 盤石이 깔려잇다.
쏘 臥龍岩이라는 굵고도 긴-바우와 그 엽해 醉水岩이라는 아름다운 바우를
밟아 지나간다. 左便 窟 속에 홀로 숨어안진 미륵도 보면서 左右로 마주섯는
香燈峯과 鶴巢臺 밋해 올나 다시 鶴巢臺의 石壁 비탈길을 지나 쏘 石壁 씃을
손바닥으로 어루만지며 배를 밀면서 집덤 가튼 바우 틈으로 기여올나 外龍湫
에 왓다. 쌀쌀한 느진 가을 날이나 여긔에서는 쌈이 비오듯 하고 몸이 옴질옴

질한엿다. 帽子와 外套를 벗고 짬을 쓰신 後 盤石 우에서 허리를 꾸부리고 外龍湫 속을 드러다보앗다. 上層 內龍湫로부터 네리쏫는 물들은 구불구불 바우 틈으로 흘너와 이 外龍湫에 써러질 째에 솨-솨-쾅-쾅-하는 소리를 질느며 쏘 그 龍湫의 놉히는 가물가물 近 千尺이나 될 것 가태 보인다. 아-奇絶한 곳이다. 이것이 일즉이 널리 世上에 紹介되엿든들 얼마나 만흔 사람들이 이 아름다운 求景에 배불넛슬가 하엿다. 여긔서다시 보담 더 危險한 길을 밟아 보담 더 아름다운 內龍湫로 드러간다. 帽子도 벗고 外套도 버슨 그대로 몸을 휠신 더 가벼이 해가지고는 石壁을 나린다. 「정」으로 겨우 발부칠 만큼 드문드문 씩어노흔 언덕을 밟고 간신히 한참 石窟속으로 기어드러가 쏘다시 石壁 비탈길로 나와 비로소 內龍湫의 入口에 올낫다. 案內者인 主持는 별안간 危險한 듯한 表情의 얼골로 말하되 이 골작구니로 드러가면 內龍湫이외다. 언제든지 이 안을 드러갈랴면 이 골작구니의 물을 헤여 드러감이다. 그런데 今年은 無前의 雨水로 말미암아 水의 모래가 파여서 드러가는 「어구」의 물이 約 五間 以上의 距離나 되고 深 不測하게 되엿슴으로 如干한 水泳의 選手로는 어렵다한다. 나는 水泳도 못하나 이 內龍湫의 아름다움을 보고 십흔 衝動은 그만 無意識하게 危險을 忘却하게 되엿다. 冒險的으로 決死的으로라도 드러가보고 십헛다. 그리하야 나는 主持를 보고 이러케 말하엿다. 期於히 冒險할 터이니 萬一 危險이 잇것던 救해달나 하엿다. 主持는 一層 더 失色한 얼골로 말하되 內龍湫의 景致는 보시는 듯이 제가 자세히 말슴해 드리오리다. 果然 危險함이다 한다. 이 말을 드르매 나는 선듯 마음이 弱해지면서 다시 危險한 生覺이 난다. 나는 밋친드시 몟 거럼이나 나아가 기웃기웃 이리저리로 그 골작구니의 안을 엿볼 수 잇는 대까지 엿보앗다. 그러나 한 구비 더 돌아가야만 보이는 瀑布와 內龍湫가 그런다고 보여줄 理致가 업섯다.

아-나는 內龍湫의 아름다운 自然을 맛볼 수 업는 不幸兒인가? 그러치 안흐면 이 다음 한번 더 맛나보자는 뒷 機會를 맨듬인가? 오! 그러타면 쏘 오리라 하엿다. 四面이 石壁으로 돌려싸고 그 밋트로 흐르는 시내가 盤石 우에 주저 안젓다. 이제는 할 일 업시 主持의 說明이나 듯는 수 밧게는 他道가 업섯다.

「內龍湫는 우으로 쏘다지는 瀑布를 등지고 압흐로는 半月形의 白沙場을 둘느고 잇다하며 周王이 잡히기 前日에 이 龍湫에서 龍이 세 番을 울엇다」 한다.

咫尺에다 두고 보지는 못하나 果然 아름다운 自然인가 보다 하엿다. 여긔 는 그 무슨 神秘를 감춘 듯한 늣김이 잇다. 은은히 들리는 쾅쾅하는 瀑布 소리 와 內龍湫에서 흘너나리는 잔잔한 물소리와 쏴-하고 부러오는 서늘한 바람 소리 모다 合하야 四面 石壁에 부드처서 쏴-왕-하는 反響의 波動은 한 쪼각 한울만 보이는 이 조분 空間을 울리고 잇다.

바람은 더욱 차다. 쌀쌀하다. 오든 길을 도라 간신히 石壁 비탈을 지나 石 窟 속으로 나와 다시 外龍湫에 도라왓다. 악가버서 노앗든 帽子를 쓰고 外套 를 입고 이 곳을 써나 鶴巢臺 밋틀 돌아 욱어진 丹楓의 숩을 헤치면서 周王庵 으로 향한다. 바우 틈 길 언덕에 폭이 폭이 서잇는 黃楊木의 四時로 푸른 빗도 이 丹楓의 世界에서는 보기 조흔 異彩이다. 한참을 돌고 쏘 돌아서 四面이 山과 石壁으로 된 쑥드러간 곳에 周王庵이 잇다. 庵子를 보고는 後面 石壁 사이 둘너진 골작구니로 기여올나 石逕의 빗탈에 手足을 부치고 기도하고 몸을 밀기도 하야 간신히 周王庵에 드러왓다. 이 窟 속은 約 三四十名이나 드러설 만한 岩窟이다. 여긔서 周王이 避身하다가 어느 날 아츰 굴 압 石函에 나려와 洗手하다가 馬四聲의 鐵鉤가 窟 우으로 나려와 걸어서 잡아갓다 한 다. 이 窟의 한 쪽 이마에서 실가치 드리우고 잇는 가는 여러 줄기의 물은 은빗 갓기도 하고 눈물 갓해도 보인다. 그러고 그 아래에 깔린 바우돌은 늘 추근추 근하게 저저잇다.

祖先의 뜻을 바다

굿세게 싸우든 몸

이러케 되단 말가

萬衆의 大軍을 들어

敗北를 當한 것도

그 亦是 運이로다

잡아감도 甚하거늘

잡아줌은 무삼일고

그 아니 冤恨이랴

千秋에 맷친 冤恨

窟頂으로 나린 물이

눈물인가 하노라

　이러케 卽興詩를 읽으면서 周王窟을 써나 다시 周王庵으로 나려왓다. 이 암자의 압헤는 飛海峯과 玉筍峯이 둘너싸고 잇다. 여긔서 볼 째에 周王山 全區가 恰似히 石屛에 싸인 듯하다. 아마 이 山이 古代에 石屛山이라는 일홈을 가젓든 까닭이 여기에 잇섯든가 한다. 이제는 求景이 끗낫다. 半日이 넘도록 불이낫케 도라다니면서 案內하든 主持는 무슨 큰 일이나 치른드시 후유 하고는 한숨이 싯나자 元來 이 周王山은 果然 아름다운 名勝이오나 幅圓이 좁음으로 求景하기에 썩 簡便합니다. 쩔븐 時間으로 다들 求景할 수 잇는 아름다운 곳이외다 하고는 이 山을 나려 다시 白蓮庵 宿所로 드러가기를 請한다. 나는 그 말을 듯고는 섭섭한드시 그 主持의 뒤를 짜럿다. 그리하야 악가 올라오든 周王山 入口에 나려섯다. 처음 드러올 째 건너다 보기만 하고 온 大典寺에 드러갓다. 이「절」은 周王의 親子인 周大典을 紀念하게 된 절이다. 周王이 잡힌 후 大典은 그의 親父인 周王의 尸를 차저다가 이 山에 安葬하고 自己는 머리를 싹고 중이 되어 이 곳에 仙學을 工夫하고 싸라서 最後를 맞첫다 한다. 白蓮庵은 곳 그이의 工夫하든 집이라 한다. 求景은 여긔서 긋나고 主持를 싸라 시내를 건너 白蓮庵 宿所에 도라왓다. 夕陽은 어늬듯 넘어가고 左右 山川에 가득한 丹楓은 불근 落照와 빗을 合하야 一層 더-무르녹게 저 몸을 자장하고 잇다. 나는 쏘 다시 窓을 열고 쓸에 나섯다. 歷歷히 보아온 周王山의 모든 全景을 멀리 바라보면서.

아!! 모든 아름다운 바우야? 石壁아? 盤石아?! 맑은 시내야? 어엽분 丹楓아? 아! 모든 自然아? 너의들 偉大한 大自然의 크고도 넓고 限업는 사랑의 품 속에서 終日토록 擁抱를 바든 나는 머리를 숙여 恭順히 感謝한다 하엿다.

그리고 房으로 드러와 夕飯을 對하엿다. 飮食은 如前히 日本式이다. 「신 거우나 만히 잡수시오」하는 主持의 말은 참으로 誠意잇고도 親切한 語調로 들린다. 夕飯을 맛친 後 自然에 醉하야 終日토록 굶은 담배를 한 개 부치고는 白蓮庵 入口의 二層 樓上에 올랏다.

활 가티 굽은 半月은 天空에 소시고 서늘한 바람에 四面으로 울어오는 귀쑤램이 소리 擾亂하게도 들린다. 쏘 게다가 樓下로 흘너나리는 맑은 시내 소리 더욱 아름다웁게도 들린다. 그리고 밤은 작구 깁허간다. 萬衆이 모다 잠자고 오즉 北便으로 썩구러지는 그림자 軍糧岩과 將軍岩의 우렁찬 바우 그것 쑨이엇다. 이 째에 나는 世界에서 쑴구든 모든 것이 사라지기를 始作한 다. 하나도 남기지 안코 모다 사라저 바럿다. 오즉 一毫의 私情이 업시 公平하 게 빗춰주는 平和로운 「달」을 바라보며 흘느고 십흔 대로 흘느는 시내 소리와 울고 십흔 대로 우는 귀쑤램이 소리를 듯고 잇는 以外에는 아무 것도 업섯다. 그리하야 平和시러웁고 自由스러운 이 大自然의 품 속에서 엇지하면 이 瞬間 과 가튼 生의 延長을 永續할가 하는 生覺쑨이엇다. 그리고 世間에서 서로 싸 우고 속이고 달내고 쌔앗고 하는 그 모든 거짓 作亂은 조곰도 念頭에 빗치지 안헛다. 어느 듯 밤은 훨신 깁헛다. 이러한 空想을 한참하는 동안에 달은 넘어가고 大地는 黑幕을 나려친드시 캉캄한 漆夜로 밧귀어젓다. 나는 樓下에 나려와 宿所로 도라오니 쌔는 발서 밤 十一時 三十分이엇다.

(八日晴)

困한 잠은 쌔엇다. 大地는 환-하게 밝앗다. 오늘도 亦是 豫定과 가티 靑松邑에서 定期로 써나는 自動車 時間에 대이기 爲하야 얼푼 洗面을 한 後 旅具를 들고 時計를 쯰내보면서 主持에게 멧 번이나 感謝를 거듭하고 自動車에 올랏다. 그 동안에 情든 周王山의 自然도 보내기를 슬허하는 情인지 말업시 둘너잇다. 나는 作別하는 쯧으로 周王山을 도라다보고 쏘 도라보면서 봄에 쏘 보자! 녀름에 쏘 보자! 하엿다. 自動車를 모라 靑松邑에 왓다. 여긔서 S君을 作別하고는 써나기를 재촉하는 自動車에 몸을 던저 安東의 鄕第로 도라왓다. (씃)

慶州往來記

李德珍

《불교》, 1927년 11월

필자는 일본 유학생으로 東京一般朝鮮留學生學友會巡講團의 경부선대
인솔자로 귀국해 순회강연을 마치고 8월 13일 경남 합천의 정구대회 참관을
시작으로 경주까지 가는 여정을 시작한다. 제목과 달리 본가인 경남 의령을
출발해 합천을 거쳐 경북 고령까지 가는 여정만 다루고 있다. 각 지역에서 만
난 사람들과 정황도 소개하지만 주로 지역의 주요 사찰을 탐방한 소감을 기록
하는 점이 이채롭다. 합천에서는 정구 시합을 구경한 뒤 동료들과 협의해 14
일 시내에서 강연을 한다. 이튿날 시내 남쪽에 있는 연호사를 찾는다. 사찰의
정문 함벽루를 보고 그 절경에 감탄하지만 절집이 퇴락을 면치 못하는 것에
안타까워한다. 합천에서 한동안 머문 뒤 24일 합천을 떠난다. 도중에 안성을
지나치며 이곳에서 태어났으나 역모로 몰려 죽었다는 인물의 이야기를 떠올
린다. 고령, 대구, 거창으로 이어지는 도로가 있으나 수해로 자동차가 다니지
못해 도보로 30리 거리의 귀원까지 와 자동차를 타고 고령에 들어간다. 고령

에서는 여관을 찾아 들었으나 소란스런 분위기가 싫어 돌아나온 뒤 군 주사 이봉조의 집을 찾아 하룻밤 묵는다. 이 주사는 불교를 독실히 믿어 가족과 친인척에게 모두 불교를 전했으며 해인사가 이곳에 포교당을 세울 때도 물심양면으로 지원했다고 밝힌다. 그의 아들 이정근의 방에서 대화하며 하룻밤을 보낸다. 이튿날 25일에 이정근과 함께 가 포교당을 구경한다. 법당과 불상이 아름답다고 칭찬한다. 그러나 포교가 널리 되지 않는 점을 안타까워 한다. 아울러 포교당의 포교사가 인근 반룡사의 주지를 겸해 포교당의 운영을 꾸려간다는 말에 안도하지만 본사에서 포교사 파견에 좀 더 유의해주기를 바라는 마음을 드러낸다.

우리가 如何히 悲慘한 地境에 잇슬지라도 過去를 자랑 사는 것은 三國時代의 文化인 줄 안다. 民族에는 文化가 잇고 知識이 잇는 것이 永遠한 生存의 자랑이다. 우리 朝鮮民族의게도 남과 가튼 아니 남보다 優越한 半萬年의 文化가 잇스며 知識이 잇섯다. 따라서 그의 證據가 健全하고 實美한 同時에 우리 祖先의 生活이 얼마나 崇高優美하엿슴으로 넉넉히 알 수 잇다. 우리의 文明이 世界的으로 全人類에 貢獻하엿슴을 우리은 알 수 잇다. 長遠한 그동안 文明의 光線이 中斷됨에 따라서 文明의 遺物을 塵土에 埋葬하고 우리가 엇더한 暗暗裏에서 午睡가 濃厚하엿든지 祖宗의 光榮的 功業을 남의게 자랑하기는 姑捨하고 茫然不知의 盲目漢이 된 것은 事實이다. 우리은 機會와 時間만 잇스면 歷史을 짓고 古跡을 찿는 것이 無意味한 것은 아닐ㅅ 것이다. 果然 過去 三國時代에는 黃金時代엿스며 崇高卓越한 文明이엿다. 筆者가 只今 차자가고저 하는 慶州는 新羅의 舊都이라(朴氏 十王, 昔氏 八王, 金氏 三十八王) 歷年이 九百九十二年이나 되는 千年 古都 慶州는 文明의 源泉地

며 藝術의 寶庫인 同時에 傳說의 總都이며 遺蹟의 貯藏所이다. 이 文明의 創造者는 當時의 佛敎라 할 수 잇다. 이 佛敎는 高句麗 法侶 墨胡子 我道의 宣傳으로부터 輸入되엿다(距今 千五百四年) 佛敎의 發展이 크게 迅速하야 君臣上下를 勿論하고 高句麗 百濟 新羅 三國이다. 佛敎를 信仰함으로 따라서 佛敎的 文明이 크게 發達되야 三國의 文化는 佛敎文化의 支配 下에서 萬丈의 光輝가 爛爛케 되엿섯다. 大槪 佛敎는 支那에서 輸入되기 前보다 六十餘年 前 高句麗 瑠璃王 二十二年(甲子)에 五十三佛이 直接- 印度에서 海路로 金剛山에 왓다 하나 正史의 考證으로서는 高句麗는 小獸林王 元年(距今 一五五五年 壬甲)에 支那 符秦으로부터, 百濟는 枕流王 元年(距今 一五四三 乙酉)에 支那 東晉으로부터, 新羅는 法興王 十四年(距今 一三九九 戊甲)에 高句麗로부터 輸入되엿스나 三國이 다 佛敎를 篤信함으로 惠亮, 惠灌, 墨胡子, 信惠, 惠慈, 了義, 曇微(以上은 高句麗 僧侶) 觀勒, 眞表(百濟 僧侶), 覺悳, 圓光, 安弘, 智明, 曇育, 元曉, 義湘, 尹弼, 浮雪(以上은 新羅 僧侶) 等의 名僧 道士가 陸續 輩出하야 大小乘 佛敎의 眞理를 闡明하며 印度의 文化를 輸入하야 宗敎, 學術 等 各 方面으로 燦爛한 文明이 半島 江山에 光彩를 放射한 中에 元曉師의 金剛三昧論과 數十種의 藏經疏鈔는 朝鮮最古의 眞理的 記錄이며 世界 稀有의 眞寶品으로 尙今 崇拜를 받아온다. 百濟 聖王 二十九年에 日本에도 佛敎를 傳授하얏나니 모든 文化를 傳授한 것도 勿論이엇다.

三國은 이만한 자랑을 가젓다. 慶州는 이만한 文化의 源泉地이다. 故로 朝鮮人으로서는 반듯이 한번 차자가 볼 곳이며 더욱히 佛敎에 信仰을 가진 者로서는 率先的으로 巡訪을 闕하지 몯할ㅅ 것이다. 筆者는 오래 前부터 憧憬을 하고 一次 巡禮를 여러 번 內定하엿스나 世事 不知意함은 누구든지 다 아는 바와 가치 有意 未遂가 于今 十有餘年이엇다. 二年 前에 夏休歸省을 利用하야 李夢庭君을 作伴하야 佛刹 大本山 梁山 通度寺까지 갓다가 天雨가 防止에 道路가 不通함으로 素志를 達치 몯하고 와서 尙今 遺感千萬이여섯다. 今年 夏期에는 어느 紙上에 紹介와 가치 特히 北鮮地方 各 寺院을 巡訪코자하야 在東京 우리 靑年會 上에서 約束은 하엿스나 事情에 依하야 背約 無信者가 되엿습니다. 意外에 東京一般朝鮮留學生學友會巡講團에 被選되여 四隊를 分하야 全鮮的으로 하게 된 바 京釜線隊에 引率者 責任으로 歸國되엿섯다. 東紛西走에 太陽은 사람을 찔뜻이 더울 때에 困難을 이로 다 測量치 몰하게 하여섯다. 時日이 업슴으로 유감이나마 北鮮巡訪을 他日로 미루고 또 巡回講演도 끝이 난 후 八月 十三四 兩日은 慶南 陝川邑에서 南鮮蹴球及 庭球大會를 하는 故로 宜寧 本第에서 慶州를 가는 途程에 尋訪케 되엿다. 十三日 午後 三時頃에나 當該 運動場을 當到하니 庭球를 벌서 決勝戰 最後에 三加玄風 兩邑 靑年이 優勝을 다투어 猛烈히 날뛰는 選手들의 눈瞳子는 淸明 秋夜에 새ㅅ별가치 반작인다. 結局 玄風 靑年이 優勝의 月桂冠을 取하야쓰고 數千 群衆에 意氣洋洋히 技術을 자랑한다. 筆者는 速히 朴運杓 等 諸氏를 訪問하고 이 機會를 利用하야 講演하기로 請하얏다. 그들은 百方으로 準備하는 中에 現今 同校에 在學하는 金鐘奎君은 獻身的으로 設備하야 同 十四日 夕에 陝川靑年會館에서 講演을 하가되엿다. 多幸히 同郡의 留學生으로 잇는 張性均, 鄭淳鐘, 金鐘奎 三君이 가치 演士가 되어서 만흔 聽衆이 섭섭지 아니하게 되엿다. 그 翌日 十五日에 邑南便에 接近하야 잇는 烟湖寺를 차자갓다. 前日도 往來間에 보든 절이지만은 더욱히 今番에 한 感想이 생기는 것은 이 庵子가 비록 적지마는 南鮮 交通의 中心地라 할 만한 陝川邑에다가 位置를 둔 것만치 使命이 크다고 布敎政策上으로 볼 수 잇다. 더욱히 烟湖寺 正門인 涵碧樓는 千秋에 名高한 樓이엿다. 누군든지 陝川邑을 밟는 이는 涵碧樓를 찾게 된다. 一大長江은 涵碧樓를 끼고 돌며 南山 一屏의 松林은 이 樓의 屏幛임 새다. 夜來에 明月이 빗취는 景은 俗客을 놀낼 만 하고 汪洋한 碧波에 魚雁이 소리침은 探景客의 詩興을 도울 만도 하다. 多幸히 이와 가튼 곧에 一個 寺院이 잇는 바 頹落을 未免이며 守護法侶가 殘困을

自受하야 보는 바 行客으로 하야곰 蔑視를 發케 하니 過客에 不過하는 筆者
이지마는 傷心을 禁치 몯하겟다. 現住持 曹永三氏는 매우 怜敏한 氣像으로
애를 무척 쓰는 모양이나 守護에 말이 잇든 過去 住持와 틀님이나 업지 아니
할ㅅ가 이 亦 問題다. 좀 더 布敎에 熱誠과 守護에 精神을 가진 者가 이른 곧에
잇섯스면 하는 企待를 가지고 도라서게 되엿다.

　　이로부터 幾日間 暴暑에 困한 몸을 途中에서 親友인 韓英道君의게 쉬고
나니 開學도 不遠하고 慶州를 欽慕하는 생각이 催促함으로 萬事를 除癈하고
慶州 途程에 登하엿다.

八月 二十四日 水曜日 晴又曇

　　本日은 正午頃에 暫時 依托하야잇든 主人을 陜川 一隅 僻村에서 섭섭히
作別을 告하니 보내는 者든지 가는 자든지 다가치 凡人의 感情이라 엇지 一
掬의 눈물이 업스리요. 一時的 情을 서르마라, 永遠한 目的이 그 곧에 잇는
것이 아니다하고 快然히 떠나서니 曹秉達君은 妙山面 安城里下까지 多情히
보내준다. 감사히 作別을 하고 오다가 依然히 安城을 도라보게 되엿다. 吾道
山 頭無山은 陜川에 잇서서 伽倻山에 不下하는 泰山이다. 이 두 山이 後面으
로 安城을 안ㅅ고 섯스며 前面에는 맑은 시내가 크게 멀리 헐러가니 可謂 名
勝地로 自處할 만한 곧이다. 過去 曹聖在라 하는 傑人이 이 곧에서 出生하엿
다 한다. 그는 卓越한 人格과 援群한 武力을 가진 英雄이라 한다. 그는 封建時
代 政策의 所致인가 英才를 無用에 죽이고 逆賊이라는 累名을 쓰고 千秋에
傳하야왓다 한다. 英雄을 崇拜함은 아니로대 稀有한 傑出 俊物이 잘 活用치
몯하고 아모 事業 업시 사라젓슴은 實로 遺感으로 생각하고 步調를 빨리하야
韓警世君을 同伴하야 東天을 向하고 限업시 것게 되엿다. 이가는 道路는 高
靈, 大邱, 居昌 三邑이 連絡되는 自動車가 每日 四五差式 往來한다 하나 今
番 大水에 그것도 杜切되엿다. 道路가 圓滿하지 못한 山谷 길이라 물ㅅ결이

間間히 道路를 橫流하는 시내물은 구두 신ㅅ고 步行하는 客을 몹시도 괴롭게
한다. 僅僅히 寸步로 三十里이나 되는 貴院까지 왔다. 이 곧은 四通五達이
되어서 陜川, 居昌, 高靈 三邑 自動車가 交叉되는 停留所이다. 이 곧에서 비
롯오 自動車를 타게 되엿다. 이 곧에서 또 警世君을 作別하게 되엿다. 自動車
는 단숨에 二十里許되는 高靈邑에 到着하얏다. 이 邑은 적으나 매우 아담한
맛이 잇다. 時計를 보니 벌서 午后 六時頃이라. 日落西山에 餘輝가 不遠인지
검은 구름이 中天에 휘돌고 黃昏의 黑帳幕이 西面에 둘러 오는 故로 不可不
이 곧에 一夜의 宿泊을 하게 되엿다. 德華園이라는 旅館으로 引導를 받아드
러가니 西面에 喧嘩聲이 浪藉하다. 野客들의 花鬪場이며 豪俠한 人士들의
飮酒廳인 故로 雅精한 맛을 求하는 行客의게는 一夜라도 그리 願하는 바이
아니다. 그래 다시 나와서 高靈 一邑을 通하야 地位와 財産及道德이 頭目이
될 만한 李鳳朝(字乃文)氏라는 君主事宅을 訪問하얏다. 李主事는 前日부터
熟面인 故로 매우 반가한다. 流水光陰이 빠름은 勝言키 어렵도다. 뵈온 지
七八年에 그는 벌서 六十餘歲 老人으로 白髮을 자랑하니 人世의 無常을 누
아니 놀래리요. 李主事는 少時에 民衆을 爲하야 國家에 몸을 犧牲하얏다.
同時에 佛敎를 篤信하야 塵世에 煩悶을 佛敎眞理에다가 慰安을 얻어왓다.
一門 家族과 隣近 親戚의게도 全部 宣傳하야 可謂 佛國世界를 建成하얏다.
最近 十餘年 前에 高靈邑에 海印寺 布敎堂을 設立함에도 李氏는 專力을 다
하야 諸般으로 保護하고 傳道하얏다. 쏘 中間 事情에 依하야 이 布敎堂을
海印寺에서 移轉하랴함에 乃文氏의 極力 挽留를 因하야 中止하고 百方 周
旋과 多大한 努力으로써 이 敎堂 全部를 一新 改築하얏스며 夜學, 佛敎靑年
會, 佛敎少女會를 組織하야 아름답게 하야 감이 全部 李乃文氏의 誠力과 그
次子되는 李正根氏의 勤實한 힘이라 한다. 얼마나 偉大하며 可賀할ㅅ바인
가? 오래 전부터 欽敬하다가 直接 拜面함은 매우 幸甚으로 생각하고 諸般
으로 有益한 말삼을 만히 듯고 그 次子되는 李正根氏 房에서 가치 자게 되엿

다. 正根氏는 儒佛仙 三教에 매우 有識한 선배일 뿐 아니라 特히 佛教에 大信心을 가지엇다. 寺院에서도 잘 듣지 뭇할 眞理談을 만히 道破하는 故로 一夜之友가 매우 幸福으로 생각하엿다. 眞是眞僧은 在野하도다. 閑暇함이 精舍와 가튼 寢室에서 珍羞盛饌의 거룩한 待接을 받고 談話 中에서 앗갑게 밤을 지내엿다.

八月 二十五日 木曜日 晴

昨夜까지 흐리든 日氣는 一點의 구름 업시 快晴하얏다. 早朝에 李正根氏를 作伴하야 邑 西北便에 接近케 잇는 布教堂을 巡訪하게 되엿다. 門前에는 法刹 大本山 海印寺 布教堂이라 特書한 看板과 高靈佛教青年會, 佛教少年少女會 等 看板이 次第로 걸리여 잇고, 法堂은 前日보다 적게 되엿스나 매우 아름답게 되엿다. 佛像은 前日 海印寺로부터 모셔온 觀音像이 거룩하게 안즈섯다. 精誠을 다 하야 禮拜를 드리엇다. 前日 奉佛式時에는 高靈 一邑이 擧動을 하다 십히 盛大하게 하든 事가 依然히 聯想된다. 이 布教堂이 設立된 지 十餘年에 布教의 事業이 얼마나 되엿는가 생각할 때에 寒心하기도 하고 또한 반가운 생각도 업지 아니하다. 幾百名 信者 青年會 等을 가젓다 하나 참으로 信仰을 가진 사람이 몇 치나 되는가? 그러나 暫時라도 李氏 一家庭에 可謂 佛國的 信仰을 가젓슴은 얼마나 반가운 일이다. 寮舍채를 나가니 處士가치 보이는 老人이 佛經을 持誦하는대 恰似 仙官이 下降한 듯 하다. 또 菩薩老人이 몃 분 잇고 住持 鄭啓宗氏는 出他하고 업다. 얼마큼 遺感으로 생각하고 왓든 標跡으로 名啣을 두고 李氏의게 維持를 무르니 二十里許에 盤龍寺가 잇는대 五十餘斗落土地를 가진 절이라 이 布教師가 그 절 住持를 兼任하야 이 布教堂을 維持한다 한다. 筆者는 多少間 감사한 생각을 가젓섯다. 現在朝鮮 寺刹에 末寺 住持들의 狀況을 드러볼 때에 얼마나 寒心한가? 모든 아첨과 競爭을 다하야 住持가 되면 아모하는 것 업시 一年 幾十石 幾百石 寺中

三寶 財産으로 私腹을 채우고 아모 事業 업시 再任하기 爲하야 또 本山 或 官廳에 財物을 虛費하며 運動하는 것이 一大事業이라 하니 얼마나 可憎한 事인가. 筆者는 末寺住持를 말치 아니하고 本山 當局者는 住持派遣에 좀 反省이 잇기를 바라는 바이다. 다시 말하면 布敎堂이 따로 잇는 것이 아니고 末寺 亦 布敎堂이 아닐ㅅ가? 布敎든지 무슨 事業을 하며 私腹만 廉恥업시 채우지 안이할 사람을 좀 보내달라는 말이다. 이 布敎堂 住持의 熱情的 努力에 對하야는 감사한 생각을 아니 가질 수 업다. 그러나 錦上添花로 좀 더 少年 少女 等에 敎育及布敎를 하야 圓滿한 選佛場이 되기를 바라는 바이다. (쯧)

南鮮을 巡廻하야

李鍾烈

《현대평론》, 1928년 7월

필자가 현대평론사 주최 순회강연단의 초대를 받아 진주, 마산, 부산, 경주, 대구, 안동, 예천, 상주, 영동, 대전 등지를 순회한 여정을 기록했다. 전체적으로 필자의 여정은 강연단의 이동을 따라 구성되는데 강연 활동을 제외하면 인사들과 만나 대담하거나 식사와 유흥하는 기록이 대부분이다. 지역 현황을 간략하게 소개한 경우도 있다. 군데군데 지역의 명소에 들러 감흥을 한시로 남기기도 했다. 전편에 해당하는 이 글에는 경주까지의 여정만 기록했다.

5월 말이나 6월 초로 추정되는 어느날 밤 9시 50분 급행차로 경성을 출발한다. 김천까지 가서 진주행 자동차를 타려 했으나 마산-진주간 철로가 개설된 탓에 차편이 줄었다는 소식을 듣고 다음 기차를 기다려 마산까지 이동한 뒤 다시 진주행으로 갈아타고 진주에 도착한다. 진주에서는 촉석루를 구경하고 기생과 더불어 하룻밤 잘 논 기록을 남겼다. 마산으로 다시 가 하룻밤 묵은 뒤 부산으로 이동한다. 도착 이튿날 세 시간 강연을 한 뒤 항만 일주, 시내 구경을 하고 동래에 가 강연한 뒤 다시 만찬, 온천욕 등으로 사람들과 교유한다. 범어사, 통도사까지 구경하고 경주로 이동한다. 경주에서 불국사와 석굴암을 구경하고 밤에 강연을 시작한다. 200여 명의 청중은 기생을 대동한 신사에 일본 신과 옷을 걸친 이 등 각양각색이었다는 촌평을 남긴다. 경주 전체에 단체는 없고 기생과 술집만 흥성하다며 경주 청년들이 각성할 것을 촉구한다.

나는 별안간에 南鮮을 巡廻하게 되엿다. 本社 主催로 南鮮 一帶를 巡廻하며 學術講演을 한다함은 벌서 本誌 五月號 社告와 밋 朝鮮日報紙上으로 累次 紹介한 바이다. 그러함으로 一星 李灌鎔先生, 誠齊 李寬求兄, 佲山 洪起文兄이 벌서 豫定과 갓치 五月 下旬에 出發하야 密陽, 馬山을 巡演하고 晋州에서 滯在하며 나에게 곳 晋州로 날여오라난 電報가 왓슴으로 나는 京城을 등지고 밤 九時 五十分 急行車로 晋州로 向하엿다. 째는 벌서 夜深하야 보긔 조흔 초생달도 西天으로 들어가고 寂寂한 天地에 쥐쥐하난 汽笛聲만 連續不絶하난 즁 美麗한 江山에 勝景도 夜色에 蹂躪을 當하야 빗을 일코 이곳져곳이 모다 잠자난 거와 갓치 寂寞하다. 나도 할 수 업시 睡媒의 勸誘를 못익이여 한편 구셕에 자리을 占領하고 華胥의 나라로 漫遊하얏다. 夏夜이지만 車中에서난 퍽 支離하다. 그럭져럭 金泉을 當到하니 압 村에 닭소리는 새벽을 재촉하며 東天에 晨光이 天地을 다시 創造한다. 車에 나려 自動車로 곳 晋州을 向하려 하엿더니 晋馬線 輕便車가 난 後로 自動車가 前과 갓치 連續하지 안는다함으로 할 수 업시 八九時을 停車場 待合室에서 지내고 午後 二時에 다시 다음 車를 탓다. 馬山線 汽車 中에서 馬山 金用煥氏를 相逢하야 우리 一行이 馬山 단여간 消息을 듯고 金氏와 갓치 朝鮮日報 馬山支局까지 가서 支局長 崔喆龍氏를 만나고 다시 그의 案內로 南鮮旅館에서 하로밤을 지냇다. 翌朝 七時 十二分에 北馬山驛에서 晋州向 車로 九時 三十分에 晋州驛에 나려 自動車로 甲乙旅館으로 차져간 즉 果然 세분이다. 無故히 잇슴으로 반가히 握手하고 서울 近況을 대강 말하고 早食을 畢한 後 곳 城內 某ㅣ 有志을 尋訪하얏다. 三年 前에 내가 浿上에 滯在하얏슬 제 中國을 遊覽하고 歷路에 平壤을 들려 西鮮旅館에서 滯留할 새 함께 大同江, 牧丹峰으로 散步하고 數日 同遊하던 鶴村 金炳台氏을 意外에 맛나서 前日과 今日의 모다 偶然함을 말하며 술을 勸하야 慇懃한 情을 表하난 즁 庭下에 花卉가 繁盛하고 樓上에 圖書가 櫛比하야 詩人 墨客으로 하야금 興趣을 助長할 만 하얏다. 主人이 나의 才拙함을 生覺지 아이하고 懸板의 原韻으로 一首을 請함애 盛意을 難辭하야「東城古洞日如年, 遠訪鶴村梧月天點豊餘興秧歌裏. 感舊深懷麥穗邊. 南江今日難期會. 浿水曾年有宿綠. 花卉滿庭蜂蝶舞. 先生應足遞時眼」이라 하고 主翁을 作別 後 旅館으로 도라와 夕飯을 畢하고, 晋州靑年會 幹部 金贊成, 李淨 兩氏와 우리 同行 四人이 갓치 連袂하야 달빗을 조챠 晋州 三名物에 첫재인 矗石樓에 올낫다. 西將臺로 도라 앞푸로 疎林脩竹과 矗石義岩을 바라보고 感懷을 禁치 못하난 中 誠齊兄이 먼져 戌樓에 비겨 안져, 南江水 구버보니 花魂에 눈물지여 苔岩에 감돌너라. 이 날에 님 그려 발분 자최가 실바 잇사오리. 三章 詩調을 創作하야 을푸무로 나는 矗石樓 元韻으로 漢詩을 한 首를 지엇다.「南水滾滾不息流. 疎林脩竹此江洲. 古廟殘臺經幾歲. 一岩重石特斯樓. 醉裏賞花知俗態. 旅中步月惹詩愁. 回首洛雲千里遠. 晋陽今日爲何遊」거름을 돌이여 京城館이라 特書한 料理집으로 드러가 술이 醉하도록 노는대 座上에 晋州 三名物에 둘재인 妓生 또 晋州妓中에도 名妓인 玉葉, 仙月, 月中桂 等 美妓도 잇셔 南鮮의 歌舞에 醉함을 禁치 못하엿다. 그러나 晋州 三名物 中 玉峯濁酒을 먹지 못하고 正宗과 麥酒로 대신함

이 遺感이다. 不酒客인 以上이야 淸濁을 何關고 醉하면 그만이다. 나에 憧憬하던 晋州난 그만하면 다 보앗다. 翌朝에 食事를 맛치고 城內 某 ┃ 人事를 尋訪한 後 一新女子高普를 訪問한 즉 마침 舊新派 權利爭奪戰으로 모다 道廳으로 가고 敎員 五六人만이 남아 잇섯다. 들은 바와 갓치 一新敎난 純全한 民間事業으로 財源이 五千萬圓이나 되는 相當한 財源을 가지고 恒常 權利爭奪戰으로만 日常 不安라고 하니 一般 晋州社會를 위하야 한 不祥事일 쑨안이다. 또한 우리 敎育界를 도라보아 亦是 慨嘆할 바이다. 單純한 우리 民衆의 힘으로 이와갓치 相當한 敎育機關을 創設함은 一般 晋州人士를 爲하야 그의 熱誠을 敬賀하는 바이어니와 또한 그 反面으로 些少한 個人의 權利를 爭奪하야 서로 反目함은 가장 野卑할 일이다. 그만한 事業을 成立한 以上이면 누구나 勿論하고 不偏無黨하게 그만한 事業에 適任者를 가리여 一任하고 남에 模範이 됨이 可할 것이니 엇지 些少한 權利를 圖謀하야 一般社會 輿論을 惹起할 것이랴! 晋州人士들은 野卑한 權利爭奪心을 抛棄하고 어서 覺醒하야 그에 適任者를 擇하야 一任하기를 赤誠으로 바라는 바이다. (一新敎事件에 對하야는 調査한 것을 次號에 揭載할 것이다) 晋州를 섭섭히 作別하고 自動車로 馬山으로 向하는 중 右側으로 石壁이 疊疊하고 左側으로 長江이 洋洋하야 自然에 興을 惹起함으로 一首를 詠하니 左壁右江路直通. 看過風景一車中. 捶棹漁歌流水碧. 背牛樵笛夕陽紅. 變遷世態隨時異. 淳厚之村與古洞. 探興莫如節履晚. 奔忙南北又西東.

馬山文昌館에서 자고 主人 海峯의 淸으로 五絶를 書贈하니 東行千里路. 名勝幾停筇. 遯世多城市. 馬山見海峯.

翌日 釜山을 向하야 出發하다. 午後 六時 三十分에 釜山鎭에 當到하니.

釜山 朝鮮日報 支局과 古今社에셔 多數 人士가 出迎하야 곳 古今社로 가서 暫時 談話하고 大陸旅館에서 投宿하얏다. 翌日 午後 四時부터 國際館에서 講演을 始作하야 七時에 마치고 그 翌日은 日曜日인대 마침 某處 主催

의 港灣 一週가 有하야 우리도 參加하랴 한 즉 古今社에서 짜로 準備를 하야 二十餘 社員과 갓치 同船을 하고 洋洋한 海上으로 단이며 終日 誤樂하니 席上에 盃盤이 浪籍하고 歌舞가 佚宕하야 우리에 客懷를 慰安하게 하얏다. 詩 한 首- 千里行裝宿約無. 四人同伴不相孤. 魚鹽時話聽船子. 鷗鷺間向海努. 盃盤浪籍多風韻. 山水明媚似畵圖. 管絃佚宕兼歌舞. 爲客心懷此日舖.

松島 海水浴場에서 下船하야 慶南銀行 支配人 徐相浩氏 招待로 밤까지 놀다가 夜深後 歸宿하얏다. 翌日 市街을 求景하니 全部 日人에 經營이요. 우리난 모다 蕭條하게 漁業으로 지내가며 그 中 慶南銀行과 慶南印刷株式會社가 우리의 經營으로 對立하야 가장 奮鬪한다하며 그 남아지난 모다 조치못한 感想이 나셔 보기가 愉快치 못하얏다. 그 다음 날 自動車로 東萊가서 第一普敎 講堂에서 一星先生이면 저 組織的 團結生活이라난 演題로 시작하고, 다음 岱山兄이 善惡에 標準을 가지고 熱辯을 吐하고, 誠齊兄이 經濟組織의 階級이라난 演題로 끗을 막고, 午後 七時에 溫泉場 압 日新旅館으로 와서 東萊靑年會 幹部와 釜山古今社 諸位와 갓치 저녁을 먹엇다. 밤에는 朝鮮日報 釜山支局 招待로 蓬萊館에서 재미잇게 놀앗다. 翌日 일쯕 일어나 溫泉에 沐浴하고 食後에 邑內에 入하야 某某 人士를 訪問하고 傳來沿革을 問한 즉 三韓 以前에난 一國을 成하야 萇山國이라 하고, 又난 萊山國이라 稱하얏다고 하며 名勝으로난 邑內의 城跡이며, 金井山麓에 溫泉이며, 岩南里에 松島 海浴場이며, 海雲臺 溫泉과 梵魚寺 沒雲臺 等이 모다 東萊에 자랑할 만한 名勝地이며, 敎育機關과 金融機關도 當當하야 人民의 生活이 比較的 豊富함으로 多少 戶口가 增加된다고 한다. 尹灌, 鄭埈 두 분의 招待로 溫泉호텔에셔 놀고 翌日에 一適千金의 甘雨가 霏霏히 날이다. 一新學校 白南薰氏를 尋訪하고 東萊靑年 有志 招待로 溫泉호텔에서 晩餐會가 有하다. 翌朝 九時半에 우리 同行 四人과 釜山서 온 金凡夫鼎高氏와 金逍遙弘權氏와 鄭埈氏, 趙熙洙氏와 갓치 自動車로 梵魚寺를 尋訪한 즉 鄭埈氏 指導로 住持 以下가 出

迎하야 盛大히 接對하얏다. 大槪 梵魚寺 沿革을 말하면 新羅 國師 義湘大師에 創建으로 距今 一千八十餘年에 古刹이며 遺蹟으로난 義湘大師의 造成한 石塔, 石燈, 玉瓦와 彌勒 尊佛이 傳來하며 所屬庵子로난 元曉, 金剛, 大聖, 安養, 極樂, 靑蓮, 內院, 鷄鳴, 獅子 等 九個 庵子가 有하고 風景으로난 魚山, 老松, 鷄鳴秋月, 靑蓮夜雨, 大聖隱水, 內院暮鍾, 金剛晚楓, 義湘望海, 高菴歸雲.이 잇고 事業은 明正學校와 東萊幼穉園을 寺財로 經營한다고 한다. 其他로난 東萊郡에서 一切를 監視하야 寺 自體에서는 自由 도모하는 모양이다. 屈曲山蹊行步難長松落落夏猶寒鵑鳴泣空山聲滿壑馬嘶芳草綠生鞍僧廚齊罷靑烟散梵殿經聞白日閒義湘遺蹟今何在彌勒如前脩竹安帶暮來宿日新館하다. 섭섭히 逍遙者를 作別하니 그는 慷慨志士로 只今 釜山셔 捿屑하며 社會에만은 熱誠이 有한 이러라. 翌日 午後에 凡夫를 作別하얏다. 그는 本是 慶州 志士로셔 哲學 方面에 만은 硏究가 有하고, 文學의 素養과 漢文의 抱負가 相當한 學者로 只今 釜山 古今社 講師로 在한 中이다. 自動車로 梁山에 온 즉 靑年會 幹部 十餘人이 出迎하야 盛大한 對接을 밧고 通度寺로 가셔 鷲山館에 投宿하얏다.

翌日 朝食 後에 寺中에 知賓梁武弘이 나와 事務室노 案內하야 住持가 出迎하고 通度寺 歷史을 말하니 距今 一千二百餘年 前에 慈藏大師가 創建하고 寶物은 釋迦親着袈裟와 慈藏親着袈裟와 慈藏搖鈴, 元曉搖鈴 等 新羅時代 靑銅香爐, 甘露瓶이 잇고, 庵子난 甘靈堂 外 十八庵子가 有하고 事業은 通度普通學林이 잇다. 詩 一節-露鷲山前通度寺. 慈藏遺蹟尙今存. 白雲流水風塵遠. 二百餘僧自作村. 中 大后 新坪서 自動車로 가장 나의 憧憬하던 新羅의 古都요. 나의 貫之인 慶州로 向하엿다. 疾走하난 車中이나 舊都에 定柱頹瓦와 古墳에 離離禾黍千載에 感懷을 禁치 못할너라. 慶州邑 內 安東旅館에 投宿하다. 翌日 朝食 後 自動車로 佛國寺에 當到하니 層階에 石築한 技術과 石塔에 彫刻한 美術이 나 본 바에 처음이며 廣濶한 寺趾에 三四處

建築物만 남아 잇고, 法堂에 銅佛 二座가 新羅時代 古物이라 하며 石獅 四介 中에서 三介난 업서지고, 다만 一介만 法堂 압헤 잇스며 大雄殿이라 特書한 三字난 金生의 遺墨이라 한다. 土含山 上頂에 잇난 石窟庵으로 徒步하야 行하니 險峻 山路에 辛苦 莫甚한 中汗 出襲衣하야 참으로 行步難이엇다. 求景에 目的이 重함으로 이것 져것을 다 이져 발이고 기어히 石窟庵에 當到하니 吐含山 頂上高가 海拔로 約 二千四百餘尺이고, 石窟 內部 中央으로 釋迦如來 坐像이 有하고, 周圍 壁間에난 長이 約 九尺, 幅이 約 四尺에 花崗岩으로 陽刻한 十五體佛像이 有하고, 其上方佛龕十個所에 二處만 空虛하고, 八個所에 小佛像을 安置하고, 入口와 쏘난 入口 前이며, 小庭壁間에 八部神象에 像과 仁王 及 四仁王像 等을 陽刻으로 彫刻하엿스니 距今 一千四百餘年 長久한 歷史을 가진 新羅藝術界 가장 偉大한 傑作이다. 佛國寺와 石窟庵을 두고 一詩을 詠하니 層階屹立紫霞橫. 瓦柱崩頹感舊情. 寺老千年尊釋氏. 書餘三字憶金生. 後步僅行前步蹴. 上衣方脫下衣輕. 來着石庵知工術. 羅代文明萬古明.

　　오난 길에 雁鴨池와 瞻星臺 等을 歷觀하고 밤 八時부터 東京庵에서 講演을 始作하야 十一時에 마치다. 聽者는 近二百名이나 되나 別別 雜色이 다 만타. 所謂 紳士 名稱者가 妓生달이고 와서 演劇과 갓치 滋味가 업서 다라난 사람, 日本옷입고 게다 쪼각에 倭말하난 양반, 形形色色이 다 보인다. 團體로난 한아도 업스나, 그의 反面으로 妓生들은 들석들석허고 술집은 興成興成히다. 아! 可惜한 일이다. 夢裏에 醉하야 자지 말고 남과 갓치 어서 覺醒하야 남과 갓치 握手하고 勇進하여라. 東都 靑年들아. 山川의 美麗함을 장당치 말고 事業에 成就을 圖謀하여라. 사람이면 반다시 사람과 갓치 살어야 한다. 翌日에 自動車나에 가장 憧憬하던 우리 始祖 誕降하신 瓢岩을 간 즉 近來 새로 紀念閣을 建築하야 千載에 遺蹟을 懷憶하게 하엿더라. 다시 鮑石亭, 王陵, 芬篁寺 等을 求景하고 大邱을 向하야 出發하얏다.

南鮮을 巡廻하고(續)

李鍾烈

《현대평론》, 1928년 8월

필자가 현대평론사 주최 순회강연단의 초대를 받아 진주, 마산, 부산, 경주, 대구, 안동, 예천, 상주, 영동, 대전 등지를 순회한 여정을 기록했다. 전체적으로 필자의 여정은 강연단의 이동을 따라 구성되는데 강연 활동을 제외하면 인사들과 만나 대담하거나 식사와 유흥하는 기록이 대부분이다. 지역 현황을 간략하게 소개한 경우도 있다. 군데군데 지역의 명소에 들러 감흥을 한시로 남기기도 했다. 전편에 이어지는 이 글에는 대구에서 경성으로 돌아올 때까지의 여정을 기록했다.

대구에 도착한 뒤 지역 인사들을 만나고 달성공원을 구경한다. 고령청년회 사람들의 간곡한 청으로 대구 강연을 미루고 고령으로 이동한다. 고령에서 강연한 뒤 다시 합천의 초대를 받아 합천에서 강연하고 대구로 돌아온다. 대구에서 강연한 뒤 지역 인사들과 만나고 안동으로 이동한다. 안동에서도 식사, 유흥, 강연의 일정을 수행한다. 안동에서는 특히 경찰의 감시가 심해 불편하였던 점을 지적한다. 풍산, 하회 등지에서 사람을 만나고 식사를 한 뒤 상주로 가다 예천을 지날 때 지역 인사의 청으로 예천에서 강연하고 다시 상주로 이동한다. 상주 강연 뒤에는 김천으로 이동한다. 김천에서 강연한 뒤 영동으로 가서 강연한다. 대전으로 이동해 다시 강연을 준비하던 중 강연단 연사 중한 명이 집안의 우환으로 급히 서울로 돌아가는 바람에 계획했던 이후 일정을 모두 취소하고 귀경한다.

慶州로부터 午後 五時 三十分에 大邱에 到着하엿다. 朝鮮日報 大邱支局 張仁煥氏가 出迎하야 東城町 東亞旅館으로 案內를 바다 전역을 맛친 後 張君과 갓치 市內로 단이며 구경하다가 朝日食堂에서 會飮한 후 도라와 就寢하다. 翌朝에 本社 李錫薰兄 書信과 밋 家書가 來하야 近日 궁금한 마음을 풀엇다. 翌日 一星先生과 갓치 張吉相氏를 尋訪하고 도라오난 路中에 達城公園에 가서 바람을 쏘이난 즁 尹洪烈氏가 차져와서 自己 집으로 引導하야 點心을 갓치하고 전역에 다시 相逢하기로 約束하고 旅館으로 온 즉 高靈靑年會 執行委員 劉榮穆氏가 專來하야 高靈으로 가기를 懇請함으로 時日의 忽忙함을 생각하야 不得已한 事情을 말하고 追後 期會하자한 즉 劉君이 當地 事情을 말하며 懇曲히 請함으로 그의 誠意을 難辭하야 大邱 講演을 二三日間 延期하고 明日 同伴하야 가기로 許諾하엿다. 尹洪烈氏가 젼 역을 갓치하자는 電話가 와서 企待하난 즁 올마 안니하야 쏘 다시 그 隣近에 火災가 잇서 四十餘戶가 全燒하엿다 하며 조금 더 잇스라 하던니 六時頃에 樂天屋으로 招待을 하야 간 즉 尹君이 卜泳晚氏와 同伴하야 벌서 와 企待하더라. 回錄이 궁금하야 尹君의 집 安否를 무른 즉 朝陽會館 압 市場에서 發火가 되어 四十餘戶가 全燒되고 十六戶가 半燒되여 損害額이 十餘萬圓이라난 놀나운 말을 南行

한 以後로 쳐옴 들엇다. 場所關係로 福壽軒으로 가서 當地 東亞日報 支局長 徐相日氏와 만나 전역을 갓치하다. 翌朝에 張吉相氏 집에서 白隱劉先生을 만나 서울 消息을 대강 듯고 午後 一時에 高靈으로 간 즉 當地 靑年會 一同이 出迎하야 十二時에 맛치고, 翌年에 洛東江 鯉魚와 高靈 白酒로 靑年會 幹部 一同과 會合하야 趣味 津津하게 노난 中 浹川靑年會 代表 朴運均氏가 專來하야 浹川으로 가기를 懇請할 쑨더러 當地 靑年會 一同이 쏘한 力勸하야 高靈 劉榮穆, 卞 兩氏와 갓치 自動車로 十里나 되난 高嶺을 지나 浹川으로 向하난 中에 嶺이 엇지 놉던지 高靈이 아마 高嶺의 訛傳이 안인가 疑心이 업지 안이하엿다. 浹川에 當到한 즉 一適 千金의 甘雨가 來하야 農家에 活氣가 보인다. 밤에 講演을 마처고 靑年會館 內에서 盛大한 招待가 잇서 새벽까지 놀고 翌朝 八時에 섭섭히 當地 諸氏를 作別하고 卞, 劉 兩君까지 손을 난운 後 大邱로 다시 도라오난 中 浹川에 第一 名勝地요, 朝鮮 寺刹에 有名한 海印寺을 진내이며 時日에 忽急으로 因하야 求景치 못한 거시 大端 遺感이다. 그러나 遊覽에 길이 안인 以上이야 後悔한 들 무엇할야만 멀이 白雲 靑山만 바라보아실 쑨이다. 翌朝 卞泳晚氏 招待로 午饌을 먹고 밤 八時부터 市內 西城町 喜道普通學校에서 講演을 始作하야 十一時 半에 마치고 朝鮮日報 支局 招待로 朝日食堂에서 술이 醉하야 大邱 物色까지 求景하고 夜深 後 도라오다. 翌日 食後에 市內를 求景하고 徐相日氏 招待로 전역을 갓치 먹고 李相武氏가 二次會를 福壽軒에서 여러 盡夜토록 談話하다가 도라와 자고 翌朝에 一星과 갓치 張吉相氏와 밋 尹洪烈, 徐相日 諸氏을 作別하고 旅館으로 도라온 즉 河駿錫氏가 自家 自動車로 와서 반가희 만나 그간 重服 當한 慰問의 禮을 마치고 暫時동안 談話한 後 섭섭희 河兄을 作別하고 河兄 自動車을 빌어타고 바로 安東으로 向하야 出發하엿다. 左右 沿邊으로난 山明, 水麗한 風景이 眼光을 새로이 하며 處處에 移秧聲과 家家에 打麥聲이 農村의 奔忙함을 알게 할너라. 그럭져력 세時間을 허비하야 安東에 當到하엿다.

곳 當地 靑年會 案內로 安東旅館으로 宿所를 定하고 전역을 먹은 뒤에 靑年會 招待로 蘭珠料理집에서 南鮮 歌舞에 醉하야 도라와자고 翌年에 靑年會 幹部 金活氏 外 十餘人과 東亞日報 支局長 沈揆夏과 밋 中外, 朝鮮 兩支局長과 갓치 佩酒携妓하고 安東公園, 曠感樓에서 終日토록 優遊하다가 전역 새에 도라오다. 詩 一首「千里道遙登此樓. 暎湖亭上華山頭. 曠感相隣西岳寺. 安東曾謂永嘉州. 一天早魃遲秧雨. 四野黃雲見麥秋. 南行今日多懷古. 每到名區憶昔遊.」밤 九時부터 講演을 始作하야 十二時頃에 마치다. 當地 警察이 엇지 甚하던지 三支局 後援은 許하나 當地 靑年同盟 名義난 不許함으로 靑年同盟會員 一同이 크게 奮慨하야 翌日에 다시 靑年同盟 名義로 特別히 講演을 靑年會館 內에 開催하엿다. 그러나 警察의 干涉이 너무 甚하다 못하야 飮食 먹난 座席까지 봉치의 보두군과 갓치 조차 단인다. 河回 柳時泳君니 專來하야 同宿하고 翌朝에 五美 金赫君과 갓치 安東을 써나 柳時泳君 집을 向하야 出發하엿다. 全鮮的으로 有名한 豊山小作人組合서 李明植氏 外 十餘人이 出迎하야 豊山에 名勝地요 李氏의 舊基인 棣華樓에 들어 點心을 먹고 쏘다시 夕陽을 등지고 河回을 向하야 徒步로 十餘里을 行하야 柳君 집을 當到하엿다. 河回난 壬辰 中興功臣 柳西崖相公 舊基오. 柳君은 곳 西崖 嗣孫임으로 우리와 三百餘年 世誼가 잇다. 전역을 먹은 後 花崗俱樂部員 十餘人이 차져와 談話하난 中 到處에 업지 못한 칼치 한 분이와서 긴치안은 인사을 하고 쓸째 업시 안져인난 中 마침 洞內 柳景夏氏 招待로 그 집이 가서 술 먹난 座席까지 둘세식조차 단인다. 講演隊까지 성가시게 하난 것은 이곳이 제일 甚하다. 翌日 오래동안 早魃노 農況에 失時함을 근심한든 一般 渴望은 一天喜雨에 모다 사라지고 處處에 歡喜聲이 喧天動地하며 好雨知時節하야 終日 쉬지 안이한다. 雨天을 不關하고 河回을 등지고 尙州을 向하야 出發하엿다. 豊山 作人組合委員들의 周旋으로 同會館 內에서 點心을 먹고 二三時間 餘暇가 잇서 座談으로 叙懷하난 中 쏘 긴치 안은 친구 한 분이와서 성이

가시게 하엿다. 時間이 되어 尙州를 向하는 自動車로 出發하야 醴泉 압까지
와서 河川에 물이 洋溢하야 自動車가 不通함으로 할 수 업시 赤身으로 涉川
하야 大端한 困境을 지내엿다. 醴泉 自動車 停留場을 經過하난 中 벌서 醴泉
人士가 알고 醴泉에 하로 投宿함을 請하나 日자 關係로 할 수 업다, 구 二三次
말하엿스나 열어분이 비를 마져가며 强請함으로 할 수 업시 그 날를 醴泉에서
지내고 밤에 數百名 압헤서 講演을 마치고 翌午에 醴泉을 써나 尙州로 向하
난 中路에 龍宮, 咸昌을 看過하엿다. 午後 三時頃에 尙州에 到着하야 本社
支社長 姜壎氏 案內로 商山旅館에서 投宿하고 翌夜에 四五百名 압헤서 講
演을 마치고 當地人士 招待로 夜深토로 相歡하며 松筍酒에 醉하다. 翌朝에
尙州을 써나 金泉 太和旅館에 投宿하고 金泉座에서 講演을 마치고 翌午後
三時 五十分 車로 永同에 나려 當地 靑年會 諸氏의 出迎으로 곳 會館으로
들어가서 談話하난 中 當地 勞農靑年會 一同이 合心同力하야 耕作하난 논
의 모을 심고 도라와 會館 內에서 갓치 會合하야 夕飯을 畢하고 因하야 우
리의 講演이 始作되엿다. 當地 警察은 向日 李晶燮君이 支那 靑天白日旗 소
리에 檢束을 식이엿다난 말도 들엇다. 그러나 우리의게난 注意만 주고 無事
히 經過하엿다. 翌午 大田에 날여 槿華旅館에 入하야 點心을 먹고 인는 中
一星先生이 親患危急電話를 밧고 곳 特急車로 上京하고 우리난 밤 講演으
로 因하야 그 밤을 지나고 豫定하엿던 扶餘, 論山, 江景, 公州, 槐山, 忠州
等은 다음으로 延期하고 翌日 特急車로 一朔만에 京城驛을 當到한 즉 本社
諸氏가 出迎하야 京城食堂에서 전역을 갓치하고 各各 집으로 向하난 中 覆
雜한 서울에 紅塵萬丈을 이저발이고 新鮮한 鄕村空氣에 趣味익게 도라단이
던 나는 쏘다시 분주한 서울에 한 사람이 되엿다. 崇禮門도 依舊히 반기고
街路에 電燈만 煌煌할 쑨.

南巡하엿든 이약이

無號山房

《불교》, 1929년 5월

필자가 김천, 진주, 마산, 통영, 창원, 동래, 통도사, 양산, 대구 등지를 다니며 불교 신자들과 관련 인사들을 만나 대화하거나 설교한 여정을 소개한 글이다. 필자는 조선불교승려대회를 마친 뒤 그 준비에 피로해진 심신을 회복하기 위해 휴양을 계획하던 중 진주로 내려오라는 연락을 받고 떠날 결심을 한다. 그러나 출발 두 시간 전 갑작스런 입원과 수술로 일주일쯤 지체했다가 퇴원한 뒤 여정을 시작한다. 첫 행선지인 진주로 가는 길에 김천에 내려 慶北 無遮會上에서 일주일 가량 머문다. 예불과 구경을 겸해 여유있게 생활하며 불교계 중진들의 법설을 들으며 기쁨을 느낀다. 진주에서는 지인을 만나고 대중들을 모아 강연을 한다. 진주의 불교계는 경찰의 취제와 함께 천주교, 기독교계의 반동을 양쪽으로 받는 중에서 오히려 성장할 여지를 남기는 것을 흥미롭게 생각하다. 아울러 포교사의 자질을 거론하면서 반드시 신식 사조를 받아들여야만 하는 것은 아니라 지적한다. "新式이라는 것은 絕對的이 아니다. 絕對的新式이 잇다면 그것은 破壞라 할지언정 新式이라 하고저 아니한다.”는 표현 속에 불교를 대중화하는 운동을 펼치되 불교의 진제를 저버릴 수 없다는 필자의 관점이 잘 드러난다. 마산으로 이동한 뒤에는 현지의 포교 환경이 진주보다 못한 것을 걱정하며 개항지인 탓에 하루생활에 급급한 노동자들이 많이 잠재해 포교의 기반을 쉽게 다지지 못할 거으로 분석한다. 마산, 통영, 창원, 동래를 거치며 지인들을 만나고 대중 설교를 계속한다. 통도사에서 음력 과세를 하며 설교를 하는 한편 고승들을 만나는 기쁨을 누린다. 이후 울산을 거쳐 양산에서 설교하고 밀양으로 가려 했으나 경찰의 제지로 대구로 간 뒤 동화사 포교당에서 집회를 주관하고 귀경한다. 이상의 여정을 거치며 필자는 불교계의 포교진행상황과 방침을 알게 되고 특히 경남 지역 신도들의 보편적 요구가 무엇인지 기억하게 된 것을 성과로 꼽았다.

—

오늘은 陰十二月 七日이다. 二三個月間을 두고서 朝鮮佛敎僧侶大會라는 것을 準備하노라고 精神과 肉體가 極度로 衰弱하여진 나머지라. 어느 閑寂한 곳에 가서 休養을 하지 아니하면 不可하다는 생각이 되어 잇는 中 더욱 個人上 不快한 風說과 合하야 나는 한時라도 速히 京城을 떠나지 아니하면 아니될 運命이엿다. 이와가티 思慮하든 中 晉州에서 나려오라는 片紙를 接하고나니 大會 時에 劉兄이 나에게 말하기를 『晉州에서 韓氏를 請하여서 講演을 하고저 하엿는데 韓氏가 不肯하며 同時에 晉州서 付託이 韓氏가 不應하거든 당신이라도 말을 하야 오도록 하라하니 오시는 것이 엇더함닛가?』함으로 이 말에 나는 곳 『感謝하오나 밧버서 못가겟소』하겟지만은 나의 事情으로 말하면 歸國한 后로 한번도 時間의 餘裕를 얻어서 晉州에 잇는 親知를

訪問하야 그지간 맛나지 못하엿든 이약이나마 하지 못하엿고 또- 그가 昨年 春에 왓슬 적에도 從容히 만나지 못하여서 情疎한 모양인 더군다나 그가 오라 하엿스니 엇지 避할 것이냐? 同時에 休養次로 어데든지 가고저 하엿는지라. 八日에 發程할 準備를 하고서 떠나고저 하기 前에 偶發한 病故로 入院하야 手術을 받기는 떠나기 前 두時 卽 午后 七時이다.

二

　오늘은 七日後이다. 入院한 結果도 良好하고 身體의 衰弱도 完治되엿슴으로 前日 計劃에 依하야 發程할가? 아니할가? 하다가 謝罪兼 休養兼 여러 가지 意味로 晉州를 向하야 發程하든 中路中에서 金泉서 下車하게 되니 午前 長安寺 地藏庵에서 三冬에 道伴을 作하야 준 指導者인 喜首座를 尋訪하야 慶北 無遮會上를 차저간 것이다. 이 곳은 佛敎界에 重鎭이 만호신 學徒를 提接하는 霽山化上의 直指會上이다.

　이곳에 온 나는 西廂記式으로『上方佛殿 下方禪院 遍巡東西兩廂』又는 『遇佛拜佛 遇塔掃塔』格으로 禮佛과 游觀을 마치고 客室에서 炭翁化上과 懷舊를 始作하니 一年前에 나도 亦是 禪衆에 參預하야 禪悅의 快樂을 맛보든 幸福스러운 사람이엿다는 것이 記憶된다. 더욱이 曾前에 만흔 希望과 信仰으로 直指會上만 記憶하든 남여지에 知識을 親見 問訊하는 福으로 이 會上에 客이 되니 그만에 萬事를 이저버려서 香茶로 身役을 삼을가하는 생각이 난다.

三

　오늘은 이곳에 온지 발서 七日이나 되엿다. 그래 다시 旅行을 繼續하게 되니 나의 薄福을 슬어하면서 車에 다가 몸을 실어서 晉州로 向할 運命의 길을 떠난다. 午後 六時頃에 車의 乘換으로 三浪津驛에 나리여서 한 時間 徘徊

하든 中 意外로 新詩運動에 沒頭하는 黃兄을 맛나니 이로부터 나의 隻行이 西南得朋이 되어서 一組를 일우엇다. 그리되고 보니 不得已 同行하게 되는 中 나는 潛行이요, 黃兄은 나와 달러서 宣傳次이다. 이것이 因緣이 되어서 期約지도 아니한 馬山 新幹支會主催로 馬山에서 講演을 하야주마고 屈伏的 承諾을 두고서 밝는 날 晉州를 向하야 떠나기는 午前 十時엿다.

午後 晉州驛에서 自動車로 市內에 들어가 吳兄을 맛나서 若干 이약이 한 后에 黃兄의 親知 訪問에 따라단이다가 하도 無味하여서 다시 旅舍를 定하야 누으니 참으로 客苦를 알겟다. 그 이튼날 다시 吳兄을 맛나서 布敎에 對한 이약이를 듯는 中 다시 日字를 定하야 公衆을 모아가지고 이약이를 하게 되니 歲暮임을 不顧하고 歡迎하여줌에 對하여서는 晉州佛敎振興會 諸位의 努力도 만치 마는 晉州人士에 對한 感謝인즉 오즉 조흔 말을 傳하야줄가?하는 希望에서 만흔 사랑으로 對하여 주엇슴이다. 同時에 晋州로 말하면 慶南의 思想 中心地로 各 敎會의 布敎 設備라거나 思想運動機關이 比較的 施設되여 잇슴으로 警察의 言論 取締는 勿論 天主敎徒와 耶蘇敎徒의 反目으로된 暗鬪에다가 社會運動者들의 宗敎排斥運動이 內外로 그들을 不安케 하는 狀態임으로 자못 表面的으로 보아서 一致될 可能性이 업는 中에 吳兄의 努力과 外界의 思潮가 佛敎에 對하야 자라날 餘地를 주게 된 것이 그윽히 興味를 주는 것이다.

四

同時에 말하고저 하는 것인즉 布敎보다도 生活關係로 布敎師에 從事하는 사람이라면 다시 말하고저 아니하지마는 적어도 布敎師다운 使命을 理解하고 實行하자면 참으로 難處한 境遇가 만흐니 佛敎가 朝鮮에 輸入된지 오래인 만큼 思想의 根據가 純 朝鮮的으로 完實하여저 오다가 中間에 運의 交叉라 할만한 盛과 衰에 依하야 그 敎法이 不絶하게 되는 原因인 즉 衰할 時의

信仰大衆은 保守級이요, 盛할 時의 信仰大衆은 全的이다. 그럼으로 現今 歐洲 天主教堂에 信仰大衆이 年老한 女性으로 充한 것과 마찬가지로 現今에 佛教도 衰하엿다가 復生하고저 하는 時機인지라. 舊女性의 要求인 儀式的 設備와 因果的 厭世的 氣分인 前時代의 要求를 全然 아니도라볼 수 업고 따라서 現代가 要求하는 實際的 生活에 잇서서 單刀直入的으로 佛陀의 教訓 即『山河大地現眞光』的 眞際를 저버리여서는 不可한 點에 잇서서이다. 前者에도 늘- 記憶하는 바이지마는 新式이라는 것은 絕對的이 아니다. 絕對的 新式이 잇다면 그것은 破壞라 할지언정 新式이라 하고저 아니한다. 그럼으로 現代的 布教師인즉 오즉『隨緣赴感靡不周, 而恒處此菩提座』的 方式을 體驗하지 아니하면 참으로 佛恩을 갑기가 어렵다.

현代의 布教가 大人格者를 要求함으로 布教師를 尊敬하고저 하는 忠誠의 反面에는 만히 蔑視하게 되는 것이다. 그러나 晉州靑年으로서 吳兄에 對한 바램이『좀- 더 新式이엿스면-』이에서 나는 참으로 吳兄의 努力이 얼마나 하엿드라는 것을 잘 짐작한다. 이와가튼 要求인 즉 教况을 아지 못하는 外間的 觀望이라 하겟스나 吳兄이 現代를 그다지 達觀하지 못할 만한 處時에 잇서서 이만한 信望을 保持하는 것인즉 品行과 外事가 그 얼마나 恭儉하며 對人接物에 그- 얼마나 周到하엿든가를 새삼스럽게 記憶하고 십다.

如何間 吳兄은 有望한 布教師라고 나는 躊躇하고십지 안타.

五

다시 晉州를 떠나가기 臨하야 나의 晉州行이 通度本末招待이엿다는 것을 알게 되엿슴으로 吳兄의 各地 尋訪하라는 付託을 許諾하고 馬山에 到着하야 梁兄의 案內로 馬山에 들어온 즉 이곳은 晉州와 달라서 모든 것이 初施設갓해 보이는 것이 넘어나 어설프다. 梁兄의 努力으로 布教所 修繕이 面目一新이라는 것은 感謝한 일이라 아니할 수 업스나 晉州보다 久遠한 施設을 가지엿다는 馬山으로서는 넘어나 非所望이다. 이것의 原因인 즉 布教師 交換과 人選의 關係이라 아니할 수 업다. 同時에 馬山은 新舊 耶蘇教 運動이 全然 社會運動者級에 先立地盤水平以下로 들어갓고 開港場인 만큼 實際生活에 汲汲한 勞動階級의 駁雜한 要求가 潛在하엿슴으로 若干의 活動으로는 地盤의 完成이 實로 不可하다.

前者에 言約한 新幹支會에 出席하게 되니 歲暮일뿐만 아니라 駁雜한 風聞의 關係로 聽衆은 그다지 만타고는 못하겟스나 嚴肅한 空氣는 참으로 法庭氣分을 가진다. 이 理由는 去年 夏期에 進專의 白樂濬先生이 『現代思想講座』라는 것을 大邱朝陽會館에서 開催하엿든 中 想必社會運動者의게 歡迎을 못받앗든지? 이 말이 訛傳이 되어서 筆者 自身이 大邱와서 講演을 하다가 不歡迎을 받고갓다는 宣傳이 되어서 主催側인 新幹支會에서도 問題가 일어나 馬山聽衆側은 나를 試驗하는 會席을 만들엇기 때문에 그다지 嚴肅하엿고 나는 聽席이 嚴肅함으로 조흔 機會가 되어서 하고저 하는 바에 符合된 것만은 感謝不已하엿다. 馬山 新幹支會 調査部도 어려운 일을 當하여서 未安하지마는 이러한 일은 途聽途說以外에는 別로 調査할 機關이 업는 朝鮮에서 밧게는 달은 곳에 잇슬 수 업는 것이다. 이 모양으로 馬山에서 安穩을 얻은 것은 馬山有志와 新幹支會의 만흔 사랑을 받은 結果라 아니할 수 업다.

六

統營에 到着하야 亦是 馬山과 類似한 集會를 圓이 지내엿스나 主催者側에 만흔 理解와 사랑으 지내엿슴만큼 孤寂하지는 아니하엿고 龍華寺의 朴兄과 柳兄의 周旋으로 朝鮮日報支局長 梁兄의 周到한 援助를 새삼스럽게 늣긴다. 그러나 安靜의 孟兄을 못맛낸만큼 遺憾인 同時에 十餘年前의 同窓이든 朴兄을 맛나보니 참으로 반갑다. 그들의 歡迎 속에서 朝鮮詩壇을 經營하는 黃兄을 東萊가서 맛나기로 作別하엿는지라. 다시 隻行으로 馬山에 到着

하니 昌原에서 발서 集會를 만들어 노앗는지라. 馬山의 梁兄과 昌原의 朴兄과 三人이 同伴하야 自動車로 昌原에 到着하야 여러분과 이약이를 하고나니 深夜가 되어서 압길을 찾지 못할만한 때에 비로소 旅舍에 도라와서 信徒 中 李氏와 信仰에 對한 問題를 討論하는 瞬間에 비로소 昌原에서 留宿하게 되니 李氏의 알고저 하는 바가 切實하면서 筆者에게 興味를 주는 問題로 質問하야주는 滋味이엿다. 그들이 다- 헤여진 後에 市中에 도라단이다가 梁兄과 同宿한 后 이튼날 午前에 昌原의 朴兄과 馬山의 梁兄이 보내주는 昌原驛을 떠나니 이날 午後에는 東萊에서 다시 前日作別한 黃兄과 親知數人으로 溫泉과 東萊市中을 徘徊하다가 黃兄을 作別하고 다시 東萊布敎堂을 떠나서 梵魚寺에 到着하야 一夜를 지난 后에 講主化上의 親切한 懷舊와 金相琦氏의 理解와 同情으로 去番大會를 批評하여줌에 醉하엿다가 다시 通度寺에 到着하야 過歲할 豫定으로 客室에서 旅情을 쉬운 后에 講院集會에서 朝鮮佛敎의 由來와 今番 僧侶大會의 使命을 이약이한 後 大衆의 사랑과 同情 속에서 허물업시 마치고 亦是 밝는 날에 敬慕하는 慈藏庵과 普光殿을 通하야 戒壇法堂에서『應無所住, 而生其心』的 設備와 我佛의 實際的 正法을 看破하고 다시 希求心을 쉬이여서 慈藏化上의 眞影에 參拜하고는 다시 普光殿 九河化上의 房에서 鏡峰化上을 맛나니 참으로 末世에 드문 일인만큼 禪悅味을 맛보는 그-이엿다. 이것이 十餘年前만 하여도 그다지 貴한 것이 아니엿겟지마는 오늘에 잇서서 다시 近日 發心으로 이만한 勇猛力을 얻으니 이것이 엇지 宿慧가 아니며 暗黑한 現今에서 大德들의 晦跡을 슬허하는 무리들에게 警醒이 아니엿스며 破戒한 무리들로 落望中에서 다시 如救頭燃하도록 精進하라는 訓戒가 아니일가?

七

이에서 發程하야 蔚山으로 梁山에 와서 玉淸化上의 慇懃한 同情 中에

數日 寒氣을 받은 結果 身熱로 苦痛을 하면서 겨우 集會를 마치고 그 이튿날 密陽으로 가랴다가 警察의 不許에 大邱로 直行하게 되니 이것이 還京할 日字의 短促이라 하겟다. 그래서 大邱에서는 오즉 訪問의 形式을 치른 後 도라오고저 하엿스나 尹東爕氏의 邂逅와 李敬宇師의 要求로 德山町 桐華寺 布教堂에서 有志의 同情으로 集會를 圓滿이 마치고 午後 十一時에 大邱驛에서 몸을 車中에 付託하니 이것이 나로서는 처음되는 말쟁이 旅行이엿고 敎團側으로보면 說敎旅行이엿고 主催者側으로 말하면 信徒의 知識을 增進하기 爲한 佛事이엿다. 그러나 이번에서 얻은 實敎訓이 잇섯다면 敎界의 布敎狀況進行과 方針에 對하야와 그 다음에는 信徒의 要求와 普遍的으로 朝鮮大衆의 要求 中 南鮮地方 特히 慶南의 要求가 무엇이엿다는 것을 記憶하게 된 것은 彼此間 必要한 일이라 생각한다. 日後에 라도 布敎事業 統一的 前提에 잇서서 全半島的으로 組織的 設計를 가지고저 한다면 臨時로 라도 中央에 如斯한 設備가 잇서야 하겟다 생각하엿섯는데 더욱이 今番에 敎界의 振興을 圖하고저 努力하는 當局者들은 機敏하게도 理事會 提案으로 宗會及評議員會에다가 提出討議케 하엿다 하니 엇지 반가운 消息이 아니랴!

끗를 臨하야 各地 滯在中만흔 愛護로 接하여 주시든 諸兄의게 感謝를 올리는 同時에 더욱이 個人的 事情으로 三月 集會에 上京하신 諸兄과 가치 一席에 參預치 못하엿섯든 것을 遺憾으로 아는 同時에 諸兄의 앞헤 容恕를 빈다. 四月 八日 午後 四時에

桐華寺의 一週日(一)*

晩悟生

《불교》, 1930년 7월

필자는 전남 백양사의 본말사 사초를 만드는 임무를 맡고 있다. 작업 중 백양
사와 그 말사에서 보관하고 있는 喚惺祖師와 影波禪師의 초상과 관련 기록
을 고증할 필요가 생긴다. 이에 두 조사의 문집이 있는지 확인하고 열람하고
자 대구 동화사를 방문한다. 부용역에서 대전을 거쳐 김천, 대구까지는 호남
선과 경부선 철도로 이동하고, 대구에 도착한 뒤에는 도보로 동촌 아양교를
건너 공산면으로 직통하는 등외도로를 따라 동화사까지 이동한다. 이동 과정
에 대한 특별한 감회는 없으나 동화사 도착 직전 큰 비를 만나 고생한 상황은
비교적 자세히 기록한다. 세 차례 연재물 가운데 첫 편이다.

첫 편에는 동화사에 도착하는 과정과 도착한 뒤 주지와 나누는 대화 및 문서

---

* 원제에는 번호가 없다. 자료집에서만 구분을 위해 번호를 붙였다.

열람, 그리고 동화사의 원로 庸隱和尙에게 들은 고려 태조와 보조국사 이야기 등 세 부분으로 이루어진다. 앞서 소개한 여정을 거쳐 동화사에 도착한 뒤 필자는 주지를 만나 찾아온 목적을 말한다. 동화사 주지는 필자의 말을 받아 자료를 열람하는 김에 동화사의 사적비를 쓰기 위한 기초 자료도 좀 질정해달라고 부탁한다. 특히 동화사가 소재한 팔공산의 지명 유래조차 여러 설만 분분할 뿐 정확치 않다고 지적한다. 이에 필자는 절에 보관하고 있는 여러 문집과 장경을 열람하며 지명 유래를 찾으나 찾지 못한다. 이후 동화사 원로 용은화상을 만나는데 그와 필자의 인연을 소개한다. 용은화상에게는 동화사 인근에 퍼져있는 견훤과 고려 태조의 이야기를 질문해 자세한 내력을 듣는다. 즉 신라 말 경주를 공격하고 왕을 시해한 견훤을 고려 태조가 팔공산 美理寺 앞에서 맞아 싸웠으나 패주하게 된 바, 팔공산 내 토굴에서 수행하던 보조국사의 도움으로 견훤을 물리치고 목숨을 구하게 되며, 이후 태조의 지원으로 토굴 대신 암자와 華寺를 창건하고 주위 십리에 이르는 땅을 사패지로 지정했다는 이야기이다. 필자는 이야기 속의 보조국사가 牧牛子 普照를 말하는 것이라면 고려 태조의 재위 연대와 300년 이상 시차가 나므로 얼토당토 않은 이야기라고 지적하고 추후 다른 자료를 참고해 다시 살펴보겠다고 생각한다.

今年은 봄붙어 왼비가 그러케 자진가. 琴湖江이 두 번째 漲溢되고 牟麥田이라고 조금만 低處에 잇다면 浸水아니된 곳이 별로 없으니 『四月南風大麥黃』이라는 本色을 發揮코자함인지 發穗도 하기 前 풋닙붙어 누런 빛이 折半이라. 이러고야 連三年 旱魃에 幾死僅生으로 닥겨오는 우리로서 一線生脈의 牟麥이 凶年을 當하게 되면 또 어찌 사라가자ㄴ 말가하는 四五人의 酒朋이 一店에 匝坐하야 걱정이 부산함을 들을 제는 筆者가 達城郡 解顏面 獨坐巖이라는 곳을 到着하야 朝飯을 사먹든 即 四月 二十三日 上午 九點頃이엇다. 昨夜 湖南線 芙蓉驛에서 釜山直行車를 搭乘하고 太田, 金泉을 經하야 大邱驛에 下車하니 발서 검운 구름이 遠近에 자욱하야 소낙비가 今方 내릴 듯 내릴 듯하엿다. 江山遊覽의 閑笻이 아닐 바에 어찌 雨晴寒暑를 嫌避하랴. 卽時 慶東線 東村驛 附近으로 달려가서 峨洋橋를 건느고 公山面으로 直通 하는 等外道路를 조차 當地에 이르러 아츰 饒飢를 한 세음이다. 主人의게 食 價를 물으니『때느진 찬밥이라 다 받을 수 잇는게- 十五錢이그마』한다. 此를 支拂하고 나서니 비는 퍼붓기 始作하고 더욱이 안개가 많이 끼여서 멀리 오는 사람까지 알아볼 수 업시되엿다. 그래도 新作路 맛에 줄곳 거름을 자조옴겨 고개마루턱이에 올라서니 衣服이 흠신 젓고 裸ㅅ다리를 看收할 方法이 否然 이다. 所持品이라고 가방(鞄) 한 개가 잇든 것을 日前 京城驛에서「쓰리」軍의 게 善事하는 同時에 文房具와 白羊本末歷史抄와 衣服까지 其他 속에든 것 은 다시 볼 수 업게 되고 赤裸裸인 空拳으로 湖南線 井邑驛에 나려 冊裸와 書翰紙 等을 대강 사고 寶林寺 丁應龍和尙의게 車費를 若干 變通하엿스나 웃옷이 업슴으로 玉泉教堂 申覺信氏를 交涉하야 婦人信徒여러분의 惠針으 로 玉洋本周衣 一件을 製造하야 너흔 것이 무슨 寶物이나 秘藏한 듯 생각하 는 판인데 그것조차 今般 雨師의 沮處에는 謀免할 道理가 全혀 업스니 如干 愛惜함이 아니다. 조금 나려오다가 路傍에 잇는 蔡某의 店房에 裸子를 任置 하고 二里餘의 桐華寺를 차자가는데 三十年前 學人時代에 二三次 當地를 歷訪하엿지마는 雨中에 쫓기는 急한 걸음이라 그러한지 二里餘의 里程이 近畿地方 略 四里强의 遠距離와 一般이다. 目的地에 到着만을 힘쓰자니 麗 太祖와 甄萱間 古戰場의 遺蹟도 그만 두워라. 美理寺跡 現今 美垈洞이라든 가 百安寺跡에 佛●●塔은 水流雲空이 되고 刹竿만 웃득하게 서 잇스며 百 安寺 全盛時代의 代表로 百安洞里, 百安市場, 百安學校 等이 櫛比한 것도 後日로 다시 보자. 全速力으로 急傾斜地를 빨리 올라 八公山 相華寺 風風門 이라. 誤解의 傳說이 잇다는 卽 八公山 桐華寺 風風門에 다달엇다. 廣場을 지나 天王門에 드러서니 鳳棲樓의 前面기동이 이마에 부두치는 感이 잇다. 정말 目的地를 到着하여서는 어리뚱정하야 田畓間에 허수아비와 같이 서잇게 되니 그는 全身이 沒露된이 모양으로 드러가자기도 廉恥업고 그러타고 물러설 수는 업는 까닭이다. 當寺에 知面者로 아즉 記憶이 남아잇슴은 住持 黃普應 學人, 朴茂根 兩氏인데 便宜를 엇자하면 두분을 보와야 하겟고 붓그러움을 避하자면 初面者가 無禮한데 어찌면 조흘꼬 바장이는 판에 學生 一人의 指導로 宗務所를 차저가니 住持和尚은 午後 出席時間이 尙早하야 아즉 딴 房에 계시다고 別院으로 案內하여준다. 一時的 進退無路인 窮措大가 되엿는지라. 비우조케 門을 부스스 열고 드러서니 住持 猊下는 무슨 冊子를 閱覽하다가 깜짝 놀래인 얼골로 아- 이게 왼 일이오. 반가히 握手하며 一邊 옷을 벗겨 쥐여짜고 또 다시 버슨 옷을 내여 준다하야 한참 법석을 치루윗다. 改●●坐를 기다려 和尚은 從容히 來意를 무르면서 대체 이 雨中에 무슨 걸음이요한다. 예- 生이 白羊寺에 잇스면서 該本末歷史를 記抄하는 中 先師眞影에는 影贊以外라도 略歷을 記入함이 조켓다고 該本山 當局으로 付託을 받엇습니다.

　白羊에는 喚惺祖師의 眞影이 게시고 또 雲門庵에는『石火傳心曾有續 鷄峰微笑一枝花 燈籠露柱尙無語 雲捲西窓月半斜』와『積習頹綱虛度日 百千公案盡恭差 巖流寶屋雖依舊 過午通霄沒世波』라는 影波禪師의 機緣語句가 잇습니다. 銀海寺에는 影波스님의 紀績碑가 잇고 喚惺門徒는 全鮮에 散在함인즉 二位祖師의 文集이 公山에나 或有한가 해서 貴寺붙어 차차 온 모양입니다. 예- 그럿습니까. 그러나 우리 절에는 두분의 文集을 보지 못하엿는걸요. 그러면 다른 文集이라도 잇는대로 죄-다 보여주십시오. 가저오기는 하겟습니다하드니 俄而오 箕城, 仁岳, 克庵, 混元 諸寺의 文集 四冊을 持來하엿다. 此를 閱覽하고 잇노라니 住持 猊下는 말을 이어 奉先, 乾風 兩本山의 本末史를 본 以後로 우리 本末에도 此를 編輯코저 생각을 두엇스나 數年以

來로 慘酷한 歉年을 當하엿기 때문에 豫算을 세울 수 업는 結果 아즉 本末間 評議한번을 못하엿습니다. 그러나 來年度는 叡算에 上程하리라 생각이고, 第一 急先務는 우리 절 事績碑입니다. 冊子로는 舊冊新件幾種이 잇스나 죄-다 不完全할뿐더러 寺刹 權威라든가 其他觀覽上 碑만이야 할 수 잇습니까. 스님은 우리절 歷史를 參考하여서 日後 本末寺의 準備도 하려니와 爲先 當寺 事績碑의 撰述前提를 삼게 하여주시오. 그리고 우리가 三十餘年을 八公山 下에 住居하엿지마는 어찌해서 八公山이라는 것을 알 수 업습니다. 이 山中에 三聖悟道가 잇는 까닭이다. 元曉祖師가 擲盤救衆된 千名 弟子를 梁山 內院 千聖山에서 見性을 식히시고 十二人이 남엇는대 八人은 八公山에서 四人은 四佛山에 보내여서 各히 見性을 식혓다고도 하고 또 達城, 漆谷, 仁同, 義興, 新寧, 永川, 河陽, 慶山 等 八郡이 山下에 둘러잇다기도 하며 羅麗 以來로 事大熱이 澎漲되야 山川州郡의 名을 많이 支那로 模倣하는데 晉時 八公山이 잇는 까닭에 當地도 公山에 八字를 加하엿다는 等 諸說이 區區하나 하낫도 實史에 볼 수 업고 모다 臆說傳會인 듯하며 우리 절 事蹟에는 山名 改革 理由에 善惡 占察經을 가르첫스나 該經은 아즉 參考를 못하엿스니 도모지 質定할 수 업소이다. 또 甄萱의 亂에 王建 太祖가 普照國師를 邂逅하야 禍를 免하고 念佛庵을 創建하엿슴에 庵後에 一人石과 知訥岩이 尙在한데 事蹟에는 齊武帝 永明 十一年에 僧普照 初創이라 함도 異常하고 當寺에 奉安된 佛牙를 定光如來齒牙라고 傳해 왓스나 來寺 由緖를 모르니 其然 未然인 듯하고 瑜伽를 곤처 桐華라 함에도 天雨合歡梧桐華이다. 雪中에 桐花滿發이다 云云의 二說이 並行하니 何를 準信할까요. 今回는 諸說을 綜合하야 보고 모든 것을 一定토록 하야주시요한다. 글세요. 貴寺에 藏經이 잇슴니까. 예- 上海藏經 一部를 法堂에 모서두엇지요. 그러면 善惡占察經붙어 閱覽하야 봅시다. 住持 猊下를 따라 法堂에 들어가서 藏經目錄을 보고 玄字號 十冊 中 第二卷을 차자내야 從頭至尾히 通讀을 하야 보왓스나 修行者의 祈誠儀

式과 一百八十九簡子의 名義뿐을 羅列하여잇고 八公의 義意는 얻어볼 수 업다. 佛陀께서 修行者에 對하야 現瑞加被한 것을 捏合하면 八件이 되기는 하나 亦是 强生穿鑿이다. 八字 來歷을 알 수 업서 이리 생각 저리 생각 硏究에 硏究를 加하야도 도모지 시원치 안어 那終에는 내가 이 八字로 苦生함은 亦是 무슨 八字인가 하고 苦笑를 禁치 못할 지음에 當寺 老德庸隱和尙이 來訪하엿다. 和尙은 距今 三十二年 前 己亥春에 智異山 大源講堂에서 逢着하야 患難을 共히 하든 것이 聯想됨에 반가운 생각도 特殊하엿다. 本 問題에는 脫線이 되겟스나 그 患難이란 것을 紹介하면 이러하다.

光武 三年 春에 映湖先生님이 方丈山竹院(大源)精舍에 開講하엿는바 筆者도 十九歲의 芳年으로 現住 學人 六十四名 中 一席을 占領하엿든 그때엿다. 鄭庸隱和尙은 桐華寺 緇輩 四十餘名을 領率하고 內山碧松庵에 到着하야 明日로 來此云이고, 李春潭和尙은 雙溪寺 緇輩 四十餘名을 領率하고 昆陽 多率寺를 거처 亦是 明日 到着云이다. 當寺 主管 姜九峰和尙은 이와같은 생각이엿다. 桐華寺는 遠距離에 잇슬뿐 더러 慶尙道가 南北統一로 잇슬 적에 七十一郡 寺刹에다 依勢行令하든 것이 好感을 두지 안튼 餘地에 晉州가 南道로 分設되야 曺始永氏가 觀察使로 新赴하엿슴에 桐華는 待接이 疏忽하여도 忌憚될 것 업다, 雙溪는 一山之內일뿐 아니라 自前交契寺刹로 特待를 하여야 되겟는대 同日 同寺에서 어찌 一厚一薄을 할 수 잇나 하는 見地에서 그만 路卜을 불러 葉錢 二十兩을 주고 碧松으로 急走防塞하라란 것이 中路逢田峙(쑥밧째)에 逢着하야 돈만 傳하고 回來하엿다. 桐寺는 생각하기를 旣是 出發 途中이고 晉州 玉泉寺 方面을 豫定한 바인 즉 大源은 假道而已라 하고 그만 쑥밧째를 넘어섯다. 大源寺에 世尊舍利塔, 川邊石瓮 等 名勝이 만컨마는 一端 昌皮한 點으로 하야 유들이(現 油坪洞)로 붙어 雲影樓 압흘 지낼 적에는 服色을 질머진 채 左右도 도라보지 안코 四肢에 바람소리가 나도록 휙휙 지내여서 坪村里境에 이르럿슬가 할 지음에 千萬 意外인 山火가 洞

口로 조차 이르러나서 烟氣가 衝霄인 中 마츰 晉州 營門에서 準備하야 두엇든 材木까지 廷着되엿다 한다. 烏飛梨落이라 할까, 軟地揷抹이라할까. 九峰 主管은 氣高萬丈이다. 中廳동무 다- 어데를 갓느냐. 자네들이 一齊히 나려가서 桐華寺 緇輩를 깡그리 捉來하라하야 莫重封山에 衝火하고 營門 材木까지 廷燒되엿스니 爲先問罪捉囚하야 營門으로 馳報하겟다하고 訓導 金○明 以下 三四人을 잡아내여 猛杖 二十餘度式에 打出하엿다. 學會에서는 論問 講에 汨沒되야 그러한 椿事가 突發됨을 알지 못하엿슴에 仲裁할 時刻도 업섯는대 이와같은 悽慘한 光景을 보고는 學會 一同으로는 救護에 努力하야 三四日을 ●攝하는 中 筆者가 심부름을 많이 하엿든 것이다. 桐華에서는 우리 講主와 學人을 絶處逢生의 恩人으로 感激不已하든 事件이라.

　여보세요. 저는 스님이 그간 작고를 하엿거니 誤解하엿슴으로 問安 한번을 못하엿습니다. 얼마나 죄송합니까. 矍鑠한 얼골로 强健히 사라게시니 넘어나 고맙습니다. 예- 只今은 아모일이 업스니 그저 呪誦으로 餘景이나 消遣하지요. 옛 일을 생각하니 더욱이 반갑습니다. 過去 影子를 娓娓히 談話하다가 스님. 스님은 當寺에 元老시니까 아마 見聞이 만켓습지요. 아까 住持和尙 말슴에 무슨 麗太祖가 甄萱의 兇鋒을 避하여서 山谷으로 潛行하다가 普照國師를 만낫느니 一人石과 知訥巖이 尙在하다 云이온 즉 貴寺에 그러한 傳說이 頗多한 貌樣임니까. 頗多하다 뿐이겟소. 정말 굉장하지요. 羅末麗初에 甄萱이 猖獗하야 不意에 羅京을 侵入하야 王을 弑害하고 寶物을 掠奪하야 도라오는 길에 麗太祖가 五千精兵으로 美理寺 前 桐藪에 迎戰하엿스나 敵의 兇鋒을 當치 못하야 將軍 金樂이 戰死하고 全軍이 陷沒될 危機一髮을 際하야 將軍 申崇謙이 太祖를 間路로 遠避케 하고 自己는 外貌가 太祖와 類似함을 利用하야 漢將紀信의 忠을 본받아 太祖의 衣冠을 假粧하고 太祖가 타든 白馬를 잇그러 크다른 巖上에 獨坐하엿드람니다. 萱兵은 太祖를 推窮하야 오다가 어느 山谷에서 所在를 罔失하고 四處로 搜索할 지음에 一將이 白馬

를 잇글고 儼然히 岩上에 안자 잇는 것을 發見함에 太祖일시 分明하다 하야 그만 활로써 射殺하엿담니다. 太祖는 山谷으로 避身하는데 우리 절 舍利塔에서 光明 一道가 山谷으로 뻐친 것을 案內삼아 漆夜三更에 그 깁숙한 念佛庵 뒤 岩上에 이르럿 담니다. 東으로 啓明星이 밝아오자 엇든 沙彌 중 하나히 올라 오면서 여보세요 이 바위는 一人石이라 普通人民은 안찌 못한다고 우리 스님이 전갈을 하세요. 오- 내가 一人이다. 그런대 너희 스님은 어데게시냐. 예- 이 밋 土窟에 잇습니다. 뒤를 따라 뜰 압혜 이르니 普照스님은 定에 드럿다가 발서 짐작하고 欣然히 出迎하야 昨夕 敗陳原因을 듯고는 太祖를 窟 속에 머물게한 後 袈裟를수 한 채 錫杖을 지고 戰場으로 나려가서 東海龍王을 불러 鹽水로써 비를 주게 하니 甄萱의 將卒은 지렁이(蚯蚓)의 化現이라. 제 아모리 勇猛하나 鹽雨에야 견딜 수 잇습니가. 敵兵이 그만 陷沒되고 甄萱은 將力이 잇는 까닭에 抱頭鼠竄을 하엿드람니다.

太祖는 普照스님의 恩惠를 생각하야 一間 土窟을 毁撤하고 大庵을 建築하며 越七年 甲午에 國力으로 華寺를 三創하엿고 申崇謙은 壯節公이라. 追封하고 附近 十里地를 賜牌하야 千秋香火를 받들게 하엿슴에 只今도 小地名에 失王터. 袈裟목이 獨坐巖 等이 잇고 獨坐巖 건너 便에 두리벙벙한 一小丘陵은 그때 麗太祖가 섬껏치를 빈틈업시 둘러씨여노코 軍糧을 積置하엿다고 甄萱을 속이든 곳이람니다. 예- 그 까닭에 一柱門에 다가 麗太祖 十七年에 佛日普照國師 三創이라 揭示하엿습니다. 그려. 그러나 牧牛子 普照라면 얼토당토 안습니다. 牧牛子는 高麗 熙宗時代이니까 아마 太祖와는 三百年의 差가 잇슬 것임니다. 明日로 各庵을 보게 하엿스니 念佛庵의 實史를 參考하야 다시 엿주리다 하고 그 날은 큰 절 樓閣과 各房에 잇는 序記文 等을 記抄하엿다. (續)

桐華寺의 一週日(二)

———

晩悟生

《불교》, 1930년 9월

연재물 둘째 편은 팔공산 내에 산재한 동화사 소속 암자들을 심방한 기록, 본사 비석과 건물들의 연혁 정리, 주지 및 원로 용은에게 들은 이야기 등 세 부분으로 구성된다. 암자 심방은 가장 위쪽, 고려 태조와 보조국사의 이야기를 전하는 '일인석' 근처에 있는 염불암을 시작으로 아래로 내려오면서 각 암자로 이어진다. 염불암에서는 인연이 있었던 乳雲禪師를 30년 전 찾아왔던 사실을 떠올리며 이제 만날 수 없는 것에 탄식한다. 암자 대들보에 적힌 기록을 옮긴 뒤에는 인근에 있던 일인석과 '지눌암'이라는 바위를 구경하고 돌아와 다음 암자로 이동한다. 양진암으로 가는 길은 험해서 사람이 떨어져 죽은 적도 있으며, 떨어졌으나 죽지 않은 스님의 이름을 따서 일대를 應祥골이라 한다는 이야기를 듣는다. 양진암은 영조 無住禪師가 처음 만든 뒤 순조 때 演坦, 等順 두 스님이 넓혔으며 光武 2년에 雲坡化主가 중수하였다. 중수 때 시주한 서병오라는 인물에 관한 이야기를 듣는다. 점심을 먹고 내원암으로 이동한다. 내원암의 현판에 내원암과 염불암의 창건자와 창건연월을 밝혀둔 것과 고려 태조가 고승 何某를 만난 사실이 적힌 것을 확인하고 기뻐한다. 다음으로 부도암을 찾는다. 30여 년 전 필자가 두 달 가량 머물던 곳임을 기억하며 감개한다. 부도암에 있던 수많은 현판을 어떤 중이 모두 불태운 사실을 왕윤이 사관을 죽인 것에 비유하며 비판한다. 현판 대신 진영각에 보관된 자료를 옮겨 적는다. 부도암에서 나오는 길에 부도지에 들러 10여 기의 비부도에 적힌 기록을 옮긴 뒤 금당암으로 옮긴다. 금당암은 법당을 중심으로 좌우에 세존사리탑을 구층씩으로 건립한 것을 특징으로 꼽는다. 좌우탑에 적힌 창건과 중수 내력을 소개한다. 왼쪽 탑은 신라 진평왕 4년에 부처 사리 1255과를 가져와 탑을 세우고 봉안한 뒤 최근까지 네 차례 중수와 개축했다. 그러나 오른쪽 탑은 신라 경문왕 3년에 불사리 7과를 가져와 탑을 세우고 봉안했으나 이후 한 차례도 중수를 하지 않은 듯하다고 했다. 또, 왼쪽 탑을 최근에 수선할 때 오른쪽 탑의 사리를 왼쪽 사리함으로 옮겼다고 했는데, 그때 도합 1260개만 보았다고 기록되어 있다며 불가사의한 일이라 한다. 법당 안에 걸린 그림과 영정, 진영들은 훌륭하지만 이들을 보관할 장소가 없어 불당 안에 삼십 여 위를 아무렇게나 걸어놓은 것은 유감이라 한다. 해가 저물어 기록을 옮기는 일을 중단한다. 이튿날은 비전으로 가서 여러 비석의 기록을 옮겨 적는다. 최근 신축한 영산전에 가 중건기를 읽다 시주 천 씨가 이제 많은 재산을 다 잃어 불교계에 기여할 수 없게 되었음을 안타까워 한다. 이날 여러 참고 자료를 활용해 동화사 창건부터 최근까지 중수한 연혁을 정리한다. 창건을 신라 소지왕 15년 極達(號는 普照)和尙에 의한 것으로 썼으며 고려 태조의 일인석 이야기는 보조국사가 아니라 三創主인 靈照大師의 이야기로 바로잡았다. 마지막으로 주지와 원로 용은 스님에게 팔공산의 '팔'자가 어디에서 연유하는지 설명하기 위해 眞表律師, 永深法師, 心地王師의 약력을 설명한다. 진표, 영심 두 사람의 이야기에서 멈춘다.

翌朝에 監務 金靑雲氏가 小使 一名의게 文房具를 携持케 하고 各庵行을 催促한다. 筆者는 一條 短杖으로 뒤를 딸아 毘盧殿 뒷등성이에 올라서니 金氏는 이 위로 浮屠, 內院, 養眞, 念佛 等 各庵이 올라가며 順으로 雜列하엿슨즉 어느 곳으로 먼첨 가릿가하고 뭇는다. 念佛庵으로 直走하여서 내리 調査하는 것이 便利하겟지요. 浮屠庵을 건너다 보며 山谷으로 드러서니 때는 春三月 望後이라. 細雨는 새로 개이고 溪聲은 淙淙한데 各色 山花는 兩岸에 붉어 있고 異鳥는 和鳴하야 人心을 悅可케 하니 數日 前까지 京畿, 三南에 滿面風埃로 駈馳이든 城隍釋子가 맞이 十洲三島에 尋眞羽化의 槪가 있는 듯함이 壯觀이다. 溪流를 끼고 바위를 더우잡아 該庵에 들어서니 크다란 巖上에 三面으로 佛形을 나투엇고 그 압흐로 佛殿, 僧寮가 버러젓다. 이 바위 속으로 念佛聲이 不絶하기에 佛形을 색엿더니 그 후로는 소래가 끈허젓다든가? 本庵으로 일즉이 出家하엿든 乳雲禪師와 醴泉龍門講堂에서 起信論을 같이 본 因緣으로 距今 三十五年前 丙申春에 그의 師僧 月松和尙석거 訪問한 일이 잇섯는데 두 분은 간 곳업고 數笏方丈에 香烟만 피여 올올다름이다. 堪忍幻跡이라 무엇이 堅固하랴. 懷古 視今에 長呼短嘆을 欲罷不能이다. 古樑上 記文 數種을 筆記하고는 同行을 催促하야 一人石 所在地로 기여올랏다. 公山 腹藏에 勝景을 幽秘함인지 雲霧가 자욱하여서 咫尺을 難辨이다. 數武地를 다 못가서 크다란 岩石 一基가 나타나는대 그것이 一人石이라 한다. 頂上에 올라가니 一人石이라 橫으로 特刻하엿고 豎로 申命河 三字를 細刻하엿스니 아마 壯節 公子孫이 古蹟을 暗示함인가 하엿다. 다시 왼켠으로 十數步를 올라가서 知訥岩이라 稱謂하는 곳을 當到하니 巖下로는 二三人이 坐立할만하게 窟로 形成하엿고 왼편 石面으로 訥庵 二字를 刻하여 두엇다. 念佛庵으로 나려와서 主人의 歡待하는 茶果를 饗應하고 木頭菜(두릅)한망태를 얻어지고는 養眞庵으로 작지를 옴기엿다. 左便山 모롱이로 돌아 나오는대 十餘丈의 盤石이 急峻하게 깔려 있스나 瀑布라고는 一點水를 볼 수 없다. 건너 가기에 퍽으나 危險합니다. 그려 예- 이 곳에서 年前에 두 사람이 떠러젓습니다. 한 사람은 正初에 師傅歲拜次로 이 곳을 지내다가 失足되여 떠러저 죽고, 한 사람은 只今까지 사라있습니다. 스님- 海印寺 劉海山氏를 아심닛가. 예- 알지요. 그 스님의 本家가 大邱랍듸다. 그 어른이 桐華寺로 出家하야 法名이 應祥입니다. 沙彌僧 때에 이 곳을 지내다가 亦是 失足은 하엿스나 天幸으로 生命關係가 업섯기에 그를 紀念으로 이 곳을 應祥골이라고 불은 답니다. 危邦不入이라고 우리는 나뭇가지를 붓잡고 저 위로 도라갑시다. 두어가지 이약이로 얼마 아니되여 養眞庵을 닥처 왓다. 庵은 基地가 爽塏하야 修眞者의 閒養之地에 適宜하다. 朝鮮英宗王 十九年 癸亥에 無住禪師ㅣ 初刱하고 同純祖王 四年 甲子에 演坦, 等順 兩師가 擴張하고 太皇帝 光武 二年 戊戌에 雲坡化主가 重修하엿는데대 其時 施主는 徐丙五, 同夫人 廉氏라 記載되엿다. 監務和尙은 筆者를 對하야 스님, 徐丙五를 아십닛가. 모르지요. 그가 只今 書畵琴棋 等 七絶에 有名한 大邱에 徐石齋입니다. 그리고 廉氏라 한 이는 그 少室 翡翠올시다. 그러면 妓籍에 聲價가 赫赫한 鸚鵡翡翠의 한 사람임닛가. 예- 그럿습니다. 그네가 佛家에 信向이 相當한 사람들이라 한다. 本庵에서 午饌을 饗應하고, 卽時 小溪를 건너 內院庵으로 옴기엿다. 庵은 房舍가 훌륭하야 講堂 或은 禪院을 設立하엿스면 불현듯 생각하며 더욱이 깁분 것은 懸板 四五枚가 붙어 있는데, 本庵及念佛庵의 初刱主 同年 月日을 發現하는 同時에 麗太祖가 高僧 何某를 際遇함을 確知함이다. 詳記는 下回로 미루고, 浮屠庵으로 나려왓다. 庵은 筆者가 三紀前 晦應講伯敎授時에 限 二個月餘를 尋行 數墨하든 道場이다. 五六十名 衲子가 법석대이든 곳이 不過 三十年에 一個 人守房處로 化하고 보니 참으로 感慨無量이다. 더욱이 놀랄 것은 記事懸板이라고 한쪽을 볼 수 없다. 數年前 豁○란 중이 큰 절로 떼여다 노코 그만흔 懸板을 ──히 燒却하엿다 云이다.

　靈山殿 重建記를 보면 힘을 많이 들인 相當한 중인듯한데 抑何心腸으로

이러한 납분 짓을 하든고 漢賊董卓을 討滅함에 司徒王允이 史官蔡邕을 誅
殺하니 當時 識者間에 이러한 評判이 잇섯다. 大抵 史라는 것은 千秋에 耳目
이거늘 이제 王允이 史官을 殺害하야 千萬人의 耳目을 擁蔽하니 王允은 命
兆不長할 것이고 後嗣가 없으리라 하엿더니 未幾에 李確, 郭汜, 張濟, 樊稠
四凶의 亂을 맛나 王允은 釖頭魂이 되고 後嗣가 끈첫다 한다. 그 얼마나 恐懼
할 바리요. 浮屠庵은 懸板이 없음에 眞影閣에 드러가 位目影贊 等을 抄錄하
여 가지고 洞口로 十餘步를 나려 오다가 압 山 끝으로 있는 浮屠所在地에 이
르럿다. 限 十餘基의 碑浮屠가 羅列하엿는대 體裁가 雄壯함은 全鮮 唯一의
感이 있다. 孤閒, 槿影, 霜峰, 任性 等 諸尊宿의 塔碑를 順序에 依하야 記抄
고는 金堂으로 건너왔다. 本庵은 法堂을 中央으로 하고 左右로는 世尊舍利
塔을 各히 九層式으로 建設되엿는대 그 左邊 塔의 刱修由緖는 이러하다.

距今 一千三百四十八年 卽 新羅 眞平王 四年 壬寅에 朝家로서 佛舍利
一千二百五十五顆를 가저 本寺에 建塔 奉安하엿다 함.(佛陀常隨衆 一千二
百五十五人을 表함인 듯) 其後로 朝鮮 中宗王 三十九年 甲辰에 宗親 李解達
이 一回 重修하고 同 肅宗王 元年 乙卯에 印花, 道修 兩師ㅣ 二回 重修하고
同 哲宗王 三年 壬子에 布雲, 兩運 二師ㅣ 三回 重修하고 同 太皇帝 光武 五
年 辛丑에 晦應化主 第四回로 一新 改築하엿고 本年 二月에 現住持 普應和
尙이 鐵柵으로 四面莊嚴하고 懸燈供養云이며, 그 右便塔은 距今 一千○三
十七年 卽 新羅 景文王 三年 癸未에 朝家로서 佛舍利 七粒을 모서 建塔奉安
云인데 建塔 以來로 今日에 至하기까지 外形을 보와 一回 修繕을 加하지 안
은 듯하고 僧侶 又는 檀信으로 摩旨 한번을 아니올려 彼岸火보듯하엿슴에
年前 左邊 塔廟를 修繕하고 舍利를 다시 奉安할 적에 右邊塔에 七粒舍利가
左邊 舍利金盒 外로 來附하엿드라니 然則 合計가 一千二百六十二箇가 될
터인데 다만 一千二百六十箇만 보앗다하니 二箇는 어찌 되엿는가. 右邊塔
七粒 中에 五粒만 來附하엿는가. 또는 舍利의 變化로 精算을 못함인가. 그

亦 不思議의 一數이다. 法堂 內에 後佛幀畫는 養眞庵을 創建한 義均禪師의 康熙 三十八年 己卯 出草인데, 日本 法隆寺 壁畫를 讓頭치 안을 活畫이다. 左右로는 心地, 弘眞, 普照, 淸虛, 泗溟, 涵宇, 龍虛 七位 影幀을 奉安하엿고 佛藏 後面으로는 洛濱, 箕城, 仁岳, 龍巖 等 二十七位의 眞影을 掛置하엿다. 當時 開山主인 極達和尙의 影子는 볼 수 없고 第二創主 心地王師以後로 設 影을 한 모양인대 堂堂한 本山 位置로 影閣 一所가 따로 없고 一隅 法堂 前後 面으로 三十餘位의 眞影을 亂掛함은 遺憾千萬이다. 日本의 開山主를 佛陀 以上으로 崇奉함에 比較하면 그 얼마나 羞恥인가. 世尊 舍利塔碑와 諸尊宿 의 功德碑 等 四五基를 抄錄하고는 日暮함으로 그 날은 記抄의 役을 中止하 다. 翌日은 日曜이자, 祖殿 塗褙가 됨에 講主 猊下는 休務인 듯하기로 紀蹟 同伴을 紹介하야 碑殿으로 나아갓다. 十餘層의 刹竿이 웃득 서있는 왼 켠으 로 二棟의 碑閣이 特立하엿고 碑閣內外로는 華嚴講主 仁岳大師碑, 開侑摠 攝献土碑, 李夫人萬成氏大施紀念碑, 巡相吳取善, 同洪在喆, 同趙秉鉉, 判 官宋泰鎭等의 永世不忘碑 等이다. 此를 一一히 記抄하고, 다시 드러와서는 去壬寅以後 新建築인 靈山殿을 가보앗다. 本殿 重建記를 略抄하면 去壬寅 八月에 刧風이 吹雨하야 七佛, 靈山, 藥師, 觀音 四殿과 斗月 一寮, 水碓並二 百餘間이 一時漂流되고 古殿遺地가 鞠爲茂草이든 것을 月松化主가 晦光伯 을 夤緣하야 千氏 淨空心의 淨財 二千五百圓의 寄附를 얻어 此를 基礎로 하 고 本殿을 復舊 云이다. 아- 吾人은 感情的 動物이라 刺戟되는 記事를 보고 喊黙이 尙難하기에 또다시 脫線됨을 不拘하고 數言을 略記한다. 大抵 千氏 는 我佛敎界의 大檀越이라 그 功德財施가 隱으로 顯으로 아니 밋은 곳이 別로 없을 것이다. 만일 事理에 雙明한 一大善知識을 際遇하엿든들 우리 敎 界에서는 金融의 貯蓄함과 如히 用之不竭이 되겟거늘 世情에 沒分曉한 一 位徒善長老로 數箇人을 專用하야 龐大한 財産으로 立錐의 地를 없게하고 全鮮寺院에 福田을 끈케 하엿스니 이것이 運命일까. 또는 因果일까. 愛惜의

感이 油然함을 禁치 못하엿노라. 그 날은 마즈막으로 毘盧殿을 다녀와서 다시 八字研究에 沒頭이다가 各種 參考書의 惠澤으로 所從事의 端緒를 얻어 보고는 當寺 建物 沿革붙어 左와 如히 記載하엿다.

新羅 炤智王 十五年(高句麗 文咨王 三年, 百濟 東城王 十五年, 日本 仁賢天皇 六年, 支那 齊武帝 永明 十一年)癸酉에 極達(號는 普照)和尙이 開山하고 瑜伽寺라 命名하니 距今 一千四百三十七年이요.

新羅 興德王 七年 (渤海 彝震王 咸和 二年, 日本 淳和天皇 天長 九年, 支那 唐文宗 泰和 六年)壬子에 心地王師ㅣ 再創하고 桐華寺라 改稱하니 距今 一千○九十八年이요.

高麗 太祖 天授 十七年(新羅 敬順王 七年, 日本 朱雀天皇 承平 四年, 支那 後唐 閔帝 應順 元年)甲午에 靈照大師ㅣ 三創하니 距今 九百九十六年이요.

按 麗太祖를 一人石上으로 迎接함은 靈照이고, 普照가 아니거늘 後人은 普照로 誤認하야 至於記序文까지 佛日로 特書함은 甚한 遺憾이다.

高麗 明宗 二十年(日本 後鳥羽天皇 建久 元年, 支那 南宋 光宗 昭熙 元年 金章宗明昌 元年)庚戌에 佛日 普照國師ㅣ 四創하니 距今 七百四十年이요.

按 本年에 普照國師ㅣ 當寺를 再建하고 越七年 丁巳에 瓶鉢을 智異山 上 無住로 옴겻다가 다시 三年만에 松廣으로 移住함.

高麗 忠烈王 二十四年(日本 伏見天皇 永仁 六年, 支那 元成宗 大德 二年)戊戌에 弘眞國師ㅣ 五創하니 距今 六百三十二年이요.

朝鮮 宣祖王 三十九年(日本 後陽成天皇 慶長 十一年, 支那 明神宗 萬曆 三十四年)丙午에 泗溟大師ㅣ 六創하니 距今 三百二十四年이요.

按 宣祖 壬辰之火에 佛殿 寮舍가 全部 被燒하엿슴으로 松雲和尙이 海印寺에 住하면서 徒弟學仁을 命送하야 本寺를 再創함.

朝鮮 肅宗王 三年(日本 靈光天皇 廷寶 五年, 支那 淸 聖祖 康熙 十六年)

丁巳에 尙崇大師] 七創하니 距今 二百五十三年이요.

朝鮮 英宗王 八年(日本 中御天皇 亨保 十七年, 支那 清 世宗 雍正 十年) 壬子에 冠虛, 雲巖, 洛賓, 晴月 等 諸 大師] 同心 再創하니 距今 一百九十八年이다.

按 八年前 乙巳에 全寺가 回祿이 되엿슴으로 前記 四師가 本年까지 重營의 事를 垂畢하엿다 云也.

但部分的 創修와 各 庵 由緖는 此를 省略함.

前期와 如한 建物 沿革을 記了하자 寺中으로 筆者가 數日間 勞苦하엿다 하야 茶啗을 차려왓다. 任員 諸氏와 老德 各位로 席을 같이하야 談古論今에 雅趣가 津津하엿다. 「그러치만 스님이 曲茶를 牢拒한 까닭에 會席이 넘어나 淡泊한 걸요」 하는 소리가 連發된다. 床을 물리고 여러분이 돌아가신 後 住持 猊下와 庸隱 老德을 모시고 下와 如한 說明이 잇섯다.

住持스님께서 八公山이란 八字가 어찌된 것이냐고 말씀하섯지요. 그- 八字 來歷을 말씀하자면 爲先 眞表, 永深, 心地 세 분 祖師의 略歷붙어 說明할 수 밧게 없음니다.

眞表律師는 全羅北道 金堤郡 大井里 사람으로 年이 十二에 金溝, 金山, 藪崇, 濟法師處에 이르러 出家하엿습니다. 一日은 法師가 일러 가로대 내가 일즉이 唐에 드러가 善道 三藏의게 業을 받고 五臺山에 드러가 文殊菩薩을 親見하고 五戒를 받엇노라. 表] 엿줍기를 致誠時間이 얼마나 걸립닛가. 精誠이 至極하면 一年以內니라. 表가 그 後로 國內名山을 偏歷하다가 年이 二十七歲되든 卽 新羅 文武王 十三年 甲戌에 白米 二十斗로 실게 쩌서 乾粮을 삼아 가지고 扶安郡 邊山 仙溪寺 不思議 方丈에 드러가서 每日 五合米로 糧食을 삼고 彌勒像前에 三年을 祈禱하엿스나 授記를 얻지 못한지라. 師가 憤心을 發하야 千丈岩下에에 몸을 던지니 문득 靑衣童子가 나타나 岩上으로 몸을 받어 올리고 因忽 不見이 됨에 師는 다시 志願을 세워 三七日 期限으로

倍加 精進하더니 滿期가 됨에 彌勒菩薩이 兜率天으로 조차 下降하시며 師의 이마를 만저 가로대 善哉라. 大丈夫여. 不惜身命하고 求戒如是로다 말슴하신 後 善惡占察經 兩卷과 證果簡子 一百八十九箇를 주시며, 다시 二個 簡子를 더 주시니 一名은 八者요. 一名은 九者라. 九者는 本有法性이요. 八者는 新熏成佛種子이니, 이 二簡子는 나의 指骨이요. 남어지는 沉檀木造이다. 네가 此를 가저 世間에 傳法하야 濟人 津筏을 作하라 하엿다. 師는 聖記를 親受한 後 金山寺를 創建하고 法施를 恢張하엿다 하고

　　永深法師는 報恩 俗離山에 在하시는 中 融宗, 佛陀 二大德으로 더부러 眞表律師所에 이르러서 志願을 申請하며 曰 우리는 不遠千里하고 戒法을 來求함이다. 律師가 黙然不答하니 三人이 各各 桃樹上에 올라가 걱구로 地上에 떠러지며 勇猛懺悔하는지라. 律師는 그 誠意에 感動되여 法門을 일러주시고 占察善惡業經 二卷과 一百八十九 簡子를 주어 曰 너의 等은 此를 가지고 俗離山에 돌아가 精舍를 創立하고 이 敎法으로 後世에 流布하라. 永深 等은 俗離山 吉詳草生하는 곧에 이르러 寺를 創하고, 占察法會를 設하야 人天을 廣度하엿다 하고(未完)

桐華寺의 一週日(三)

晚悟生

《불교》, 1930년 10월

연재물 마지막 편은 심지왕사와 진표율사 사이에 있었던 신이한 이야기로 시작한다. 이야기 끝에 절 이름 동화사의 유래를 밝히고 이어 신라 때 이후 팔공산의 연혁을 고증한다. 팔공산 지명 유래에 등장하는 불치아 사리의 유래에 관해서도 나름의 고증을 펼쳐 정광여래(定光如來) 치아라는 속설이 과장된 것이라 지적한다. 또 동화사 개창자가 보조(普照)라는 속설 또한 진짜 개창자인 극달(極達)의 별호가 보조인 탓에 와전된 것으로 추정한다. 고려 태조 설화와 일인석 유래에 등장하는 보조 또한 서로 연대가 맞지 않는 점 등을 들어 다른 인물이 잘못 전해진 것이라 밝힌다. 끝으로 주지 등과 동화사의 사적을 준비할 때 속세의 문장가에 부탁할 것이 아니라 절의 사정을 잘 아는 승려에게 부탁하는 것이 사실 고증에 맞을 것이라는 대화를 나눈다. 귀로에서 아는 승려를 만나 현장 주지 승려들의 행적에 관해 서로 이야기를 나누다 김천역에서 헤어진다.

心地王師는 新羅 憲德王 三子로서 十三에 出家하야 公山에 머물더니 마즘 俗離山 永深法師가가 眞表律師의게 傳해 온 佛骨簡子를 가저 證果法會를 設한다는 말을 듯고 同參코저 하야 차자가니 結制期를 어겼다 하야 參列을 不許한지라. 師는 庭下禮懺으로 七日을 지내는데 때에 눈이 와서 十尺이나 싸엿스되 王師의 섯는 곳은 白雪이 一點도 나리지 안는지라. 大衆은 그의 神異를 보고 參席을 許諾하나 師는 微恙이 있다 하고 處所를 달리하야 至誠懺悔하다가 會를 맞이고 도라오는데 八九二簡子가 衣服에 붓허있음을 發見하엿다. 師는 가저다가 永深法師의게 들어니 法師ㅣ 가로대 簡子가 函中에 있거늘 어찌 그를 理가 있느냐하고 函을 詳考하즉 封하고 글씨 쓴 것은 前과 같으나 열고본 즉 없는지라. 法師ㅣ 異常히 생각하고 十襲藏之를 하얏는데 師ㅣ 오다보니 또 붓허왓는지라. 再次 가저다 들이니 法師가로대「佛意在子하니 子其奉行하라」하고 이에 簡子를 주시거늘 師ㅣ 拜受하야 돌아오니 岳神이 二仙子를 率하고 山머리에서 歡迎하거늘 師ㅣ 曰 이제 吉地를 擇하야 聖簡을 奉安할 터인데 吾輩의 指定할 바 아니라. 請컨대 三君과 같이 高峯에 올라던지 卜定하자고 西쪽을 向하야 던지니 簡子가 바람에 날려 놉히 뜨는지라. 時에 岳神이 作歌曰「礙嵓遠退砥平兮여. 落葉飛散生明兮로다. 覓得佛骨簡子兮여. 邀於淨處投誠兮로다.」唱歌하여 맞이고 簡子를 林泉中에서 얼음으로 그곳에다 집을 지어 奉安할 새 때에 하늘로서 合歡 梧桐華를 비하는지라. 함으로 瑜伽寺名을 곳처 桐華寺라 하엿답니다. 일로붙어 山의 沿革을 말슴하겟습니다.

新羅時代에는 山의 來脈에 依하야 白頭로 爲祖하고 此山으로 爲父함인지 父岳이라 稱하엿고 다시 本山이 新羅近畿中央에 있다하야 中岳이라 稱하였으며, 朝家로서 山의 中央에 祭壇을 築하고 天祭를 奉行함에 國家에 重要한 山岳이라 하야 公山이라 稱하엿답니다. 高麗 睿宗時에 이르러 王이 彌勒菩薩로 붙어 傳來한 八者九者二簡子가 當寺에 寶藏됨을 聽聞하고 參拜의

命이 有함으로 本寺에서 該簡子를 臨時 奉納하엿더니 王은 此를 殿內에 奉安하고 朝夕 瞻敬하다가 無何에 九者一箇를 遺失한지라. 王은 極히 未安하다 하야 年前에 宋으로 붙어 親迎하야 外帝釋院에 奉安하엿든 佛牙를 代로하고, 八者 一箇를 並하야 還付하엿음에 本寺는 新熏成佛種子라 하는 八者가 九者와 並失이 아니되고 公山에 還奉됨은 希有한 瑞徵이라 하야 此를 紀念코저 公山 二字에 八字를 加하야 八公山이라 公稱하야 今日에 至하엿답니다. 그러면 桐華寺에 當한 八公山이지 銀海 把溪寺 等에는 何關이냐고요. 그는 그러치 안습니다. 例를 들것 같으면 三韓쩍 卞韓妙廷王이 保安縣(現扶安) 一隅에 都城을 築하고, 三十年 在位를 하엿슴에 그 附近一帶를 卞山이라 稱하엿슴니다. 後世에는 卞과 邊이 音 相似이그 또는 沿海邊이기로 卞山을 邊山으로 轉稱이 되엿는바 其 都城 接近인 現開巖寺 所在地가 邊山之邊山이건마는 그 中央에 在한 實相, 月明 等 各寺가 邊山 아니라 앙탈을 못하지요. 況桐華는 八公山에 最中央이라. 發於中面形於外로 銀海把溪는 새로히 漆谷에 天柱와 慶山에 環城까지라도 否認을 못할 것임니다. 瑜伽을 곳쳐 桐華라 함에도 天雨合歡桐華寺라 하엿스니 그 때가 六花紛紛할 時節이라. 雪中桐花發이라고도 하겟지요. 佛牙來歷은 前記와 如하거니와 다만 定光如來齒牙라 指定함은 俗尙이 好古에 求奇太過인듯 합듸다. 釋迦如來께서 現在 四位를 이어왓슨 즉 迦葉佛齒牙라면 容或無怪어니와 久遠劫前定光을 指稱함은 意思所在를 알 수 없읍듸다. 大乘寺에도 그러타, 松廣寺에도 그러타고요 마는 定光은 燃燈佛의 異譯이니 釋迦의 本所師인 까닭인지요. 차라리 定光은 釋迦의 綽號라면 두말할 것 업겟지요. 桐華初刱이 普照라 함에 對해서는 史蹟顚末을 詳探함에 極達和尙의 別號가 普照임이 分明합듸다. 朝鮮 英宗 壬子年間에 當寺에서 史蹟開刊都監을 두고 箕城, 能玉, 儀均은 僧中泰斗로 兼三揀板을 하엿는데 어찌 事蹟卷頭에는 普照라하고 末尾에는 極達이라 할 矛盾이 있겟음닛가. 다만 普照가 極達의 別號라 記치 안음만 失策인 것

갓습듸다.

當寺 三刱主가 普照라 함에 對하야는 各庵을 보기 前붙어 여러 가지로 생각하야 보왓습니다. 麗 太祖가 卽位 十年 戊子에 甄萱과 公山藪에서 開戰하엿슨 즉 各位 普照와는 年條가 마자야지요. 長興 寶林寺를 刱建한 普照는 新羅 憲康王 六年 庚子에 入寂하엿스니 麗 太祖 卽位 前 三十八年이요. 踊巖山 五龍寺에 住하든 法鏡大師塔號 普照王師는 新羅 景哀王 四年 壬午에 入寂하엿스니 麗太祖 卽位後 四年이요. 松廣寺를 革新한 佛日 普照國師는 高麗 熙宗 六年 庚午에 入寂하엿스니 麗 太祖 卽位後 二百八十七年이라. 太祖 卽位 十年과 過不及이 되야 그 端倪를 잡을 수 있읍더닛가. 念佛庵에 올라가서 樓閣重修記를 詳考한 즉 曰

公山之根出自太白飛騰三百餘里大起爲山蟠據八郡其建偉之勢端媚之態度妙
香●岳猶讓一頭云(中略)昔普照訥公面壁於此而通達妙道神解●賊之兵麗朝
賴安云(下略) 年月日霽月聖岸 謹誌

라 하엿습듸다. 霽月禪師는 仁岳講伯의 首弟子로 知識이 相當하건마는 亦是 歷史眼目은 없는 모양입듸다. 一人石을 지내 知訥岩이라는 곳을 가본 즉 訥庵二字만 색여있읍듸다. 訥字上에 知字를 加하고 庵字를 岩字로 變徵하야 佛日 普照가 麗太祖와 逢遇함을 模擬하나 事實은 訥庵이라는 중이 題名한 것입듸다. 모든 것이 捕風捉影이 됨에 가리를 못잡다가 內院庵에 이르러 高僧靈照가 麗太祖를 邂逅하야 念佛庵과 同時創造하엿다는 古記를 보고 疑雲이 頓除에 그만 숨을 내쉬엿습니다. 그러면 大寺 第三刱이 普照가 아니고 靈照임은 分明치안습닛가. 拈頌을 參考함에 禪師는 晉天福十年 丁未에 入寂하엿다 하니 然則 麗太祖 卽位後 二十九年이라 年條도 相當치 안습닛가 하엿다. 住持和尙은 예-그러켓습니다. 그런데 우리 절 事蹟碑文은 俗人의 손을 빌리고저 아니합니다. 先師文集序를 봄에 걸핏하면「道不同不相爲謀」
이니「跡佛心儒」이니 하는 文句에 好感을 둘 수 없읍듸다. 예- 그것은 나와
同感입니다. 참으로 極贊成이요 大歡迎입니다. 大抵 俗人 文句가 十에 七八
은 文彩만 牛毛이고, 事實은 麟角입듸다. 더욱이 絶倒할 것은 所謂 金石文이
라든가 或은 記序文의 體裁가 僧侶만 草芥視할 뿐 아니라 佛敎까지 아울러
侮辱이 不少하되 도리여 千里를 比隣으로 金錢을 糞土로 看做함은 姑捨하
고 風聲鶴唳로 그 兩班이 文章이요. 우리 절에 特色이요 하야 無上光榮
으로 慰有德色인 그것입듸다. 나의 본 바로 一二의 例를 들 것 같으면

李德壽撰 佛●寺碑에「夫毆冠裂冕 棄父子遠君臣此佛之所以異於吾
儒而吾儒之所以排之斥之者也」와

宋●孝撰 西山大師發文에「聳我南陬 雖釋可敬」이란 雖字와

奇正鎭撰 白羊寺事蹟序에「上人麟淨 其居淨土石窟 其所參究祖師西
來意 日一食人不見其下山 動●數年 更初不識渠 識渠者云」이란 것과

金星圭撰 高敞某寺募緣文에「佛法之爲弊於叔世勿論 而我朝儒道大明
異敎銷磨 排闢之嚴 固不待吾言矣 然紺宇之悽山架谷 緇徒之乞化募緣 在
邦憲亦有毁廢欲逐之條則 抑豈非出於恤窮之仁政」云云 等입니다.

就中 奇氏의 白羊寺序 한 가지를 들어 말해 봅시다. 麟淨은 道巖禪師의
法名인데 雪●涵溟 두 講伯의 戒師님입니다. 禪師의 道德은 擧世가 仰視하거
늘 長城이 白羊洞口에 있서 그를 모른다 할진대 그의 宅心所存을 엿볼 것 아
닙잇가. 걸핏하면 渠字爾字某也를 恒茶飯으로 쓰고 大師와 尊師字는 曙星
과 如하며 甚至於 某先生은 凡係僧家文句에 僧名만 記入하고 堂號는 絶對
로 써 주지 말라는 遺訓까지 있다든가요. 弊一言하고 貴寺 事蹟記를 좀 보서
요. 高句麗 文咨王을 모르고 新羅 文咨王之世라 쓴 그 兩班이「僧徒之言多荒
誕不足備記」云云과「佛雖異敎」云云 以外에 정말 事蹟이라고 幾十字가 되
겟습잇가. 그래도 왼 職啣은 그리 만흔지「大匡輔國崇祿大夫議政府右議政

兼領經筵事監春秋館事弘文館大提學藝文舘大提學知成均館事李某記」라 하엿스니 山보다 虎狼이가 더 크다는 格이라. 貴寺의 事蹟記라 함보다 차라리 李某의 職啣記라 하면 조찬어요. 長文職啣을 要求함은 그 때의 習慣인 갑듸다. 어뜬 文士가 旅行을 하다가 一日은 어느 洞里 酒店에 드러가 宿泊을 할 터인대 旅費는 다 업서지고 昌皮한 꼴을 當하게 되엿드람니다. 속으로 여간 걱정이 아니든 판에 主人 老婆가 들어와서 宅이 글 잘한다는 소문을 듯고 緊請이 있서 들어왓습니다. 그래 무슨말이요. 日前에 우리 洞里 아모 大監이 도라가섯지요. 葬式을 擧行할 적에 名旌을 치여다 보니 아마 限五十餘字나 썻슴듸다. 그것이 어떠케 부러운지 내가 죽거든 똑 저와 같이 써야할 터인데 子息놈들이 내 願대로 해줄는지 疑問이야요. 아사라. 내가 사라서 미리 작만하여 두겟다고 당신같은 이를 願一見之가 되엿습니다. 조흔 비단, 조흔 白粉, 조흔 羊毫를 준비하여두엇스니 宅에서 수고를 앗기지 말고 한 장 써 주시오 한다. 文士는 밝는 날에 써주겟다고 承諾하고 老婆를 돌려 보냇스나 女子에 對하야 무슨 職啣이 있서야지. 展轉反側에 잠을 이루지 못하다가 한 計策을 案出함에 올타되엿다 하고 그만 老婆를 불러 그 材料를 卽時 가저오라하야 그 大監의 職啣을 어림하여서 「大匡輔國崇祿大夫로붙어 某大監隣家老婆」라 써주엇다. 老婆는 글짜를 세여보니 五十餘字 以外에도 四五字가 더 됨을 보고 極口 稱讚하며 당신은 참으로 文章임니다 하고 衣服一襲과 路需를 厚이 주어 보내드람이다. 그와 같이 虛榮만 取할 때는 高句麗 文咨王이라 바로 씰 資格이라도 職啣만 없으면 所用이 없겟지요. 日前 仁岳大師碑를 抄하다가 「盖自聖言湮異端朋興佛法亦其一也」라는 句節에 이르러 속이 여간 상치 안엇습니다. 그만 金錢이 許諾되고 關係當局으로 諒解가 있슬것 같으면 그 따위 文字는 一體 埋葬하고 모든 것을 새로 準備하엿스면 생각하는 同時 梵魚寺의 先見之明을 無限 稱謝하엿습니다. 該寺 事蹟碑文은 金南泉和尙이 젓고 씨고 한 까닭이애요. 그는 다 그럿습니다. 우리 公山에는 晦應, 石應 두

분 和尙이 계시니 著述 等事에는 아무 걱정이 없습니다. 公山뿐이겟습잇가. 全鮮 寺院에 내가 아는대로 볼지라도 훌륭한 文筆이 十餘員이나 되고 體面損傷이 아니될만한 著述家는 實로 車載斗量입니다. 무슨 까닭에 擔麻棄金을 하며 무슨 까닭에 自取侮辱임잇가.

　右와 如히 一唱一酬로 그날은 消遣하고 翌日은 發程을 準備함에 事務當局을 向하야 一週間만흔 恩惠깃침을 致賀하며, 日氣도 快晴이 아니될 뿐 일이 紛忙하여서 銀海寺는 後日로 보겟습니다 하고 一柱門으로 나와 各位 尊宿의게 告別한 後 나려오다가, 行裝을 차저 가지고 大邱驛에 到着하니 下午 一時 五十分車가 臨發이 되엿다. 車中 一隅를 占領하야 倭館驛 附近을 經過타가 三十年前 同窓生을 邂逅함에 意外 奇遇을 紹介코저 記事의 支離를 不拘하고 몇 페지를 더 쓸까한다. 車中에서 무슨 忘却된 일을 記憶하고, 瞥眼間 觀世音菩薩하엿더니 마조 對해 안젓든 사람이 여보 스님 어느 절에 계시오 한다. 예- 京畿道 楊州 奉先寺에 있습니다. 失禮의 말임니다마는 前日 四佛山에 계시지 안엇습잇가. 그랫습니다. 最初 削髮은 醴泉 龍門寺이고, 中年에는 本山 金龍寺에 만히 있섯습니다. 事實 上大乘만 四佛山이지마는 外處에서는 金龍大乘龍門鳴鳳四寺를 四佛山인줄로 아는 關係로 筆者도 그러커니 自處하고 分析업시 對答이엇다. 그런대 學人時代에 錫璨이라 行世하엿지요. 예- 그랫습니다. 어찌 그리 자세히 아시오. 그래 나를 모르겟습잇가. 얼는 記憶이 아니납니다. 三十年前事이닛가 容或無怪이지요. 辛丑年 三冬에 海印寺 影子殿 錦波스님 講下에서 同苦하든 ○○라 하면 아시겟습잇가. 대강 짐작은 하겟습니다마는 아즉도 明快치는 안습니다. 그른대 지금 어데 계시고 어듸로 가습잇가. 예- 僧籍은 智異山에 두고 行坊 布敎師 如히 各地로 도라다니는 中 웃역 어느 절 住持와 여수관계가 있서 차저갑니다. 그르면 車에 나려서 山中 길을 것습닛까. 아니지요. 바로 都會地로 갑니다. 年前에도 한 번 갓더니 住持라고 어데 절에 있서야지요. 收入은 數百石이 된다는대 監院이라

고 粮食될만침 주어서 一個人만 두고 다시 도라보지 안는 모양입듸다. 집이
새거나 풀이 나거나 全部를 모른체 한다든가요. 하는 수 없서 住持本宅이란
都會地를 訪問하엿는데 참으로 굉장합듸다. 十餘間 家屋에 粉壁紗窓으로
꿈여 노코 그 婦人되는 이도 細緞衣服에 金銀 투성이가 되엿습듸다. 그뿐입
잇가. 子女間 學校通學을 보와도 富豪의 子息이 딸을 수 없지요. 自己所有라
고는 별로 없고 全部 데라直輸入이라니 어찌 놀라지 안켓습잇가. 그런 까닭
에 該寺 債務 數千圓을 벗을 날이 업답듸다. 時代가 그러케 되는 바에 遺憾이
지만 어찌할 道理가 있습잇가. 그래도 因果를 무섭게 알고 名譽도 있서야지
요. 스님 名譽말슴도 그만두시오. 昨年 어느 때인가 月報를 보닛가 어느 本山
職員으로서 事業家, 布教家, 教育家, 事務家인 四大家 名譽下에 連三年 旱
魃로 千餘石 秋收가 粟米幾百包로 化한 結果 講院도 停止되고, 百用를 減縮
식임에도 不拘하고 ○○○○褒賞을 奉呈하엿다든가요. 그리고 얼마 아니
되야 三十六計家를 兼하엿답듸다. 그러한 境遇에 四大家의 名譽는 그만두
고 舍衛城中 九億家이면 所用이 무엇임잇가 甚한 遺憾이지요. 그러나 사람
은 격거봐야 알겟습듸다. 저는 只今 桐華寺를 단여오는 길임니다. 該寺 住持
黃普應氏를 아심잇가. 글세요 왜- 海印寺 弘濟庵에서 同苦할 적에 무슨 照大
師라 하고 金石應達玄氏와 같이 와서 있엇습니다. 그가 只今 桐華寺 住持인
데, 就職한 後 京城서 몃번 逢着을 하엿스나 普通 本山 住持 資格이거니 생각
할 다름이고, 今般 該寺를 갈 적에도 年復年旱害를 격근 餘地에 寺況은 蕭條
莫甚할 터이니 一夜 宿泊을 하고 卽時 도라오리라 하엿더니 及其也 가서 본
즉 豫料와는 딴판입듸다. 該寺 事蹟碑가 업다해서 史料를 募集하여 달라는
付託으로 限 一週間 同苦를 하자니 그의 所經歷을 自然 알게 되잔어요. 그가
年前 大邱布教師로 있스면서, 大施主 李萬成氏를 開悟식혀 該寺 尋釰堂을
刱建도 하엿고, 就職後로 極凶을 當하엿건만 그래도 事業을 줄곳 해나오는
데 大邱教堂 經費 每朔 四十餘圓을 대여주고, 專門講院도 그대로 繼續하야

學人 數十名이 看經에 熱誠이며, 昨年에는 大法堂 築石을 宏壯히 修築하엿고, 今年에는 舍利塔 外欄을 鐵柵으로 보기조케 莊嚴하엿습디다. 忌祭祀를 지내는 것 보왓지마는 어데 凶年 틔가 잇어야지요. 舊式에 依하야 餅果를 相當히 작만하엿슴에 俗人 祭官의게 新舊感想을 무럿더니 前과 틀림이 없다고 稱頌을 합듸다. 그러타고 債務가 만흔 것도 안입듸다. 只今 千圓 未滿인데, 本年度 森林 中으로 거의 淸賑되겟다고요. 또 寺蹟碑와 本末史를 經營하니 그는 相當한 資格이라 崇拜안을 수 없습듸다. 過般 住持 再選에 五十名 投票로 四十六票를 次持하엿다기에 넘어 過하지 안는가 하엿더니, 그 외 經歷을 보고는 왜- 五十票 滿點이 못되엿는가 하엿습니다. 佛家 事業은 꼭 聖力으로 되는 것이 잇가. 그가 不離袈裟하고 朝夕으로 禮敬에 恪勤할뿐더러 經呪日課로 口不輟誦인 것을 目擊하엿습니다. 아- 발서 金泉驛에 왓군. 예서는 不可不 作別입니다. 자- 安寧히 가시오. 나는 예서 나려 慶北 支線으로 尙州를 거쳐 金龍으로 가겟습니다하고 彼此間 恨然히 分手되엿다.(끗)

秋聲記: 五雲夢

閑山島가는 길에

餘心生

《신동아》, 1932년 10월

여심생이라는 필자가 경성에서 마산 합포와 한산도를 찾아 일주일 가량 휴식하고 돌아오는 여정과 군데군데서 느낀 소회를 경성에 남은 친구 노산에게 편지를 보내 소식을 알리는 형식으로 기록한 기행문이다. 노산은 시조시인 이은상을 가리키고, 한산도에서 합류한 또 다른 일행 靑田은 화가 이청전을 가리킨다. 이은상에게서 받은 송별시와 자신이 몇 군데 방문지에서 지은 시조, 중국 옛 문인들의 한시 등을 여러 곳에 인용하면서 감상적 글투를 유지하고 있다. 여행지의 자유로움에다 친구에게 보내는 편지 형식의 자유로움까지 더해 즉흥적이고 단편적인 감상을 가감없이 토로하였다.

기록은 8월 25일 밤, 8월 26일, 8월 26일 밤, 8월 28일 오전 4시, 8월 31일 등 닷새 치이며 이로 미루어 전체 여정은 7일 안팎인 것으로 추정된다. 날짜별 기록에는 내용을 구분해놓은 소제목이 최고 다섯 개까지 포함되어 있다. 8월 26일 치 기록에는 다섯 개의 소제목이 있는데, 첫 부분에서 가뭄에 조선 전역

이 고통받는 상황을 적고 모세같은 지도자 모세의 지팡이 같은 기적이 없느냐 반문한다. 다음은 각 기차역의 도착, 환승 등 안내가 모두 일본어로만 이루어지는 것을 한탄한다. 역 이름조차 한자와 일본어로만 씌어 있어 문맹 조선인들이 기차 여행을 하는 것은 하늘의 도움 없이는 불가능하다고 했다. 낙동강과 합포 지역을 보면서는 함석 지붕보다 초가 지붕이 훨씬 조선적이고 아름답다고 생각한다. 마산 시내 구마산역 주변에 형무소가 있고 그 주변에 다시 현대적 상가와 포드 자동차, 모던걸의 뾰족구두가 함께 뒤석인 상화을 놀라운 그로테스크라 표현한다. 구마산 지역을 중국의 남경에, 신마산 지역을 하와이 호놀룰루에 비교하하는 점도 이체롭다. 이후 한산도로 이동해 이충무공 영정을 그리기 위해 먼저 내려와 있던 청전 등을 만나 낚시로 소일하는 한가한 일정을 사나흘 보내고 귀경한다.

도시 생활에서 벗어나 소생하는 기회로서 여행의 의미가 분명히 드러난 기행문이다. 30년대 들어 여행이 근대적 관광으로 유행하던 풍조와 무관하지 않아 보인다. 도시와 근대적 삶이 디스토피아적 상황으로 한짝을 이루고 그 반대편에 탈도시와 원초적 삶이 낙원이라는 인식이 한짝을 이루어 대립적으로 구성되어 있다. 그런가하면 근대와 전근대가 혼재하는 상황을 그로테스크한 부조화로 파악하는 점도 특징이다. 이 여행기를 구성하는 상상력의 기본 구도이자 기본 플롯이라 할 만하다.

李兄!

車는 至今 어둠을 뚫고 南으로 南으로 다라납니다. 兄이 故鄕을 그러케도 그립어하는 줄 잘 알면서도 兄을 漢陽에 떼버려두고 나 혼자 兄의 故鄕을 차자가 보게 된 것을 생각할 때는 가슴이 먹먹해집니다. 돈 十五圓만 가졋스면 될 것을! 더 생각하기도 싫습니다. 오직 兄이 주신 送友時調 十首만을 읽어보고 또 읽어봅니다. 兄은 이러한 時調로써 내에게 주엇지오.

◇ 送友

驚山

餘心, 靑田雨友- 잠깐동안의 公暇를 얻어 가시는 곳이 合浦 閑山島.
合浦는 내 古里인지라. 어찌 몇말슴을 참으리까. 이에 短吟 十闋을 적어
벗들을 보냅니다.

洛東江 건너부터 南方사투리 들으시면
내게서 들든 소리라 情이 별로 드시리

지금쯤 너른 벌에 갈이 한창 흔드리다
오가며 傷하든 내 마음은 님이 짐작하시오.

날 그린 뉘 없어도 나는 잊지 못하노니
내 고장 年事凶豊을 그대 알려 주시오

合浦驛 나리시면 鷺飛山이 거깁니다.
내가서 못 맞으오나 날 본듯이 여기소

城南川 물을 끼고 길게 난 새 한길은
내 살든 옛 집터이오니 부대 밟아 주시오

옛 王人 칠구신 줄 路傍草야 알리마는
그 길은 뽐내고 걸읍시오 他鄕아니옵니다.

바닷가 모래판에 거닐든 내 발자욱
쓸려도 거기 잇으오니 부듸 찾아 보시오

타고 갈 火輪船이 지금은 어떠한지
그 전엔 조고맛습뗀다 좋은 배나 잇는지

無人島 지나시며 太古寂寞 보시오면
내 웨 늘 섬에 가 살려든지 그맘 더욱 아시리

閑山섬 달 밝은 밤에 옛 英雄 그려뵈고
새 雄圖 그대 가슴에 품고 돌아 오시오

(八月 二十五日 밤)

◇ 비는 生命이다

李兄!

「비를 바라고 사는 무리!」 그것처럼 悲慘한 存在가 또 잇슬가요? 汽車는 밤새도록 달아나서 只今 車窓 밖으로는 慶尙道 風景이 홀홀 지나갑니다. 發育不充分한 논들, 빼빼말라 등심이 뼈를 허-여케 들어내노코 누어잇든 시내들, 그러케도 보기 좋든 포풀라좃차 榮養不足으로 모지러진 빗짜루처럼 되어 풀이 죽어 서잇습니다. 목마른 사람, 목마른 洞里, 목마른 山川, 목마른 나무, 목마른 곡식! 그들은 하눌만 치어다 봅니다. 행여나 검은 구름이 모혀드나? 그러나 하눌에는 구름 한 점 없이 뜨거운 햇빛만이 왼 세상을 말려 죽여버리기나 할 듯이 쨍쨍 내려쬐이고 잇습니다.

하느님이 비를 내리시면 살고 비를 안 내리시면 죽는 흰 옷 입은 사람들!

그들이 얼마나 불상합니까. 얼마나 無能力합니까? 얼마나 미운 살 스럽습니까? 兄도 그 中에 하나요, 나도 그 中에 하나이구려!

　朝鮮에는 모세가 없나? 집행이를 들어 바위를 때릴 때 바위에서는 샘이 콸콸 흘러나올 그런 집행이가 없읍니까? 나는 눈을 감고 想像해 봅니다. 시내로는 물이 출넝출넝 넘치고 벼는 흠씬 흠씬 자라고 포풀라는 웃줄웃줄 춤을 추고 農夫들은 노래하고! 이러케 單純한 空想 하나를 實現식히지 못하는 우리 處地가 넘우나 가엽서 보입니다. 비를 바라고 사는 農民! 그들의 가슴이 오작하릿까? 그 心情을 理解 못하는 우리 都會人은 붓그럽습니다. 지금쯤도 서울서는 비가 오면 얼골을 찡그릴 사람이 수두룩 하겟지오! 朝鮮은 農村의 나라! 農村의 나라에게는 비가 生命입니다.

　비! 비! 비를 바라고 하늘만 치어다 보고 잇는 여윈 民族을 나는 봅니다. 그리고 모세의 집행이를 가지지 못한 나는!

◇ 어려운 汽車旅行

　李兄! 三浪津에 다다랏습니다. 여기서 車를 밖우어 타야 馬山으로 갑니다. 汽車를 탈 때마다 늘 痛感하는 바이지마는 李兄은 일즉이 汽車旅行하면서 어느 停車場에서 朝鮮語로 停車場일흠을 불러주고 乘換을 注意식혀 들려줌을 들어본 적이 잇습니까? 乘客수효를 따저 보더래도 朝鮮人 乘客이 더 만흔 듯 싶흔데 그들의 言語는 除外되여 버린 것은 무슨 理由일까요? 停車場마다 漢文과「가나」로 驛名을 써붓치 엇고 또 日本人 乘客은 그 全部가 적어도 小學校 바람은 쏘이고 나온 친구들이라 그 驛名을 理解할 만한 學識은 다 가진 사람들이니 그들에게 구타여 口頭로 다시 驛名과 乘換을 注意식히지 안터라도 足히 그런 것을 알아할 사람들일터인데! 참말로 口頭 注意를 要求하는 사람들은 日本人 乘客이 아니라 多數의 文盲 朝鮮人 乘客이라고 보는 것이 망발일까요? 그러나 朝鮮은 이「親切」로부터 全然 除外되여 버린 것은 아모리 하여도 알 수 없는 일입니다.

朝鮮人 文盲으로 汽車를 타는 사람을 나는 超人的 天才거나 神人이라고 봅니다. 驛名도 읽을 줄 몰으고 웨치는 日語도 알아들을 줄 몰으는 그들이 틀림없이 제 내릴 驛에서 내리고 乘換할 驛에서 乘換하는 것이야말로「神의 啓示」가 아니고 무엇이겟습니까? 李兄! 하느님의 恩惠가 感謝합니다. 朝鮮 人 文盲이 汽車를 탈 때마다 내릴 곳을 神이 啓示해 주지 아낫던 덜 朝鮮鐵道 는 길일흔 旅客으로 大混亂을 未免이엇을 것인데 이 驛夫의 일을 代行해 주 는 하느님에게 鐵道局에서 一年에 한번식이라도 感謝祭나 올리는지오.「삼 낭진역이올시다. 만산, 진주, 진해로 갈 이들은 밝우어 타십시오!」이런 웨침 을 이 停車場에서 들을 수 잇는 날이 이르기를 爲하여 努力할 義務가 잇지 안습니까!

◇ 洛東江과 合浦

李兄! 벌서 再昨年 일입니다. 米國 桑港 엑재미너紙에 잇는 체스터-로웰 氏가 東洋을 視察하고 가서 그 印象記를 쓰는 中 朝鮮에서 第一 보기 실코 흉한 것이 함석(洋鐵)으로 집웅한 것이더라고 쓴 것을 읽엇든 記憶이 잇습니 다. 事實 그럿습니다. 더욱이 南鮮 方面에서 함석 지붕이 宏壯히 만히 늘어 갑니다. 그것도 勿論 朝鮮이 가난한 탓이겟지오만은 찰아리 草家가 함석 집 웅보다는 아담스러워 보입니다.

하여튼 朝鮮은 草家집 나라입니다. 朝鮮서 洞里라고 차즈면 그것은 반듯 이 草家집 동리가 아닙니까? 그러나 이 草家를 함석으로 밝구는데는 나는 大 反對입니다. 찰아리 草家를 조곰 改良하엿스면 조흘 줄로 생각합니다. 더욱 이 가을의 草家란 決코 보기 숭한 것이 아니고 도로혀 一種의 獨特한 美를 所在하고 잇습니다. 둥그런 박이 주룽주룽 달린 草家 집웅, 빨간 고초가 불타 고 잇는 草家집웅, 그것은 오직 朝鮮에서만 볼 수 잇는 아름다운 風景입니다.

李兄!

車窓 밖으로는 무여-ㄴ한 갈밭이 내다보입니다. 그 갈밭 뒤으로는 밭새이로 흰배 돗대가 숨박곡질을 합니다.

「바람에 나붓기는 갈 꽃은 雪景에다 비길가!」 하고 썻스면 조흘 생각이 나나 유감으로는 아직 꽃은 피지 아낫습니다. 아니 갈도 가뭄에 목이 말라서 제대로 자라지 못하고 病身이 된 것 같이 보입니다. 그러나 눈을 감으니 그림 가튼 갈밭이 눈우에 떠오릅니다.

宋의 高士林逋는 이러케 노래하지 안앗습니까

最愛蘆花經雨後
一蓬煙火飯漁船

여기 이 갈밭도 제 때를 맞나면 그러케 훌륭한 一景을 자랑하게 되겟지오.

◇ 쌔로드웨이와 監獄

李兄!

合浦에 내렷습니다. 鷺飛山에 올라 兄이 그리도 그립어하는 앞바다를 내다보앗습니다. 合浦는 바다가 아니고 넓다란 못입니다. 朝鮮에 有名한 못이 없다고 늘 한탄햇더니 南海야 말로 朝鮮이 가진 가장 아름다운 못입듸다. 四方이 山으로 뺑들더 맥힌 이 물을 가르처 누가 바다라 하리이까.

兄의 살던 집이 汽車길 되엿다 하기에 그 뜰에라도 거닐어 볼가하여 汽車길 우흘 흘러 걸엇습니다. 兄의 집 近處일 듯한 곳에는 工場도 서고 함석집도 서고 밭도 잇습듸다. 城南川 가느단 시내물에서는 재잘거리는 草童들이 발을 씻고 잇습듸다. 兄이 生涯를 이으던 그 물방아간은 어데로 갓나? 方今 거기서 물방아 도는 소리가 들리는 듯 합니다마는 그것은 방아소리가 아니라 晉州

서 돌아오는 쇠당나귀의 굴러가는 거름소리입니다. 내가 馬山은 이번이 初行 이것만도 山川도 變하고 人事도 變하고 생각좃차 變해 버리고 말앗다는 것을 切實히 늑기엇습니다. 어찌 馬山 한 곳 뿐이리까? 朝鮮 十三道 가는 곳마다 어데에선들 「山川은 依舊」를 차즐 道理가 없는 줄 압니다.

李兄! 兄의 時調 「가곺아」가 생각낫습니다. 兄이 뛰놀던 마당이려니 하고 汽車線路 우헤 한참 안저 잇섯소이다. 兄이 쌀게 묻은 몸을 씻던 물이어니 하고 城南川 물에 손을 담것습니다. 兄이 詩想에 뭇치고 黙想에 놀던 곳이리라하야 鷺飛山 허리를 거닐엇습니다. 그러나 李兄! 鷺飛山도 한 절반은 洋人의 專有物 이 되어버렷구려! 兄이 별을 헤이며 잠들든 고기잡이 배를 구경할가하고 海邊으 로 나갓스나 거기는 오직 푸른 물만이 뷔인 바다에 익끼를 물어 올릴 따름입듸다.

馬山 名物 세 가지를 發見햇습니다. 監獄과 곰국과 鰍湯! 京城 黃金町 二 丁目쯤 刑務所가 서잇다고 想像해 보십시오. 그것이 얼마나 그로테스크하겟 습니까? 그런데 馬山은 이 偉大한 「그로」를 가지고 잇습니다. 바로 舊馬山驛 通 다시 말하자면 뿌로드웨이에 刑務所가 떡 버치고 서잇습니다. 높다란 그 담 바로 아레 테니스 코-트가 잇고 그 옆에 배채밭이 잇습니다. 배채밭에서는 紅衣壯士들이 鐵絲를 질질 끌어가며 농사를 짓습니다. 또 그 앞에는 오고가 는 손님네들 다 보라고 刑務所 製作品 廉價販賣廣告가 웃둑 서잇습니다.

刑務所 옆에 運送店이 잇고 그 마즌 便에 寫眞館이 잇고 그 옆에 時計鋪가 잇고 그 마즌 便에 술집이 잇습니다. 또 그 옆에는 논이 잇습니다. 이 그로테스 크한 뿌로드웨이 大行進曲! 그 울퉁불퉁한 뿌로드웨이로 포-드가 달리고 모 던껄의 뾰죽한 구두 뒤축이 되뜨락 되뜨락 합니다.

◇ 新舊 馬山의 新舊 對照

舊馬山 거리를 것고 잇스면 南京에 오지 안엇나 하는 感이 잇습니다. 百貨 店과 논이 나란히 서 잇고 골아빠진 舊와 얼트라 모던이 交互되는 이 거리는

中國南京과 흡사 합니다.

　新馬山의 住宅地帶를 천천히 걸어보면 하와이 호놀루두와 비슷해 보입니다. 집이 벽돌집이 아니라 木製이고 꽃밭이 적고 自動車가 없지마는 조고만 언덕 우에 文化住宅이 즐비하게 들어서고 앞으로는 面鏡같이 잔잔한 바다가 눈을 부시게 나붓기고 멀리 海岸에서는 港口의 雜音이 들려오고……. 이것은 갈 데 없는 小호놀루루입니다. 호놀루루의 새 主人公은 米國人이고 馬山의 새 主人公은 日本人이고……. 그러나 新舊馬山을 合하여 한데 노코보면 大連과 비슷하게도 보입니다. 舊馬山은 大連市이고 新馬山은 星浦이고…….

　李兄! 馬山 名物이 무엇이냐 물엇더니 「正宗」이란 술 밖에 없다 합니다. 좀 섭섭합니다.

（八月 二十六日）

◇「月收 三十圓만 잇스면」

李兄!

　배는 定刻에서 꼭 四十四分을 에누리하여 午後 四時 十四分 出航하엿습니다. 慶南丸이라고 하는 배인데 漢江에서는 모다 뽀-트보다 조곰 클가말가 합니다. 이 배로 馬山서 統營까지 船價이 八十錢입니다.

　李兄! 내가 地球의 절반은 다 돌아단니며 구경햇스되 朝鮮의 南海岸처럼 絶妙한 景致를 구경해 보지 못햇습니다. 山 속에 물이 들엇는지 이 물 속에 山이 들엇는지. 바다는 어데서 보나 바다가 아니오 못입니다. 배를 어느 곳에 띄워노코 四方을 들러보나 四方에는 주먹만큼식한 山으로 평풍처럼 삥 돌려 싸혀 잇습니다. 섬을 돌면 또 섬이오. 山을 避하면 또 山입니다. 山이 막다른데로 작고가면 바로 그 山 밑까지 다 가다아야 大自然이 方今 우리를 爲하야 새 門을 열어주시듯이 水路가 방싯이 내다 보이게 됩니다.

李兄! 나는 눈을 감고 꿈을 꿈니다. 造物主께서 太平洋이란 바다 한 구석에다가 三千里 江山이란 아름다운 墨畵를 치실 때에 커-단 붓에다가 먹을 듬뿍 찍어가지고 南쪽 끝에서부터 始作하려다가 바다 속에 먹물을 뚝뚝 떠러트리섯습니다. 이 크고 작은 數千 數萬의 섬이 그 먹물이 아니고 무엇이리이까?

李兄! 주먹만한 섬, 無人島인가 햇드니 새도통가튼 草家집이 다섯채 綠陰이 욱어진 森林 속에서 숨박곡질하고 잇습니다. 잔잔한 물결이 찰락거리는 모래밭에서 어린애들이 재잘거리며 놀고잇습니다. 무엇이라구 할 平和! 무엇이라구 할 單純! 무엇이라구 할 幸福입니까?

「月收 三十圓만 잇스면 南海岸 孤島로 가버릴렵니다!」이 말의 뜻을 나는 뼈에 사모치도록 늑끼엇습니다. 넘우 消極的이라고도 비우슬 사람도 만켓지오? 그러나 이도 저도 못하고 都會에서 애만 태우고 잇는 것 보다야 얼마나 眞理로 가득찬 生이 되리잇까! 그러나 이것 亦是 한낫 부질없은 永遠윗 空想에 지나지 못하는 구려! 섬에서 나서 섬에서 자라서 섬에서 죽어버리는 그 單純한 農漁夫가 부러워집니다.

李兄! 只今 黃昏이 잿빛 장막을 徐徐히 내리우고 잇습니다. 멀리 地平線에 반작거리는 것은 별인지 불인지? 하눌에는 넘어간 해의 餘光이 이 江山을 두고 슬어지기가 설업다는 듯이 여기저기 구름 우에 깨끗한 문의 수노핫닥 헤처버리엇닥 하고 잇습니다. 빛나든 물결이 차차 光彩일코 굼틀굼틀 어두운 하품을 내뿜고 잇습니다. 싸늘한 바람 때를 맛난 듯이 밀려와서 조고만 통통배가 흔들흔들 비틀거림을 합니다.

어느듯 四方은 어둑컴컴 해지고 말앗습니다. 눈 앞에 깜아케 막아섯는 기다란 山 하나, 봉오리가 높고 山허리가 낮고 마치도 大龍이 굼틀거리며 海上을 헤염치고 잇는 듯이 보입니다. 그리고 저-멀리 거의 水平線 가까운 곳에 희미하게 잠긴 孤島 그 밑에서 불빛이 반작반작합니다. 고기잽이 나간 男便을 기다리는 젊은 新婦의 祈願燈인지요! 오솔토솔 아이들을 모아 안치고 보리밥에 토장국 一家 團樂燈인지오! 길이 길이 그네들의 幸福을 빌어주고 싶읍니다.

◇ 旅館과 濁酒와 멜치城

李兄!

멀리 港口의 불들이 보입니다. 어데선가 한번 본듯한 光景입니다. 그럿습니다. 갈데 없는 抗州旗下의 夜景입니다. 西湖에서 배타고 들여다보든 抗州와 조곰도 틀림없읍니다. 西湖와 抗州에 비길만큼 이 곳은 아름답습니다. 이 勝景을 가르처 統營이라고 합니다.

午後 九時 三十分 統營着! 곳 支局으로 차자갓드니 支局長 C氏, 記者 L氏 둘 다 日前에 先着된 靑田과 같이 閑山島로 나가게시다 합니다.

旅館으로가서 困한 몸을 쉬이도록 하엿습니다.

(八月 二十六日 밤)

李兄!

모기, 빈대, 개미, 박휘, 밤새도록 이놈들과 戰爭을 하다가 끗없이 疲困한 몸으로 아츰에 일어낫습니다. 잔등만등합니다. 좀더 깨끗하게 좀더 安樂하게 잠을 잘 수 잇는 旅館이 그립습니다.

統營名物은 멜치입니다. 하-얀 조희 자루에 싼 멜치짐이 쉬일 사이 없이 꾸역꾸역 모혀듭니다. 그리고 멜치잡는 漁船들이 雙頭馬車 달리듯 威嚴잇게 雙雙히 들어오고 나가는 것이 壯觀입니다.

統營은 旅館의 都市, 술집의 都市입니다. 간 곳마다 旅館兼 술집입니다. 旅館이면 술을 팔고 술집이면 旅館입니다. 재미잇는 兼業制입니다.

統制使의 호령터는 普通學校로 되엿고, 三百年前 血戰목에는 運河가 修築되고 三十萬圓짜리 地下道가 거의 完成되엿습니다. 三百年前 勇進無退

하든 水軍의 子孫들이 오늘날 와서 바다 밑 地下道 뚤느는 日給 六十錢짜리 勞動者될 줄 뉘 알앗겟습니까?

李兄! 閑山島로 向합니다.

李兄! 바로 이 바다에서 李舜臣은 싸홧습니다. 눈 감고 안즈면 그때 그 光景이 보이는 듯 합니다. 戰船, 화살, 칼, 피, 呻吟, 騷亂, 死, 불, 方今도 물 밑에서는 水中 勇將들이 긴 칼을 빗기차고 튀여 나올 것 같이만 생각됩니다. 바다에 떠서 사는 海草들도 그때 그 피물에 저즘인지 파-란 입줄거리에 군데 군데 핏줄 문의가 그리여저 잇습니다.

李兄! 解甲島란 조고만한 섬이 보입니다. 李舜臣이 終日 싸화 이긴 후 그 섬에 올라 갑투를 버섯다 하야 解甲島라 한다 합니다. 그 섬 우에 紀念塔이나 하나 세윗스면 퍽 意義잇스리라고 생각됩니다. 그러치 안아도 이곳 靑年들은 解甲島에 紀念塔을 세우기로 熱心으로 主唱하엿스나 老人들이 反對하야 失敗에 돌아갓다 합니다. 制勝堂 重建이나 끗낸 후에 다시 새 힘을 내여 이 紀念塔이 成功되도록 다같이 努力하십시다.

閑山섬 달 밝은 밤에

李舜臣이 게시던 곳! 癸巳 六月 二十一日부터 丁酉 正月까지 李舜臣이 起居하시든 參謀總本部에 다달앗습니다. 여기서 그는 三道統制使 兼 全羅左 道水軍節度使가 되섯고 또 여기서 奸臣의 모함을 바다 서울로 잽혀 올나 가섯 습니다. 이 意味深長한 곳을 紀念키 爲하야 制勝堂이라는 建物이 新築되엿고 (옛날잇든 집을 헐고 새로 지엇소) 堂長이 잇서서 이를 守護하고 잇습니다.

李舜臣이 손수심은 나무들인지는 몰으나 制勝堂 半島에는 마치도 熱帶 地方처럼 密林이 되어서 바로 그 밑에 배를 대이고 치어다 보아도 집이 보이 지를 안습니다. 李舜臣이 恒常 旗艦을 매어두든 바위에 배를 대이고 서너거 름 섬 우흐로 발을 올려 집흐니 制勝堂 宏大한 建物이 눈 앞에 나타납니다.

建物만 새로 세워노코 費用이 모잘라서 아직 丹靑도 못하고 벽도 못다 발랏습니다. 할 수만 잇스면 겨울 前으로 工事를 맞추고 明春에는 盛大한 落成式을 擧行 할 수 잇도록 計劃 中이라고 합니다.

制勝堂 너른 房에서 靑田을 맛낫습니다. 李舜臣 影幀은 벌서 한절반 그리섯습니다. 참으로 速筆이십니다.

「한산도 달 밝은 밤에 戍樓에 올라안자 큰 칼을 옆에 차고 큰 시름 하는 차에 어디서 一聲胡笳는 남의 애를 끊나니」하시든 그 수로가 바로 여기입니다. 달 밝은 밤에 못 온 것이 유감이오. 어루만질 큰 칼도 없거니와 강적소리 간데 없고 어데서 「浪花節」한 곡조 들려옵니다. 가슴이 ××오는 듯 합니다!

李兄! 閑山島 어두운 밤에 배 한 雙 세 내타고 낙시질을 나갓습니다. 李舜臣은 여기서 밤새도록 싸홧다고 합디다. 그런데 우리는 낙시질로 밤을 새일 밖에 없읍니다. 閑山島 大海戰에 日本軍 死者가 九千餘로 全滅을 當하엿다 합니다. 通俗으로는 여기서 日本軍의 머리 億을 버혓다 하야 洞里名쪼차 頭億里라 지엇다 합니다.

별은 총총도 하고 밤은 새벽 세시, 쪼각달이 떠올랏습니다. 그런데 낙시에는 고기 한 마리 물리지 안습니다. 낙시질 보다도 閑山島 月影에 잠겨 古今事를 꿈꾸고 잇기에 時間을 이저버린 것입니다. 아니오. 고기는 한 마리 못잡앗서도 조흡니다.

李兄! 이 밤, 이 바다, 이 생각! 무어라 쓰오리까? 오직 가슴이 미여 늑낄 따름입니다.

오늘 하로만 月山大君이 되어 볼까요.

秋江에 밤이 드니 물결이 차노매라.

낙시 드리우나 고기 아니 무노매라.

無心한 달빛만 실고 빈 배 돌아오노라.

(八月 二十八日 午前 四時)

一週日의 野蠻人

李兄! 먹고자고 자고먹고 더우면 물에 들고 써늘하면 볕에 나고 新聞도
없이 冊도 없이 電燈도 없이 禮儀도 없이 장작이 패고 밥 지어먹고 낙시질
하고 雜談하고 벌거벗고! 이러한 한 주일동안읫 野蠻人 生活을 想像해 보십
시오. 부럽지 안습니까? 無人絶島가튼 이 곳에서 우리 一行 五名은 왼 宇宙로
부터 隔離된 單純한 한 주일을 가질 수 잇섯습니다. 心身이 얼마나 깨끗해지
는지 알 수 없습니다. 明年에도 또 이런 機會가 혹시 생길런지오?

靑田畫伯은 千秋의 名畫를 完成하엿습니다. 八月 二十五日에 시작하여
二十九日 午後 二時에 붓을 떼엿습니다. 李舜臣 影幀 앞에 가장 몬저 參拜하
는 榮光을 가진 우리들이 얼마나 기뻣겟습니까! 이 影幀은 이 制勝堂에 奉安
할 것입니다.

李兄! 이 붓을 노키가 무섭게 우리는 꿈의 나라를 떠나 또 다시 괴롭고 쓸아
린 現實의 나라로 돌아갈 수 밖에 없이 되엿습니다. 連日 快晴하든 閑山島
하눌도 우리를 악겨함인지 갑자기 눈물을 뿌립니다.

閑山島 비오는 저녁
制勝堂을 거닐면서
가신님 그 자취를
더듬어 보올 적에
모타뽈 汽笛 소리는
갈 길 재촉 하더라

(八月 三十一日)

慶州巡禮記
옛 달을 찾아서

趙靈出
《불교》, 1933년 4월

필자의 수학여행기로 추정되는 기행문이다. 1년쯤 전에 쓴 것이라는 해명이 첫 편 말미에 나온다. 전체 세 편으로 연재하였는데, 첫 편에 경주까지의 기차 여정이 포함된 것을 제외하면 모두 경주 내 유적지 방문 여정과 그에 따른 감회를 기록하였다. 기차 여정, 고향을 지나치는 감회, 고도 경주에 도착해 박물관과 유적을 볼 때의 소감 등을 옛 한시, 자작시, 시조 등을 곁들여 영탄조로 강하게 표현한다. 정서의 내용은 대체로 신라 천년이 영화로운 황금기였다는 전제와 이제는 스러져 다시 돌아올 수 없다는 사실에서 비롯되는 비감이 주조를 이룬다. 이 비극적 인식이 현재와 연결되는 점도 흥미롭다. 신라의 고도 경주는 과거의 폐허이지만 그곳을 찾아 출발하는 경성은 현재의 피폐를 담고 있다는 인식이 그것이다. 아울러 과거의 영화가 현재의 피폐를 더 아프게 되새긴다는 표현으로 경주-경성, 과거-현재를 연결한다. 마지막 편 말미에 경주를 떠나며 남긴 "철마여! 가을에 검은 입김을 뿜으며 폐허를 등지고 가자…"는 그 앞의 "긴 밤의 끝엔 黎明이 오고 슬어지는 눈 밑에 새싹이 돋으리라"와 함께 현재의 피폐 끝에 올 미래에 대한 기대라 할 만하다.

첫 편에는 경성을 떠나 경주까지 가는 여정을 앞머리에 놓고, 경주 도착 뒤 이튿날 박물관을 필두로 박물관 주변의 표암, 백률사, 알천 그리고 분황사지로 이어지는 답사 여정을 다룬다. 기차 여정에서는 여행의 목적이 수학여행임을 짐작하게 해주며, 천안역을 지날 때는 고향인 아산을 그리워하면서도 스스로 고향이 없다고 말할 수밖에 없는 사연이 숨어 있음을 비친다. 이튿날 박물관에서 왕관, 석사자, 옥저 등의 유물을 구경하고 얽힌 이야기를 소개한다. 박물관을 나와 봉덕사종을 구경하며 시를 한 편 남기고 표암, 백률사, 알천 등의 사연을 소개한다. 분황사지에서 탑을 구경하는 것까지로 첫 편을 마무리한다.

가을 한울은 맑다 뿐이랴 또한 香氣로웟다. 慶州 巡禮의 첫 발길은 끔직이도 가비여웟다. 슯음이 엉기 엉기 설인 古都를 찾어가는 者의 마음이 무엇이 깃브랴 만은 憂鬱의 學窓에서 차듸찬 科學에 얽흐러진 胸襟이 맑은 大氣를 向하야 自由로이 呼吸을 하는 것은 깃븜이 않이랄 수 없엇다.

十月 三日 우리들은 새벽 七時頃에 京城驛 앞 廣場에 몰엿다. 네분 先生님의 引率 下에 一行은 釜山行 七時 四十分 列車에 몸을 던젓다.

長安을 옮이는 汽笛 한 소래 車가 움직이는 줄은 몰으건만 南山은 움직이기 비롯 하엿다. 紅塵의 진흙 구멍이인 都城을 떠나가는 것이다. 그렇나 漢陽도 피흙이고 넘어진 옛 城 慶州도 한숨 속에 살어진 옛 城 廢墟에서 廢墟로 南北 三千里 이 짓이 모다 廢墟인 것이며 지긋 지긋한 過去의 遺物인 것이다. 뭇처질 것은 뭇처지고 새로운 建設될 것은 建設되여야 할 것이라고 생각햇다.

三角山 그림자 잠긴 漢江을 한숨에 건너가는 汽車의 울음 좇아-.

汽車는 가을 한울에 검은 입김을 뿜으며 平原을 더듬고 山을 더듬고 물을 건느며 南으로 南으로 달아낫다. 동무들은 먼 길을 떠나는 깃붐에 노래하고 춤추며 질겨 하엿다. 모-든 근심을 잊어두고……. 젊어서 못 질기면 어느 때 웃어보리 옛 실음 잊어두고 노래하며 춤추노라 기구한 삶일수락에 질겨 웃고 클 것을. 뭕이 구름이 한가롭게 흝엇다. 무슨 驛을 지냇느냐고 물으니 成歡을 지냇다고 한다. 다음이 天安! 天安에서는 牙山 한을이 보일 터이지? 생각할사록 가슴이 막막하여젓다. 世上을 원망해 무삼 소용이 있으랴만은 쓰듸쓴 世流에 뭕이고 부닥기어 漂浪의 길웅에 한 쪼각「生」을 더듬어 헤매는 이어. 自身을 생각할 새 心臟의 이여지는 듯한 늣김이 없지 않엇다.

故鄕이 어데냐고 누가 물으떤 나는 故鄕이 없다고 對答하는 것이 내의 習慣이엇다. 고개를 숙이며「나는 故鄕이 없소」라고 언제나 같은 對答에 같은 한숨을 흝이는 것이다. 그리든 故鄕-내 낳은 牙山이 天安에서 머지 않은 것이다. 悲哀의 차듸찬 구름은 내 넋을 안고 故鄕 한울에 떠낲어갓다. 누구나 故鄕이 않이 그립으랴만 記憶에서도 찾어볼 수 없고 오즉 空想에서만 찾어볼 수 있는 내 故鄕 牙山은 넘어나 이 애를 쏠아먹은 存在이엇다. 내 故鄕은 西海ㅅ바다의 물결이 찰삭이는 곳이라 한다. 그리고 그 얼골은 많은 戰亂에 햄젓고 先驅者 金玉均 先生의 墓가 그 곳에 있다한다. 그 山이 엇지 생겻고 그 물이 엇지 흘으며 그 마을이 엇덯게 누어있는지 더구나 내 낳은 靈仁山 밑 조그만 草屋은 只今 엇지 되어 있는지 꿈에서도 찾어볼 수 없는 내 故鄕은 넘어 애처러운 存在이다.

「天安!」그것은 驛夫의 외치는 소리엇다. 내 故鄕 山川이 저긔요 가르킬 새 눈물이 넘칠뜻 해 구름을 갈으켯네. 구름도 故鄕ㅅ구름이라기 눈을 감고 한숨지다.

어느 듯 天安을 떠난 汽車는 如前이 식식 어리엇다. 故鄕ㅅ한울은 점점 멀어젓다. 그것이 얼마나 고마운지 눈물낫다. 내 마음 속으로는 하염없이 울엇다. 그러나「그래도 큰 뜻 먹엇으니 웃음 웃고 나가지」하며 불으지젓다.

車는 씩씩하게 달어낫다. 내 마음도 어덴가 멀이 멀이 달어낫다. 芙江이 지나갓을 때 난데없는 한 줄기 江ㅅ물이 西ㅅ쪽으로 흘어 가고 잇다. 이것이 白馬江 上流라고 한다. 이 물줄기를 딿어나려가면 그 곳이 白馬江이고 그 江ㅅ갓에는 눈물겨운 落花岩이 있을 터이지? 百濟의 애닲은 옛이약이를 이 물결이 落花岩을 싸고 돌며 이약할 터이지?

太田에 到達하엿슬 때 一行은 점심을 먹엇다. 달어나는 汽車를 그 누가 막으랴. 汽車는 어느듯 秋風嶺을 넘어가는 것이다.

午後 四時頃에 大邱驛에 到着하야 한 二十分 後 다시 慶州行 輕便車에 乘換하돗다.

東村 半月夜 琴湖 等을 지나가는 동안에 날은 점을엇다. 暗黑이 온世上을 짓눌넛다.

車窓에 숨어드는 가을밤ㅅ바람은 저윽히 사늘하엿다.

七時 三十分이나 되어 불빛만이 깜박이는 慶州古都에 나렷다. 古都에 부는 바람엔 색닲은 향긔 나는 것 같앳다. 慶州는 검은 빛 바다에 푹 파묻혀 있음으로 山도 들도 모-두가 한 빛이엇다.

쓸쓸한 거리를 걸어갓다. 이 곧에도 붉은 燈ㅅ불 푸른 燈ㅅ불은 눈을 뜨고 있엇다. 千年 前 옛 서울에도 얄미운 現代 文明의 발길이 숨어들엇다는 것은 생각할사록 섭섭하엿다.

安東旅館에 들어 저녁을 먹엇다. 왼하로를 두고 車에 시달닌 몸을 자리에 눕히니 그것처럼 좋은 일은 없엇다. 古都에 와 두 다리를 펴고 누어 옛 일을 헤아리매 내 또한 옛 사람인 상 싶헛다. 옛 사람들을 꿈 속에 만나지라고 마음 속 빌며 잠에 앙겻다.

이튼 날

가을 날은 언제나 淸明하엿다. 古都의 運命을 보고 우슴을 든 옛터에 뜨는
해가 오늘도 鷄林을 붉게 물들여 주엇다.

午前 八時 半頃에 旅館 庭前에 一行은 뭉여 黃先生님의 陳列館의 古蹟說
明을 듯다.

다음 古蹟陳列館에 이르러 偉大한 藝術의 향기를 맛보다.

가장 드러난 몇 가지를 들건댄.

金冠은 一千五百年 以前의 것으로 距今 十年前에 鳳凰臺 옆 古墳에서
發掘된 것이라 한다. 휘황한 금빛 奇妙하게 맨들어진 貌樣이 冠을 新羅ㅅ임
금은 쓰시고 百姓을 다슬엿슬 터이지 그 冠이 一千五百年 以後에 와서 新羅
文明을 빛내고 있지 않는가.

石獅子 二個 中에 一個는 芬皇寺塔側으로 붙어 一個는 月城田 中으로
붙어 博物館으로 移轉되엿다 한다. 直立한 獅子刻은 日本人 山松陰氏의 손
으로 들어 간 胡人及獅子의 石刻과 掛陵前 武人及石獅子와 같이 波期「애시
리아」 獅子狩式圖形으로「싸산」(一千七百年前)王朝의 藝術的 文化의 影響
을 받엇다 한다. 뒷 발을 벌이고 앞 발을 거단이는 그 氣像. 그는 新羅人의
氣像이 아니고 무엇이랴. 異次頓의 紀念碑 新羅 第二十三世 法興王 十四年
(西紀 五二七)에 國仙敎 卽 花郞敎가 勢力이 있을 때 佛敎를 爲하야 勇敢히
犧牲된 朴厭觸의 紀念碑이다. 이는 第四十一世 憲德王 九年(西紀 八一七)
에 僧 惠隆, 孝圓 等이 創立한 바이라 한다. 石碑엔 희미한 碑文과 斷頭勇血의
彫刻이 있어 爲法忘軀의 옛 일을 말하고 있엇다.

玉笛 이는 新羅時代에 使用하든 것으로 神秘的 存在임에 興味가 있엇다.
新羅, 高麗를 通하야 國寶로 保管하여 오다가 中年에 遺失되엿드니 李朝 肅
宗 三十二年(西紀 一七〇)에 州人 全承鶴이 客舍 土塀 中에서 發掘하엿다
한다. 하나는 黃笛, 달은 하나는 靑笛 이것이 鳥嶺 以北에선 소리가 안난다고
하는 神秘的 存在이다 ― 鳥嶺以南而鳴 鳥嶺以北而不鳴 ― 이 玉笛ㅅ소리에

新羅ㅅ王宮은 얼마나 平和에 잠들엇섯든가. 新羅의 魂을 한 입에 덥석 물은 이 玉笛은 쓸쓸한 古蹟 陳列館 한 모에 잠들어 누엇구나. 黃金時代의 新羅도 永遠히 돌아오지 못할 길손의 잠이 깊어 過去의 한 쪼각 遺物이 되어 젓대 빈 구멍 속에 고히 숨어 있지 않은가. 玉笛 다시 운들 新羅는 못올 것을…….
그러나 다시 운다면 新羅의 눈물은 긔어코쏘다지리.

끝으로 나오다가 奉德寺鍾(聖德大王神鍾)을 보앗다. 新羅 第三十六世 惠恭王 六年 十二月 始作하야 同七年 十二月 十日에 이르러 朴韓味 等의 손으로 完成한 것이라 한다. 重 十二萬 斤, 口徑 七尺 五寸, 口周 二十三尺 四寸, 厚 八寸되는 ●●에 또한 實相 花文과 飛天文 等의 ●●이 있어 가장 有名한 藝術品이라 한다.

이 鍾은 人柱를 세워 鑄造한 것임으로 그 餘韻이 「에멜레 에멜레」한다는 傳說을 품고 있다. 보기에도 커-다란 鍾. 우리들은 그 鍾ㅅ소리를 들을 만한 機會를 얻엇다. 그러나 그것은 決코 新羅ㅅ사람이 치지는 않엇다.

「떼-.」하고 鍾은 울엇다. 나는 이전 詩를 생각햇다.

新羅ㅅ적 鍾이 울엇네

밤 千年 낫 천년반에 그 鍾이 또 울엇네

鷄林 흰 닭은 어데갓소

新羅 큰 百姓들 다 어데갓소

新羅ㅅ적 鍾이 울엇네

갈ㅅ바람만이 쓸쓸한 古都에

이 鍾만이 호올로 눈부비며 울엇네

新羅가 살엇다 우느뇨

新羅가 죽엇다 우느뇨

멋없이 우는 그 鍾ㅅ소리 月城갓으로 살아저 가는구나

新羅ㅅ적 鍾이 울엇네
餘韻은 끊일 뜻 이을 뜻 흙어저가네
鍾ㅅ소리에 넋을 잃고
灰色ㅅ빛 過去에 貞操를 빼앗긴 무리여

新羅는 울엇다 그러나
鍾ㅅ소리 슬어질 때 新羅는 잠든다
狂女와 같이 現實은 다시 高喊치며 달녀 드느니

아- 過去와 現在에 쫒기운 무리여!

新羅ㅅ적 鍾은 울엇다
新羅ㅅ적 鍾은 그게 설어
에멜레 에멜레 울다 살아서 가는 것이다

어덴가 검정 안개가 덮인 듯한 마음으로 古蹟陳列館을 나서 南쪽 길로
가다가 다시 西으로 꾸불어저 ●波가 넘실거리는 平原 사이로 벋어진 길을
걸어갓다.

길 갓에서 멀이 東便山 기슭을 바라보며 그 곳에 栢栗寺가 있고 瓢岩 掘佛
寺 等이 있다는 說明을 듯고 다시 左便으로 關川, 論虎藪에 對한 자미있는
傳說을 듯다.

瓢岩은 新羅初(西紀 約 七○年 前) 六部의 한아인 楊山部長 李謁平氏의
誕生地로 名稱의 起因은 傳說이라 하겟스나 東京雜記에「俗傳新羅時以此
巖有害於國都種瓢以覆故名焉」이라 하엿다.

論虎藪는 新羅 二十八世 元聖王時 二月 八日에 金現이란 사람이 興輪寺

塔을 遶廻하다가 虎娘과 結緣하야 虎娘의 死後에 虎願寺를 지엇다는곳으로 일음이 있는 곳이다. 一燃이란 사람이 이 곧을 지내다가 이런 詩를 지엇다 한다.

義重數條輕萬死 許身林下落花忙掘佛

寺는 新羅 第三十五世 景德王時(西紀 七五〇年頃)에 王이 栢栗寺에 行 次하시다가 地 中에서 唱佛聲을 들으시고 太石을 掘出하야 四面에 佛像을 彫刻하고 그 곳에 절을 지은 바 이것이라 한다. 只今에도 殘存한 四面石佛은 彫刻으로 優秀를 자랑하고 있다고 한다.

栢栗寺는 新羅 第 三十一世 神文王(西紀 六九〇年)時에 重創한 절로 有 名한 大慧像의 神造品이 있엇고 孝昭王 時에 國仙夫禮와 萬萬波波 息笛와 玄琴 等를 北狄에게 遺失하엿다가 大悲像의 神力으로 還歸하엿다는 곳으로 八怪 中에 한아인 栢栗笛松이 있어 有名한 곳이다. 閼川을 이약이할 새 나는 먼저 皇龍寺 大鍾이 그 모래밭에 파묻혀 있다는 傳說이 숨은 곳이라는 것을 말하고 십다.

新羅의 貿易港이 그 곳에 있어 日本과 支那 交通의 門戶가 되고 또한 軍事 的으로 많은 軍艦이 出入하엿다 한다. 新羅 文明을 이약이할 새 엇지 이것을 남겨 놀 수 있으랴. 新羅ㅅ사람은 商業이 또한 發達된 사람들로 支那와의 貿 易은 퍽으나 繁昌하엿다한다. 다시 이 江은 第三十七世 宣德 六年(西紀 七八 五) 正月 十三日에 王이 崩함에 王位繼承의 第一望을 가진 周元이 水北에 있어 江水의 漲溢로 건넬 수 없어 第二望에 있는 敬信이 卽位하야 元聖王이 되엿다는 곳이다.

다시 발길을 재촉하야 한참이나 걸어갓다. 搭이 보엿다. 그것은 芬皇寺塔 이엇다.

芬皇寺는 新羅 第二十七世 善德女王 三年(西紀 六三四)에 落成된 巨刹로서 同時에 築成된 九層塔은 只今 三層만 남어잇고 三十五世 景德王 十四年에 有名한 彫刻家 强古乃末의 造成한 三十萬六千七百斤의 重量인 銅造藥師如來像은 燒失되고 말엇스며 和諍國師(元曉)의 碑는 碑趺만남어있다.

지긋지긋한 兵亂으로 모-두가 荒廢하여진 芬皇寺를 호올로 塔만 이렇단 말 없이 이젯것 직혀 온 것이 끔직이도 고마웟다.

×　　　×

이 紀行文이 벌서 한해를 隔한 過年의 것임으로 이제 다시 살피매 거북한 곳도 많고 지금 생각과 틀닌데도 많습이다. 그러나 한갓 慶州巡禮를 記念하는 마음에서 부족하나마 여러분께 받힘이다.

慶州巡禮記(二)

옛 달을 찾아서

趙靈出
《불교》, 1933년 5 · 6월

둘째 편은 분황사에 이어지는 순례 여정을 다룬다. 분황사에 이어 답사한 곳
은 황룡사지이다. 황룡사지를 본 소감은 한 마디로 '폐허'로 표현한다. 아울러
절과 탑을 불태운 몽고군의 야만을 문화의 적이자 인류의 범죄자라 평한다.
황룡사 종이 때와 연유를 알 수 없이 사라진 것까지 소개하고 형언할 수 없이
참담한 마음으로 안압지로 이동한다. 신라 최고의 행락이 안압지에서 피었다
가 그 속에 가라앉았다는 말로 황량함을 표현한다. 이어 임해전 터, 월성으로
이동하며 고처에서 고처로 이어지는 감회에 시상이 뒤범벅되어 떠오른다. 석
빙고를 거쳐 첨성대에 이르러 기념촬영을 한다. 첨성대가 뛰어난 천문대라는
사실을 소개하고 지금까지 무너지지 않고 남아 있는 것에 안도한다. 계림을
지나 문묘에서 점심을 먹고 포석정으로 이동한다. 신라의 영화와 쇠망이 모
두 포석정에 담겨 있다는 감회를 다양하게 표현한다. 유득공의 한시를 소개
하고 자작 시조 두 편도 남긴다. 남산을 지나 나정을 거치고 봉황대에 올라 옛

서울의 모습을 조망한다. 회고에 잠겨 옛 한시를 떠올리고 자작 시조 두 편을
남긴다. 낙조를 구경하고 저녁 여섯 시경 여관으로 돌아가는 것으로 둘째 편
을 마친다.

芬皇寺를 나서 그 앞 콩밭 좁은 길을 거러갓다. 明活 城址를 외인便으로
바라보며 皇龍寺址에 발을 옴겻다. 아무 흔적도 찾어볼 수 없는 皇龍寺 터는
넘어도 荒廢하엿다. 이것이 廢墟다.

한 때의 榮華가 낮이면 바람되여 숲울에 흐득여 울고 밤이면 이슬되여 풀
닢에 잠들어 자는 오즉 空虛만이 떠흟어가는 곳이 이 廢墟다. 숲 속에 우는
버레울음이 옛 豪華를 울불으짖으며 기럭이 나는 가을 하눌의 한 쪼각 달이
옛 歡樂을 괴롭게 이약이 할 뿐이다.

이 곳에 큰 鍾이 잇엇고 이 곳에 九層大塔이 잇엇고 華麗한 金堂이 잇엇슴
을 어이아랴. 어이 짐작하랴. 오즉 콩밭이 이모저모에 빼어저잇는 커-다란
주초ㅅ돌만이 「이것이 皇龍寺ㅅ자리요-」 하고 외우칠 뿐이다.

이 절은 新羅 第二十四世 眞興王 十四年(西紀 五五三) 癸酉 二月붙어 三
十年 乙酉까지 十七個年의 長久한 時日을 쓰어 築成된 巨刹로써 그 時節의
國家的 信仰의 中心地요. 그 時代의 크나큰 자랑ㅅ거리이든 것이 高麗 第二
十三世 高宗 二十五年(西紀 一二三八) 戊戌에 무지한 蒙古兵의 侵襲으로
여지없이 燒失되엿다한다. 얼마나 無慘한 일이랴. 其中에 大六佛像은 眞興
王 三十五年 甲午 三月에 銅三萬九千七斤과 黃金 一萬一百九十八分으로
造成하고 鐵 一萬二千斤과 金 一萬百三十六分으로 左右 二 菩薩像을 造成
하야 國寶의 하나로 되엇섯다 하며

左右金堂은 第二十六世 眞平王 六年 (西紀 五八四) 甲辰에 造成되엿다한다.

國寶의 하나로 가장 일음이 잇든 九層塔은 二十七世 善德女王 十二年(西紀 六四三 癸卯)에 慈藏國師의 要請으로 伊干龍春의 監督과 百濟 神匠阿非知의 主幹下에 二百餘 小匠의 助力으로 創始하야 同十四年 乙巳 三月까지 三個年의 時日을 지나 그를 建築하엿다 하며 鐵艦 以上의 高가 四十二尺 以下가 一百八十三尺으로서 九層의 鎭國塔이더니 天火震傷으로 六七次의 重修를 거듭하엿스나 그도 소용없이 高麗 高宗 二十五年 蒙古兵火에 皇龍寺와 같이 燒亡되엿다 한다.

싸움, 그것이 얼마나 많은 罪惡을 犯한다는 것은 말하지 않고도 蒙古兵이 얼마나 殘忍 無道한 野蠻인 것은 이로써 짐작 할 바이다. 領土가 欲心이 나면 領土를 빼앗스면 고만일 것이고 財寶에 눈이 뒤집히면 財寶 그것만을 가저가면 足할 것이 않인가. 佛像이 무슨 罪가 잇고 塔이 무슨 罪가 잇어서 불을 놓고 毁損하랴. 그것이 文化의 敵이며, 人類의 犯罪者가 않이고 무엇이랴. 그들의 발 밑에 文化의 아름다운 꽃 송이가 그마나 無慘히도 짓밟히웟스며 燦爛한 歷史의 조희ㅅ장을 얼마나 가엽게도 짓찢엇는지 생각하면 생각할수록 鬱憤을 참을 수 없는 일이다.

皇龍寺巨鍾은 第三十五世 景德王 十三年(西紀 七五四) 甲午에 施主, 孝貞 二王 三毛夫人과 匠人 里上宅下典의 손으로 鑄成된 高 一丈 三尺, 厚 九寸, 重 四十九萬七千五百八十一斤의 世界 第一의 巨鍾이엇다 한다.

이 鍾은 아츰과 저녁으로 十八萬戶의 鷄林城中에 울이워 新羅ㅅ사람들의 마음을 美化식히엇든 것이다. 이 鍾이 한번 새벽 하늘에 사모치면 城中ㅅ사람들은 모다 자리에서 일어나 香ㅅ불 피우고 合掌하고 굳은 信仰 밑에 佛前에 禮拜하엿다 한다. 해 뉘엇이 西山을 넘을 때 이 鍾이 울면 씩씩하게 일하고 힘쓰든 新羅ㅅ사람은 집으로 돌아가 질거운 웃음에 笙簧을 울이며 또한 글을 외웟다 한다.

이 鍾이 얼마나 偉大하엿섯든 것은 이로써 짐작할 바이나 그러나 이런 크나큰 보배가 언제 엇덯게 없어젓는지를 모른다. 오즉 희미한 傳說에서 閼川 모레밭에 파묻혀 잇다는 말 밖에는 얻어 들을 수 없다.

이 鍾이 자최를 감추엇을 때 新羅도 기우러젓든 것이다.

모-든 것이 꿈같이 살아저버린 터전에 콩닢만이 누-ㄹ언 물결을 치며 바람에 넘실거릴 뿐이다.

얼 形容할 수 없는 心情으로 다시 좁다런 논뚝길을 거러갓다. 간 곳이 바로 雁鴨池엇다. 물결만 바람에 나붓기며 찬 웃음치는 듯 하엿다. 못 속에 웃둑 이러슨 둔덕에는 일음몰을 숲울이 흰 꽃을 피워 옛 일을 꿈 속에 뭉겨버리는 것이다.

거츨은 터전 奇花瑤草가 욱어지고 珍禽奇獸가 뛰놀든 雁鴨池엔 오즉 空虛의 灰色ㅅ 빛 幻像이 훗어저 갈 뿐이엇다.

新羅 最高 幸樂의 生活이 이 못에 피엇다. 이 못 속에 흔적도 없이 숨어젓구나-하고 생각할 때 臨海殿 터의 외로히 남은 石溝 또한 구슲엇다.

臨海殿터 잘잇거라- 뒤에 두고 雁鴨池를 눈감고 돌아서 갈 새 발 밑에 밟히는 가을 숲이 옛 넋인 듯 바스럭 바스럭 울엇다.

에돌아 가는 것이다. 古墟에서 古墟로…….

큰길 건너서서 조그만 언덕에 올라가니 松林 욱어진 데 바람이 솨-ㄱ 불어 간다. 그리 높지 않은 언덕, 반달처럼 주-ㄱ 벋어저 간 곳 그 곳을 月城이라 한다.

가슴에선 詩想이 뒤범벅을 첫다. 머-ㄹ리 들 넘어 가을 밝은 한을엔 흰 구름짱이 흘러가고 月城 복판엔 밭 곡식이 누ㄹ엏게 물들고 새들은 푸득 푸득 날엇다.

石氷庫를 거처 다시 큰 길로 돌아나와 한참 가노라니 瞻星臺에 노라는 듯이 내달엇다.

瞻星臺. 東洋 最古 記錄을 갖은 天文臺. 新羅의 큰 자랑. 新羅의 밝은 魂은 아즉도 이 臺에 남어 잇는 것이다.

울 新羅 第二十七年 善德女王 十六年(西紀 六四七) 丁未 正月에 昔五源의 建築한 것으로 高 三十一層 二十九尺 五寸, 底徑 十七尺, 頭廣 八尺 五寸의 大石造建物이다. 밑 四面엔 풀이 욱어지고 다른 데와 같이 이것도 밭 사히에 외로히 서서 古都의 雅淡한 大氣에 옛 香氣를 아즉도 힘차게 뿜어내는 것이다. 新羅 없엇든들 이 臺 어이 잇엇스며, 이 臺 없엇든 들 新羅의 文化 어이 빛낫스랴.

비 나릴 때 비를 맞고, 눈 나릴 때 눈을 맞으며, 가을 달 봄ㅅ바람 하만흔 몇몇 해에 얼마나 하눌을 원망하엿스랴. 零落에 허덕이는 이 겨레를 얼마나 원망하엿스랴. 新羅 以後의 暗憺한 歷史를 굽어 볼 때 얼마나 그 가슴이 쓸이랴. 온 몸이 압흐랴.

이만한 天文臺는 高麗에서도 찾어볼 수 없으며, 朝鮮에서도 찾어볼 수 없다. 만일 이 臺가 덧없이도 허므러저 그 자최가 아득하다면-하고 생각할 때 마음은 알 수 없는 恐怖에 떨엇다. 가슴이 선을 했다.

紀念撮影을 한 다음 솔 나무가 그득히 서잇는 숲을 들어갓다. 일음을 물으니 鷄林이라 한다. 옛날 金氏의 始祖인 金閼智의 誕生地라는 傳說이 숨어잇는 곳이다.

흰 닭의 울음이 들이는 듯 하엿다. 나는 흰 닭이 그립어젓다. 크나큰 革命家의 出現을 기다리는 이 마음은 흰 닭의 음이이 三千里 그어는 구석에서나 들여지기를 바렛다.

文廟에서 點心을 먹고 鮑石亭으로 걸어갓다. 뻔히 바라뵈든 기-ㄹ다란 허연 길을 거러갓다.

南山 밑 鮑石亭을 잡어드니 바람이 옷깃을 붓잡고 감돌며 무엇인가 속삭

이는 듯 하엿다.

流觴曲水의 남은 자최는 이 곧을 찾는 니로 하여금 哀傷의 멜로듸를 한 매듸식 뜯어주는 것이다.

굽이굽이 돌아간 曲線.

支那 東晋時 卽 六朝時代에 流行하든 流觴曲水를 본받어 築造한 것으로 新羅 豪華를 짐작하기에 가장 쉬운 存在이다.

이 極端의 豪華逸樂의 鮑石亭에 아츰 꽃과 같이 담뿍 픠엇음에 反해서 新羅 滅亡이 慘禍가 또한 이 곧에서 暴風과 같이 일어낫섯다는 눈물겨운 過去의 갈피를 들출 때 가슴이 않어여지며 눈몰이 않솟아나랴.

文弱에 흘어진 新羅 末期에 임검으로 태어난 景哀王의 運命도 崎嶇하엿던 것이다. 鮑石亭에 그 달이 몇 번이나 뜨고 曲水에 술ㅅ잔이 몇 번이나 흘어 갓든가. 後百濟軍의 낮선 말굽이 이 자리를 그리도 짓밟을 줄은 꿈에도 몰낫슬 것이다. 南山 밑 離宮으로 쫓겨간 景哀王이 龍袍를 몇 번이나 눈물에 휘적 시엇스랴. 이 때에 잇어 空前絶后의 最高文化의 아담스러운 꽃이 曲水에 흘어간 술ㅅ잔과 같이 꼬리를 아득한 追憶 밑에 숨기고 말지 않엇는가.

아! 過去는 빛낫다. 또한 慘憺하엿다. 興亡이란 그것이 眞理이니까 원망한 들 소용이 잇으랴.

나는 柳得恭作의 古詩를 생각햇다.

三月初旬去踏靑 蚊川花柳鎖冥冥
流觴曲水傷心事 休上春風鮑石亭

柳氏는 春風이 불 때 鮑石亭에 올으지 말라고 하엿다. 流觴曲水는 넘어도 心事를 傷하게 하니까⋯⋯.

함을며 秋風이랴. 凋落의 가을 大地에 나무ㅅ닢이 부실 부실 떨어지며,

荒冷한 가을의 悲愁를 알외울 때 鮑石亭에 올으는 니의 마음이야 오작이나 悲歎을 늣기랴. 新羅는 이 곳에서 넘어젓다. 英雄의 末路와 같이 新羅의 臨終을 헤아릴 때 鮑石亭은 悲慘하엿다.

나는 어미잃은 어린 갈맥이의 노래같이 떨이는 가슴 우에 서투른 詩調 몇 수를 쓰엇다.

曲水에 띄운 잔이 맘 놓고 흘어가다.
낫설은 굽소리에 넘어저 울엇습네.
님검님 가신지 천년에 그도가고 없고녀.

한끝 호화롭든 꿈깨고 눈부븨니
落華만 빈 터전에 옛 일을 그리(畵)오라
五陵에 자는 魂들아. 예와 몇 번 울엇습나.

떨허 나왓다. 더 잇을 수 없엇다.

또랑을 건느고 밭을 지나 南山 밑으로 邑을 向해갓다. 新羅 始祖 朴赫居世居西干의 誕生地라는 蘿井에 들려 崇德殿, 五陵, 崇惠殿, 味鄒王陵, 皇南古墳群을 차레로 거처 夕陽이 누엿할 때 저자 복판에 잇는 鳳凰臺에 올앗다.

이는 큰 古墳이엇다. 넓은 古都의 벌판을 눈 알에 깔고 懷古의 실마리를 더듬기에 가장 좋앗다.

千餘年間 傳하여 나려온 서울. 十七萬八千九百三十六戶의 大規模의 서울. 그 서울의 繁昌은 이 겨레 記錄에 잇서서 殊玉의 篇인 것이다. 華麗를 잃을까 念慮하야 炊炭의 生活을 하든 그 때의 사람은 또한 가장 藝術을 알고 唐文化를 凌駕할 만한 文化 建設에 神力이 잇엇든 것이다. 이 겨레의 밝은 魂의 權化엿든 것이다. 서울. 偉大한 서울.

金城도 지금은 없어젓다. 月城 또한 明活城 또한. 모-든 것은 荒廢의 폐-지에로 옴겨저 갓다. 廢墟.

東都의 城郭은 한 村落에로 그 그림자를 뭉개버리고 오즉 저녁 煙氣만이 鳳凰臺를 싸고 돌 뿐이다. 只今쯤은 皇龍寺ㅅ鍾이 十八萬戶 長安에 울이워 가고 玉笛와 笙篁의 아름다운 멜로듸는 新羅의 平和를 謳歌하며 新羅魂을 삶고 사모처 흘어갓슬 것이다.

그러나 二十世紀의 新羅ㅅ서울엔 夕陽이 鳳凰臺 우의 붉은 피ㅅ물을 죽죽 뿜으며 무거운 憂愁의 한숨같은 저녁 煙氣만이 都城을 휩싸고 희미한 神秘의 世界로 이 넋을 안고 끝도 없이 갈 뿐이엇다.

나는 漢詩에서 이런 句를 생각해냇다.

鳳去臺空鎖暮煙 徐菀繁華何處覔
行人駐高怨蒼天 落花流水已千年

나는 내 詩想에서 이런 節을 꺼집어 냇다.

비인 큰 臺 우에 夕陽이 그득할 손
매말은 가을낡에 찬 까마귀 울고네려.
一千年 그 긴 내력이 暮煙되여 드옵노라.

우둑우둑 솟은 뫼는 옛 사람의 무덤ㅅ곳이
新羅 큰 魂들이 그 속에 자옵노라.
잇다금 새ㅅ바람되여 옛일 알외우더라.

아려-ㄴ하게 잠들어버리려는 옛 서울.

오, 옛 서울이여. 아조 잠들어 버리라. 二十世紀의 混濁한 물결에 물들지 말고 옛 香氣에 저즌 그대로 新羅의 香그러운 그리고 高尙한 骸骨을 가슴에 안은 채 過去로 달음질처 가거라. 永遠히 잠들어 벌이라. 神秘의 龍兒여!

이 날의 해는 남은 빛을 걷어 안고 西山 뒤로 사라저 버럿다. 平和의 꿈의 물결이 저- 地平線에서 밀여드는 것 같앳다.

그러나 어덴가 낙수ㅅ물같이 떨어지는 옛 서울의 그립은 넋의 눈물ㅅ소리를 듣는 것 같앳다.

아, 新羅의 서울이여. 너는 밤의 平穩한 것에서 自慰의 거문고를 뜯으며 고단한 넋을 꿈에로 보내려는 구나.

-臺를 나려가는 마음. 그는 꿈이엇다. 午後 六時頃에 旅館에 돌아갓다.

-續-

慶州巡禮記(三)
옛 달을 찾아서

趙靈出

《불교》, 1933년 7월

마지막 편은 경주 도착 후 셋쨋날의 여정을 다룬다. 날짜로는 10월 5일이다. 아침 일찍 기차를 타고 불국사역으로 이동해 관람한다. 석교의 아름다움에 놀라며 시조 두 편을 짓는다. 이어 토함산을 올라 석굴암으로 이동한다. 이동 하는 동안 현재 조선의 사정을 생각하며 답답한 감회를 토로한다. 석굴암을 찾아가는 자신들이 현재에 대한 아무런 기대도 희망도 없이 다만 과거의 곰팡내를 찾아 이 길을 오르는 게 아닌지 반문한다. 그러다 곧이어 그나마 신라라는 찬란한 문화의 기록이 있었기에 곰팡내라도 맡을 수 있는 것이라 위안하다 다시 "눈물 섞인 공허"를 느낀다. 과거가 찬란하더라도 현재의 넘어지는 운명을 부축할 수 없다는 생각 때문이다. 석굴암의 뛰어난 예술성에 감탄하는 마음을 "신라여, 고맙다."고 표현하면서도 마음으로는 울 수밖에 없었다고 표현한다. 깨진 파편, 폐허만 있었더라면 차라리 덜 슬펐을 것이라는 역설이다. 시 한 편을 짓는다. 불국사로 돌아가 점심을 먹고 괘릉을 거쳐 역으로 가 숙소로 돌아온다. 이튿날, 10월 6일에는 선도산성 아래 무열왕릉을 구경하고 잔디 위에서 놀다 숙소로 돌아와 점심을 먹는다. 오후 4시 32분 발 경성행 기차를 탄다.

十月五日 午前 五時에 잠은 깨다. 날은 여전히 밝엇다.

가을 大氣의 흘이는 香氣는 넘어도 가슴을 밑바닥까지 씨서 주엇다. 새벽밥을 먹고 慶州驛 發 六時 三十五分에 옳앗다. 梨花生들도 같이 탓다. 동무들은 질거히 놀애햇다.

새벽의 무거운 空氣를 뚫고 汽車는 달어낫다. 古都의 平原을 헤치며 멆이 明活城址가 보히고 갓가히 雁鴨池가 보히고 朝陽은 찬란한 빛살을 흘엿다. 약 四十分 後에 우리들은 佛國寺 驛에 到着하엿다. 新作路를 걸어 외인 便에 보히는 山으로 山으로 들어갓다. 얼마동안 옳아감에 그 곳에 松林이 욱어지고 새 맑은 바람이 別境을 앞서 손을 맞엇다.

「佛國寺」-. 입에 올으고 귀에 익은 일음.

처음에 눈에 띄우는 것이 石橋엿다. 바른 便 紫霞門으로 옳아가는 곳이 白雲橋. 七寶橋 외인 便이 靑雲橋, 白蓮橋, 奇妙한 構造, 神秘스러운 遺物. 雄壯한 多寶塔, 直線美로 된 釋迦塔- 아름다운 傳說이 숨어 있는 塔 等, 神工 같은 그 솜씨에 않이 놀랠 수 없엇다. 이만한 美術 發達의 功績 앞에 우리들은 新羅ㅅ사람의게 感謝치 않을 수 없엇다.

솔밭길 걸어드니 바람도 맑드군요

白雲橋 밟고 옳아 七寶橋 잡아드니

그것이 큰 보배랄새 발 놓기가 젎드군요.

層層 듸딀머리 발꿈치가 무겁기로
머리 돌려 긔보오니 잡는 이 있드군요.
잡는 이 있슬이 만은 新羅魂이 많드군요.

二十分間 自由觀覽을 맞이고 一行은 吐含山을 넘어갓다.

구비구비 돌아 열두구비도 더 돌아 옯아갓다. 아리랑ㅅ고개를 넘어가는 抽象的 人間의 마음과도 같이 朝鮮人의 象徵인 그 마음과도 같이 식은 希望과 쓰듸쓴 怨望이 얽힌 마음으로……. 나는 經濟로나 政治로나 或은 文化로나 모-든 部門에 있어 뒤떻어지고 自己 破滅의 坑窟를 더듬는 朝鮮ㅅ사람이 아무런 希望도 期待도 없이 한갓 옛 文化의 곰팡내가 그리워 이 吐含山을 넘는 것이 않인가! 하고 생각햇다.

언제나 짓밟힌 民族. 그것을 憐憫에만 붙일 것이 않이다. 오히려 꾸짖고 싶고 先輩를 원망하고 싶다. 半萬年의 歷史의 페-지의 大部分이 남의 발 밑에 짓 뭉겨지고 짓 찢어지지 않엇는가.

姑息的「生」慘憺한 過去의「生」. -現在-.

그러나 多幸이도 우리는 한 가지의 잊지 못할 存在를 갖지 않엇늬.

過去의 記錄이 핏투성이고 눈물투성인 그 속에서 빛나는 夜光珠와도 같고 지극히 不潔한 池淵에 피인 한 떨기 蓮꽃과도 같이 두 눈을 또렷또렷이 뜨고 한 입에 香氣를 덤석 물은 한 개의 存在ㅣ 新羅를 찾어낼 수 있지 않은가. 그의 文化를 찾어낼 수 있지 안은가. 만일 이 存在가 그 記錄에서 찾어낼 수 없엇드라면 이 곁에는 얼마나 暗澹하엿스랴. 얼마나 애처러운 한 가닭 꿈이 엇스랴. 그래도 이 文化가 있기 까닭게 自慰의 곰팡내나마 맛지 안는가. 우리는 黃金時代 新羅의 藝術이 있다고 자랑하지 안는가.

그러나 눈물석긴 空虛를 씹을 따름이다. 過去가 암으리 찬란하엿다 하드래도 現在의 넘어지는 運命을 부측일 수는 없는 것이다.

나는 마음껏 소리첫다. 「너는- 너의들은 네 목에 걸린 삼ㅅ줄을 풀 줄을 몰으는야」!.

헐덕이는 가슴에 나는 吐含山을 넘어서 山 기슭에 숨긴 石窟庵의 가슴을 두다렷다. 이 내 두 발길이!.

가을은 依然하엿다. 단풍이 울긋불긋 大 藝術 殿堂의 石窟庵을 또한 밖으로 장식하엿다.

石窟.

그리 넓지 않은 洞窟로 門 左右엔 擁護神의 피ㅅ기있는 薄肉彫刻이 우선 嚴肅하게 서있고 그 사이를 가을 따수한 햇볓이 은빛을 부엇다.

太陽은 무심하엿다. 그러나 보는 니의 마음은 유달니도 異感을 늣겻다.

門 안을 들어슬 때 그 刹那의 感情은 暗室에서 太陽을 본 황홀 밑이 고요히 흘어가는 沈黙. 그것이 잘 表現해 주엇다.

雄壯한 釋迦本尊의 座像. 차듸찬 돌의 彫刻이언만도 어덴가 溫情이 넘치고 柔和의 感이 낫다. 어즌 빛이 감도는 눈. 그 눈은 新羅를 말해주고 다시 現在를 꿰뚫어 未來를 말해주는 것 같앳다.

眉間 白毫는 간 곳이 없고 오즉 그 자리로 조그만 구멍이 남아있다. 그러나 그 곳에선 한없이 길고 큰 빛을 빛어주엇다. 그 빛은 이 洞窟에 들어슨 사람의 마음에 「永遠의 眞理」란 형떠리도 없은 香ㅅ불을 피워주는 것이다.

壁面엔 薄肉刻의 菩薩이 彫刻되어 있고 그 위 石龕 속엔 여러 羅漢님이 列坐하여 있엇다.

微妙한 技術은 넘어도 훌륭하엿다. 더욱 釋迦座像의 後面에 게신 觀音像 彫刻에 일을어서는 오즉 「!」이 있을 뿐이엇다. 그러나 넘어나 偉大한 傑作의 藝術 앞엔 부즐없은 感歎도 오히려 어리석은 짓이라 생각햇다.

觀音像의 彫刻은 果然 東洋의 자랑이엇다. 그 스타일로 보아 요새ㅅ말로 百퍼-센트이엇다. 여러 붓처님을 인 머리. 한 알 한 알의 구슬이 또렷또렷한 珠瓔 외인 손의 花瓶 그 氣像은 崇嚴과 美의 權化이엇다.

무거운 沈黙에 한 없이 넓은 慈愛를 흘이는 눈. 엉틀 멍틀한 돌이언만 뭉글뭉글한 쌀붙힘. 마음대로 휘늘어진 옷자락. 이에 崇嚴이 없다면 그 누가 살점이라도 한 점 물어뜯을 생각이 안나랴.

千年 前 新羅 石工의 손에 피엇든 한송이 꽃은 아즉도 이슬을 먹음어 香긔를 吐하는 듯 하며! 新羅 文化를 한 입에 담은 채!

新羅 石工의 손에서 맨들어진 보들어운 손결은 아즉도 쫏기는 現實에 두근거리는 이 결에의 百姓의 가슴을 얼으맞이려 내닫는 듯 하엿다.

崇嚴한 藝術殿堂 新羅藝術의 물결이 굼틀거리며 흘으다가 가장 씩씩한 氣魂에서 奇妙하게 불끈 솟은 물결이 이 石窟庵인 것이다.

이 洞窟 안을 걸어가는 者의 마음은 聖潔한 新羅 呼吸에 醉하지 않을 수 없을 것이다.

新羅의 呼吸은 두드러진 呼吸이다.

石窟庵은 新羅 藝術의 權威며, 最高峰이요. 朝鮮 文化의 代表的 傑作인 것이다.

新羅는 아즉껏 살엇다. 그 魂은 洞窟 안에 紋을 일으키며 흘어가는 것이다.

新羅여. 고맙다. 나는 感謝하여 마지 안는다. 그러나 崇嚴한 氣流에 싸여 洞窟 안을 合掌하고 걸어가는 내 마음은 끝없이 흐득여 울어마지 않엇다.

찰아리 아조 荒廢한 古墟에 白沙場만이 쓸쓸한 바람에 누어 있엇던 들이 생각도 머젓슬 것을 구태여 허틀어진 柱礎, 깨어진 瓦片, 그리고 돌 바위에 색여진 귀여운 佛像. 이것이 있는 까닭에 懷古의 心琴은 눈물에 젖어 목멘 멜로듸를 읇이지 안는가. 오히려 피눈물까지 솟지 안는가! 하고 생각햇다.

그러나 理智는 아즉도 눈을 맷섯노라.

나는 다음과 같은 詩을 읊엇노라.

이 洞窟 안을 거니는 者여.

이 石窟 안을 들어가는 니여.

懊惱를 잊을여는 者는 이 洞窟 안을 거닐어라.

自己를 잊고드믄 眞樂에 웃으려는 者는 이 洞窟 안을 거닐어라.

窒息된 現實에서 새로운 憂慮를 살여는 者는 또한 이 洞窟 안을 건일어라.

吐含山 넘어 山ㅅ기슭에 고히 잠자는 石窟.

山 언덕에 바야흐로 물으녹는 丹楓.

아! 옛 光輝들 잊지 못하는 歷史의 피눈물이어.

곰팡내나는 過去의 氣息이 흘으는

永遠의 沈黙에 눈감어벌인 이 洞窟 안을 들어가는 니여.

그 沈黙에서 偉大한 脈搏을 들으려는 者는 이 洞窟 안을 건일어라.

新羅의 큰 呼吸을 마시려는 者는 이 洞窟 안을 건일어라.

過去는 죽엇느니라.

輝煌하든 文化의 넋도

한쪽악 瓦片에…….

찬피 흘으는 曲線에 숨어있을 달음이다.

現在도 죽은 상 십흐니

아! 아득한 未來여.

낡은 空氣에 오즉 藝術만이 빙긋이 웃는

이 洞窟 안을 들어오는 니여.

무덤에 피는 꽃과도 같이

다시 향글어워 지려는 者는 이 洞窟 안을 주먹쥐고 건일어라.

곱다란 曲線엔 久遠의 眞理의 脈搏이

푸들거리며 우듬언이 앉은 石佛의 視線은

참다운 삶의 巡禮者의 코-스를 갈으키리니

이 洞窟을 들어가는 이여.

自己를 불살으고 새로운 自己를 알려는 자는

이 洞窟 안을 감히 건일어라.

石窟庵은 佛國寺와 同時에 金大成이 創作한 것으로 「爲現生二親創佛國寺 爲前世爺孃創石佛寺」란 記錄이 三國遺事에 남아있다.

距今 十七年 前에 總督府에서 重修한다는 일음 밑에 神聖한 寶物의 面目을 破損한 것 만은 遺感으로 생각하는 바이다.

一行은 다시 吐含山을 넘엇다.

佛國寺에서 點心을 먹고 掛陵으로 갓다. 掛陵은 뉘 陵인지 不明인데 다만 一說에 文武王이라고 한다. 文武石人像이 있고, 獅子石像이 있어 一千二百年 前의 것이언만 아즉도 生動의 氣脈이 뛰는 듯 하엿다. 武人像은 西洋의 武士와 같이 고수머리에 西洋人의 甲옷을 입어 더욱 興味를 끌엇다. 이것이 一千七百年 前 「싸산」 王朝의 藝術的 文化의 影響이라 한다.

影池를 들니려 하엿스나 時間 關係로 그냥 지나 驛으로 갓다. 午後 五時四分. 佛國寺를 떠난 汽車는 灰色ㅅ빛 慶州古都에 줄달음첫다. 六時 二十一分. 慶州에 나려 피곤한 다리를 끌며 旅館으로 돌아갓다.

十月六日 晴

午前 九時에 旅館을 나서 仙桃山城 밑을 向하여 걸어갓다. 五里쯤 가서

외인 便 솔밭으로 들어가니 그 곳에 武烈王陵이 있엇다. 그 앞에 金陽墓가 있고…….

新羅를 아는 者로서 金春秋를 엇지 몰으랴. 그는 在位 八年間에 百濟를 攻滅하야 統一의 初步를 싸어일운 님검이엇다. 그러나 生死의 眞理 앞에 그도 머리 숙인 탓으로 한 줌 흙이 되어 이 곳에 썩어지는 것이엇다. 생각하매 한을에 흘어가는 구름이 무엇을 갈으키는 것 같고 따 우에 말러가는 가을 닢이 그 무엇을 示敎하는 것 같엇다.

陵碑는 無智한 邑人이 없애고 다만 上部 一端이 碑趺에 얹허있어 當時 藝術의 面影을 말할 뿐이다. 九龍이 굼틀거리는 碑의 上部와 金仁問 書의 「太宗武烈王之碑」는 筆法으로 遒勁하고 碑趺의 石龜는 方今 긔어 나오는 것 같이 산피가 흘으는 것 같엇다.

紀念撮影을 한 다음 다시 五里쯤 걸어갓다. 일음 몰을 山 우에 옳아가니 金庾信 將軍의 墓가 누어있엇다.

金舒立의 아들로 三十六歲 眞平王 建福 十二年에 誕生한 一代의 英雄이 파문힌 곳 六十六歲의 老雄으로 羅唐聯合軍을 號令하야 百濟를 攻滅한 일도 있엇고 七十四歲의 高齡으로 金欽純, 金仁問 等을 指揮하야 高句麗를 進攻한 일도 있어 新羅統一의 偉功을 일운 新羅의 英雄이며 新羅의 恩人인 것이다. 오즉해 그를 높이다 높이다 못해 太大角干이라고 햇슬까!.

그렇게 씩씩한 人物이 只今엔 어데서 잠을 자나. 混亂하고 亡滅된 이 時期에 있어 이런 偉人의 무덤을 찾는 마음은 지극히도 쓸인 것이다.

한시간 가량 잔디 우에 앉어 놀다가 西岳書院은 보지 않기로 하고 바로 旅館으로 돌아와 點心을 먹다.

巡禮는 이것으로 끝낫다. 애닯은 新羅의 踏破는 이것으로 幕을 네렷다.

그 날 午後 四時 三十二分. 慶州를 떠나는 汽笛 一聲은 新羅 옛 한을에 告別을 알외웟다.

慶州는 新羅 文化의 싹튼 곳이다. 빛난 곳이다. 그리고 넘어진 곳이다. 慶州여! 新羅가 네 품에 몇 번을 웃고 몇 번을 울엇느냐.

新羅의 古墟이여! 달을 이여! 너는 너의 가장 앗기고 사랑하든 骨董品을 나의게 눈물 흘이며 보여주지 않엇늬. 그리고 그 옛날의 너의 豪華를 자랑하지 안엇늬.

오늘은 네가 骨董品 상자를 문 닫히며 「옛날은 이랫다오. 나도 그 때는 어엽벗다오. 그 때 님은 퍽도 훌륭하엿지요」 하는 구나. 그리고 또 우는구나.

오, 新羅의 祭殿이여. 東都의 넋이여. 그만 울라. 가을 한을은 넓고 내 마음의 憂愁는 끝도 없이 길다. 新羅의 고흔 사랑이 피든 廢墟의 흙이는 눈물은 崎嶇한 運命에 휘말리는 이 따의 한 쌍을 받어난 이 몸의 九曲肝腸을 千 갈래로 쏘느니.

泡沫같이 슬어진 過去는 넘어도 큰 哀傷의 存在이다.

그러나 기-ㄴ 밤의 끝엔 黎明이 오고 슬어지는 눈 밑에 새쌋이 돋으리니,

新羅의 古墟여. 맘 놓고 平穩한 꿈의 거리를 沈黙에 걸으라. 갓득이나 멍든 이 몸의 옷깃엔 손을 대지 말라.

廢墟여! 잘 있으라.

鐵馬여! 가을에 검은 입김을 뿜으며 廢墟를 등지고 가자.

아, 慶州 巡禮의 마즈막을 알외우는 붓곳은 눈물의 過去와 逼迫의 現實의 交叉點에서 이 날의 黎明을 더듬어 躍動하노라. (끝)

落書(一) 布敎의 첫 出發

啞牛
《카톨릭 청년》, 1935년 9월

필자가 주임신부로 대구의 학교를 떠나 전북 군산의 임지로 부임해가는 여정을 기록한 글이다. 'X선생'에게 보내는 편지글 형태를 띠며, 중도에 들른 김천성당 주변의 일화들을 비롯해 여러 기착지에 연관된 상념 등을 몇 개의 소제목으로 구분해 정리했다. 특별한 감회를 느끼는 부분에는 자작 시조를 덧붙였다.

도입부에는 고향이자 신학 공부를 해온 대구를 떠나는 감회를 피력한다. 그러나 그 감회가 단순히 고향을 떠나는 아쉬움이 아니라 새로운 미래를 위해 탈출하는 젊은이의 기꺼움에 가까운 것임을 말한다. "대구를 떠나는 것이 아니라 조선을 살리러 간다"는 표현에 이런 마음을 담는다. 그러나 눈물로 작별하는 부모와 헤어지고 차에 오르면서 어쩔 수 없는 석별의 아쉬움을 느껴 시조한 수를 짓는다.

중도에 김천에 들러 오랫동안 대구 신학교에 있던 김승연 신부가 개창한 김천

성당에 들러 하룻밤 지낸다. 김천읍을 구경하다 이 지역의 사모바위, 할미바위에 얽힌 전설을 소개하면서 미신에 미혹되는 민심에 안타까워한다. 김천성당 개창자 김승연 신부에 대한 소개와 함께 "일 많은 땅에서 할 일은 다 못하고 몸만 먼저 늙었다."는 신부의 말을 소개하며 시조로 위로의 인사를 남긴다. 김천을 다시 출발한 뒤 대전에서 호남선으로 갈아타고 논산, 솜리, 전주를 거쳐 군산으로 이동한다. 호남선을 타고 가면서 보는 풍경이 경부선 연변에서와 다른 것을 실감한다. 논산을 지날 때 논산 성당을 멀리서 보며 기뻐한다. 솜리에 도착해 성당에서 신도들과 하룻밤 묵고 이튿날 다시 떠나 전주로 간다. 전주교회에서 이틀 묵으면서 감목대리 신부 등과 만난 뒤 열차편으로 군산으로 이동한다. 자신이 당분간 머무를 곳이 군산임을 비치며 지역 특색, 사투리 등에 관해서는 추후 알리겠다는 다짐으로 글을 맺는다.

大邱를 떠나며

×先生님에게

장장하일(長長夏日)도 길 떠나는 사람에게는 그리 바쁘더이다.

나의 젊음의 반생을 살아오던 고향을 떠난다는 것 쯤이야 그 무슨 섭섭할 것 있겠오이가.

「故鄕의 惜別」, 「그리운 옛 맛을!」 등등의 문자는 이미 낡아진 詩人들의 붓작난일 뿐 오늘의 젊은이들은 고향을 떠난다는 것을 오직 하나인 자기네들의 이상으로 알지요. 부모의 눈을 피하야 선조의 해골이 자라난 고향을 탈출한다는 것은 이 시대의 젊은 사람들은 모름슥 해야할 일대용단의 거사로 입에 춤이 마르게 자랑하질 않습니가. 「고향을 떠날 수 있는 이의 행복이여!」하는 것이 오늘의 젊은이들의 입버릇같이 부르는 고향탈출의 행복 禮讚이

올세다.

그러나 나는 그러한 유의 젊은이는 아니올세다!

몸은 젊으나 맘은 늙지요! 이번에 이 걸음이 大邱를 떠난다기보다 조선을 살리려는 것인지라. 그 무슨 감정 충돌으로의 슮음이랄 것이 있겠오이가.

그러나 오직한지! 춘풍추우 십삼년의 짧잖은 그동안 뛰고 놀며 크고 자라던 배움의 동산! 성훈에 젖은 그대로 울리는 종소리에 목숨을 빌던 학교를 두고 오기만은 상당이 거북하더이다.

大邱역을 나서니 아들을 보내시는 늙으신 부모님의 애닯아하시는 양도 눈물겨웠거니와 커가고 자라가는 大大邱의 모습도 이제는 나의 기억에서조차 살아지고 말 것인가를 생각할제.

「人生은 나그네! 世間은 눈물의 여막」이라던 그 누군가 詩人의 말이 무뚝 생각나더이다.

정말 인생은 넓으나 넓은 사막을 헤매이는 고닲은 나그네이지요. 나는 문득 생각없이 이 노래를 불렀나이다.

떠나는 길손은 고닲은 신세로다.
옛 꿈 사라지면 새 희망 품고서
두둥실 잘도 가누나 희망찬 저 나라로

선생님! 선생님은 늘! 나더러 교회에 충실한 일꾼이 되어 달라고 하셨지요. 그나마 우리에게는 일군이 없는 것을 나는 무엇보다도 섭섭히 생각한다고!

그러나 오늘의 이 땅엔 글군인들 무엇을 할 것 같나요? 죽어가는 조선을 살리고 침체한 교회를 빛내이는데는 모르는 수작이라고 하실는지 모르겠지마는 대영단(大英斷)의 민활한 활동가가 제일인 것 같나이다. 조선은 이러한 사람을 구하고 조선 교회는 이러한 인재를 要望한다고 나는 부르짖고 싶소이다.

「天才는 약자」라고함을 언젠가 나는 누구에게 들었는 듯 하외다. 現實의 自家無能을 인-끼 속에다 하소연하는 어리석은 그네들! 오히려 음침한 방구석에서 하늘을 부르짖고 땅을 굴린들 눈 어둡고 귀 먹은 세도인심(世道人心)에 무슨 하욤이 있을 줄 아나요. 아직까지의 조선 현실은 오로지 붓으로만 구해질 것 같지 않습니다. 하물며 어찌 눈물어린 현실을 애닯게 그림만으로 만족하겠나이까?

기차 바퀴 굴르는 그때로부터 멀어저가는 大邱는 아름아름 구름 속에 싸이어지더이다. 다시금 아득한 장래의 생각 못 할 앞길을 머리 속에 그리면서 TJ 신부를 비나리는 어두운 밤 속에 사명의 일터로 보내드리면서 지었다고 선생님께 말슴드린 묵은 가락을 다시 읊었나이다.

가시라. 저 벗이여. 포도밭에 일하시라.
복음의 알맹이를 간 곳마다 뿌리시라.
열성의 피땀흘려서 끝내가주 오시라.

金泉서 하루밤

기차는 두 바퀴로 잘도 가는데 이 몸은 외로이 어디로 가나! 기적의 한 소리를 남기고 떠나는 기차는 어느덧 늘! 놀러 다니던 날뫼ㅅ성당을 옆으로 지고 北으로 멀리 잘도 가더이다. 차창에 기대어 명상에 잠긴 체 생각은 높아 어디로 가는지 갈피모를 저 언덕을 헤매더이다.

倭館을 단숨 지나니 오른 편으로 보이는 벽돌양옥의 까름직한 건물이 경북에서 이름높은 왜관성당이랍니다. 수녀사택 학교까지 새로짓고 수녀선생님을 기두르고 있다나요.

아직 농촌에선 비가 부족하야 모내기에 그리 바뿌지 아니한 모양이나 뷘들에 갸웃그리는 농부들의 씩씩한 기상에는 누구나 가져야할 활동의 성훈이 풍기어 있는 듯 특히 主의 일터에서 한생을 보낼려는 자들로의 능히 가져야 할 갸륵한 힌트가 숨은 듯 하더이다.

大邱서 떠난 차가 한숨에 달리어 金泉서 노독을 푸니 나도 나리어 미리 내약이 있던 神父 金東彦氏와 神生 劉再鳳君이 맞아줌으로 金泉성당에서 지나가는 길손으로 하루밤의 긴치 아니한 나그네의 어려운 신세를 지게 되었나이다.

金泉성당은 다년간 大邱 신학교에서 근무하시던 神父 金承淵氏가 공비 二萬七千圓으로 작년부터 공사에 착수하야 금년 봄에 비로소 준공을 보게 된 새 성당이외다. 뾰쪽한 종탑에 화려한 성당의 그 意匠 그 구형의 아름다움이야. 이루다 말슴할 수 없삽고 오직 선생님의 한번 래참을 권하는 동시에 우리의 손으로도 이처름 아름다운 성전이 지어질 수 있었다는 것을 자랑해두려 할 뿐이외다.

傳說의 金泉

金泉에 金烏山이 있고 甘川내가 흐른다는 것은 우리가 일즉부터 듯던 이야기고 여기서 멀리보이는 星州 伽耶山의 舞鶴峰 등 오늘의 金泉을 만들어내는데 상당한 역활을 하는 名山들이라나요.

金烏山 金가마귀 날아갈 줄 모르듯고
甘川에 물 마시고 靑鶴마조 춤을 출제
예보던 성전 안에는 기도소리 높았더라.

金東彦神父와 神生 劉再鳳君의 안내로 金泉邑을 구경하면서 그곳 사람들의 입에 오르나리는 미신에 가까운 전설을 들었나이다.

사모바위와 할미바위

이두바위가 가지고 있는 전설은 金剛山 玉女峰이나 普德屈이 가진 전설에 방불한 로맨즈에 젖은 이야기외다.

사실인지 아닌지 그러한 전설의 유래는 물론 오랜 것이었으리라고 생각됩니다. 그의 이상스러운 현상이 나타나기는 바루 二三년 前이라고 하는데 내용은 읍내ㅅ 일본사람 하나가 그 사모바위를 넘어트리고 집을 날라가게 지었겠지요. 그런데 야로하게 그 일본 사람이 우연히 병을 얻어 몇일이 못가서 피를 토하고 죽었다나요. 그래 그 뿐이겠읍니가. 그 맞은편에 있는 할미바위가 金泉읍 몇몇 일본 내지사람들에게 꿈에 나타나서「이놈들 이 대가리깎고 발벗은 여호같은 놈들! 내가 누구하고 언감생신 우리 영감을 죽이다니!」하고 살아졌다는데 그런데 그것이 일이 버러지노라고 그해 여름에 일본사람 六七人이 이름모를 병을 얻어 주고보니 이른바「가마귀 날자 배떨어지는」격이지마는 두려움에 놀랜 인간들은 이것을 할미바위의 소행이라고 거기다 祠堂을 짓고 해마다「살려줍시사」빈다고요 사실이 이렇고 보니 믿기 잘 하고 미신에 깊은 무지들의 공포는 여간이 아니라고들!

과거는 한갓 이두바위를 사모바위 할미바위로만 알렸던 것이 오늘 와서는 그 두 바위는 전생에 인연 깊은 두 내외의 화신으로 이는 저를 그리고 저는 이를 사모하고만 있던 것을 일본 사람이 사모바위를 없애버리니 할미바위는 극도로 화가 나서 일본 사람 몇을 별미로 잡아죽인 것이라고 한다나요.

우스운 이야기지요. 과학이 발달된 오늘에도 미신이 있고 일본 사람들도 그러한 미신에 속는답니다.

黃金町天主敎會에

金承淵神父

어차피 들었던 붓 끝이 조선 카톨릭의 老將인 씨의 인상기라니 행여 그의 초인적인 천성을 상우지나 아니할가 저어하나이다.

씨는 알으심과 같이 비낭유학의 일인으로 조선 천주교회의 초대 성직원 중에 일인이지요. 씨의 가톨릭적 활동은 당시로부터 三千里를 풍미하였나이다. 北으로 白頭山 밑으로부터 南으로 濟州道의 漢拏山 밑둥까지 복음 전하는 그의 발길은 디디는 곳마다 향기를 남겼나이다. 거츠른 조선을 개척하시던 당시는 응당 괴로웠을 것이며 응당 많이 눈물 겨웠을 것이외다.

한때는 일꾼없는 이 땅 포도밭에 인재를 가꾸려 大邱신학교에서 카톨릭 건아(健兒)를 양성하는데 오르지 心血을 바쳤읍니다. 필자도 씨의 성훈에 젖는 몸이외다.

그리하야 많은 신진 성직을 길러내여 布敎 三千里에 흩어보내기 무려 八九年동안 극도로 약해져가는 정신 피로가 마침내 건강까지 상하게 되어 그만 신학교를 그만두고 金泉敎會를 담임하시게 되었오이다.

金泉敎會를 담임한 이후로 晝思夜度가 미신에 잠기고 신화적 전설에 풍긴 신설 도회지에 적당한 아니 그보다도 더 화려한 主의 성전을 이룩하실려는 갸륵한 뜻이 었더랍니다. 그리던 것이 생각은 마침내 뜻을 일우어 피땀 방울방울 쌓이고 맺히어 전선을 통하야 굴지의 화려 굉대한 대성전을 건설하였으니 어진 어머니로의 크나큰 진통에 그는 아마 무척 괴로웠었을 것이외다.

과거는 개책의 앞잡이로 오늘은 건설의 제일인이요. 어제 홍안이 오늘 백발! 묘령의 청년 사제로 포교전의 육란열우 속에 좌충우돌하던 억세던 그 힘도 찾을 길 없이 살아진 그대로 옛날 모습을 그리는 영채 도는 눈까지 백발이 성성한 영특한 노장이외다. 그에게 사랑이 있었다면 그의 사랑은 교회만을 위한 채 늙어져 버렸고 그의 청춘은 조선을 건지려다가 씨들어 버렸나이다.

꽃은 떨어지면 향기를 걷우고 玉은 깨어지면 소리를 감춘다오. 그러나 그러나 사람은 죽어도 이름은 남는 법이요. 영웅은 가셔도 사업은 빛나느니 백발 노옹의 줄기찬 업적인 이 성전을 京釜線으로 달리는 뜻있는 길손은 눈겨웁게 아니 볼 수 없을 것이외다.

二十六 日에 金泉을 떠나며 「일많은 이 땅에서 할 일은 다 못하고 몸만 먼저 늙었구나」 이렇게 겸손되히 그의 사업에 對한 칭찬에 대답하시는 말슴을 듣고 한두 곡의 노래를 지어 늙으신 심경에 위안으로 드렸나이다.

한소리 고함치니 산천이 들석들석
將軍은 일이 없어 큰 칼 닦아 집에 넣고
聖恩을 갚기도 전에 몸이 먼저 늙었구려

먼산 바라보니 구름만 뭉게뭉게
關門엔 눈이 덮어 옛 소식 그리운데
老翁은 술을 기우려 晩時歎을 하더라.

덧없는 세파(世波)에 청춘은 씨들어 꾸기어 진 채 빛바래진 채 실주름 잡혀든 어진 얼굴에는 언제나 남을 열복시키고야말 성스러운 모습이 떠오르나니 나는 이에 두 번 절하고 물러나와 金泉역에서 京釜線 別急列車 ノゾミ를 집어타고 또 다시 北으로 달리었나이다.

湖南線을 갈아타고

세상은 빠르더이다. 어끄제 大邱에 있던 몸이 오늘엔 群山서 머리통만 긁

고 하늘을 바라보니! 아침에 大邱서 타면 저녁에는 群山서 반듯이 나리고 마
니까요.

말성 많은 鄭鑑錄에 벌서 이런 말이 있다나요.「鐵馬嘶來漢水邊이면 千
里之程도 一日行止」라고 나- 역시 세상이 빨라진 덕분에 한밭(太田)서 鐵馬
를 바꿔 타고 영영 생면부지이었던 湖南의 넓은 들판을 꾀뚫고 사뭇 남으로
남으로 달리었나이다. 경상도 태생으로 산만 보던 눈으론 정말 신면목이었나
이다.

올해는 간 곳마다 비가 귀한지라 여기도 아직 모를 옮기지 못한 곳이 많더
이다. 그러나 언제나 바쁜 것은 농부들인지라. 물품기, 모내기, 논매기에 한창
인 것을 보니 하일에 인사망(夏日人事忙)이란 옛 말슴이 생각나더이다.

그들 농부들의 부르는 모내기 노래는 얼핏 차창으로 새어 들어오나 굴러
가는 기차 소리에 조당이 되어 아무런 이미의 대중을 못 잡아 기여히 여기는
옴겨 적지 못함이 유감이외다. 그러나 그대신 俗謠 비슷한 서투른 솜씨의 감
상에만 젖은 것 하나를 드리겠나이다.

얼널리리 상사되야
어어 널리리 상사되야

이 들판에 옮긴 모야
잘도 크거라
이삭욱어 누러진
가을 철이면
피땀흘린 그 값이
남아있으리
얼널리리 상사되야

부자집 창고 속에

채워질 나락

우리는 성스럽게

남만 위하고

에헤라 설구나

상사되야

論山도 얼핏

고향에서 이쪽 친구들의 이야기에 湖南線에 들어서는 철도연선에서도 잘 보이는 성당이 두 곳이겠지요. 그 하나는 論山성당이요. 또 하나는 華山성당이라고 하기로 차창을 나서 기여히 보고져 하였더니 화산성당은 구름에 싸여 서투른 눈에 보이지 않고 다만 논산성당만이 손에 잡힐 듯 잘 보이더이다. 어디나 인간의 위로자 성주가 계시는 성당은 보기만 하여도 갸륵하더이다. 바쁘게 지나가는 길손의 멀리서 드리는 묵례만 받고 그도 뒤로 살아지고 마니 「나는 눌위해 모두를 두고가는 바쁜 몸이냐?」 하는 생각에 문득 알 수 없는 哀愁에 외로운 마음이 들더이다.

이제로 바랄 것은 기두릴 것도 없이 다만 내가 나리고 최종점인 솜리정거장일 따름 못보고 그리는 애인의 마음과도 같이

마침내 솜리

마침내 솜리는 왔나이다. 아니 솜리가 온 것이 아니라 내가 솜리에 다았나이다. 정거장에 나리며 두고 온 옛 마슬을 돌아보니 구름만 뭉게뭉게할 뿐 나는 오직 차디찬 미소를 부쳤나이다.

돌아보니 살던 마슬 구름도는데

일터에는 메기소리 구슬프구나

거츤 들에 자각돌 주어치우고

게다가 복음씨를 뿌려볼까나

교우들의 역두출영이 대개 二三十名 群山본당 베드루 金 신부님도 기두리시더이다.

덕분에 자동차를 몰아 성당으로 가니 사다만 두었다는 종이 엉엉울지요 난후 첨으로 당하는 감상은 퍽으나 이상스럽더이다.

묻노라 종소리야 환희의 웃음이냐

슬픔의 울음이냐 임자맞는 기쁨이냐

귀먹은 三萬大衆의 잠 깨우려 함이오

성당 구내에도 많은 교우들의 운집을 보았나이다. 당일에 모인 교우들이 아이들까지 합하야 대개 二百에 가까웠겠지요.

하루밤을 거기서 묵고 다음날 아침엔 저의 사명의 곳에서 첫 미사를 드리자 신부의 처소를 준비하지 못하야 자기네들을 위하야 온 신부를 갖지 못하고 다른 지방으로 보낸다고 자기네들의 가난한 처지를 원망하면서 울부뜨는 교우들은 간신히 얼려놓고 敎務에 실진 훈화를 듣기 위하야 먼저 全州로 갔나이다. 건들그리는 차창에 기댄 몸은 또 새로운 명상에 깊어 졌나이다.

「솜리는 새 지방이다. 우리는 가난하다. 그러나 나는 믿는다. 모두자 천주의 안배로만 될 것이라고」교회는 가난한 터우에 설 것이다. 열성의 꽃은 언제나 그 아름다운 결과를 볼 지언정 교회는 황금 우에서 서질 않는 것이 정측인 것이외다. 오직 성스러운 믿음의 무리가 될 지어다. 열성에 열매 맺는 새로운 지방이!

全州에 쓸쓸히

全州역에서 미카엘 朴신부와 아릭수 徐신부 등 두 분의 동창 신부의 출영으로 全北교회의 중추지 오늘의 자치준비교구 앞으로의 본방주교좌의 당당한 자격이 있는 全州교회의 첫 상봉은 나의 가슴 속에 많은 느낌과 새로운 강동을 주더이다.

이틀을 거기서 묵는 동안 감목대리 신부님의 거룩한 가르침에 젖어 교회 형편과 앞으로의 우리의 활동에 알뜰한 지도와 암시를 받아가며 우리의 치명선조들의 역사적 참조와 한 가지로 유적에의 직접 참배는 없었어도 많은 감동을 받았나이다.

다음 기회에 모두를 참관하기로 밀우고 예정의 二十九日은 나의 당분관 우접할 群山을 목표로 그쪽행 열차에 몸을 실고 미지(未知)에 신세계로 길을 떠났나이다.

群山에 臥甘夢

열시 반에 群山에 다달으니 그 본당 유지 교우들의 맞아줌으로 성당에 이르니 이 날은 마침 본당 김신부주의 본명주보축일이었으므로 의외로 성대한 환영이 있었나이다.

오래동안 고닯은 몸이 오늘도 열한시가 넘어 침상에 몸을 마끼니 세파의 거츠른 물결은 모두다 가고 안온한 성모님의 품에 단품을 주었나이다.

선생님 용서하십시오. 오늘은 오직 꺼끄러운 이것하나로 나의 이번 첫 出發의 감상에 대한 원고 독촉에 책임을 발라 붙이고 群山 지방 특색이라 든지 사투리 등 풍속에 대하연 전부 다음 기회에 밀우고 한짝의 노래로 이 글의 끝을 막겠나이다.

黃海바다 누른 물 구비치는대
밤 숲 속에 웃뚝이 솟은 종탑은
많은 인생 잠깨울 우리의 생전
아침 저녁 길소리 은은도 하네

茶山의 流配所 長鬐 尋訪記

徐聖浩

《카톨릭 청년》, 1936년 4월

다산 정약용이 1801년 신유박해 당시 강진으로 이거하기 전 먼저 유배되었던 장기(長鬐. 현재의 경상북도 포항시 장기면에 지명이 남아있다) 지역 답사기이다. 필자는 아마도 대구 지역에 거주하던 가톨릭 관계자로 짐작된다. 여정은 대구신학교 주 신부라는 이에게 받은 엽서에서 비롯된다. 주 신부는 역사와 정약용에 관한 연구가 많은 이로, 필자에게 다산이 유배되었던 장기를 답사해 그의 사적이나 전설 같은 것을 알아보라 요청한다. 필자는 영광스러운 직무를 기꺼이 수행하기로 하고 알맞은 날을 기다려 답사에 나선다. 답사기는 포항에 도착한 뒤 장기까지 오십여 리 길을 도보로 이동하며 다산의 유배 흔적을 찾는 과정을 주로 그린다. 날씨가 춥고 도로가 험한데다 예상과 달리 다산의 이름조차 아는 사람이 없어 필자의 여정은 해가 지고 나서야 장기에 도착한 뒤에도 마무리되지 못한다. 이제 그 이름을 아는 이조차 없는 130여 년 전 다산의 유배 생활을 생각하던 필자는 난공불락의 요새처럼 산 위에 올라앉은 듯한 장기의 지형을 둘러보며 가슴을 찌르는 감회에 젖는다. 밤이 늦은 다음에야 스스로 다산의 문인(門人)이라 자부하는 노인을 만나 다산의 흔적을 확인하지만 노인은 다산이 유배되어 온 사실조차 알지 못한다. 다만 노인은 자신의 스승에게 배웠다며 다산이 장기에 오던 해 가을에 지었다는 시 한 수를 가르쳐준다. 이튿날 필자는 아무런 유적도 확인하지 못하고 대구로 귀환한다.

책상의 몸서리나던 머리마춤을 떠난지도 벌써 수 일된 어느 날 홀연 문전에 葉書 한 장이 날려왔다. 얼른 받아보니 大邱神學校 朱神父께서 보내는 글월이다. 「우리의 歷史家이오 茶山 先生의 史記에 대한 철저한 연구를 쌓으신 양반의 편지라고나」하고 둘러 읽기를 시작한즉 아니나 다를까 한 中央에는 丁茶山이란 세 글자가 뚜렷이 나타나며 연하야 辛酉 三月에 大迫害로 인하야 先生께서 長鬐로 同年 十月에 康津으로 流配되셨은즉 君이 그곳까지 한번 踏査하야 先生께 대한 傳說 史跡 같은 것을 알아보라는 권고의 말씀이 실렸다. 나는 읽기를 中斷하고 무엇보다도 먼저 몬지묻은 낡은 地圖를 펴놓고 里數를 알아보기에 초조하였다. 여기서 約 百七十鮮里… 이까짓것쯤이야 염려 없다 하며 읽기를 계속하야 마추어버렸다.

그러나 나는 이 光榮있는 職務를 맡고서도 즉시 그것을 실행에 옮기지 못함을 유감으로 생각했다. 그것은 때가 舊曆 正初라는 것보다도 六寸가량이나 쌓인 눈이 나의 앞길에 障碍가 안 될 수 없는 까닭이다. 부득이 몇일 동안 눈이 절반이나 녹기를 기다려 간단한 행장을 수습한 후 길에 나섰다. 아직도 나의 視野에 들어오는 것은 白雪 그것뿐이었다. 나는 길을 찾기보다도 方向만 잃지 않기로 注意하면서 논틀 밭틀 할 것 없이 뚫고 나가 겨우 自動車道路

까지 이르렀다. 여기까지 오는 동안 몇 번이고 눈구덩이에 빠져 허비적거리던 나의 초라한 행색은 찰하리 讀者에게 숨겨두겠다. 아무리 科學文明의 産物이라는 自動車라도 눈 가운데 들어서는 滿朔이 된 암도야지처럼 둔하고 느리다. 이놈을 타고 浦項邑까지 오기에 성급한 나의 가슴은 초조하였다.

浦項邑은 浦口의 感이 있다. 청어, 대구 같은 海産物이 여기저기 보이었다. 여기서부터 長鬐까지 五十里- 나는 혹시 길에서 식자깨나 들은 듯한 者를 만나 茶山에 대한 이야기도 들을겸 일부러 徒步로 가기로 하였다. 한 十리동안 가는 중 오고가는 者는 무수하나 그럼즉한 者는 한 사람도 볼 수 없었다. 조곰 후에 과연 한 老人을 만나 나는 반가운 듯이 먼저 모자를 벗고 인사를 하였다. 그 老人은 나를 아는 청년으로 誤認하고 「그대는 어디로 가는고?」 하고 물었다. 나 亦是 아는체하면서 「녜 長鬐까지 갑니다.」 그는 「아 그런가. 그러면 앞서가게. 나는 천々히 가겠네.」 하며 턱으로 앞길을 가르킨다. 나는 그래도 茶山에 대한 이야기만 듣게 되면 하면서 先生께 대한 말문을 열었더니 그는 비로소 정신이 나는듯 「하 이것 누구시오. 내가 실수하였소. 나는 그런 것은 알 수 없소이다.」 하며 狼狽한 기색을 띠운다. 나는 돌아서며 失笑를 금할 수 없었다. 얼마 후 다른 老人을 만났다. 그 역시 茶山같은 存在는 자기 知識圈外에 속함을 自白하고는 自己 先祖도 長鬐에 귀향갔었다는 이야기를 무슨 자랑처럼 늘어놓았다. 나는 속으로 「흥 이놈의 곳에는 모두 귀향사리하는 놈만 있구나!」 하고 苦笑하였다. 앗차! 놈이라니 그러면 丁先生에게도 욕을 한 셈이 아닌가- 아니다- 丁先生은 모진놈 곁에 있다가 벼락맞은 격에 不過하다- 이렇게 나는 스스로 해석을 붙혀 良心의 苛責은 아니 받았다.

나는 여기서부터 그런 어리석은 希望을 抛棄하고 머리를 푹 숙이고는 거름을 바삐하였다. 칼날 같은 매운바람을 품에 잔뜩 안고 콩멍석처럼 자갈(沙石) 깔린 험한 길을 더듬어 가노라니 시장한 몸에 다리도 아프고 기운은 폭々 줄어지고 있는데 커다란 고개가 앞을 막아서나. 나는 茶山 先生의 귀향사리를 생각지않었더면 이 고개를 넘을 勇氣는 없었을 것이다. 行人들의 발에 밟혀 氷板이 된 고갯길을 진땀을 흘리며 기어 넘으니 여기서부터 長鬐땅이다. 茶山을 만나는 듯 반가운 마음 躍動하나 넘어나 시장하야 寸步를 떼어놓기가 極難하였었다. 때마쳐 길가에 귀를 싸맨 老婆 한 분이 쪼그리고 앉아 고구마를 구어 팔고 있다. 양반은 죽어도 짚불에 몸 녹이지 않는다는 말은 실없는 사람의 잠꼬대이리라. 나는 불고염체하고 그 옆에 어린아이처럼 쪼그리고 앉아 고구마 몇 개를 꿀같이 맛있게 삼키고 나니 때는 벌서 오후 三시가 넘었다. 양편으로 산은 점々 높아가고 대통같은 골작이에 文字 그대로 羊腸처럼 구불거린 狹路를 따러 수없는 모룽이를 끼고 돌았다. 이 모룽이에 선 사람과 能히 서로 對話할 만하나 그러나 거기까지 가자면 二十分 혹은 半時 가량은 要하리라. 이만하면 길의 迂廻를 짐작할 수 있을 것이다. 앞에 보이는 저 모룽이만 넘으면 長鬐이러니하고 없는 힘을 짜내어 넘어서면 다른 모룽이가 또다시 나를 嘲笑하고 있다. 이렇게 속기를 몇 번이고 한 후 마침내 앞으로 조곰 틔인 들(野)이 나오고 저편으로 함석집 몇 개 섞인 거리(街)가 뵈었다. 과연 이것이 長鬐일가?

해는 벌서 누엿〻 西山을 넘으려할 때 저녁연기에 쌓여 조는 듯한 그 마을로 들어가 한 사람을 붓잡고 長鬐를 물었더니 그 근처 山을 가르키며 長鬐는 이 山말낭이 우에 있으니 저 길을 따라 올라가면 된다고 하였다. 나는 또다시 피곤한 다리를 끌고 가파른 이 山줄기를 기어오를 수밖에 없었다. 오르면서 몇 번이고 공연히 左右를 살펴보아 茶山을 遺蹟을 찾으려하였다.

이윽고 山말냉이 웅에 올라앉은, 나의 目的地 長鬐를 찾아들었다. 그래도 전에 현감이 있은 만큼 옛날의 모습이 남아 있으려니 하던 나의 豫想과는 너머나 틀렸다. 不過 四十戶쯤 되는 草家가 납짝 엎으러쳐 있을 뿐 瓦家라고는 東北間으로 조금 드높은 굿에 있는 鄕校 하나뿐인데 이 역시 다 퇴락되어 최후의 운명을 기다리고 있는 모양이다. 나는 이 長鬐가 품고 있는 옛 記憶을 풀어줄만한 老人을 찾어보려 한 집에 들어가 물었더니 집主人은 方今 夕飯을 씹으면서「여기는 五十된 사람도 없소. 그런 이야기를 들으시려면 이 아래 동리에 나가려는 수밖에 없소. 거기 鄭在順 鄭在錫 같은 양반들에게 물어보시오.」하고는 자기 責任은 다하였다는 눈치로 어서 떠나주기를 기다리는 모양이다. 하는 수없이 姓名 몇 字만 記入하야가지고 돌아서는 나는 전신에 맥이 풀림을 느꼈다. 내가 이미 지나친 동리를 또다시 찾아 들어야만 한다!

동리 밖으로 나와 돌 옹에 주저앉아 長鬐의 印象이나 머리속에 집어넣으려 四方을 둘러보았다. 西北편으로는 이 마을처럼 초라한 옛날 城이 여기저기 허무러진 傷處을 내뵈이며 屍體같이 길게 누었다. 그 城 밑으로는 두루 層岩絶壁- 東岳山脈 한 봉오리 옹에 자리를 잡고있는 이 長鬐는 西南間을 除하고는 이렇게 絶壁 옹에 올라앉아 難攻不落의 地利를 갖고 있다. 나는 문득「長鬐에도 라팔이 있나」하논 俗談을 생각하였다. 예전에는 백성들에게 무슨 信號를 줄 때 라팔로서 하였다. 마치 現代에 싸이렝 같은 것이었다. 그러나 이렇게 협착한 長鬐에는 라팔의 必要는 없었던 것이다. 이것은「長鬐하늘만하다.」는 다른 속담과 함께 얼마나 長鬐가 좁은지를 表現하는 것이다. 사실 귀향보내기에는 적당한 곳이라 할 것이다.

城東에 구장터 西에 芳山 南에 농전 서오관 北에 西村 東으로는 四마장쯤 되는 곳에 東海가 들어와있다. 長鬐는 이 東海를 向하고 앉았다. 이 근처로 처음 지나는 行人들은 山 옹에 올라앉은 이 村의 存在를 전연 알 수 없다 한다. 바다에는 풍선 수 척이 한가로히 오르내린다. 百三十五年前 茶山 先生의 客愁가 바루 이 땅 이 마을에 어리어 있었음을 回想하니 無量한 感慨가 가슴을 찌른다.

茶山 先生이 一八〇一년 康津에 가기 전에 三月에 여기 와서 十月에 康津으로 갔으니 적어도 六個月 동안은 이 땅의 무거운 空氣를 呼吸하고 있었다. 그해 여름 여기서「百諺詩」를 지엇고 其他 많은 著作을 여기서 한 중「爾雅述」

六卷과「乙亥邦禮辨」이 가장 유명한 것이나 그해 겨울 康津에로 다시 불려가는 중에 紛失되었으니 이것이「冬獄 中에 逸하다」쓰여진 바이다. 이 얼마나 원통한 일인가!

밤은 점々 깊어지려는데 언제까지나 이렇게 앉아있을 수도 없어 부득이 일어나 어두움을 헤치며 아까 올라온 길을 더듬어 山비탈을 내려가 旅館보다도 먼저 공책에 기록된 老人을 찾아단이었으나 모두들 丁茶山에 대하야는 생소한 모양이오. 그중 아는 체하는 老人 한 분은 그런 長鬐에 온 일이 없다고 斷言하여버리는 동시에 宋時烈 우암 先生은 여기에 온 일이 있다하야 묻지도 않은 이야기를 늘어놓으려 한다. 나는 丁先生에 대한 모욕感을 느끼는 듯하였다. 몇 군데를 이렇게 虛行을 한 후 나는 부득이 旅館으로 발길을 돌려올 때 먼저 訪問하였던 老人이 와서 하는 말이 맞침 좋은 기회가 되느라고 芳山 있는 七十五歲나 되는 老人이 崔用集藥房에 와있으니 그를 찾아가보면 알리라고 일러준다. 나는 다시 그것을 手帖에 적어놓고 캄々한 거리를 한참 헤매다가 旅館을 찾았다. 저녁을 먹은 후 여관 뽀이를 앞세우고 그 藥房을 찾아들어가니 老人 세 분이 한가로히 장죽을 물고 앉아 꼼짝도 않고 이 不意의 侵入者에게 눈만 던질 뿐이다. 서로의 人事가 끝난 후 나는 그 중 가장 준수하여 보이는 老人이 필연 芳山 老人이리라 짐작하고 그를 向하야 茶山에 대한 말문을 열었다. 나의 짐작은 과연 틀리지 않았다.

그는 먼저 나를 시험하는 듯이 당신이 丁先生의 諱字를 아오? 하며 묻는다. 나는 그 말을 대답할 때 어쩐지 不快를 느끼는 것 같았으나 그 老人이 茶山을 아는 것만을 고맙게 생각하였다. 그는 내가 여기까지 오게 된 動機를 듣고는 나를 무슨 學者로 아는 모양이다. 그는

「당신도 참 때마추어 잘 오셨읍니다. 나는 내일아침 彦陽갈 차로 여기 왔는데 만일 하로만 늦게 오셨더면 당신은 여기서 茶山을 아는 者는 한사람도 못 만났

으리라. 日後는 丁茶山 先生이 여기 오셨다는 事實은 史記를 보아 알 뿐이지 여기서 확실한 증거는 찾을 수 없을 것입니다. 사실 丁茶山을 아는 者는 이 근처에 오직 나 한사람 뿐으로서 나 亦是 丁茶山의 門人입니다.」

하고 이야기를 시작한다. 나 亦是 茶山에 대하야 몇 마디 말을 내놓았더니 그는 옆에 있는 두 老人을 번가라 쳐다보며

「보게들 나는 茶山의 門人이오. 茶山은 중국서 孔夫子의 待遇를 받으신다고 말 아니하던가? 그래도 자네들은 믿지 않었지.」

하며 자만한 태도를 뵈이고는 연달아 茶山의 學識과 才能을 자랑한다. 그리고 다시

「나의 先生은 成氏이오. 이 成氏의 先生이 바루 茶山입니다. 成氏도 유명한 선배인데 諱字는 啓贏 字는 仁重 住所는 舊長鬐縣 西面 蘆谷 現迎日郡 只杏面 西村區이지오. 나는 鄭煥奎인데 今年 七十五才, 七才부터 成先生께 修學하였는데 그때도 成氏의 春秋는 七十餘이었읍니다. 成氏는 항상 無不通知한 茶山 先生의 學識을 讚嘆하면서 自己는 그의 十分의 一만 알아도 滿足하겠다고 말슴했지오. 우리는 朝鮮에 제일 큰 學者로 아는 成先生으로부터 이런 말슴을 드를 때 참 기가 막혔지오…」

하며 自己 過去의 記憶을 述하고는 茶山 先生이 이곳에 오시던 가을에 지은 詩를 成氏에게서 배웠다하며 이렇게 가르쳐주었다.

滿地杖聲總夕陽 紛蝶只成芳草夢

白頭搔向樹頭黃 紅杜鵑惜落花香

×

斷崖風颯靑藏面 才子佳人堪不耐

遙夜霜寒碧折腸 疎簾半捲惹秋長

×

그리고는 이 지방에 唯一한 茶山의 門人이라는 이 老人도 茶山의 遺跡이라고는 이 지방에 없다는 것을 斷言하며 傳說에 長髻舊邑城東에 朝會樓 城東南에 紫鳳亭이 있었는데 거기서 茶山 先生이 글을 많이 지었다하나 확실하다고는 할 수 없으며 어느 집에 살으셨는지도 自己 亦是 알 수 없다고 自白한다.

그는 다시 茶山 같은 先生이 어찌하야 이런 곳에까지 왔었는가 하는 疑問을 내놓으므로 流配되어 왔다고 대답하였더니 그는 뜻밖에 깜짝 놀라는 모양이다. 나는 丁茶山이 다른 아무 罪는 없이 다만 天主敎를 信奉한 관계로 지리한 귀향사리를 甘受하였다는 것과 따라 天主敎의 眞理의 要領을 설명한 후 茶山같은 學者도 이 眞理의 宗敎로 말미아마 그와 같이 高名하게 되었다고 말하여 주었다.

밤은 이미 깊었다. 나는 이 老人들을 作別하고 旅館으로 돌아왔다. 이튿날은 主日- 홀로 쓸々한 이 방 안에서 主日을 보내는 것이 좀 섭々하였다. 행여나 하고 문 밖으로 나아가 散策하며 茶山의 遺蹟을 찾아보았으나 이미 老人의 말을 들었으므로 큰 期待는 아니 가졌었다.

나는 茶山의 流配地 長髻를 다시 한 번 돌아보고는 自動車에 올나 大邱로 向하였다.

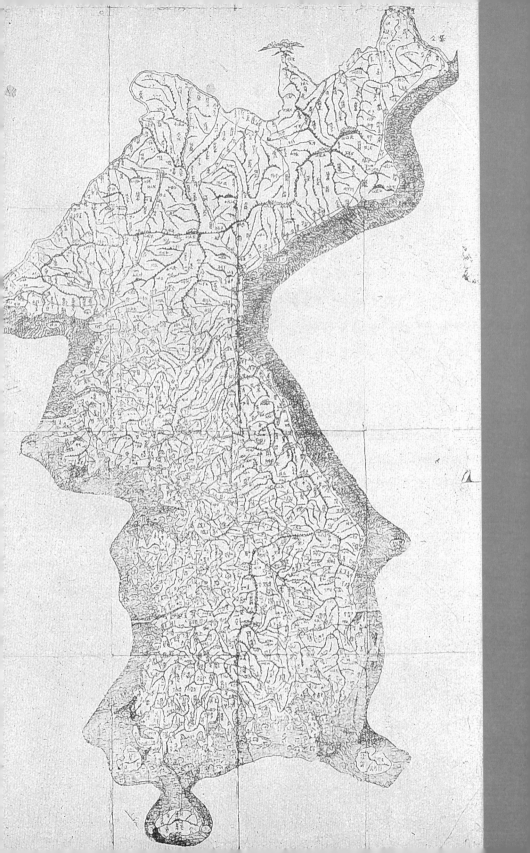

02

황해도

黃海道

黃海道에서 어든 雜同散異

朴達成

《개벽》, 1925년 6월

박달성이 〈개벽〉지의 계해년(1923) 기획인 "조선문화의 기본 조사" 사업으로 황해도 지방을 답사하고 각지에서 경험한 풍속과 세태를 비평적으로 정리한 글이다. 본격 여행기이기보다 취재와 보도의 뒷이야기라 할 만하다. 그러나 장면 묘사가 세밀하고 촌철살인의 비판적 표현으로 지역 특성을 명료하게 압축하고 있어 현장을 눈앞에 보는 듯한 재미가 있다.

소제목으로 구분한 각 삽화는 다음과 같다.

* 일신관의 二夜間: 재령에서 우연히 일신여관이란 곳에 묵게 된다. 문간방을 얻었는데, 옆방이 하필 기생의 방이었다. 밤새 남녀가 들락거리며 수작하고 떠드는 통에 이틀 밤을 꼬박 새운다.

* 온천의 어떤 날 오후: 신천에 갔다 온천 구경을 못하면 두고두고 않는다는 말에 일부러 구경을 나섰다. 조철호텔, 일본인 여관, 조선인 假家 등이 모두 그럴듯하다. 병객보다 유흥객이 많다. 10전 주고 일본인 욕장에 들어가니

정말 평등 자유 자연이다. 탕중 생활이야말로 무차별무계급이다.

* 경찰서내의 한 시간: 취재차 경찰서를 찾았다가 서장을 기다리느라 한 시간이나 허비했다. 아무리 똑똑이라도 경찰서만 닥치면 머뭇머뭇해진다. 마침 신천 장날이고 찾은 시각이 정오라 한 시간 기다리는 것도 당연하다 여기며 사람들을 구경한다. 어떤 촌뜨기는 의사면허 청으로 서장 앞에 굽실, 어떤 촌부는 장판에 假家 잘못 벌였다 잡혀온 남편 소식 알려달라고 애걸복걸, 어떤 상투쟁이는 어떤 면장의 심부름으로 生雉 한 쌍을 서장에게 갖다드리며, 어떤 일본인 남녀는 여관업 청으로 꼬박꼬박 절을 하고 있으며, 어떤 젊은 순사는 번역 잘못으로 경부 앞에 寄着을 하고 섰고, 어떤 죄인은 해주로 가는지 평양으로 가는지 경찰서가 터지도록 한숨을 쉬며, 눈 희고 코 우뚝한 러시아 백군 찌트러기는 양복감 사시라고 굽실거린다.

* 안악의 부호가: 겉으로 보면 거지도 안 들어갈 집이지만 들어가면 병풍 친 돗자리에 부자님이 도사리고 있다. ‘영감’이나 ‘주인님’ 하고 공손한 말로 성의를 다하지 않으면 거들떠보지도 않고, ‘나는 기자요’ ‘나는 형사요’ 하고 직명을 까다롭게 붙이지 않으면 “저게 다 무언고?” 하고 아주 거만을 피운다. 냉정과 거만은 착취자의 일무기.

* 월파루상 하소득: 황주의 명소 월파루를 동경하다 대하고 보니 소득이 무언가 싶다. 황주 읍내가 왜 이다지 영락해지느냐? 큼직큼직한 저 집은 다 누구의 집이냐? 저 과수원은 누구의 것이냐? 저 기차는 누구의 것이냐? 할 때에 월파루가 새삼스레 불쌍해보인다.

* 봉산의 백리거화: 신막행 기차가 심촌을 지날 때 창 밖으로 남대문 야경을 몇 십 배 연장해 옮겨온 듯한 점점의 거화가 몇 십 리에 걸쳐 펼쳐졌다. 도깨비 장난인지 화신의 총출동인지 정말 꿈같은 사실이다. 사리원에 와서도 여전하다. 불의 정체는 재령강의 갈게 잡이이다. 밤에 횃불을 들고 강변에 나서면 모든 게가 기어나와 구럭에 담기만 하면 된다 한다. 해마다 이때면 부근

남녀노소가 총출동해 갈게 잡이를 한다.

* 야행 정방산성: 봉산에 와서 아무리 바빠도 정방산성만은 보자는 생각이 들었으나 시간이 밤에만 가능해 몇몇 친구와 말을 맞추었다. 여자 한 사람 섞여 7명이 갔으나 술 준비하는 것을 잊어버렸다. 부근 행화촌에 들어갔으나 역시 술이 없이 아쉬워한다. 아침 일찍 성불사, 정방약수를 보고 산채국 두 그릇을 마시고 돌아온다.

* 서흥천변 소년군: 친구도 없고 찾을 곳도 없어 서흥천변에 나섰다. 우연히 서흥의 소년군을 만나니 동생을 만난 듯, 옛친구를 만난 듯 반갑다. 작년에 조직되어 회원 80명. "아, 잘 자라소서" 하고 축복.

* 수안 순사의 大無識: 여관집 사환이 와서 손님이 무엇하는 사람인지 순사가 묻는다고 전한다. 기자라 하라고 전하니 아이가 또 와서 모르겠으니 자세히 알려달라고 한단다. 직접 오라고 전하자 순사가 찾아왔는데, 방안을 들여다보다가 〈개벽〉 광고지가 보이자 "개벽사에서 오셨습니다 그려..." 하고 돌아간다. 기자는 몰라도 개벽사는 아는 척하는 것이 고맙다.

* 차처에도 이완용 토지: 수안에서 곡산 가는 길에 천곡면 여운리 주막에서 점심을 먹다가 촌로에게 "이곳도 이완용 토지가 많다"는 소리를 듣는다. 84세 노인 한인성씨는 세상을 개탄하고 喪人 이용진씨는 이완용을 저주.

* 자동차 중의 눈물: 자동차로 곡산을 지나는데 어떤 소복 미인이 차를 세운다. '미인과 同車'라며 기분이 좋아졌는데, 여자는 친정에 왔다 가는 새아씨라 타자마자 "아이구, 어머니. 언제 보느냐" 하고 대성통곡을 시작해 산 넘고 물 건너도 눈물이 계속된다. 한참 가다 또 어떤 부인이 차를 세운다. 이번에는 7세 소녀와 3세 아동을 업고 안고 승차한다. 이 부인 역시 "이 애들은 아비 없는 애들이요" 하며 또 눈물이다. 얼마 가다 이번에는 어떤 남자가 우는 어린애를 안고 올라온다. 애는 자꾸 울고 남자는 한숨만 쉰다. 애가 왜 우냐니

까 남자가 울먹이며 배가 고파 운다고 한다. 어머니는 없느냐니까 한 달 전 본가에 왔다가 죽었다고 한다. 조선의 처지가 그들을 행복으로 인도해줄 것 인가? 나 역시 눈물이 핑 돌았다.

* 한포 부근의 풍속: 평산 일대에는 단오 추석 등 연중 행사 외에 9월 9일에 산 제가 성행이다. 동네마다 큰 비용이 든다. 10월 초의 시제 또한 성행인데 한 포장의 秀魚 매매만 만여 원이라 한다. 선조의 뼈다귀와 산신의 주둥이는 살점이나 붙겠지만 주린 어버이 헐벗은 자손에게는 죄가 아닐까?

* 금천 역전의 실수: 금천역에서 차표를 사려는데 촌 학생들이 모여 구경을 하는 통에 시간이 자꾸 지체된다. 무심고 "비켜나요. 촌 학생들이란 참..." 하고 소리를 질렀다. 학생들이 내 얼굴을 보며 비켜서는 순간 큰 실수를 했다고 후회했다. 기차나 자동차, 심지어 서양인이나 일본인이 지나가도 물끄러미 쳐다보는 조선 어린이들의 광경이 보인다. 그들이 얼마나 배우고 싶으면 그 럴까? 후회가 막급이었다.

* 5시장과 6정거장: 신천, 안악, 황주, 봉산, 서흥의 시장을 보았다. 황해도가 곡향이라 하지만 어디로 다 가져갔는지 엿시장이나 고무신장, 그리고 黃米 (滿洲粟)장이라 할 판이다. 내가 본 여섯 정거장에 쌓인 것도 황미가 보통이 요 다음이 목탄이다.

김진량
(이하 각 편 해제 필자 동일)

日新舘의 二夜間

四月十日이엿다. 午後 세時쯤하야 載寧驛에 내리니엇던 少年이 「自働車로 邑內에 드러가시지요」하고 親切히 勸한다. 도랑크도 잇고 하야 단바람 그러라고 承諾을 하고 自働車에 올나 안젓다. 及 其他 邑內에 왓것다. 四年前 一時 지내든 길에 잠간 본 載寧邑은 輪廓은 어렴풋하나 모든 것이 變한듯 십다. 아는 사람도 업고 단녀본 旅館도 毋論 업섯다. 엇더케 해야 조흘지 한참 머믓거렷다. 停車場에서 自働車 案內하든 少年은 돈 二十錢 싸먹고는 본체 만체 잘가라는 人事도 업다. 지내가는 엇던 少年에게 「여보 旅館 한곳 指示해 주구려 좀 조용한 집으로요」하고 請하닛가 少年은 「旅館요」하고는 쓱 지내가면서 「저 위로 올나가다가 二層집 뒷골목에 旅館이 잇슴닌다」한다. 아조 不親切하다. 「야! 이곳 人心이 쫴 쌧쌧하구나—」하면서 行具를 들고 짓축짓축 그 少年의 말대로 二層집 뒷골목으로 드러가 섯다. 이리기웃 저리기웃 하노라니 맛츰 日新旅館이란 門牌가 보인다. 「에라 아무데나 들자. 하로안이면 잇틀인데…」하고 大門間에 쓱 드러서 기침을 애햄하고 「여봅시요 主人 게심닛가」하닛가 엇던 老婆한 분이 나오면서 「왜 그러시우」한다. 「빈房이 잇슴닛가」하닛가 「네 이리 드러오서요」하며 바로 門깐房을 指示한다. 房은 醜하나 널기는 하고 집은 큼즛하나 퍽 조용하다.

日新舘 門깐房의 不過 十分에 첫 發見이 무엇이엿슬가? 놀내지마라. 이웃房에서 속살거리는 異性 목소리엿다. 「야! 이것봐라 幸이냐 不幸이냐?」一種 好奇心도 나고 一種 嫌疑症도 생긴다. 偵探모양으로 귀를 기우려 何許 女性임을 알고보니 그는 分明한 妓生이엿다. 하나도 안이요 둘이엿다. 밤에는 무엇을 하엿는지 엿태것 낫잠을 자고 이러나는 모양이엿다. 門여는 소리 나자, 발자국소리 난다. 門틈으로 내다보니 二十 內外의 素服美人이다.

「美人 探偵은 장차하고 볼일부터 보자」하고 곳 外出이 되얏다. 저녁 여섯 時쯤해서 도라와보니 그 房은 발서 男性女性이 어우러저서 주거니밧거니 야

단법석이다「올타! 요놈들은 載寧의 浮浪派?」하고 그놈들의 觀相을 보려닛가 房속에서 나와야 말이지.「妓生하고 논다고 다—浮浪派랴 或—나도 그런 境遇가 잇지」하고 請하지 안는 容恕를 주고 쏘 나와버렷다.

밤 열한時쯤해서 드러갓겟다. 악가보다 멧놈 더 무러드린 모양이다.「노아요」「왜 그리서요」「요년아」「나하고………」등 別別 駭怪한 말이 口逆이 나도록 들닌다.「좀…자야하겟는데 이놈의 성화에 잠을 잘수잇나—」하고 혼자 불둑거리며 누엇다 이러낫다 잔 기침만 하겟다. 새로 한時가 지나 두時가 되야도 안이 간다. 세時 네時 밤을 그대로 밝킨다. 한놈이 나가면 한놈은 드러오고 들낙날낙 大門여는 소리에 爲先잠을 일을 수 업섯다. 하도 골이 나서 이런말을 햇다.「사람놈들은 개(犬)야 산애놈들은 숫캐고 게집년들은 암캐다」라고. 實로 말이지 암캐뒤에서 침흘니는 숫캐에서 더 지냄이 무엇이냐 말이다.

그 잇튼날 밤도 쏙 고모양으로 밤을 샌다. 그런데 이 寄生은 平壤의 芙蓉과 明珠라나. 잘못드럿는지는 모르나—.

溫泉의 엇던날 午后

黃海道에 有名字한 信川溫泉이엿다. 信川에 왓다가 溫泉求景을 못하고 가면 두고두고 알는다는 말에 밥브지만 일브러 求景을 가섯다. 豪華롭게 바로 自働車로 드러 모섯다. 朝鐵호텔이며 日本人들의 旅舘이며 朝鮮人들의 假家며 모든 것이 그럴 듯이 되야잇다. 病客보다 遊興客이 더—만흐렷다. 안이나 밧기나 이집저집 기웃거려보니 丹粧하는 美人 부시시 이러나는 美人 누구를 기다리는 듯 悄然히 안즌 美人 얼핏 보아도 다섯손가락은 셈이 부족하다.

十錢式을 주고 엇던 日本人 浴湯(引導者가 그리로)에 드러서니 살찐놈, 패란놈, 늙은이, 젊은이, 가로 세로 눗고, 잣바지고, 들고, 나고, 正말 平等이요

自由이요 自然스럽다면 自然그대로이다. 湯中生活이야말로 無差別 無階級
이엿다. 하나, 둘, 셋, 넷, 열이요, 百이요, 數字세는놈, 「간다노자」愁心歌하는
놈, 식쓰럽기도 여간 안이다. 이것이 西關沐浴軍들의 傳來之風이것다.

湯은 炭酸質이라 疏黃냄새가 업다. 물이 덥고 쏘한 多量이다. 皮膚病, 胃
腸病에 特效가 잇다고 한다. 그 물을 먹는 사람도 만타. 그러나 初對인 나는
한 목음 물엇다가 도로 뱃고 마럿다. 餘裕가 업고 知友조차 업스니 하고 난들
별수잇스랴 멋업시도 슬그머니 도라섯다.

警察署 內의 一時間

몰으는 이는 拘禁이나 당햇든줄 알녓다. 그러나 拘禁은 안이다. 所謂 記
者의 行色이랄가.

바로 警察界 消息을 압신다고 名啣張이나 톡톡히 虛費하면서 일부러 차
자간 것이 署長님 多事에 그만 一時間이나 기다렷다는 말이다. 그런데 이 한
時間에 보고드른 雜同散異만 해도 주머니가 터질가 봐서 못다네엇다는 말
이다.

警察署란 그곳은 罪업는 사람도 엇잿든 무시무시하것다. 아무리 大쑥
쑥이라도 警察署만 싹 닥치면 머뭇머뭇하것다. 果然 怪惡한 곳이지. 안인게
안이라 그 칼, 그 縛繩, 그 留置場, 그 帽子, 그 服裝을 볼 째는 心情이 산듯
하것다.

이 날은 信川의 장날이요. 署內의 가장 일밧븐 正午이니 千里遠客인들
一時間 안이라 一日인들 안이 기다리랴. 더구나 그 양반들이 一個 朝鮮人記
者를 그닥 대수롭게 할가 보냐. 엇잿든 雜同散異 엇은 것 쏜은 利益이다.

나도 村쑥이엿지만 모다가 村쑥이것다. 엇던 洋服쟁이村쑥이는 醫師免
許請으로 署長前에 굽실거리고 엇던 村婦는 塲판에서 假家 잘못 버렷다가
잡혀드러온 男便消息을 알켜달나고 哀乞伏乞하고 엇던 상투쟁이는 엇던 面

長의 심부럼으로 生雉 一雙을 署長에게 갓다드리며 엇던 日男日女는 旅館業
請으로 쇠박쇠박 절을 하고 잇스며 엇던 젊은 巡査는 翻譯 잘못으로 警部나
으리 압헤 氣着을 하고 셧고 엇던 罪人은 海州로 가는지 平壤으로 가는지 縛
繩을 지고 警察署가 터지도록 한숨을 쉬며 나가는데 눈 희고 코 웃둑한 露國
白軍 씨트럭이는 洋服감 삽시라고 굽실거린다.

야! 이것이 世界엿다. 사람사는 世界엿다. 警察署의 一時間? 宏壯하구나!
그런데 이곳에는 窃盜, 詐欺 等 知識犯이 만타고.

安岳의 富豪家

安岳에서는 富者ㅅ집 니약이를 쌔고는 할 니약이가 업것다. 움집에 간장
잇다고 것츠로 보면 허수룩해도 안으로 보면 씨가 박엿것다. 것 쇠락산이 보
아서는 사흘 굶은 거지도 안이 드러갈 듯하나 正말 드러가면 屛風친 돗자리에
되새리고 안즌 富者님을 뵈일 수 잇다. 그들은 專門이 잇는지라 발서 觀相察
色부터 하고 다시 金櫃단속부터 하단다.

「영감」하든지 「主人님」하든지 엇잿든 極키 恭遜한 말로 誠意를 다하지
안으면 눈거러보지도 안코 「나는 記者요」「나는 刑事요」하고 職名을 좀 싸다
랍게 붓치지 안으면 또한 「저게 다 무언고?」하고 아조 거만을 피이것다. 이것
은 安岳富者 안이 安岳의 高利貸金業者만 그런 것은 안이다. 冷情과 倨慢은
搾取者의 一武器라는 天下의 定評이 잇다. 골내는 친구 잇스니 富者打鈴은
집어 치우자—.

月波樓上 何所得

黃州名所 月波樓! 내 이를 憧憬한지 오래엿다. 京義車가 黃州를 지낼 쌔
마다 車窓 밧그로 멀니 건너 바러보며 엉덩이를 番番히 들먹거리엿다. 그러
나 終是 올나설 期會가 업더니 乙丑 春三月이 別로 나에게 好意를 던져 씃피

고 나븨나는 아젹에 月波樓에 올으게 하니 乾坤이 有意生男兒의 反對로 男兒有意遊乾坤이라는 感이 생긴다.

두고두고 憧憬하든 月波樓! 이제 對하고 보니 所得이 무엇이냐? 赤壁江 흐르난 물은 古今이 一般이요. 德月山 올으는 해는 依然히 한빗친데 뭇노니 人事도 싸라 갓흐냐 말이다.

桑田도 碧海되고 碧海도 桑田되나니 人事를 말하랴만은 世情을 가진 이 몸인지라 慨慨한 感懷가 古人今人에게 가는도다.

鳶飛魚躍은 德月山 赤壁江之景이다. 그러나 그를 반겨할 이몸이 못되고 龍宙坪의 細烟 正方山의 歸雲은 春客을 戲弄한다. 그러나 그를 覽賞할 餘裕 부터 업다. 黃州邑內가 왜 이다지 零落해지느냐? 큼짓큼짓한 저 집은 다 누구의 집이냐? 저 果樹園은 누구의 것이냐? 저—汽車는 누구의 것이냐? 할 쌔에 月波樓가 새삼스럽게 불상해 보인다. 이 몸이 더욱 불상해 보인다. 모든 동무가 다—그럿케 보인다.

아—月波樓에서 엇은 것이 무엇냐? 傷心쓴이다. 두어라 志士然하지도 말자—.

鳳山의 百里炬火

四月二十日 午后엿다. 新幕行 汽車가 沈村을 지내니 쌔는 八時頃이다. 車中 엇던 靑年이 갑작이 수선을 썰며「아—저것 구경하시오 宏壯도 합니다」한다.「무어냐」고 車中客은 一時에 눈을 드러 西便 窓 밧글 내다보니 야—참— 宏壯도 하다. 十里炬火냐? 百里炬火냐? 서울 南大門通의 夜景을 멧十倍 延長하야 옴겨온듯 点点한 炬火가 멧十里에 죽—쌧쳣다. 車中滿客은 모다 右便으로 쏠니니 車가 뒤집필 지경이다. 桂東을 지나 沙里院오기까지 그 炬火는 그대로 보인다. 독갑이 작란인지 火神의 總出動인지 참말 꿈갓튼 사실이다. 沙里院市內에 와서 내미러 보니 亦是 一樣이다. 처음 보는 大奇觀이다.

그런데 이것이 무슨 炬火일가? 이地方 사람은 尋常觀하는 年例로 하는 載寧江의 갈게(蟹) 잡이다. 밤에 횃불을 들고 江邊에 나서면 모든 게색기가 쎄를 지어 기여나온다 한다. 그러면 구럭이나 자루에 주섬주섬 집어 담을 쑨이라 한다. 해마다 이쌔면 附近의 男女老少가 總出動을 하야 갈게잡이를 한다고.

夜行正方山城

黃海道에 온지 十餘日, 고을은 발서 다섯 고을 次이다만은 名山大川은 아직 못보앗다. 二十日 豫定으로 十一郡을 돌자니 如干 노루거름가지고도 어림도 업다. 그래서 載寧에 가슬 쌔 간절히도 생각나지만 黃海金剛 長壽山을 못 차자보고 信川에 가슬 쌔 西道 名山 九月山도 그냥 슬젹 지내엿다. 이러케 단녀도 所謂 黃海道 踏査냐고 할 쌔에 自愧千萬이엿다. 아무리 밥버도 鳳山에 왓스니 正方山城만은 차자보자는 것이 自動이며 坕한 被動이엿다. 밤時間 밧게 이용할 수 업스니 밤에 갓다가 아젹에 나오자는 것이 멧멧 친구와의 動議再請이엿다.

幸히 議案이 無事通過가 되야 即刻 實行으로 써나게 되니 金文煥君의 紹介와 海西自働車部의 厚意로 自働車 一臺가 생겻다. 不機而會라 할년지 同志相應이라 할년지 及其也 車中을 보니 金文煥, 金振璿, 郭柄奎, 金鳳瑞, 崔龍煥, 失福順 合七人이엿다. 밤中에 非常令을 내리여 自働車로 山城을 襲擊함은 山中에 무슨 賊黨이나 든것 갓다. 街頭를 지날 쌔 좀 嫌疑스러윗다. 더구나 一行中에 異性한 分 석긴 것이 무엇한듯 하얏다. 그러나 此行이 亦是 責任行이라는 데서 自苦하얏다.

山家의 点火가 欲滅未滅할 때에 自動車가 城門밧게 다엇다. 無垢한 村翁은 畫夜客을 가리지 안는다.

車에 내리고 보니 웬걸 이즌 것이 잇다. 써날 쌔에 「山行이요. 兼夜間이

니 一壺酒가 업겟느냐」하야 단단히 準備한다는 것이 그만 니저버럿다. 別
數 잇스랴. 이제야말로「借問酒家何處在」를 부르게 되얏다 杏花村 잇스니
엇지 酒家업스랴 하야 정말 借問酒家何處在를 불너섯다. 그러나 山翁이 撓
頭無酒家인데 奈何오. 하는 수 업서 입맛을 다시며 石橋를 건너 南門通을
지나 客主집을 차자가니 業이 業인지라 甘夢이 未及에 눈을 비비고 이러나
맛는다.

　山溪夜深하니 客愁도 正히 深할 쌔인데 달도 업고 술도 업스니 異性은
말도 말고 六個丈夫이 心思 엇더하랴 百計無策인데 다만 主人의 好感뿐이다.

　對客之驗이 잇는 主人「再請도 前에 十里 酒幕을 단녀온다고 한다. 이제
부터는 쏘한「沽酒來何遲」만 불느게 되얏다. 成佛寺가 不過 數町步나 夜深
하고 月無하니 갈 수가 업고 花香이 비록 門틈으로 새여도나 蜂蝶이 잠드러스
니 奈何오.

　새로 두時쯤 해서 酒盃가 열니니 이제야말로 不知東方之旣白이엿다.

　早朝에 成佛寺(三十本山의 一) 正方藥水(有名無實)를 보고 山菜국 두그
릇을 넌즈시 마시고 杏花村을 緩步하야 回路에 登하다.

瑞興川邊 少年軍

　「知友도 업고 차즐 곳도 업스니 瑞興川邊에 散步나 하자」하고 나서니
漂母들의 방망이 소리, 어린이들의 피리소리가 곱게 정답게 들녀온다. 一便
孤寂을 늣기면서도 一便 和暢을 感할 때에 맛츰 垂楊사이로 兩兩 少年軍이
산듯한 服裝으로 낫타나니 아─반가워라. 瑞興의 少年軍! 동생을 만난듯 故
友를 對한듯 抑塞하리만치 반가웟다. 손목을 당기여 情다운 人事를 주고 狀
況을 무르니 昨年에 組織되야스며 會員은 八十名이라 한다. 方場演習을 가
는 中이라서 오래 머무지 못함을 말한다.「아─잘자라소셔」하고 祝福할 쑨
이엿다.

其雨來時心情苦

立種시절이라 一滴이 千金인데 遂安邑의 甘雨는 엇지도 그리 心情이 괴로운지? 엇잿든「甘雨來時心情苦」라면 遂安作客에게 遂安이 엇더타는 한 材料는 되리라 한다.

遂安巡査의 大無識

客報를 한지 未幾에 旅館집 使喚이 와서「손님이시여 記者가 무엇하는거냐고 巡査가 두러오래요」한다. 어이가 업서 픽 우섯다.「올치 遂安巡査닛가 容或無怪지」하고「記者가 記者라고 해라」하고 下回를 기다렷다. 얼마 잇더니 또 와서「다시 仔細히 알켜달내요 몰으겟다구요」한다.「이애 너의 집에 巡査가 왓늬? 와스면 나한데로 보내라 直接 알켜줄 터이니 巡査가 몰으는 記者를 네가 드르면 알겟늬? 안다해도 이저버릴나………」해 보냇더니 未幾에 正말 巡査가 왓다. 房안을 쓱 드려다보는 통에 房안에 노인 開闢社 廣告紙가 눈에 씌엿것다.「에ー開闢社에서 오섯습니다. 그려ー」하고는 드러오래도 안 드러오고 다라나 버린다. 記者는 몰나도 開闢社는 아는척 하는 것은 고마웟다. 이만하면 山골巡査를 可히 알겟고 싸라서 그곳 人民이 불상해 보인다.

此處에도 李完用 土地

遂安서 谷山 가든 길에 川谷面 如雲理 酒幕에 点心을 식키고 村老에게 地方風俗을 무럿것다. 말말씃혜 偶然히「이 곳도 李完用 土地가 만아요」하는 소리를 드럿다. 仔細히 뭇고보니 十餘年前에 平壤 鄭觀朝와 가티 一日耕에 三四圓式 주고 사서 一日耕에 租 六斗 或 七斗 式으로 소작을 식키는데 現價는 一日耕 約二十圓이니 큰장사 안이냐고 말하면서 八十四歲 老人 韓仁聖氏는 世上을 慨嘆하고 喪人 李溶鎭씨는 李完用을 咀呪하더라.

自働車中淚不捲

　自働車가 谷山미루(野)를 지나자 엇던 草幕으로서 素服美人이 나와 停車를 식킨다 「엑크! 미인과 同車!」 하고 안인게 안이라 心情이 조와섯다. 웬걸 車가 써나자 美人은 「아구 어머니! 언제 보느냐」 하고 大聲放哭을 한다. 山을 넘고 물을 건너도 亦是 눈물이다. 이는 親庭에 왓다가는 새앗씨의 눈물이것다. 얼마 오노라닛가 路邊의 엇던 婦人이 손을 드러 停車를 식킨다. 七歲少女와 三歲兒童을 업고 안고 乘車를 한다. 婦女씨리 酬酌이 얼닌다 「이애들은 아비업는 애들이요」 하고 亦是 눈물이다. 쏘 얼마 오느라닛가 엇던 男子가 우는 어린애를 안고 올나온다 애는 작구 울고 男子는 한숨만 쉰다. 「그 애가 왜 그리 우러요」 하닛가 남자 亦 울먹울먹하며 「배가 곱하 그래요」 한다 「어머니가 업느냐」고 하닛가 「한달전 本家에 왓다가 죽어서요」 하고 눈물이 비죽비죽한다. 다─불상한 人生들이다. 日數가 그러냐 엇지면 요러케 寡婦, 홀아비, 孤兒만 모엿느냐. 同病相憐으로 서로 위로는 잘한다만은 朝鮮의 處地가 그들을 幸福으로 引導해 줄넌지? 나 亦 눈물이 핑 돌앗다.

汗浦附近의 特風一束

　汗浦附近 即 平山 一帶에는 端午 秋夕 等 例의 年中行事 外에 九月九日의 山祭가 盛行인데 洞里마다 空費가 多大하며 十月初의 時祭가 亦 盛行인데 汗浦場의 秀魚賣買만 萬餘圓이라 한다. 祖先의 쎠다귀와 山神의 주둥이는 살졈이나 붓흘넌지 모르나 주린 어버이 헐벗은 子孫에게는 罪가 안일가? 이것이 엇지 平山 一帶 쑨이냐. 朝鮮의 到處에 이와 비슷한 怪風이 잇지 안으냐?

金川驛前의 나의 後悔

　名色일망정 黃海道 踏破가 긋나는 時間이다. 車票만 사고 車에 올나만 안즈면 서울까지 다려다 줄 판이다. 車票를 사랴는데 學生쎄들이 出札口에

죽―모여 서서 容易히 살 수가 업다. 仔細히 보닛가 村學生들로서 邑內求景을 왓다가 곁에 停車場을 보고 車票 파는 것까지 求景하는 셈이다. 時間은 急하고 빗겨서지는 안코 不意中 나온 말이 「빗겨나요 村學生들이란 참」하고 소리를 쉭 질넛다. 學生들은 大昌皮나 當한 것처럼 내 얼굴을 仔細히 보며 슬슬 빗겨선다. 이 村學生들이 내 얼굴을 뚜러지게 보며 빗겨설 째에 나는 갑작이 이런 생각이 나섯다.

「앗차! 失數다. 天眞의 우리 村어린이에게 이게 무슨 暴言이냐! 앗차 잘못이다」라고. 이러케 後悔할 째에 그들의 입에서 「너는 村쑥이를 얼마나 免하얏느냐?」 하고 反駁이 나오는 듯 하다. 시골잇는 우리 동생들 생각이 兼쳐 나온다. 朝鮮의 모든 어린들이 생각나섯다. 汽車나 自働車나 甚至於 西洋人이나 日本人이 지나갈 째에 물쓰럼히 서서 쳐다보는 그 光景이 보인다. 「그들이 얼마나 보고 십고 배우고 십허서 그럴가」할 째에 그만 後悔莫及이엿다.

五市場과 六停車場

信川, 安岳, 黃州, 鳳山, 瑞興의 五個市場을 보앗다. 北米場 黃米場―이 밧게는 업다 엿(飴)場이라 할가? 고무신場이라 할가? 고무신과 엿도 어지간하지만 黃米場이다. 黃海道가 穀鄕이라 하지만 어대로 다 가져 밧쳣는지? 요것이 朝鮮의 現像이다. 朝鮮을 알냐면 各處의 市場을 도라볼 쑨이다. 내가 본 여섯 停車場에 싸인 것은 무엇이냐? 亦是 黃米가 普通이요 다음은 木炭이다. 이러캐 보앗다. 黃米는 滿洲粟임을 알겟지.

黃海道에 物色好▰老牛耕田今後免▰광주리 장사 何其多▰普天敎와 愚夫民

以上 四題는 頁數關係로 題만 示하고 略한다.

旅人日記

全武吉
《조선지광》, 1929년 6월

안악 사는 필자가 재령, 장수산, 신천, 장연 등지를 자전거로 여행한 기록이다. 7일 동안 자전거로 수백리 길을 여행한 보기 드문 여행기이다. 양복 입고 자전거를 모는 필자의 모습을 상상하는 것만으로 재미있다. 글의 내용도 여행을 위한 여행의 여정과 정서를 오롯이 기록으로 남겨놓아 훌륭하다. 석동 십이곡을 지나며 관찰하는 꽃, 산나물, 나비, 나무, 풀의 이름을 나열해놓은 것은 그 자체로 가치 있는 기록이며 표현법으로도 재미있다. 구체적 관찰과 여정 중심의 여행기이다.

필자는 개인적으로 상심한 일이 있어 집에 오래 칩거하다 쇠약해진 몸과 마음을 추스르고자 여행을 계획한다. 인자요산 지자요수라는 옛사람식의 여행이 아니라 그야말로 기분전환을 위한 여행이었음을 강조한다. 여행은 5월 8일 자전거를 타고 재령으로 이동하는 것으로 시작한다. 재령은 자주 드나드는 곳이라 그냥 지나치다 길가 인삼밭을 보고 자세히 구경한다. 호떡으로 요기

하고 다시 자전거를 타 오후 3시 경 100여 리 떨어진 장수산에 도착한다. 장수산에서는 먼저 현암에 오른다. 현암(懸庵)은 높은 직벽 위 암반을 기초로 세운 작은 암자이다. 가파르고 좁은 촉도를 따라 오르면서 이런 곳에 집을 지은 기술과 용기에 감탄한다. 암자 주변에 빼곡한 이름들을 보면서 사람은 오명조차도 남기고 싶어한다며 탄식한다. 암자 아래 초막에서 하룻밤 묵는다.

이튿날 5월 9일 장수산 내 석동12곡을 도보로 탐방한다. 계곡을 올라가며 보고 듣는 것을 자세히 기록하고 자신의 감흥을 톨스토이의 〈부활〉, 소동파의 적벽부 등을 인용하며 표현한다. 조밥나무꽃, 할미꽃, 철쭉꽃, 양이꽃, 수수꽃, 이스라지꽃, 앉은뱅이꽃, 소곰대꽃, 벚나무꽃, 문둘네꽃, 소열나무꽃, 망건당줄꽃처럼 주변에서 목격하는 동식물을 이름을 다양하게 소개해 흥미롭다. 12곡을 구경한 뒤에 점심을 먹고 인근에 있던 묘음사지를 찾아 감회를 느낀다. 10일 저녁에는 신천온천에서 목욕하고 하룻밤을 지낸다.

11일에는 신천을 떠나 장연으로 향한다. 중도에 송화온천에서 한번 목욕하고 다시 자전거를 타고 자연으로 향한다. 장연에 도착한 뒤 곧 석회동굴 화굴을 구경한다. 장연에서 하루 자고 12일은 일요일이라 장연의 천주교회를 구경한다. 종일 비가 내려 여관에서 휴식한다.

이튿날 13일 날이 약간 흐리지만 다시 자전거를 타고 출발한다. 장연에서 멀지 않은 용연을 지나면서 맑은 용소에서 탁족하는 여성들을 만나고, 주변 경관을 구경한다. 동네 구경을 하려 세워둔 자전거가 없어져 찾던 중 바퀴에 바람이 빠진 채 방치된 것을 발견한다. 바퀴를 수선해 다시 타고 홍가리를 지나 바다를 끼고 계속 달려 금수리를 지나고 송천리에 도착한다. 송천리에서 구미포를 구경한다. 이곳은 심청 이야기처럼 장산곶 가는 뱃길에 처녀를 제물로 바쳤다는 곳이다. 또한 구미전동리에는 서양인 언더우드가 산양을 방목하면서 조성한 서양촌이 형성되어 있기도 한다. 인근 봉화대에서 마을과 주변 경관을 구경한다. 간만의 차가 커 드넓은 모래와 군데군데 보이는 섬을 보며 옛시를 떠올린다. 따뜻한 잔디 위에서 졸다 바다를 바라보며 바다 세계가 인간세계보다 자유롭고 평등하다는 상념에 잠긴다. 저녁 무렵에 송천리로 돌아와 잔다.

14일 아침 남은 여비가 없는 것을 확인하고 안악으로 돌아가기로 결정한다. 애초 구월산까지 가려했던 계획을 취소하며 자연도 돈 앞에서만 길이 열린다고 푸념한다. 아침에 출발해 온 길을 되짚어 저녁 8시 무렵 안악에 돌아온다.

五月八日(水) ●

나는 近日에 퍽 傷心되는 일이 잇서 外出도 안이하고 房中에만 드러박혀 잇섯기 때문에 顏色이 퍽 蒼白하여지고 몸이 衰弱하여젓다 더욱이나 病든 넉(魂)을 고칠 바를 몰낫다. 이것은 人間通例의 煩惱일 것이다. 生을 가진 者의 煩惱일 것이다. 或은 罪惡에 對한 煩惱 或은 生老病死에 對한 煩惱 或은 理想과 現實이 合致되지 안음에서 나오는 煩惱 - 이들 煩惱는 人間의 最大 弱點인 同時에 最大强點일는지도 모른다. 우리는 이 煩惱로 因하여 自暴自棄하는가하면 他面 그 煩惱를 脫出하려는데서 諸般努力과 思想이 産出되는 것이다. 나는 이 自暴自棄的 煩惱에서 - 그 陷窖에서 내 自身을 救出할여고 쐬하엿다. 그리하여 生覺다 못해 案出된 것이 겨우 山水自然을 차저 暫時라도 피ㅅ비린내 어리운 現實을 써나고 십헛다. 그러나 맛치 伯夷叔齊가 周粟을 먹지 안는다 하며 首陽山으로 드러가서도 結局은 周나라의 고사리(蕨)를 菜食한 것 갓치 現實을 避한다는 것도 結局은 現實에 歸着되고 만다. 如何튼 마음이 그리로만 쏠녀서 집을 써나기로 하엿다. 論語에는 知者樂水요 仁者樂山이라 하엿거니와 나의 山水를 차즘은 仁者의 所爲도 안이요 知者의 行色도 안이다. 다만 淸風流水에 幾分이라도 煩惱를 씨슬 수가 이섯스면 함이

다. 그리하여 自轉車를 타고 徐徐히 安岳을 出發햇다 向하는 데는 長壽山이
엿다 路上에는 砂礫를 만히 깔아서 自轉車가 돌쑤리를 밧을 세마다 털넉털
넉쉬엿다 午正에 載寧邑着. 巴里 사는 사람이 누가 巴里를 조타고 하드냐?
그는 恒常 보아서 모든 것이 平凡해진 까닭이다. 그와 갓치 載寧은 하도 자조
단여서 벌서 나에게는 新奇한 맛을 주지 못한다. 이곳에 對한 紹介의 勞는
하고 십지 안타. 그대로 지나처 한 고개를 넘어스니까 蔘圃가 보인다. 暫間
下車하여 主人에게 案內를 求하니까 親切히 說明해준다. 蔘圃 求景은 이번
이 처음이다. 다른 植物과 다른 點은 가닥지가 上下로 어기채 나지 안코 한
地點에서 四五가지가 난 것이다 쑤리를 들처본즉 極히 엿게 모루 누어잇다.
支離해서 탈이지 利益은 만타고 한다 벌서 空腹을 늣기게 된다 胡썩을 쓰집
어내서 먹으면서 自轉車를 탓다. ●逆風이 되여 몃 培 힘드려도 車輪이 굴어
주지를 안는다. 氣力이 漸減되는지 那終에는 썩은 고개도 올나가기가 어렵
다. 그 代身 내리바지의 시원한 맛은 能히 이마의 매친 쌈을 식힐 수가 이섯다.
午後 三時頃에 長壽山까지 實노 百餘里의 長旅를 마첫다. 第一着으로는 長
壽山의 西角을 成한 七星臺 우에 아렴풋한 懸庵으로 왓다. 長壽山은 全部가
雲母花崗岩으로 된 石山으로서 몃千丈의 斷崖絶壁이 摩天할 듯히 聳立하엿
다. 長壽山을 어써타 形言할고하니 普通 다른 山이 土山에 岩山이 뭇치엿다
면 長壽山은 石山에 間或 흙이 덥혓다함이 가장 適切할 것이다. 金剛山의
그것과 갓치 險峻하고 幽處가 만어 넷날에는 亂을 避하는 金城鐵壁이엿다
한다. 그럼으로 本名은 雉群이 만타 하여 雉岳山이러니 壬辰亂 當時에 多數
한 人命을 救하엿다 하여 長壽山이라 改稱하엿다 한다.

懸庵은 千丈萬丈 놉히 直立한 岩壁上에 數三間에 지나지 안는 岩盤을
基礎로 하고 지은 小庵이니 只今으로부터 八百餘年前 高麗時 眞微國師가
靜閑한 곳을 擇하여 一心不亂히 參禪할여고 建立한 것이라 한다. 只今은 步
道를 곳첫다 하나 오히려 가파러워 엉거주춤하고 기여올라가는데 或은 나무

사다리(梯)를 노코 通하는데 或은 千丈이나 아슬아슬하게 나려다 보히는 絶
壁에 몸을 살살 부치고 도라가는데 或은 뒤로 잡바듬하고 미끄러지듯히 나려
가는데―이러케 難關 만흔 蜀道라 하나 그나마 이리저리 휘돌아 老幼를 除하
고는 單身輕步로 올나갈 수 잇거니와 넷날에는 只今 갓흔 길도 업섯다 하거늘
어써케 올나왓슬가?하는 것도 稀罕한 疑問이어늘 하물며 이곳에 庵子를 지
을 엄청난 計劃을 세운 것이며 비록 三間瓦屋일망정 그것을 맛허서 建立하는
木手의 努力은 얼마나 큰 것이엿드냐? 中年에 多少 重修하엿스나 本體는 하
나도 修理한 것이 업고 오히려 今後 千年을 가도 無妨하리라는 宏壯한 木材
料를 엇지 運搬하엿드냐? 只今의 起重機로도 손 부칠 수가 업슬 터이며 狹小
해서 몃 사람만 드러스면 動身조차 못할 危險地帶에서 列子御風하는 才操가
업시야 엇지 이 建物을 完成할 수 잇스랴? 이 菴子야말노 往古及今을 勿論하
고 人間努力의 最大結晶의 하나가 안이면 안이된다.

　　바위 틈에서는 이 菴子에 住居하는 몃 사람의 飮量을 滿足시킬만한
맑고 甘味도는 샘이 旱雨를 勿論하고 一定히 흐른다. 僧侶도 안이보임으
로 홀노 門을 열고 드러스니 法堂 內는 어둑컴컴하며 一種 怪惡한 냄새가
끼친다. 北편 窓만 열면 千길萬길 쑥 써러저 數間茅屋이 싸에 부튼듯이 집웅
(屋蓋)만 보이고 멀니는 몃 家戶의 洞里가 잇스며 平野가 展開되고 東으론
導馬●峯이 우줄우줄히 흘넛다. 이야말노 遠近風景이 眼底에 森●한 것이
다. 天井에는 빗낡은 丹靑이 往事를 속새기는듯 하다 周圍의 壁에는 亦是
어데서나 흔히 보는 例와 갓치 落書가 만타. 무슨 一行 누구 通過 妓名 官名―
過客마다 或은 彫刻으로 或은 手筆노 或은 鉛筆노 或은 石筆노 記名하고 或
은 木片이나 紙片에 써부친 것도 만타 이것으로써 姓名을 永世에 남기려 함
인가? 文明 非文明을 勿論하고 어느 時代 어느 民族을 勿論하고 落書 업는
째와 곳이 업스니 姓名을 後世에 남기려 함은 人間 本能의 하나인가보다. 姓
名을 永世에 남길 일이라면 如何한 冒險도 如何한 努力도 如何한 殺生도 殉

死도 달게 하는 것이다. 런던塔 속에서 不歸의 魂이 된 사람들도 壁에다 손톱으로 姓名을 써 남겻다 하며 저ㅡ希臘의 에로스토라토쓰는 自己의 姓名을 千秋에 남기고저 國人이 尊崇하는 듸아나 神殿에 放火하엿다. 그리하여 그의 所謂대로 惡을 代表하는 人物의 姓名으로써 傳來하여 온다. 果然 人間에게는 汚名이나마도 後世에 傳하려고 自身을 죽이기까지 하는 例를 보앗거니와 하물며 聖名을 남기●에 이서서 自身을 죽임이 무엇이 異常하랴. 한 박휘도라보앗스나 懸板이라고는 重修記 以外에 업스니 넷사람은 이미 갓고 남은 記錄은 업서 徃事를 홀터볼 것이 蓋瓦 옷 밧게 업스니 奈何오. 축축한 쌈을 淸風에 시처것고 疲困한 다리를 欄干에 걸처 쉬이니 쌔마츰 落照는 西天에 붉엇다. 깃을 차저드는 새들이 岩壁을 밧고 써러지는가 하면 그대로 사러진다. 바위구먹에 깃드린 줄이야 처음 보는 者가 뉘 能히 알니요. 얼마 안해 遠山은 저녁안개에 뭇치여 巖朧하여지고 近洞은 밥짓는 煙氣로 아득하여젓다 日暮旅長하니 이곳에서 하로밤을 쉬여가기로 하고 懸菴下의 草幕을 차저드러가 一泊을 請하엿다. 草幕에는 亦是 遊覽客이 數三人 잇서 찬물에 담것든 麥酒를 터트리고 잇다. 數年前부터 朝鐵의 郵便車가 이곳을 通過하게 되여 來往客이 激增한다고 한다. 朝鐵에서는 乘客을 ●造할여고 여러 方法으로 針小棒大的 宣傳을 한다. ×萬能時節이라 해도 旅行思想 宣傳取締令은 업스니까………

　市場에 갓든 僧侶가 도라왓슴인지 懸庵에서는 점은 空氣를 헤치고 鍾소래가 波動처 나려온다. 獄中處士가 急作스레 總에넬기(力量)을 消費한 關係인지 食後에 行七步도 못하고 머리를 木枕으로 고엿다. 三十歲쯤 된 美人主婦가 드러와 이렁승저렁승 談話를 주고밧는 동안에 눈이 스르르 감겨 잠이 드럿다.

五月九日 (木) 雨後晴

새벽 困한 잠을 비(雨) 뭇어오는 소리에 깨치고 窓을 열어본즉 山野가 暗黑에 잠겨잇다. 시컴언 구름이 온 하날을 덥헛는데 다 만들니나니 나무닙 쌔리는 비ㅅ소래 쑨이로다 擇日을 잘못하여 길써나자 비오는가해 자못 失望도 되지만 한편으로 今年은 豊年이니라…하고 生覺만 하여도 깃버진다. 소낙비(驟雨)가 멋고 가는 비가 보슬보슬 나린다. 持久戰이 始作되려나부다 날이 밝옴인지 近峯으로부터 遠峯까지 어렴풋히 姿態를 보혀준다. 朝飯을 畢하매 北風이 선들선들 불더니 검은 구름을 南녁으로 모라낸다. 거의 十時가 되매 다시 晴明하여지고 北風도 머젓다. 山谷에서는 山새들의 우지지는 소리가 凄凉하게도 들녀온다. 行裝을 收拾해가지고 石洞 十二曲 求景을 써낫다 全部 石壁으로 對立되여 屈曲된 溪谷을 成하엿스니 고개를 발싹 제치지 안코는 左右에 聳立한 岩壁에 遮斷되여 하날을 볼 수가 업다. 그 새에는 맑은 溪流가 잇고 몃千萬年을 너나리긔 서로 부듸치고 물에 싯겨 모(角)가 업서진 매끈한 돌멩이들이 물 속에 잠겨잇다. 石山 岩壁이 ●면서도 그대로 바위틈에는 樹林이 잇고 花草가 잇다. 올치! 톨스토이의 復活 初葉에 쓴 말을 引用해보자.

「몃十萬의 人間이 한 적은 場所에 모여 그 土地를 改良하려고 아모리 힘드리드라도 쏘 그 土地에 아모것도 發生치 못하게 아모리 敷石을 하든지 쏘는 萌芽하는 풀을 모조리 트더낼지라도 아모리 石炭과 石油煙에 거슬니운들 그리고 아모리 樹木을 伐採하고 鳥獸늘 모조리 쏘차낸다처도— 봄은 都會에서도 亦是 봄이엇다 짜듯한 해ㅅ빗이 쐬이기만하면 풀은 蘇生하여 어데를 勿論하고 遊園地의 잔듸는 勿論 甚至於 敷石한 틈까지라도 파릇파릇하게 싹텃다……」

이것은 生命의 存在와 그 成長力의 偉大함을 말한 것이려니와 所謂

適當한 土壤과 水分이 업는 巨岩石壁틈에서도 嚴然히 ●●함은 一大壯觀이
안일가? 步一步 들어갈사록 奇岩 怪岩 層岩 碧岩 柱岩이 續出한다. 비들기낭
과 門짝낭의 對立된 것을 關門으로 삼고 송장바위를 거처 龍난 臺로 휘여든
다. 急作스레 깁허진 沼인데 물은 透明하여 ●底가 손으로 만질 수 잇는듯히
鮮明하다. 山影이 비치워 綠水로 보인다. 間或 나무닙새가 날녀와 물 우에
써러질 째마다 고기들이 몰녀와 물고 채는 것도 風致를 도읍는다. 넷날에 이
곳에서 龍이 낫다는 傳說이 잇다 조곰 지나가면 채다리낭이니 소리개낭이니
陰陽바위니하는 싸위의 그 形體생김을 싸라 맛치 金剛山 萬物相에 여러가지
名稱을 준 것갓치 各其 名稱을 가젓스나 一一히 記憶할 수가 업다. 시내ㅅ가
잔듸 밧헤는 農牛가 數匹이 잇서 풀을 쓰더먹고 잇다. 참으로 悠閑한 氣分을
준다. 어린 색시들이 중틀바구니를 들고 或은 초마폭에다가 길장구 고사리
덕주 뭉애지 다래순 능수버들 저쌀나물 處女공방대 헌뱅이나물 새밀나물 等
屬을 만히 쓰더 모앗다. 낫서른 한낫 洋服쟁이는 그들에게 一種의 障碍物이
엿든지 보자마자 소곳하고 避해 버린다. 靑紅赤白紫橙 各色꼿이 픠엿다 흔
히 보이는 것은 조밥나무꼿 할미꼿 철죽꼿 양이꼿 수수꼿 이스라지꼿 안즌
뱅이꼿 소곰대꼿 벗나무꼿(櫻種) 문둘네꼿 소열나무꼿 망건당줄꼿 等屬이
다. 꼿을 차저 오락가락하는 나븨도 파란나븨 노란나븨 범나븨 等 여러가지
가 눈에 씌운다. 道谷에서 누둑비들기의 우는 소리가 난다. 쌕국이 울듯 하면
서도 低音 一 쎄스 音調로 우는 것이 慇懃하다. 그 音響은 第一谷에서 第二谷
에 第二谷에서 第三谷에 그리고 第四谷 一 이러케 四五次 反響되면서 徐徐히
사러진다. 넷날에는 裁事郡守로 오는 者이 十二谷에 와서 風樂을 가추어가
지고 놀앗다 하니 그야말로 羽化而登仙하는 맛이엿슬 것이다. 蘇東坡의 前
赤壁賦에서 한 句節 引用하여보자.

「夫天地之間에 物各有主하야 苟非吾之所有면 難一毫而莫取나 惟江上之淸風

과 與山間之明月은 耳得而爲聲하고 目遇之而成色하나니 取之無禁이요 用之

無竭이라 是造物者之無盡歲也」…云

　果然 山水를 보며 花草의 香氣를 맛흐며 自然을 對할 쌔 우리의 마음은
純化한다. 淨化한다. 物慾에서 解放된다. 山水란 耳目을 가춘 者는 누구나
共樂할 수 잇는 것이기 째문이다. 十二曲에도 早春으로부터 晩秋까지 數千
名의 遊覽客이 이 山과 이 물과 이들 樹林과 이들 花草와 이들 鳥獸를 아모
衝突업시 享樂한다. 蜉蝣갓흔 一生을 한갓 헛되히 血溝에서 뎅굴고만 잇는
데 比하면 樂山樂水는 知者仁者의 할 바라는 말도 比式한 말이다. 몃番이나
내를 건느고 바위구비를 돌아 드러가는 것이 여게서 할 일이다. 이낭에서 저
낭으로 이 나무에서 저 가지로 낭비들기 할미새 빌빌새 멧새 방울새 박새 미나
부리 等이 各其 다른 노래를 부르며 飛去飛來한다. 草木의 이름을 도모지 모
르거니와 성큼성큼 거러가면서 眼球에 씌우는 것을 大槪 記錄하면 木類는
시대기나무 아재비과질나무 노린재나무 曲楊木 자리알나무 가나무 느트나
무 개미나무 싸리나무 동백나무 소태나무 물푸레나무 행경나무 伯松 等이며
草類는 쥐방울너쿨 기우사리 다네쌀 병아리고비 집신쟁이 솔풀 둥굴네 고양
이싱아 망사草 지왕草 쌕국대 취 송구지 바위옷 等이다.
　一曲에서 十二曲까지는 近五里나 된다. 十二曲을 다 드러가면 몃채의
茅屋이 잇스니 그들의 生活은 山間採草와 片土火田을 긁는 일 쑨이다.
山허리에는 나무 긁는 牧童兒들이 시큰둥한 노래를 興겨워 부른다. 귀를
기우리고 담아 드르니

「새씨봐두 할미새 엄지봐두 할미새 난 모르겟다 낫에 봐두 밤나무 밤에 봐

두 밤나무 난 모르겟다 낡은 것두 새장구 반새것두 새장구 난 모르겟다」

十二曲 求景은 이것으로 씃을 따나부다. 한가지 追憶되는 것은 載寧邑人으로 數三年前에 物故한 作詩家 閔貞植氏의 「石洞 十二曲」의 全文을 드러 紹介하려 한다.

「長壽山中石洞深하니 天歲佳境繞雲林이라 淸溪流自洞中出하되 絶頂有源人未尋이라

一曲西岩小寺懸하니 遙聞鍾聲響飄然이라 客來勞力榮雲棧하되 誤信禪門有福田이라

二曲春山如肅明하고 溪回岩斷有林程이라 靈區往蹟無人間하되 古沼龍騰水自淸이라

三曲依筇夕照紅하니 仙臺笙鶴杳雲中이라 林間雀噪行人少하니 靜洗塵襟立晩風이라

四曲淸溪路復榮하니 ●童伐木遠山鳴이라 林花初綻沾珠露하니 古洞無人春有情이라

五曲●藤身却勞하고 兩峯對立揷天高라 岩下淸泉流不息하니 幾時歸海作層濤아

六曲峯密更絶奇하고 岩花江綠兩三枝라 最憐澗愁亭亭樹하야 饒送淸風拂面吹라

七曲溪邊歛晩霞하니 鵑花正艶柳條斜라 客來獨伴孤雲睡하니 夢入蓬山語不遲라

八曲烟消翠●欲하니 靜聽駕語悟天樓라 靑山影裏林間路한데 日暮村翁賣炭歸라

九曲淸溪日暎時에 錦屛繡壁醺津漪라 名山滿眼多奇觀하니 只恨今行入洞遲라

十曲山開兩岸空하니 炊煙初起遠林中이라 更看鹿足仙人井하니 千古淸泉尙不窮이라

石經稍平十一谷하니 綠潭終日看魚遊하다 塵綠頓忘駒襟濶하노니 嶺日清光
照幾秋런고
洞裏仙庄十二曲에 重重茅屋繞平坡하니 莫辭初入林蹊險하라 到此溪山妙境
多니라 (紙面關係로 解釋을 略)

十二曲을 다시 도라나와 玉流에 발을 싯고 點心을 畢한 後에 이곳에서
十里쯤 되는 妙音寺로 向하엿다 妙音寺 於口에는 느티나무가 만히 섯다. 釋
王寺 入口갓치 한참을 樹林이 鬱蒼한 밋흐로 기여들면 맑은 溪流가 잇고 그
溪流를 싸러 올나가면 右便에 頹落된 彌勒堂이 이스며 좀 더 올나가 左便에
무슨 大師 무슨 庵 等 彫刻한 七八個의 浮屠가 서잇스니 벌서 寺刹 氣分을
보여준다. 그 우에는 四五人이 드러안저 沐浴하기에 適當할만한 碧岩溪가
잇고 左便 언덕을 올나스면 金銀窟이 잇고 다음에 金銀塔이 잇다. 金銀塔은
七重의 古塔이니 이 塔의 傳說을 훌터봄도 興味잇다.

넷날 어썬 夫婦가 愛娘을 데리고 이 山中에 드러와 金鑛을 하더니 父親이
突然히 病死하고 未久에 母親마자 別世하매 홀노히 슬히 하더니 문득 生覺
키를 父母의 俱沒함이 仙山에서 採鑛하여 山神의 激怒를 산 싸닭이라 하야
七重塔을 세워 兩親의 亡靈을 吊한 것이라 한다. 七重塔에서 몃步 안 거러
妙音寺가 잇스니 記錄에는 新羅 哀莊王 五年(近千百年前)에 建立한 大伽藍
이엿더니 乙未年 二月十六日 東學軍과 日兵과의 交戰에 依하여 燒盡되엿다
한다. 日月도 녯갓고 山川도 依舊하것만 妙音寺의 녯 자최만 차즐 수가 업다.
이곳을 지나는 뜻잇는 客이 눈물겨워 하리라. 只今은 다만 四五間의 堂宇가
잇스나 夏節에 避暑客이 모여드는 것 外에 伽藍다운 氣分조차 볼 수 업다.
이즘에 흔히 目睹하는 바이지만 本尊인 佛壇은 좁은 一隅에 치워노코 노리청
만 넓다 三千大千世界가 웨이래 좁으냐? 李朝의 「崇儒排佛」의 된서리를 마
즌 後에는 木鐸의 勢力이 而今安在乎하는듯히 地下로 墜落하여버럿다. 妙

音寺에서 조곰 나려스면 代理石으로 된 碑石이 잇고 亦是 몃個의 浮屠가 잇스니 碑題日「妙陰寺事蹟碑」라 하엿다. 陰字와 音字 中 那一字가 正當한 것인지 알 수 업거니와 우둑허니 서 風雨雪寒에 襲擊밧기도 幾百星霜이런만 碑文이 明瞭하다. 乙未年 兵火로 因하여 記錄 全部를 烏有에 歸케 한 後로는 이 碑文만이 오즉 往事를 속새기는 말同牟가 되어준다. 妙音寺 東南便에는 千丈岩의 雄姿가 내려다보고 그 뒤로는 海拔 二四六呎되는 長壽山 最高峰인 實積峯이 고개만 넘싯하고 넘겨다보며 東에는 寶藏峯 西에는 七星臺 北에는 露蹟峯 蓮花峯아 對立되여 關門을 成하엿다. 모다 奇峯怪岩이 (76~77쪽 누락) 시앨(人造的)한 公園이다. 之字거름으로 빙빙 돌아단이노라니까 急作히 空中에서 딱딱딱하는 소리가 난다. 웬 細音인고 하야 체다본즉 두마리의 鶴이 써돌면서 雌雄이 얼느는 소리엿다. 空中에 몃番式 曲線을 그리드니 漸次 接近하야 交尾를 하고 물너난다. 그리더니 코스(方向)를 밧구어 가지고 北으로 北으로 써나간다. 寒帶地方으로 가나부다 가울기럭이 올 째 갓치 오겟지… 午後四時半溫泉着, 一名日 白鷺溫泉이니 그 由來는 五百年前에는 이 地帶가 湖水엿는대 그 中洲에 白鷺가 飛去飛來하거늘 熱湯이 잇는줄 알고 病든 白鷺가 快癒됨을 보고 藥效잇슴을 알앗스나 水中이 되여 利用치 못하더니 其後 大洪水로 因하여 湖水는 土砂에 埋沒되엿다 하나 호랑이 담배 먹는 이야기와 比式해서 眞僞를 알 수 업다. 到着하자 곳 한湯 하엿다 그리고 內衣를 洗濯해서 夕陽에 말니웟다. 이 溫泉에는 나토리움 性分이 比較的 만타고 한다. 저녁을 먹고 散步을 나섯다.

溫泉의 밤은 姪奔의 밤이다. 몃家戶 되지 안켓만 全部가 料亭 안이면 飲食店 안이면 密賣姪窟 안이면 旅館이다. 당길당길 새장구소리 ………이 三味線 소리가 함부로 여게저게서 擾亂스럽다. 紅燈綠酒에 歲月가는 줄 모르고 美妓嬌談에 蕩敗하는줄 모르는 불상한 愚男愚婦의 一大花劇場이다. 이곳에서는 旅館에서도 妓生을 불너 밤늣도록 醉하여 노래불너도 默過해주는 特

典이 잇다 웨냐?「溫泉의 發展을 爲하야」武勇을 中心으로 發展된 것이 넷날의 羅馬엿스며⋯⋯⋯⋯를 中心으로 發展된 것이 現今의 露西亞라면 姓樂을 中心으로 한 發展은 무엇을 나을 것이냐?

잠을 이루워볼여고 자리에 누엇스나 生肉塊가 드러왓다하여 빈대 벼룩이 밤을 새워가며 大活動이다.

五月十一日 (土) 晴

長淵을 向하기는 午前 九時半 信川邑을 쎄쑬느고 水橋를 지나 松禾溫泉에서 暫時 머물넛다. 點心準備를 식힌 後에 湯에 드러갓다 信川溫泉 보아서는 設備가 퍽 不足하고 不潔하다. 女湯에서는 村할머니들이 익살마즌 音調로 開城難逢歌를 넘긴다. 젊은 時節에 바든 바람氣를 늙마에 쏩나부다 갈 길은 어서 가자 自轉車를 쏘 둘너라 웬 고개가 그리 만흐냐 이야말로 崒嶺이다. 고개를 넘어서 별(星) 장가가듯 나려닷는 판에 山기슬을 도라간즉 牛車가 압흘 막질넛다. 車上에는 車夫가 다리를 느리치고 안저 쯔덕쯔덕 졸고 잇다. 牛車가 흔들닐 쌔마다 압호로 숙굿 뒤로 벌넝하며 方今이라도 써러저 落傷할 듯 십다. 「싸르릉 싸르릉!」鍾이 우는 바람에 눈이 홱 씌운 模樣이다. 肉聲으로 「여보여보」하면 듯기 실혀하면서도 鍾을 울니면 怨望이 업스니 大體 人間의 機械化냐? 機械의 人間化냐? 人間이 肉聲을 代身하여 車夫를 쌔움은 機械의 人間化다. 現代人은 機械에 對한 尊崇이 人間에 對한 尊崇보다 過度하다.

그 後에도 언덕이 만어 깁흔 山間을 차저드는 感이 잇다. 언덕에서는 自轉車를 밀고 올나간다. 말(馬)을 타면 上下平地를 勿論하고 말의 身世를 지거니와 自轉車는 이런 쌔 사람의 身世도 진다. 그러나 自轉車는 願치 안는 身世打鈴이다. 長淵邑에서 十五里쯤 못 밋처 樂山金鑛이 잇스니 久原大臣의 所屬 會社가 經營한다. 宏壯히 큰 機械가 鑛石을 粉碎하고 잇다. 한便에서는 層層히 鐵板이 잇서 石粉과 土粉은 물에 싯겨 내려가고 무거운 金만 남어잇게 裝

置해 노앗다 金은 水銀 속에 吸水시켜 버린다 이런 方面에는 門外漢이니까 잘 알 수가 업다. 黃金萬能時代이니 除百事하고 黃金만 採取하면 그만이라는 態度로 熱中해 덤빈다. 自轉車를 굴녀라 於我無關이다. 長淵邑에 드러서자 첫눈에 씌우는 것은 釀造場 굴독이다.「어서 마서라!」이것이 主人의 心願이럿다. 그 다음에는 新作路의 整然한 것이다. 到着하자마자 旅裝을 宿所에 두고 곳 西便으로 二里쯤 되는 花窟을 求景갓다. 花窟은 石灰岩으로 된 넓고 긴 洞窟노서 其長이 十數丁 된다. 人口의 數十步만 밝고 其 外는 眞暗世界다 電燈을 켜보앗스나 그도 亦是 無光이엿다. 不得已 石油무친 炬火를 켜들고야 겨우 咫尺을 分別할 수가 이섯다. 넷날에도 太初―太初에도 創成期에 岩漿이 식으면서 이런 奇異한 傑作을 맨드러 노앗다 달기염통바위니 소염통바위니 念佛바위니 하는 怪岩奇石이 잇는가 하면 문●고개니 아랑고개니 하는 支窟이 깁히 찟엇스며 우로 天上窟이 잇는가 하면 아래로 횡하게 넓은 노리터가 잇다. 岩窟이라면 듯는 사람마다 싹싹하고 마른데라고 生覺하겟지만 奇異한 것은 岩穴에서 새로 맑은 물이 不絶히 湧出하니 이것을 나무신沼라 하며 이 물을 利用하여 몃 斗落의 畓을 灌漑한다고 한다. 窟尾에는 사람 하나가 겨우 나갈만한 貫通이 잇다. 幾百年間을 두고 幾千萬의 觀覽客이 炬火를 밝혓든지 岩壁이 汽車通行하는 턴넬갓치 煙氣가 끼러잇다. 넷날 갓흐면 이곳에 避亂하여 門만 굿게 다첫스면 不落의 鐵甕城일 것이다. 이 窟을 얼는 무엇에 比할고 하니 甕器 굿는 독아니를 幾百倍 擴大한 것 갓치 되엿다. 窟 밧게는 一間 草屋이 잇서서 麥酒 사이다 菓子 等屬을 노코 來往客의 주머니를 털고 잇다. 夕陽에 旅舍에 도라와 市街를 一巡하고 片紙 몃張을 썻다. 他郡에 比해서 旅館業이 發達된 細音인지 宿泊費가 安價이면서도 房 飮食 寢具가 相當하다. 자리를 펴고 누어 自然히 잠들동안 冊을 보앗다. 記錄을 보면 長淵은 新羅 高麗時代부터의 古名으로 李朝에 와서 淵康이라 改名하엿다가 다시 舊名으로 도라갓다.

五月十二日(日) 曇後雨

早朝에 이러낫다. 長淵은 基督敎보다도 倍나 天主敎가 盛한 곳이다. 아츰 美祀 求景을 할 心算이다. 窓을 열고 내다보니 검은 구름이 北으로 몰닌다. 洗面도 안이하고 蒼岩山下의 샢족한 天主敎堂을 차저갓다. 아차! 오늘이 日曜日이니까 普通時보다 美祀時間이 느저짐을 몰낫다. 아모도 온 사람이 업거니하고 팔을 내것고 휘파람을 불며 一隅를 도라가니 벌서 한 老婆가 손에 點珠를 들고 嚴肅한 態度로 입 속에서 經文을 외우며 두런거린다. 다른 모퉁이에서 靑年敎徒 하나가 쑥 나오더니 老婆를 보고

靑年「讚美예수―」
老婆「아―맨―」

이러케 序頭言을 부치고 나서 몃마듸의 人事가 相交된다. 聖堂 門을 넌즛히 열고 드러슨즉 아모도 업시 고요하다 밧게서는 老婆가 硝子窓에 마를 조아대고 웬 보지 안튼 怪漢이냐? 하는듯한 視線으로 노려본다. 나는 얼는 敎徒假裝을 할 必要가 잇서 左便에 달닌 淸水器에 손을 담거 내인 다음에 祭壇를 向하야 무릅을 꿀고 손으로 十字를 그리며 「聖父와 聖子와 聖神의 이름으로 하나이다 아멘」 하고 聖呼를 노앗다 .그런 後에 窓을 돌아본즉 老婆의 그림자는 업서젓다. 에라―이제부터는 監視網에서 解放된 몸이다. 自由로 活步하야 도라단이며 求景하고 만저보앗다. 먼저는 敎徒들이 接近치도 못하는 祭臺에 올나서 보앗다. 놉히 十字架를 세웟고 그 밋헤 木箱에는 聖體를 모서두고 그 左右에는 八個의 燭臺가 느러섯고 몃썰기의 造花와 實花가 보기조케 花瓶에 쏘처잇다. 周圍는 繡노흔 비단으로 둘넛다. 堂壁에는 懸額이 도라가며 부텃스니 예수의 一代行蹟圖일다 男女席은 길이 훨신 넘는 木板으로 區別해 노앗다. 禁慾主義의 反映인냐? 二層은 女學生들이 唱歌하는 곳이다.

前面에 슨 大柱에는 敎會를 爲하여 義捐한 敎徒의 姓名을 記入하엿스니 神父가 特히 그 사람을 爲하여 生前生後를 勿論하고 永定하여두고 祝福斯求하여준다. 天堂도 호텔이나 汽車갓치 黃金만 잇스면 頭等客待遇를 밧고 特急車로 가며 赤貧敎徒는 煉獄에서 冷待를 밧어가면서 支離스럽게 貨物車로 가나부다. 結局은 天國도 信仰으로써 決定함이 안이요 金力으로써 審判하나부다. 一身上 慰安을 엇고저하며 入宗하는 者여 그대의 迷夢을 깨처라 安貧樂道도 粟百錢萬이나 가저야할 世上이다. 眞理를 追求하여 入宗하는 者여 眞理는 山間茅屋에서나 街頭에서도 能히 追求할 수가 잇는 것이다. 何必曰 敎堂이리요. 宗敎는 原始宗敎일수록 純朴한 맛이 豊潤하다. 神父의 妖辯을 좀 드를가 하엿드니 不幸히 京城을 갓다 한다. 南쪽 언덕 밋헤는 敎會經營의 敬愛普校가 잇다. 室內를 盜見하니 그곳에도 每房 十字架 하나式이 걸녀잇서 三鍾소래만 나면 하든 일이 무엇이든지 聖呼를 노으며 十字를 쌔고 三鍾經을 외일 것이다. 이곳에는 領洗밧은 敎徒만 해도 六百餘名에 達하다하니 그 勢를 可知로다.

歸路에 長大山公園을 올나갓다. 邑內를 南으로 구버보는 大灌亭이 잇슬쑨이다. 別노 볼 것이 업다. 山에서 北下에는 耕田하는 것이 보인다. 한사람은 보쟁기를 잡고 한사람은 소쟌등에 탄채 소를 몰고 잇다. 논만 가러주는 것도 感謝할 노릇인데 二重苦役까지는 너머 甚하다.

旅館에 도라와 洗面을 하려니까 西天에서 電光이 빗나더니 未久에 雷響이 振動한다. 조금 잇다가 細雨가 나리기 始作한다. 朝飯床이 드러왓다 沈菜에 하도 異常한 풀이 석겻기에 무러본즉 「防風」이란 採草로서 藥用도 되며 食用까지 兼하는 것은 이 地方에 限해서 나는 特産이라 한다. 細雨는 變하여 暴雨가 된다 이야말노 汕然作雲하야 沛然下雨로다 오늘하로를 旅館에서 낫잠자나부다 連日 自轉車 노름에 재채기가 버서지고 尿道가 歷追되여 압호고 다리가 파근하더니 이날에야 安息을 엇나부다. 果然 온終日 구진 비가 나렷다. 구진 비 올 쌔의 客懷란 別스레 구슯흔 法이다 冊을 펴들고 보다가 熟睡에 째젓다 밤에는 隣房客과 花鬪를 하다가 잣다.

五月十三日(月) 曇後□

아츰하늘은 아즉도 흐려잇다 개일듯 말듯 부는 바람도 一定치 안타 망서릴 것 업시 비도 한番 마저볼 細音치고 食價를 支拂한 다음에 自轉車上에 올나안젓다. 地面이 濕해서 車輪이 잘 구러주지를 안는다. 約五十分만에 邑에서 二里許에 잇는 龍淵里에 왓다. 이곳이 有名한 龍沼가 잇는 곳이다. 路邊에 自轉車를 세우고 龍沼를 차저 드러간다. ●●●서 흘너내리는 맑은 시내에서 處女들이 고흔 다리를 물 속에 잠그고 洗濯을 하고 잇다. 洋服쟁이의 突入을 보고 處女들은 속옷 밋이 버러진 것을 아물느고나서 다시 톡탁그린다 沼는 平地가 急作히 써저 드러간 곳인데 새파란 물이 湧出하고 잇다. 그 물은 西南兩便 동이 여른 곳으로 넘처 흐르고 잇다. 直經이 五十餘尺 水深이 八十餘尺 一晝夜의 湧出量이 四千五百餘石 그 물노 灌漑하는 面積이 四百餘町步라 하며 旱雨의 影響이 업시 無盡 湧出한다 하니 이 얼마나 寶沼냐? 이곳에서 넷날에 龍이 나왓다 하여 龍沼 或은 龍淵이라 한다. 沼邊에는 장풍과 갈(蘆)이 若干 도처잇서 바람이 부러칠 쌔마다 허리를 屈伸한다 水中에는 이끼(苔)와 말이 잇고 그 틈으로 적은 고기들이 쇠리치며 몰녀단인다. 東便으로 흐르는 水力으로는 물네방아가 돌아간다 와스스 와스스 물써러지는 소리가 날 쌔마다 방아공이의 나려지는 소리가 쿵쿵하며 長短을 마춘다. 沼의 東便에는 조고만 石山이 잇스니 古人의 힘으로는 到底히 十餘間岩穴을 鑿孔치 못하엿스련만 亦是 龍이 쭐너주엇다 傳言된다. 그 岩穴노 通하여 灌漑하는 面積이 三百町步를 넘는다 하니 萬若 이 貫通이 업섯든들 幾萬의 財力으로도 引水工事가 容易할가 疑問이다. 이것은 特殊한 自然惠澤이다 왓든김에 洞里를 한번 둘너보자. 이 洞里는 五十戶 假令된다 敎會와 學校가 잇다. 學校

見學을 가니까 日曜日도 안인데 空虛이다. 何故뇨 하고 洞人에게 무른즉 다만 한사람인 先生이 郡廳에 出御하섯기 째문에 不得已 休校云 名曰 泰昌學校라 하나 그 實은 小昌學校라 할까? 洞口 밧게 나오니 自轉車가 업서젓다. 借間自轉車何處去乎 牧童搖頭答曰 我不知로다. 行方을 차저단인즉 어썬 酒家 모퉁이에다 세워두엇다 웬 細音인고 하여 有心히 본즉 쌩크를 시켜 고무박휘 속은 眞空에 각가움다 準備때 가지고 온 道具와 고무糊를 쓰집어내여 修繕한 다음에 다시 몰고 나섯다 몃고개 안 넘어서 石橋가 된다. 거리에는 몃個의 商店이 잇고 酒幕이 잇다. 左便에는 學校가 잇다. 압호로는 찬 우물 浦口가 보이며 닭섬(鷄島)이 보인다. 썩썩 지나처라 洪街里를 쏠코 左道로만 直行하자 自轉車가 지나친다. 오늘은 몬지가 일지 안으니 조타 洪街里를 지나서부터는 東海가 허여케 내다보인다. 비온 直後에 혼이 잇는 現像으로 遠浦에 안개가 씨고 水氣가 原野를 휘덥허 날너 지나친다. 道路에는 새알갓치 潔白하고 동굴동굴한 자개(砂砌)가 쪽 쌀녓다 하도 貪나기에 가장 妙한 것 몃個를 골나서 포켙 속에 너엇다. 金水里를 지나친다. 이곳에서는 陸島가 쌘하게 건너다 보인다. 이 陸島에는 一年一次式 海底로 건너갈 수가 잇다한다. 그 쌔는 「조곰」中에도 가장 물이 만히 쎄이는 쌔라 한다. 이제부터는 那終 싯 海岸線을 씨고 간다. 몃개의 섬이 드믓드믓 보인다. 水氣에 洋服이 흐지근해젓다. 未久에 松川里에 왓다 旅裝을 던저두고 即時 九味浦行, 九味浦는 島形小岬으로서 只今부터 三十餘年前 故언더우드氏가 地方巡遊를 하다가 避暑 及 海水浴塲에 適當함을 보고 松川避暑組合을 組織한 後 政府에서 九十九個年間 租借하엿다 한다. 浦口에는 木船이 多數停泊하여 잇다. 蒸氣船도 한隻 매여잇다. 方今 물이 쎄여서 海岸에는 쇠갈쿠리와 다래씨를 든 조개 (貝) 줍는 사람과 굴 짜는 색시들이 各其 바지갈냉이와 속옷갈냉이를 불부둥까지 거더올니고 성큼성큼 압홀 다토아 거러단인다. 이곳에서 長山串이 그리 머지 안타 넷날에는 이 浦口에서도 長山串을 지나 行船을 할여면 반듯이 水

神에게 二八處女를 水葬하고야 단엿다 하니 行船의 닷(錨) 감는 소리가 날 째마다 얼마나 젊은 넉(魂)을 울녓스랴. 供養米 三百石이 업서 水葬의 祭物노 팔녀간 沈淸의 애쓴는 우름소리가 聯想된다. 九味田洞里를 지나 烽臺에 올나가면 洋村이 나타난다 녯날에는 이곳에 人家가 업섯고 다만 急變이 이슬 때만 烽火를 드러 信號하든 곳이라 한다. 그 째에는 蛇族이 만어서 단이기가 어려웟다 한다. 그러턴 것을 언더우드氏가 山羊을 放牧하엿더니 山羊이 蛇族을 盡滅시켯다고 한다. 松林이 욱어진 속에는 木造洋屋을 散見할 수가 잇다. 戶數가 八十餘戶에 達하며 盛夏에는 四處八方에서 金髮碧眼의 양키가 數百人 以上 雲集한다 하니 이야말로 漁村洋化로다. 벌서부터 木手들을 派遣하여 別莊을 修理하고 잇다. 庭關에는 크로버(洋牧草)가 퍼저나간다. 노래에서 부르는 明沙十里 海棠花는 近方의 夢金浦를 말함이어니와 이곳에도 亦是 제철을 못 맛난 海棠花가 點點히 도처잇다 베란다의 불니는 시원한 海風은 그들을 살지 움직도 하다 臨時禮拜堂을 비롯하야 테니스코트 쏜트庫 自働車庫 馬車庫 鷄舍 食料品商店 臨時病院 甚至於 牧草場까지 잇서 牛乳를 싸날느게 되엿스니 그들의 生活이란 참으로 福밧는 生活인가도 십다. 그러나 우리는 孟子의 말을 한句節만 引用할 必要를 突感한다. 曰「庖有肥肉하며 廐有肥馬요 民有飢色하고 野有餓莩면 此는 率獸而食人也」라 하엿거니와 사랑을 말하는 敎徒여 不共載天의 享樂徒여 이 實노 즘생을 거나리고 食人함이 안이냐? 더욱이나 政府의 租借라는 人法만을 主張하고 天理를 無視하여 朝鮮人의 境內進入을 不許하고 禮拜堂도 區別 海水浴場도 區別 모다 禁制의 暴君 노릇을 한다 하니 그러고도 무슨 낫으로 十字架를 對하느냐?

烽臺에서 나려다보면 하—얀 金沙가 쭉 깔녀잇스며 그 우에 물결이 쇄쇄 모라처 왓다가는 물너가곤 한다. 海水浴場으로의 다른 條件은 具備되엿스나 干滿의 差가 十五尺이나 된다하니 元山의 一尺差에 比하면 엄청난다. 이곳의 金沙는 麥粉갓치 가늘고 부드럽고 潔白하다 한줌을 쥐고 주먹에 힘을 주면

半나마 새여나간다. 이것은 高級硝子의 原料가 됨으로 旭硝子會社에서 벌서 十年間이나 파서 날너갓스나 업서진 痕跡도 업시 바람에 불녀 메워진다고 한다. 栗谷의「白沙亭」을 紹介하면「松間引步午風凉 手弄金沙對夕陽 千載阿郎無覔處 蜃樓消息海天長 (松間을 거닐매 午風이 서늘커늘 金沙를 손으로 만지며 夕陽을 맛노라. 千載의 阿郎을 차즐 곳 업고 ●氣樓의 消息 샌이 海天에 길이 빗겻다. 註, 阿郎浦는 古岩浦 東灣 二峴山下에 잇스니 新羅時四郎이 來遊함에 因함)

다시 바라보면 東西에는 陸島와 月島 等과 멀니 白翎島가 아렴풋히 보인다. 南편은 水平線 저쪽까지 긋업시 나가다가 眼界에서 사라진다. 다만 하날과 물이 다은 듯히 보인다 水光接天이란 이를 말함이런가? 멋 빗흐로 갈매기 쎄가 날너단인다. 한隻의 魚船이 櫓젓는 소리만 쎄걱거리면서 沒趣味하게 지나간다. 한 流浪客이 岸上에서「배짜락이」한마듸를 듯고저 期待하는 줄을 웨 모르는고? 하하… 알 수가 잇나…

照陽이 하도 싸듯하기에 포근한 잔듸 우에 누어 曲肱而枕之하니 疲勞한 몸이라 곳 잠이 몰녀온다 조곰 잇다가 바다가에 나려가 바위에 걸처안저 발(足)을 쏌아 담그고 다리를 쓰다듬고 잇섯다. 문득 저便에서 고기가 물 우에 소사나 뛴다. 海中을 드려다보는 가운데 自然히 默想의 실마리아가 풀녀나온다. 그것은 水中世界에 對한 短感이다. 水中世界는 陸上世界보다 理想的 世界인듯히 生覺된다. 海洋의 智識이 全無해서 觀察하는 바가 그릇될는지 모른다만은 第一 그들은 自由로워 보인다. 東西南北 어데나 꼬리치는대로 活走할 수가 잇다. 人間갓치 國境의 劃線이 잇서 파스폴(旅券)을 가지고 단임도 안이다. 다만 區域的 分別이 잇다면 그는 寒溫流를 싸러 自己의 體質上 棲息키 適當한 處所를 自由로 擇한 區域에 不過한다. 處所란 것도 隨時 移動할 수 잇고 水地의 保在登記갓흔 것은 업고 더욱여나 鐵條網을 치고 外敵의 侵入을 막는 手苦 업시도 그러나 平和스럽게 잘 산다. 그들에게는 人間갓치

偏狹한 愛도 업는 反面에 憎惡도 업다. 人間은 어썬 사람에게 局限하여는 自身의 살이라도 도려먹일듯히 굴면서도 其他人에게는 썬썬스럽게 槍을 겨눌수 잇는 良心을 가젓다. 殺生할 수 잇는 良心―그것은 魚鼈의 世界에는 업다. 慾心도 極히 적다. 慾心이 잇다치면 그리고 間或 殺生이 잇다처도 그는 다만 食慾을 滿足시키는 程度에 슷친다. 人間갓치 飽食하고 나서 私有庫에다 貯蓄을 하고 專用열쇠를 保管치 안는다. 一身上 好華로운 享樂을 꿈꾸어 奴隸를 만들고 階級을 만들고 戰爭을 이르켜 無慘히도 몃十萬의 兵員을 殺生치 안는다. 結婚問題도 人間갓흔 拘束과 人身賣買가 업시 다만 自由戀愛가 잇슬 쑨이다. 人間갓치 娼妓가 잇는 것도 안이요 오늘 結婚祝盃를 올니고 來日 離婚한다고 울며불며하는 喜悲劇은 볼 수 업다. 暖房裝置가 업스니 衛生에 조코 燃料問題도 업다. 그들은 다만 本能에 滿足하고 本然에 充實할 쑨이다. 이런 것을 人間은 自然生長的이라고 概念遊戲的 誹謗을 하나 그 所謂 目的意識이란 者의 動向이 어데인가 좀 살펴보자.

人間은 至今 晩覺하여 禁酒斷煙運動을 한다. 그러나 魚鼈의 世界에는 釀酒場 煙草工場이 本來 업섯고 人間이 階級을 打破한다 하면서 一便 新種 階級을 만드는데 水中世界에는 大統領도 大臣도 委員長도 업다. 軍縮을 한다고 一年에도 몃番式 모혀 덤비는 等類는 一笑의 價値도 업다. 勞働하지 않는 者는 먹지마라!하고 몃百萬名의 示威行列로도 成事치 못하거늘 魚鼈은 太初부터 各自의 活動으로 各自의 生計를 세워왓다. 人間은 겨우 裁判制度의 公平과 寬大를 期할여고 倍審制度를 硏究하고 잇거니와 그들은 同類審判은 絶對禁物이다 그들은 無智할는지도 모르겟다. 그러나 거룩할듯 십다. 人間의 咀呪밧는 惡性的 智慧 ― 發達되여아만 有利하다는 理由列擧와 辯護 旗幟下에서 支持되여나가는 智慧 ― 그는 結局 大自然과 合流되여버릴 것이 안이냐? 선들선들 부는 저녁 海風에 몬지를 털며 松川里로 도라온 째는 벌서 저녁밥짓는 煙氣가 써오를 째다.

五月十四日(火) 雲

行裝을 收拾해노키 前에 먼저 돈가방을 열어보앗다. 앗차! 이곳 宿泊費를 除하고는 殘額大金이 七拾錢이다 松禾 達泉을 거처 九月山 探勝을 할여든 豫定計劃은 쌔졋다 旅費를 充分히 못가졋고 쏘 降雨期에 드러 日程이 豫定보다 물너진 關係도 잇다. 不可不 安岳으로 廻程하는 수 밧게 道理가 업다. 山水도 黃金을 뿌리는 압헤만 展開되나부다 가만 잇자 安岳까지 里數가 얼마나 되느냐? 九味浦에서 長淵邑이 九十里 그곳에서 安岳이 百四十里 都合 貳百三十里 旅程이다 自轉車를 速히 굴녀라 海岸에서는 아츰안개가 맛치 細雨나리듯 한다. 尺半이나 자란 밀(麥)밧이 바람에 불녀 물결치듯 헤룩헤룩 한다. 이제부터는 한번 온길이니 走馬看山格으로 지나치자 午正이 채 못되여 長淵邑着, 路上에는 만흔 사람이 쌩 둘너섯다 近處에 停車하고본즉 四十勢쯤 되여보이는 女子가 襤服을 입고서 「닐—늬리 닐늬리」를 거듭 부르고 잇다 지나는 사람마다 발을 멈춘다. 그 女子는 새로히 젊은 洋服쟁이 觀客이 느럿다는 것에도 關心함이 업시 世上 맛은 나 혼자 본다는듯한 態度로 「닐—늬리 닐늬리」만 繼續한다. 觀衆이 一致하게 評하는 것 갓치 그 女子는 確實히 狂女일다. 그러나 비웃지 마라 그것을 求景하는 사람은 或여 狂人이 안이겟느냐? 다른 모든 機能은 衰退하고 한 機能만 病的으로 發達된 天才는 亦是 狂이 안이겟느냐? 財物이 불고 느러서 處置할 바를 모르면서도 오히려 不足을 늣김은 守錢狂이 안이냐? 有用히 轉用할 수 잇는 精力을 觀覽用으로 濫費하는 運動選手는 競技狂이 안이냐? 싸(地)와는 外面한듯히 天體만 처다보다가 우물에 싸지는줄 모르게 溺死한 希臘人은 天文狂이 안이냐? 게(蟹)눈갓치 눈알만 툭 부러저 횡횡 돌니며 도라단이는 나는 旅行狂이 안이냐? 하하… 이러다가는 一切가 虛無에 싸질터이니 그만두자만은 如何튼 이런 機會에 人間의 正體가 어썬 것인지 한번 考察해 봄은 決코 無益한 閒事가 안이다.

冷麵을 먹엇스니 또 저어라 이러다보니 나는 一種의 自轉車박휘 돌니는 엔진(機關)으로 化한 細音이다 松禾溫泉 水橋를 수긋하고지나 고개를 몃 넘엇다. 小便次로 나리니까 짐뀐에 첫든 旅行가방이 간 곳 업다. 日暮가 머지 안으니 도로 갈 수도 업다. 다른 物品도 앗갑지만 그 中에도 參考材料 全部를 이젓다. 抑鬱하지만 엇지하랴 安岳에 드러온 째는 午後 八時頃이엿다. 全旅長이 六百餘里 困하기는 하지만 그래도 旅行하는 時間이 가장 緊張된 時間이다. 固定은 沈滯와 死를 意味한다면 流動은 生과 그 表現이다. 가장 만히 보고 듯는 것이 새롭고 不絶히 늣김은 旅行에서만 어들 수 잇슬까 한다. (完)

夢金浦와 九味浦

李東園

《신여성》, 1933년 7월

여성잡지 여름호에 실린 해수욕장 소개글이다. 황해도 장연에 있는 구미포와
장산곶 근처에 있는 몽금포가 조선 서해쪽 해수욕장으로 가장 뛰어나다는 내
용이다. 구미포 소개는 앞에서 읽은 "여인일기"의 내용과 크게 다르지 않다.
봉화대라 불리는 산이 바닷가로 돌출해있고 그 산 전면에 서양인 별장이 즐비
하다. 모래가 희고 고우며 붉은 해당화와 어울려 아름답다. 구미포가 장로교
파 선교사들의 별장지인 반면 동해 원산 해수욕장은 감리교파 서양 선교사들
의 별장지라 구분하는 것도 흥미롭다. 이 때문에 구미포에는 조선 사람이 거
의 가지 않으며 그런 만큼 물가가 싸다는 지적도 있다. 몽금포는 장산곶을 중
심으로 남쪽에 있는 구미포에 대응해 북쪽에 자리잡은 해안이다. 모래의 흰
빛은 구미포에 이르지 못하나 좌우로 오목하게 둘러싸여 거인의 가슴에 안기
는 느낌이라고 소개한다. 최근에 해수욕장 설비가 잘 갖추어졌고 교통도 편
리해져 찾아가기 좋다.

避暑地! 海水浴場의 記憶이 다시 사라날째이다 거리로 거러가다가 더운 째에 데파―트쇼―윈도에 海水浴服입은 裸體美人이 다이빙하는 그림그려 노은것을 볼째에 街頭에서 宣傳포스터가보일적에 記憶의 主人이 海水浴을 가겟느냐 못가겟느냐는 當初부터 무러보지도안언 미런스러운 記憶은 제마음대로니러나서 活動을 한다.

白雪가튼 白沙場 水晶가튼바닷물 바람의 피리부는 松林속 萬斛의 冷昧 都會에서 붓다기고 쪼들러서 머리가 더워지고 가슴이 쓸코 四肢가 느러지도록 疲困하야진 사람들에게 얼마나 조흔 地上樂園이냐.

雜誌도 씨―즌의 反射鏡이라고 더운째가 닥처오니 冷昧百퍼―센트의 海水浴을 反射식혀보자고 나더러 그 記憶이 잇느냐고 健忘症에 걸녀스면 도로에 조을지 모르련만은 그 記憶이 分明히 남앗다.

黃海道 長淵 九昧浦Sorai Beach 소래비―취라는 洋名을 가지엿소 漢名은 九昧浦요 純朝鮮名은 소래인가 생각하는대 그 海水浴場을 發見하고 그時부터 只今까지 亨樂하는 高鼻碧眼君들이 소래라고 부른다 海水浴場이라는 名詞가 朝鮮語彙에 언제 생겻는지는 모르거니와 그 日用語가 되게 이르기는 이 소래라는 海水浴이 元祖中에 하나일가한다. 그러나 이 長久한 歷史를 가지는 海水浴이 最近에 出世한 元山松濤園보다도 世人의 認識에 오르지 못한 것이 무슨 까닭인가 그 조치 못함인가? 아니다 그 使用者가 朝鮮사람이 아닌 까닭과 交通이 不便한것도 조고마한 原因은 되엿는지 모르지만 十分之九의 原因은 그 主人公이 碧眼黨인 까닭이다.

朝鮮에는 碧眼黨 避署處로 海水浴場이 二個所가 잇는대 이에 말한 소래와 Wonsan Beach 원산비―취라는 洋名을 가진 元山의 葛麻半島 東岸에 接한 海水浴場인대 소래비―취는 長老教派 宣教師의 避處地 원산비―취는 監理教派 宣教師의 그것으로 嚴然하게 區劃되엿다.

朝鮮에서 自古로 바다 좃코 모래 조흐면 明沙十里라는 名稱이 싸라단이

넌대 소래와 원산에 彼此에 明沙十里라는 일흠을 다투고 잇다. 그러나 明沙
十里海棠花라는 俗謠를 美化하자면 九味浦가 다른 어느 곳보다도 優秀한
곳이라고 생각한다. 元來 半島脊梁山脈이 東으로만 치우처잇는 까닭으로
東海岸만에는 到處에 조흔 海岸과 맑은 바다이지만 그 西海岸은 그와 反對로
海水浴에 適當한 處所가 업다고 한다. 그런대 이 九味浦는 西海岸에서 찾기
어려운 海水浴場이고 더욱 全朝鮮에 第一이라고한다. 그 모래가 正視하기
어렵게 白雪가티 희고 바다물이 水晶가티 맑고 바람물을 밧고서 피가티 피는
海棠花가 보래에 덥혓다가 나타낫다한다.

九味浦에는 烽火臺라는 조고마한 山이 바다으로 突出하엿는대 洋別莊
이 烽火臺 全面에 널녀잇고 그 小灣附近은 朝鮮漁村인대 人家가 十軒 內外
이다. 萬若避暑處가 아니엿드면 人跡不到處에 갓갑겟는대 다행이 夏節에는
京城과 平壤 等地의 宣敎師들이 家族同伴하고 만이 모여든다.

物價로말하면 朝鮮에 어썬 海水浴場보다도 가장 쌀터인대 그 理由는 朝
鮮사람은 가지 못하는 까닭이다. 무슨 禁令이 부튼 海水浴場은 안이겟지만
朝鮮사람은 留宿할 旅館設備도 不適當하고 飮食도 不便할 까닭인대 今後로
도 얼마 동안인지는 모르겟지만 租●地狀態가 繼續할것이며 朝鮮쌍에잇는
海水浴場이니까 니저버리지나 안는 섬으로 알아는 두겟지만 가서 享樂하기
는 어려운 禁地가트니 자세한말은 必要도 업지만 그래도 한번 가서 보고십흔
마음이 잇스면 海州에서 自動車로 四十里길이니 멀지는 안은 길이다.

夢金浦

夢金浦는 九味浦에서 그다지 멀지 안은곳에 잇는대 黃海道에 有名한 長
山串을 隔하야잇다. 長山串으로 南에 九味浦가 잇고 그 北에 夢今浦가 잇는
대 내가보기는 夢金浦가 海水浴場으로 市街로 進出하기 前 處女時代이엿는
대 그 째에는 汽車로 自動車로 行步로 여러고생을 하면서 가 보앗지만 只今

은 交通이 열니여서 平安하게갈수가 잇다.

　砂場에 모래가 흰 것은 九味浦에 數倍나 써러지지만 물결의 놉지 안은 것과 左右가 막혀서 巨人의 가슴에 안기는 것 가튼 늣김이 兩三年 以來로 海水浴場으로서의 모든 設備가 다 되엇스니 避暑子에게 조금도 不足이 업슬 터이다. 엽헤잇는 九味浦에 가지 못하야 쌈을 흘니며 손가락을 물고 안젓던 河童群들에게는 大端한 福音일줄알며 昨年에 夢金浦求景이 中絶된 宿題를 今年는 푸러블가하고 돈주머니를 만저본다.

黃金섬 · 柳草島 · 點景
얄룹江上에 나앉은 섬 속에서

金友哲

《신인문학》, 1935년 4월

신의주 압록강 내에 있는 섬 유초도를 방문한 기록이다. 필자는 대해를 어머니의 품에, 장강과 그 속의 섬을 어머니의 젖줄기와 유방에 비유한 뒤 대해를 그리고 장강의 노래를 듣고자 하는 젊은 시인이라면 강 속의 섬 또한 동경하지 않을 수 없다며 자신의 유초도 방문을 소개한다. 그는 또한 참된 리얼리스트라면 고국을 사랑하고 자연을 사랑할 줄 안다고 한다. 스스로 북국의 사내라 하는 국경의 시인 소설가들이 국경과 장강을 시와 소설로 다루지 않음을 한탄한다.

유초도는 신의주와 중국 안동현을 잇는 철교를 기점으로 하류를 따라 15리가량 흘러가서 만나는 섬이다. 19년 10월 5일 아침 유초도에 도착해 친척집에 여장을 푼다. 유초도는 다른 말로 황금섬이라고도 하는데, 가을이면 주위 10리의 토지에서 황금물결이 넘쳐 연 7천 석의 벼가 생산되는 까닭이다. 첫날을 휴식한 뒤 이튿날 새벽 섬 주위를 한바퀴 도는 산책에 나선다. 다섯 시 반에 일어나 섬 주위를 둘러쌓은 둑을 따라 산책한다. 유초도 270호 1천 3백여 주민들이 대개 소작농이며 그들의 노고는 부재지주에게 돌아갈 뿐이라 한다. 매번 육지로 떠나고자 하나 결국 죽을 때까지 섬에 머물 수밖에 없다고 한다. 강변 백사장에 파묻힌 파선, 늘어서 버들숲, 이름 모를 물새 울음 등에 햇솜 같은 포근한 정서를 느끼며 시상을 떠올린다. 한 시간 넘게 걸린 산책을 끝내고 집으로 돌아와 식사를 한다. 식후에 중국 쪽으로 건너가는 배를 타기 위해 잔교로 나온다. 굴을 사고 파는 풍경을 보며 소작인들이 타작 때가 되어 지주들에게 대접할 준비를 하는 것이라 생각한다. 나룻배를 타고 안동현 삼도구 랑투로 건너와 요리점에서 만두를 먹고 몇 가지 물품을 사 정오 무렵 신의주에서 들리는 사이렌 소리를 들으며 유초도로 돌아온다. 유초도에서는 타작이 한창이다. 부재지주와 마름들이 지키고 섰다가 타작이 끝난 벼는 모조리 실어내어 신의주로 가져간다. 허탈한 농민들이 야반도주로 만주로 건너가는 이유이다. 해가 진 뒤 예배당을 찾았다가 그 앞집에서 굿을 하는 모습을 보고 놀란다. 길가 국수집은 지주와 마름을 모시고 온 소작인들로 붐빈다.

이튿날 마을 이장이 찾아와 11월 7일부터 13일까지 국민정신작흥주간이라며 아침부터 국기(일장기)를 게양하고 일찍 자고 일찍 일어나며 아침마다 동쪽을 향해 절할 것을 알리고 돌아간다. 국기를 안 달면 벌금이 50전인 까닭에 이 마을에는 종이에 크레용으로 그린 국기부터 광목에 붉은 천을 덧붙인 것까지 각양각색의 국기가 있음을 말한다. 천주교 공소에서 만난 아이들이 예수교를 믿다 이득이 없어 천주교로 옮겨왔는데, 헌금도 안 내고 아프면 약도 주니 좋다는 말에 웃는다. 강변 둑 근처에 사는 사람들은 우물도 없이 강변에 구덩이를 팠다가 밤 동안 밀려온 물로 식수를 삼는다고 한다. 이들은 평생 섬을 떠나지 못하다 죽은 뒤에야 처음으로 배를 타고 육지의 공동묘지로 간다. 유초도 사람들이 뱃사공의 노래조차 잊어버린 사람들이라 안타까워한다.

滄茫大海를 慈惠로운 어머니의 부드러운 품에 比긴다면 江上에 떠잇는 뭇섬(島)은 앵도알같은 乳房이요 구비돌아 흘러내리는 長江의 하얀 줄기는 줄기차게 내뿜는 젖줄기(乳條)라고 할까—

바다를 그리워하는 마음—그는 곳 長江의 노래를 듣고저하는 靑春의 詩人이며 한거럼 더 나아가서 그는 慈母의 乳房같은 섬 속의 나라를 憧憬하지 않고는 못 백이리라!

나는 恒常 바다의 노래를 사랑한다. 허므로 千里長江의 애끗는 노래를 사랑한다. 그리고 버들숲 속에 가리운, 黃金섬을 그리워하지 않고는 백일 수 없다. 江畔의 白沙場에서 黃金섬, 柳草島섬까서 나는 몇번이나 長江의 노래에 心醉했든지 몰은다. 나는 센치맨탈이즘에 젖은 貴公子도 않이고 니히리스트도 물론 않이다. 우리는 사랑한다 眞理를 그리고 現實의 彫刻을—이 世上에 自然을 사랑할줄 모르는 藝術家, 리앨이스트가 存在해 있다면 그는 산 송장이요 바보다. 참된 리앨이스트야말로 故國을 사랑하고 自然을 사랑할줄 안다.

우리는 北國의 산애자식! 國境의 흐름—長江의 젖을 빨고 그 노래에 心醉하야 자라난 未來의 詩人들……우리가 어찌 國境을 노래하지 않으며 自然의 움직임에 對하야 沈默으로 應戰할 것인가. 나는 본다! 時時刻刻으로 變動해 가는 國境線과 偉大한 現實의 흐름을—험에도 不拘하고 우리는 보지 못했다. 國境을 背景으로 한 무게있는 小說作品 한篇과 長江의 노래를 읊은 詩 한편을! 國境의 詩人 小說家는 꿈을 꾸는가? 멀리서 가야금ㅅ소리 들려오는대 얄룹江의 떼ㅅ노래가 그리웁고나…….

× ×

鴨綠江 열두間 무쇠다리를 새에 두고 건너편은 滿洲國 安東縣—이쪽은 「國境의 거리」新義州 여긔서부터 水路로 十五里 남짓하게 흘러내리면 山들숲 욱어진 柳草島 입술에 입을 맞춘다. 追憶의 구름다리를 추어 올라간다.

昭和 九年十月五日—고요한 아츰 黃金섬에 입을 맞춘 나는 于先 親戚되는 이를 찾어가서 허리를 쉬었다. 늦은 가을을 맞은 農村—섬中은 분주하기 짝이 없다. 四方에서 푸로페라소리 같은 稻扱機의 騷音이며 柳草島 건너편 港口, 三頭浪頭(산다랑투) 埠頭에서 商船으로부터 짐 푸는 소리! 安東縣 工場地帶와 같이 소란하다.

柳草島를 왜 黃金섬이라고 부르는가. 첫가을 이 섬中에 찾어들면 周圍 十里가 넘는 이 섬에는 黃金물결이 구비친다. 대개가 논이다. 해마다 벼만 七千石이 쏟아진다고 한다. 그래서 黃金섬이라고 하는지—섬ㅅ사람들은 別로 즐겨부르지 않치만 나는 이 섬을 黃金섬이라 불으는대 말할 수 없는 快感과 美感을 늣긴다.

때가 흘러서 黃昏이 깃들고 곳 밤의 灰色帳幕이 소리없이 드리웠다. 섬속의 밤은 墓地와 같이 고적然하고 무시무시하다. 다만 浪頭埠頭에서 짐푸는 소리 뿐이 神秘스럽게 고막을 따린다. 山村에서와 같이 개짖는 소리를 별로 들을 수 없다. 피곤한 다리를 잇글고 밖에 나왔다 하늘에는 고양이 눈동자 같은 뭇별이 총총 박혀서 호랑이 앞에 토끼처럼 떨고 있고 對岸浪頭의 埠頭에 밝힌 전등ㅅ불은 고요한 밤 深山幽谷의 담배ㅅ불처럼 神秘스러웁다. 출렁거리는 물결소리-기술을 적시고 물러갓다가 밀려오는 밀물! 江邊의 稅關派出所에 앉은 官吏는 꾸덕꾸덕 졸고 있다.

꿈을 그리워하는 마음—하로의 生活苦의 뒤끄테 꿈의 유혹이 없다면 人生의 삶은 無味乾燥하기 比길 때 없었을 것이다 人生은 누구나 제 各己 自己의 꿈을 가지고 있다 그 꿈이 깨여지는 날 可憐한 人生은 最後手段으로 自殺의 軌道를 밟게 되고 墜落의 길을 달리게 되지 안는가?—

새벽 선잠을 깨여 江邊에 나갓다. 시게는 다섯時半을 가르치고 있다. 나는 헤매인다. 江邊을 둘러막은 邊垌을 따라 江岸線을 걸어간다. 이 섬을 한바퀴 돌아 제자리에 돌아오는데 얼마나한 時間이 걸리나 實際로 試驗해 보려고—

담배를 한대 피여물었다. 새벽 散策할 때 담배의 신통한 맛이란 잊지 못하겠다. 「太陽없는 집」에서 처음 맛을 드린 담배였만 비오는 날 雨傘 받고 먼길을 혼자 걸을 때나 밥먹고 나서 한모금 드리키지 않으면 머리가 무겁다. 처음 「멋」으로 배운 담배가 지금은 습관과 유혹에 끌이여 가끔 빨아던지게 된다. 꼬불꼬불 기여올으는 「삐종」의 연기를 바라보면서 나는 지금 江岸線—邊垌 위를 것고 있다.

섬속마을 니마를 맛대고 있는 초가집집에서는 아츰짓는 연기가 꼬불꼬불 피여올은다. 그것이 虛空에서는 濃霧처럼 한테 어우러저서 低徊한다. 總戶數 二百七十戶—人口 一千三百十七名을 抱擁하고 있는 柳草島—긔와집이라고는 耶蘇敎 禮拜堂과 天道敎 宗理院과 小地主 二三人의 邸宅 뿐이다. 派出所도 海關出張所도 天主敎 公所도 역시 草家다. 섬속에 사는 사람들은 大部分이 小作農이다. 배ㅅ軍도 七八名 있다. 農閑期만 되면 지금까지 農事짓든 農軍도 배에 따라단인다. 고기잡이에도 따라단인다. 뭇(陸)에서 살다못해 쫓겨들어온그들이 여기선들 安住의 地를 찾을 것이랴? 그들은 몇번이나 「해리」를 격것는지 몰은다. 여러번 洪水의 慘禍를 當했었다. 집간이나 잽여 돈푼이나 손에 남으면 무덩(陸)으로 나가려고 맘먹어 오면서도 終乃 떠나지 못하고 不安의 生活을 하는 그들이다.

가장 怜悧한 地主들이 危險千萬의 島中에 파뭇처 살 利가 있으랴? 그들은 열이면 열 「不在地主」다. 마름(舍音)을 두어 農監을 하고 初가을이면 自己네들이 몇일동안 이 섬에 들어와서 打作을 식이기도 한다.

鴨綠江上의 섬中인지라 水利組合도 일업고 따라 한分의 水稅도 받치지 않으며 地質이 肥沃한 탓으로 肥料도 다른 곧의 三分之一 밖에 안 내인다. 그럼으로 무덩(陸)에 있는 地主들은 柳草島의 田畓을 즐겨산다. 예전에는 邊垌이 낮고 弱하야 원만한 「해리」에는 문허것지만 只今은 邊垌이 堅固하고

水勢가 對岸으로 밀리는 便임으로 江落이 없다. 그래서 近年 地價가 每坪 七八十錢 乃至 八九十錢으로 暴騰하였다. 距今 四十九年前……공등푸리의 餘관이 나앉은 것을 막아 처음 柳草島를 形成하였던 것인데 內坰(안동안)이 每年 나앉고 새로 막고막아서 現今에 일으럿다고 島中의 老人은 옛말을 한다.

自然의 흐름도 무섭지만 살마의 造化 亦是 무서운 것이라고 生覺된다. 五十年前의 江이 오늘 큰 섬을 일우다니—人間의 끈임없는 造化여!

邊坰을 위로 올라가는 나와는 正反對로 鴨綠江은 밑으로 黃海로 흘러내린다. 꿈에서 깨인 힌듯 검은듯이 물ㅅ살에 밀려 밋그러진다 江邊白沙場에는 다 낡은 배가 모래ㅅ속에 半쯤 파뭇처서 꿈을 꾸고 잇다. 邊坰 앞에 느러선 버들숲—그 속에서는 일홈 몰을 물새가 노래를 부른다 고요한 아츰 고요한 흐름을 바라보는 고요한 마음—비단房席보다도 더 부드럽고 햇솜보다도 더 포근한 情緒—그 중 가늘고 느릿한 琴線을 어느 님이 퉁긴다면 神妙한 音樂으로 作曲될지 몰은다. 모도 다 꿈과 같다. 꿈을 꾸고 있는 사람들—이 얼마나 可憐한 人間들이냐. 하로밤의 꿈을 깨인 柳草島와 鴨綠江의 흐름은 지금 새로운 行進曲을 울리고 있다

江邊白沙場으로 나는 발자욱을 헤이며 걸어나간다. 때때로 나는 나의 그림자를 바라보고 孤獨함을 늣긴다. 이럴 때 누가 여기에 나온다면 나는 대번 그에게 담배를 권하였으리라! 그가 만일에 異性이라면 나는 나의 발자욱을 따라오라고 속삭였을 것이다. 그렇나 두루 삷여보아야 아모도 보히지 않는다. 나와 나를 思慕하는 그림자만이 쓸쓸한 江邊에 헤매일 뿐이다.

나는 追憶의 노래를 불러본다. 나의 作曲에 나의 歌詞를 부치여서 은근하게 노래부른다. 노래부르다 긋치면 四方은 더 한層 고적연하고 다만 찰삭이는 물결소리 뿐이 내귀를 의심케 한다.

白沙場에는 한두개 조개껍질이 떠러저있다. 문득 「죤콕토—」의 유명한 시

가 생각난다.

나의 귀는 바다까의 조개껍덱이
물결치는 그소리가 그립습니다.

나는 이 시를 뜨더고처서 나의 마음에 맛도록 고처봅니다. 그리고 모래
위에 손으로 색여둔다.

나의입술은 강까의 버들잎사귀
柳草島까 버들숲이 그립습니다.

나는 재빠른 걸음으로 걸어간다 白砂場과 버들숲에서 시간을 보낸 것을
이번에는 速步로 補充할 心算으로─두대ㅅ채의 담배를 피여 물었다.
　江건너 中國山에 낀 아츰안개와 님자없는 나룻배를 겻눈으로 살피며 휘
적휘적 걸어나간다. 멀리 新義州에서 싸이렌이 울려온다. 國境의 거리도 선
하품을 하고 일어난 모양이다. 아침해는 어느덧 한뽐이나 소사올라서 無限한
빛을 뿌리고 있다.
　邊坰을 한바퀴 휘이─돌아 제자리에 와서서 시계를 보니 일곱시 十分前
이다. 江邊白沙塲에서 十五分을 잡아먹었다 치드래도 한時間이 더 걸리는
셈이다. 周圍 十里로 생각하면 過히 틀리지는 않겠다. 집에 와서 朝飯을 달게
먹고 곧 일어나서 배닿는 곳으로 나갔다. 돌로 쌓아올린 淺橋에는「꿀」을 실은
배가 한隻 머물러 있었다. 섬婦人네들은 사발을 들고 나와서「꿀」을 사간다.
무뎡(陸)에서 들어온「不在地主」와 마름(舍音)을 청하야 한끼의 밥을 대접하
려고……或은 술안주깜으로 사갈 것이렸다. 마당질하는 날─小作人들은 地
主令監을 招請하여 만난 飮食을 待接하는 것이 北鮮의 習慣이다. 地主영감

들은 한동안 닭고기와 술에 파묻힌다. 그들은 서로 곱게 뵈려고 舍音과 地主에게 「삐종」이나 「蘭」을 사다 받친다. 그들은 담배를 사지않고도 된다. 그러므로 그들은 돈의 偉力을 더 한층 直感하게 된다.

나는 돌로 쌓은 涉橋에서 한참 기다리다가 浪頭 쪽에서 건너온 나룻배를 집어타고 對岸인 埠頭로 건나갔다. 安東縣 三道構, 浪頭(랑투)—埠頭 앞에는 安東縣 錢鬪(전투)로 단이는 連絡船이 와다어서 警笛을 울리고 있었다. 좀 떠러진 江 한복판에는 꽤 큰 商船이 두隻 머물러있고 그 周圍에 無數한 배가 다닥다닥 붙어서 짐을 풀고 있다.

埠頭淺橋에는 帽子를 비스듬이 쓴 中國巡捕와 銃ㅅ대를 걱구로 메인 軍兵이 서있고 그 앞을 허스룩한 水兵(세—라)들이 오락가락한다. 배에서 나린 船客들은 浪頭市街로 밀려들어간다. 市街 入口에는 홋떡집이 大部分이며 旅館 商店이 간간이 섭섭치 않게 끼여있다. 그 中에는 朝鮮人의 經營하는 旅館이 하나 사발전이 한군대 飮食店이 두집 끼여있다. 좀 안으로 들어가면 乙種 料理店이 左右로 늘어서있다.

나는 于先 깨끗한 料理店을 찾어들어가서 「야게교—즈」를 시켰다. 그것이 되는동안 「허쑈—즈」를 請하였다. 이것은 만두 비슷한 호ㅅ떡으로 中國勞働者들이 즐겨먹는다. 十錢에 다섯개 준다. 요즘은 洋錢이 金票(日貨)보다 올라서 料理代도 비싸졌다. 料理店에서 食事를 하고 新市街로 들어갔다. 잉크와 雜記帳을 사려고 퍽이나 쏘단였으나 살수 없다 할수 없이 中國小學生들이 使用하는 算草簿와 將棋말과 落花生 砂糖을 한오큼 사가지고 다시 柳草島로 건너왔다 때는 午正—멀리 新義州에서 正午의 「싸이렌」이 은은히 들려온다.

여기저기 打作마당에서는 稻扱機 돌아가는 요란한 소리가 섬속을 振動시킨다. 벼장수들은 이 마당에서부터 저 마당으로 奔走히 오락가락한다. 벼

장수도 數灸가 많아서 競爭이다. 한섬에 十錢式의 口錢을 먹는다고 한다. 地主令監들과 마름은 마당 한쪽에 버틔고 서서 그들을 監視한다 나는 우물까를 지나오다 섬속 處女들이 물동이를 이고가는 뒷姿態를 바라보았다. 왼손으로 꼭지를 잡고 바른손으로 흘러내리는 물ㅅ방울을 씻는 아담한 모양—그 탑스럽게 따어느러트린 머리꼬랭이를 볼 때 靑春의 躍動하는 生命을 느꼈다. 이것도 白髮이 되면 느껴볼 수 없다 야릇한 情緖가 아닐가—

北鮮의 處女들은 內外法이 별로 없다. 南鮮에 比긴다면. 그들은 自己곁을 지나가는 젊은 靑年을 뚜렷이게 바라보고 鑑定하는 聰明을 가졌다. 그만치 風紀가 紊亂하냐 하면 그렇지도 않다!

일즉 필한 마당에서는 벼ㅅ섬을 지고 江邊으로 나아간다 벼는 배에 실려 新義州로 팔려가기 때문에 江邊변동으로 내가는 것이다. 어느 마당에서는 북떼기타는 불ㅅ길이 혀를 날음거리고 연기가 衝天하고 있다 打作마당에서 뷔인 손만 털고 돌아서는 그들 섬ㅅ사람은 지금쯤 억울한 눈물을 흘리면서 쓴 입맛을 다실게다. 八字을 한탄한들 뭣하며 運命을 저주하고 하느님을 怨望한들 무슨 所用이랴! 昨年만 해도 滿洲로 건너간 農軍이 수두룩하다고 한다. 이제 今年 겨울에는 얼마나 많은 農事軍이 밤逃亡해갈 것이랴!

나의 옆을 郵便配達夫가 허수룩한 服裝을 걸치고 지나간다. 뒤에 들으니 그 사람은 十圓式 月給을 받고 이틀에 한번式 무덤에서 건너온다고 한다. 공등푸리섬에서 四圓 柳草島에서 六圓……이렇게 갈라준다고 한다. 可憐한 人生의 行路여!

다섯시 오십분—해는 浪頭 뒷산에 꼬리를 감추었다. 黃昏이 섬속나라를 支配하기 始作한다. 三日禮拜를 본다고 알려주기에 心心破寂이나 될가하고 禮拜堂으로 발거름을 옮겨놓았다. 會堂 앞에서 멀지않은 農家에서 굿을 하고 있다. 췡챙, 췡챙, 하고 소란하기 짝이 없다. 禮拜堂에서 讚美歌와 鍾소래가 들려오는데 한쪽에서는 鬼神에게 至誠을 받치고 있으니 이 얼마나 調和된 現實인가? 牧師는 목 쉬인 說敎보다도 于先 그들을 찾아가서 회개하고 믿게 하는 것이 上策이 아닐른지?……하고 생각해본다.

례배당에서 파해 돌아올때도 굿소리는 如前하다. 아아 只今 墓神이 왔는 지 더욱 소란스럽게 휑챙거린다. 洞里개가 아우성을 친다. 나는 남몰래 담배를 피여물고 오불꼬불한 소로ㅅ길을 더듬어 나려간다. 나려오다 길까에 있는 국수ㅅ집으로 들어갔다. 거기에는 地主와 마름을 모시고 온 作人들이 톡터지 도록 모혀있었다.

十一月七日부터 十三日까지는 國民精神作興週間이라고 한다. 일은 아 즘 區長영감이 大門깐에서 主人을 찾는다. 나가보니 오늘부터 한週日동안 國旗를 揭揚하라고 한다 그리고 생각난트키 說敎를 베푼다.

「─담배 술을 끊고 黑服입구 早寢早起…부지런하구 참 저어 東쪽을 향하 야 아츰마다 절하구 하슈! 알었소?」

그리고는 主人의 對答도 안 듣고 훌쩍 가버린다. 主人에게 물으니 國旗 안달면 罰金이 五十錢씩이라고 한다. 主人은 國旗를 달아맨다. 朝飯을 먹고 洞里를 두루 쏘단였다. 나는 집집에서 國旗의 博覽會를 보았다.─半紙에 구 레용으로 똥그래미를 그려붙인 것. ……白露紙에 물깜으로 알롱달롱 물드 린 것. ……굵은 배(麻布)에 뻘엉천을 오려댄 것……수수ㅅ대에 아모렇게나 단 것……별아별 숭한 것이 다 많다. 區長은 그저 自己職責만 했으면 다라고 生覺하는지 여기에는 無關心한 모양이다. 柳草島의 國民精神作興은 이럴 가?─

발이 헛놓였든지 意外로 天主敎 公所 앞에 이르렀다. 草家지만 規模있는 집이였다. 마당에서 노든 아히를 붓잡고 물어보았다. 그 애는 天主敎 信徒였 다. 前에는 예수를 믿었는데 利가 없어서 이리로 왔다고 한다. 그 말이 하도 우수워서 天主教는 무슨 利가 있느냐 물었드니 天主教에서는 연보錢도 안받고 알을 때 모든 藥을 無料로 配給한다고 한다. 말을 들으니 그럴듯하다. 지금은 信徒가 百名이 모자라지만 얼마 아니하야 耶蘇教(예수교)의 勢力을 꺾그리라고 壯談한다. 같은 神을 信奉하는 宗教間의 暗鬪를 생각할 때 우리들은 宗教的 信仰을 疑心하지 않을 수 없다.

邊坰近處에 사는 農家에서는 우물없이 산다. 그들은 집앞 개천까 마른판에 조그만 구뎅이를 파놓았다가 밤에 밤물이 밀렫르어왔다 새벽 찌이면 구뎅이 속에ㅅ물을 퍼다 마신다고 한다. 그야말로 原始的 生活이다.

그들의 大概는 이 섬에서 나서 이 섬에 파묻쳐 가난한 生活에 시달릴 것이다. 무덩(陸)이 그리워서 때만 苦待하든 그들은 살아生前에는 나가살지 못하고 싸늘한 屍體가 되여서야 처음 배를 타고 무덩에 있는 共同墓地로 나아간다.

그들은 노래를 잊은 사람들이다. 지금의 뱃사공은 코ㅅ노래마저 힌어버렸다. 치위와 가난을 잠시라도 잊기위하야 술별을 기우리는 그들이다. 나는 浪頭의 飲食店에서 外上술을 먹으려다가 계집에게 쫓겨오는 뱃사공을 보았다. 노래를 잊어버린 柳草島의 뱃사공이여 그대들은 언제나 봄의 노래를 찾어오려느냐? 아서 오려느냐!—끝

—(十年二, 二十三日)—

準自治敎區 黃海道歷訪記

K記者

《가톨릭연구》, 1935년 4월

〈가톨릭연구〉 기자로 추정되는 필자가 황해도 지역의 가톨릭 교당을 순회하며 강연한 여정을 기록한 글이다. 자연경관이나 문물에 대한 여행가적 관심보다는 카톨릭 신자의 관점으로 지역에 관련된 일화를 소개하거나 소감을 피력하였다. 필자는 경상도(대구) 출신이지만 평양에서 일하는 것으로 보인다. 여행의 출발지는 평양이며 첫 편에서는 사리원 방문의 소감을 다루었고 둘째 편에서는 신천 지역을 다루었다.

사리원에서는 지역의 교세가 어떤 변천 과정을 거쳤는지 간단히 소개한다. 특히 고종황제의 신교 자유 허용 이후에는 교회가 지방 수령들의 폭정을 응징하고 일반 백성의 권익을 지켜주는 특권적 지위를 갖게 되었다. 이후 특권을 누리던 교인 일부가 세력이 떨어지자 사리원의 카톨릭 교회가 성난 민심의 보복 목표가 되기도 했다고 밝힌다. 사리원에서 하룻밤을 머물고 신천으로 이동한다.

내 마음!

해 써진 뒤(日沒)에 가마귀 울고가는 가을하늘가티 적막한 내 마음을 헤여저가는 누덕이에 쏭쏭 싸서 남몰리 써나노라

도망질하는 과부처름!

내 마음!

개도야지를 주어도 냄새도 안 맛흘 현실에 싸들녀 구린내나는 내 마음을 으슥한 곳으로 끌고 나가서 산산이 뒤저보련다

도적의 주머니처름!

시(詩)도 아니오 잠고대도 아닌 이것을 시원스리도 다라나는 차창을 통하야 얼다가만 대동강을 내여다보며 혼자 노래 불럿다.

오래간만에 남쪽으로 끌녀가는 내 마음은 옛고향이 그립고 정조가 무러녹는 남국의 봄하늘이 연연하다.

보아야 그저그러하고 안보면 그리워하는 변득무쌍한 인간의 마음인줄 번연이 알면서도 아버지를 뭇은 고향산천이 눈물날만침 가고십고 어머님이 기두리시는 달성(達城)의 하늘이 못견대게 그립다.

뷘틈업시 짜고 안즌 차 안의 승객들을 아레우로 홀터볼 째 시원하여지든 가슴이 쏘다시 무거워진다. (pp. 71~72. 누락)

이나 팔어서 목숨을 근근이 이어가려는 오막사리 숫막 몇새로 무연한 붉은 황토의 벌판을 직히고 잇섯드란다.

오랜 옛날에는 사리원 바닥이 강이엿든 모양인지 큰 자갈돌이 잔쓱 쌀녀 글자 그대로 사리(沙里)(원)이엿든 것을 세월이 흐름에 짜라 인가가 드러서고 사람의 손이 부즈런이 움즉엿슴으로 일홈업든 돌자갈밧이 오늘날 황해도의 대도시를 만들기까지 이르럿다 한다.

그것은 그쯤하여두고 황해도 성교회의 초긔의 이야기를 소개하면 허리가 슨허질 일도 만코 혀를 몃번이라도 쌔물어도 원통절통의 매듭이 못다풀닐 섭섭함도 만타.

아래우를 다 잘라버리고 중동칙이 몃마대를 이야기하면 이러하다.

혹독하든 군란의 여독으로 황해도는 거의 교우로써는 무인지경이 되엿다가 고종황제의 신교자유시대가 시작되자 어러숙한 백성들을 골녀먹고 기름과 피를 쌀아먹는 소위 지방수령나부랙이들의 비리한 행동을 서양신부들이 여지업시 타박하여 억울한 백성들의 원한을 푸러주게 되든 그 동긔로 황해도 주민의 눈에는 성교회가 생명재산을 보호하는 유일무이한 보호기관으로 알엇다.

나도 너도 십이단이 동이나고 문답과 믁주가 절픔이 되엿다. 동네마다 『성부와 성자와』 글소리 랑랑하고 사람마다 품 속에 문답이 쇠쳐것다. 날이 밥부게 령세를 밧게되여 황해도는 십이단 문답의 도(道)가 되엿다.

『너 무엇을 위하야 성교에 나오뇨』 문답 첫조목의 대답에는 입으로는 책에 쓰인대로 『천주를 공경하고 자기 영혼을 구함을 위합니다』 하고 급행열차식으로 나려 외우지마는 마음에는 『서양사람 덕택에 세도도 좀 부리고 생명재산을 보호밧으려 성교에 나옵니다』 하엿다. 그러니 이 자들은 성교회를 처세술의 하나로 인증하엿든 모양이다.

입으로는 문답과 십이단을 외우고 손에는 믁주를 흔들며 도라다녓지마는 그 행동은 외교인에서 다를바 업섯고 점점 성교회와 서양신부의 세도를 리용하야 온갓 무리한 행동을 하게되여 주민의 감정과 관료들의 분은 큰 종처처름 곰기고 쏘 곰겻다.

욱일승천의 세도를 한참 부릴 째 사리원 근처에 잇든 이런 교우들이 루백년 귀신으로 섬겨오든 당나무만 골러다가 강당을 건축할 째 주연을 배설하고 위풍을 썰칠 시절이 그들의 전성시대엿든 것이다.

루백년식 조상갓치 길러오든 당나무는 굵을 재로 굵은 재목이라 유명하다는 목수들이 구름가티 모혀들고 근처 주민들을 불러다가 돌을 시러온다 게와를 구어온다 하여 사리원에서 대표적 건물인 이 강당을 지엇더라.

그 당시 이 건물은 세도와 권력의 금자탑이 되여 누구나 그 압흘 지날 째마다 두리는 마음으로 고개를 숙여 절하게 되엿든 것이 여긔저긔 무리한 행동이 탈로가 되고 이런 교우들의 세도가 추풍락엽과 가티 써러지자 이 건물이 미움과 복수의 관혁이 되고 마럿다.

이러한 희활극의 몃 장면을 감추고 잇는 이 문제의 건물이 곳 오늘저녁째 차저가서

『신부님 어데………』

하고 위사를 톡톡히 하든 그 집이오 곳 그 방이다.

이 노름이 황해도 성교회에 크나큰 상처를 끼첫든 것이다.

역사는 오래나 이러한 영향과 다른 원인으로 사리원의 본당은 별로 발전되지 못하엿다.

역대 주임신부들의 부단한 로력이 오늘날 현상을 유지한 것은 감사한다.

압흐로는 감목대리의 중앙기관이 안즐 곳이 되엿스니 희망 만흔 장래를 축복하며 하로밤을 지내고 아츰 일즉이 신천(信川)으로 가는 기차에 몸을 실엇다.

準自治教區 黃海道歷訪記 (二)

K記者

《가톨릭연구》, 1935년 5월

〈가톨릭연구〉 기자로 추정되는 필자가 황해도 지역의 가톨릭 교당을 순회하며 강연한 여정을 기록한 글이다. 자연경관이나 문물에 대한 여행가적 관심보다는 카톨릭 신자의 관점으로 지역에 관련된 일화를 소개하거나 소감을 피력하였다. 필자는 경상도(대구) 출신이지만 평양에서 일하는 것으로 보인다. 여행의 출발지는 평양이며 첫 편에서는 사리원 방문의 소감을 다루었고 둘째 편에서는 신천 지역을 다루었다.

신천에서는 먼저 온천에 들러 하룻밤을 묵는다. 필자는 온천욕 경험을 성경에 나오는 연옥 체험에 비유한다. 1분을 참고 견디기 어려운 뜨거움도 있지만 둘 모두 육체든 정신이든 병든 사람이 찾는 곳이라는 점도 마찬가지라 지적한다. 밤이 되자 홍등가에서 매음녀들이 배회하고 여관방마다 술상이 들어가며 곳곳에서 수심가 노랫가락과 장구 장단 소리가 일어나 잠을 자지 못한다. 주인에게 항의했으나 여기는 원래 이런 곳이라는 대답만 돌아온다. 이튿날이

信川에 나흘밤

일은 봄이라기는 달력이나 보고 할 말이지 사실을 마즈막 가는 겨울 아츰이다 살을 오려내는듯한 새벽바람을 정복하며 죽을 힘을 다하야 다라가는 경편차는 붉은 황토의 벌판 우에 두굴두굴 구으는듯 하엿다.

나귀색기만한 긔차 속에는 재령(載寧)으로 가는 학생들이 째옥하게 찻다 학교의 흉년을 맞난 지식의 룸펜들은 도처에 일반이고나 한숨에 드러켜도 눈도 쌈박아니할 적은 스도브 주위에는 어러터지다가 할 수 업시 말러붓흔 손을 호호 불며 제즐거리는 어린 학생들을 볼 째 이 세상에 태워난 것이 한업시 가엽다고 생각하엿다.

듯기보다 서글푼 신천정거장이 발서 다 왓다고 역부의 고함소리에 가방을 들고 나렷다.

광고에 보면 천하에 제일 가는 온천장이 잇는듯한 이 신천정거장은 촌사람으로 하여곰 얼을 쌜줄 알엇더니 무얼 보잘것업는 수십채의 초가집 겨을에 삼배치마를 입은 격인 함석집 몃개가 푸루루 날러갈듯이 여기저기 보일 쑨이다.

정거장에서 온천을 가기에는 담배한대 길이나 된다 모든 것이 하로사리 모양으로 만든 시설은 쏙 아해들이 작란으로 쑴여노흔 동산갓헛다.

비들기장만큼한 집 우에다 무슨 여관이라는 간판은 아해보다 배꼽이 크다는 그 격이다.

제일 크다는 조선여관으로 드러갓다 음력세말이라 비교적 종용하다는 것이 아츰부터 드나드는 나그내는 무슨 병원 갓헛다.

평안도의 유일한 풍속이랄지 목욕탕에만 드러가면 수심가 부르는 소리 비슷하게 하나둘 수를 헤아리는 고함소리는 발서 들려온다 세상에 듯기 실코 밉살스러운 것은 그 소리엿섯다.

온천 온천! 어릴 째 한번 하여본 일이 긔억되나 그 째는 별 감상이 업섯더니 이번에는 온천으로 드러갈 째 첫인상이 여지업는 지옥으로나 련옥으로 드러가는 듯하엿다.

쓰거운 물에서 끈침업시 증발하는 쏫햔 안개 속에서 발가숭이들이 구물거리는 것이 희미하게 보이는 것이나 쓰거운 물 속에 목만 내여노코 소리를 지르며 그 쓰거움을 견대려고 하는 것이나 물에서 쒸여나와 세멘트로 만든 마루바닥 우에 느러저 누은 것을 볼 째 이건 시성(詩聖) 단테 시집에 지옥편을 그대로 다시 읽어보는 듯하엿다.

하로에도 수삼차 온천탕으로 드러가면 이 꼴을 아니볼래야 다른 도리가 업다 주인의 지시로 독탕을 하게되여 내 혼자 쏫햔 안개가 잇는 물 속에 드러가 안젓노라면 살을 삶는듯한 쓰거움은 병에 유익하다니 견댈 일이지 건강한 이는 一분도 견대지 못할 것이엿섯다.

온천은 이세상 련옥이라 일흠짓노라
조물주가 온천을 인간에게 허한것은
련옥과 지옥이 어쩌타는 암시러라

령의 째를 삶는 련옥의 유황가마여
육의 병을 씻는 온천의 못이여
여긔나 저긔나 병든이만 갈곳이러라

온천에 들어 십분을 못 견대는 내 고기덩이여 몃백년을 안 견대고는 별 도리가 업는 련옥의 유황가마를 잇지 말자는 생각으로 쏘한 지옥과 련옥을 묵상하려는 쯧잇는 이에게 이 온천으로 오십사고 부탁하고 십다.

어두운 쌔는 죄악의 쌔라더니 밤이 들자 매음부들의 해골갓흔 상판이 전긔불 압헤 여긔저긔 나타낫다.

방마다 술상이 드나들고 수심가에 장단맛추는 장구소리는 온천천지를 뒤흔든다 이를 수가 잇나 하고 열시 열두시 새한시 새세시 이건 견댈 수가 업서 주인을 차저『안면방해』라는 부스럭이 법률을 걸어보왓다. 허허 웃는 주인의 얼골에는 이 엇던 촌쌩이가 왕림하섯나 하는듯이 여긔는 이러한 곳임니다 하고 하고 십흔대로 하라는 듯이 가버리고 만다.

술과 게집 그 뒤에는 온갓 병이 온천을 부르고 죄와 악이 지옥을 부르는 이 인과(因果)의 현상이 여긔서 몃십천몃십만의 젊은이를 잡는 도살장(殺場屠)인 것을 쌔다럿다.

물론 수양을 목적하고 차저오는 손님도 잇겟지마는 거의 다 음침한 밤거리에 홍등청등을 찻는 부랑배들의 소굴이 이 온천장이라는 것을 알엇다 이 조고마한 죄악의 도시는 밤마다 소돔과 고모라로 화하야 유황불의 심판을 기두리는 듯하엿다.

내가 온천에서 이러한 늣김과 경험을 엇는 잇흔 날이 주일이엇섯다 새벽 일즉이 십리상거되는 신천읍 본당으로 갓다.

갑작이 밧고이는 환경에 정신이 앗찔하엿다 결백한 수건을 나려쓰고 주의 제단 압헤 눈을 감고 꿀어안즌 여성들과 온천거리에서 유혹의 눈우슴을 치며 도라다니는 여성들을 비교하여보왓다. 혀굿은 소리로 수심가를 부르든 온천장의 사나히들과 경건한 태도로 기도문을 합송하는 이 성도들을 비교하여 보왓다. 불과 십리 남즛한 곳에서 이러케 다른 현상이 나타나는 것은 이 세상이 아니고는 볼 수 업는 일이다.

신천읍 본당은 불과 三년전에 새로된 곳이란다 리도마 신부님이 부임한 지 三년만에 三四百명의 신도를 가지게 된 최대급행렬차식의 본당이다.

리신부님의 전교수단은 사랑 그것이엿더란다. 성요왕종도의 주의를 그대로 본밧은 사랑의 목자로 눈에 아니 보이는 천주보다 사람을 몬저 보고 드러오는 신입자들을 어른 아해 할 것 업시 엇즈다가 한번 리신부의 방에 발만 드러놋는 날에는 무슨 무서운 매력에 쓸리는 것 갓치 여지업시 리신부의 사랑의 포로가 되고 만다고 리신부님께 실례되겟지만 키가 조고마한 양반이나 신천 천지에는 그러케 일홈이 큰 양반이 업섯다고 한다.

신천읍을 가톨닉화하기에 그리 어려운 일이 아니엿든 리신부님에게 금년 정월에 편지 한장이 써러지자 젓먹이 아해들을 쎄는 어머니의 서름을 품은 그대로 장연본당으로 옴겨가섯다고 한다.

리신부님의 사랑으로 겨우 가마에 안처노흔 쌀과 갓흔 신천본당 교우들은 불을 과히 너흐면 타고 적게 너흐면 생밥이 될 이 지방 교우들의 서글픈 눈물을 은률(殷栗)서 새로 부임된 림신부님이 감당하게 되엿다고 한다.

림신부 역시 은률이 첫번 전교하든 곳인만큼 정력을 다하다가 역시 리신부 전임되는 편지노름에 고아를 쎄여노코 고아를 맛난 격이 되여 엇더케 할 줄을 모르는 서글픈 눈치가 지나가는 과객에게까지 알려진다.

그날밤이다 위안이 업는 신천 교우들 압헤 가톨닉운동을 선전하는 긔자의 강연은 하여노코보니 부질업슨 일이엿섯다.

더욱이 보내고 마지함에 어수선한 신입교도들에게 그 강연은 탈선이엿섯다 후회막급이로군 업지른 물을 담을 수가 잇서야지.

온천으로 도라와서 나흘동안을 가만히 누어잇서 보왓다 대목장을 벌려노흔듯한 내 머리에는 차차 정리가 되여감을 깁버하며 오래동안 동경하든 장연(長淵) 본당에로 갈 준비를 차렷다.

海西金剛行(一)*

之一

《금강산》, 1935년 11월

스님 또는 불교학교 교사(학생)로 추정되는 필자의 황해도 일대 여행기이다. 해서지방의 소금강으로 이름이 난 장수산 답사기가 중심이고 후반에는 해주 시가지와 인근에 있는 수양산의 사찰을 구경한 이야기를 담고 있다. 사찰의 명칭, 개창 유래, 부도나 사적비 등에 관심을 갖는 면모는 경상도 편에서 소개한 "동화사의 일주일"과 비슷하다. 모두 네 편으로 나누어 연재되었다. 첫 회에는 여행 동기를 소개한 뒤 서울에서 사리원을 거쳐 장수산역까지 이어지는 철도 여행과 장수산에 입산한 뒤 묘음사를 구경하는 내용을 담았다. 둘째 회에는 장수산 12곡과 절벽 위 암자 현암을 답사하는 이야기로 앞서 소개한 전무길의 "여인일기" 일부와 여행지가 겹친다. 셋째 편은 해주시가와 탁열정,

---

*   원제에는 번호가 없다. 자료집에서만 구분을 위해 번호를 붙였다.

백세청풍 등 인근 명소 답사기이다. 마지막 편은 해주 수양산의 신광사 답사기이다.

첫 편에서 필자는 먼저 금강산의 아름다움에 빗대 소금강이란 이름을 가진 산이 여러 곳에 있음을 지적하며 황해도 소금강이라 불리는 수양산 여행의 흥미를 돋운다. 이어 이 여행이 오랫동안 별러왔던 것임을 암시하고 마침 단풍이 좋은 10월에 여가를 낼 수 있었음을 기뻐한다. 일행 아홉 명이 10월 11일 아침 8시 기차로 사리원으로 이동한다. 사리원에서 냉면으로 점심을 먹고 다시 1시 차를 타고 장수산역에 내린다. 장수산에 가까워지면서 석산일 것이라 예상했던 것과 크게 다르지 않은 산의 모습을 보며 소금강이라는 이름은 과장된 것이 아닌가 의심스러워 한다. 장수산역에서 도보로 1리 가량 떨어진 장수산으로 들어간다. 먼저 묘음사를 찾아 구경한다. 묘음사 법당 마당에 올라서 바라보는 장수산의 모습이 밖에서 들어오면서 보던 모습과는 다르며, 금강산 백탑동에 비교해 손색없는 경관을 지녔다고 칭찬한다. 묘음사는 나말여초에 창건된 유서깊은 절이었으나 갑오년 농민전쟁 중에 소실되었다가 현주지의 노력으로 대웅전 등을 중건해 꼴을 갖추었다고 전한다. 주지의 수완이 뛰어남을 칭찬한다.

金剛山이 山王이니만콤 그 眷屬이 四方에 많이 散在하여서 小金剛이라고들 부른다. 대강대강 치드래도 明川의 七寶山 楊州의 逍遙山 載寧의 長壽山 井邑의 內藏山 安東의 淸凉山 等을 모다 小金剛이라하고 平北의 蝀龍窟을 地下의 金剛이라 하고 慶州의 北獄을 亦是 金剛山이라고 한다. 모다 大金剛의 眷屬格이오 臣僕格이다. 金剛같은 大名山 大靈場을 한番 본 以上에는 歎服하고 歎美하든 마음이 마치 金剛을 먹어서 消化되지 안는 것처럼 암만하야도 이저버러지지 안는다. 그래서 일홈만 같은 金剛山이 잇드래도 이것이 그 金剛이 안인가 하고 호리게 되엇스며 따라서 小金剛이니 地下金剛이니 海金剛이니 하는 말을 드를 때에는 아마 그곳도 奇絶妙絶한 것이 비록 金剛을 凌駕하지는 못할망정 金剛의 어느 部分과는 彷佛하겟거니 하는 聯想은 누구나 同一할 것이다.

날마다 時間時間이 握筆을 손에 잡고 歲月을 보내는 身勢로는 어느 餘暇를 얻어서 登山臨水하는 것이 무엇보다도 特別한 快感을 禁치 못하는 바이지마는 夏休에는 炎威가 두려워서 엄두를 내지 못하고 冬休에는 寒威의 束縛에 더욱 不可能이오 가장 適宜한 時期는 이 楓辰菊令이다. 그러하야 이 令節을 기다리고 기다리어서 한번 破天荒的으로 몇사람이 遠足같은 것을 하여보겟다고 해마다 夢想하엿지마는 그것도 亦是 清福에 하나이라 하야 造物의 許諾이 容易치 아니함인지는 알 수 없으나 多分이 氣候의 乖戾가 아니면 事故의 層疊으로 말미암아 每年 如意치 못한 것이다. 今年은 何幸으로 秋風이 다시 덥고 公私를 通하야 特別한 故障이 없음으로 遠遊할만한 地點을 擇定하는데 金剛이 秋楓岳이니만큼 한번 아니볼 수 없는 곧이지마는 年前夏期放學 때를 利用하여서 땀을 흘려가며 夏蓬萊를 구경하엿기 때문에 그다지 憧憬이 되지 안는다. 그래서 이곧저곧을 取捨하다가 海西의 金剛인 長壽山이 揀擇에 入選되엿다. 百年을 못 다사는 우리 草露人生으로서 長壽라는 일홈만 드러도 곧 不老久視할뜻한 感想이 있다.

十月十一日의 차침 여덟時로 約束하고 停車場으로 모힌 同行은 아홉사람이다. 定刻에 떠나는 汽車의 신세를 입어 沙里院에까지 가서는 車를 換乘하게되자 낮이 되엿음으로 西道의 名産인 冷麵집을 차즈니 거게서도 平壤麵屋이라는 데가 第一 잘한다고 한다. 果然 名不虛傳이다. 京鄕 到處에 많이 먹어보앗지마는 처음이라고는 할 수 없으나 드믈다고 하기에는 주저할 수 없다. 面(麵)長이라는 尊號를 받는 나로서는 무엇보담도 第一 좋다. 두그럿을 먹엇다.

새로 한時에 다시 汽動車에 올라앉아 長壽山을 向하고 가노라니 어데인
지는 알 수 없으나 멀직이서 車窓으로 드러다보며 잘 오느냐고 問安을 드리는
듯한 兩峰의 石山이 보인다. 비를 바라는 마음에는 구름만 보아도 위로가 되
고 정든 님을 기다리는 간장에는 落葉聲만 드러도 항여긴가 반기는 것처럼
長壽山을 小金剛이라고 하는 것을 말미암아 보지 않어도 石山일 것을 미리
짐작하엿기 때문에 四方이 올막졸막한 土山만 보이다가 忽然이 拔例된 石山
을 볼 때에는 아모 疑心없이 저것이 長壽山이라고 손을 드러서 서루 指點을
하든 次에 곁에 앉엇든 한분이 그것인 德大山이오니 長壽山은 이쪽에 있어서
아즉 아니보인다고 한다. 아닌게 아니라 談笑間에 長壽山이 德大山보다 조
곰 南쪽에서 얼골을 내어놋는다. 德大山보다는 훨신 奇拔하고 石面이 層疊
하게 되어서 그저 두리벙벙한 德大山보다는 딴판으로 보인다. 그러나 小金
剛 三字에 미리 홀린 판이라 그다지 奇拔하여 보이지 안키 때문에 多少間 落
望이 되여 一邊으로는 맨 土出叢中에 一座의 石山이기 때문에 넘어 에누리의
尊待를 받는다고 心腹되지 안는다. 長壽山驛이 발서 몇町밖게 보니는 地點
에서 왼편 車窓으로 뵈이는 조고마한 언덕에는 마치 비바람에 버서진 것처럼
草木 한개없고 밝안 黃土만인 그 가운대 幾個의 바위ㅅ돔이 뾰족뾰족 列立한
것이 恰似하게도 正陽寺 歇惺樓에 맨그러노은 指峯臺 같다. 山을 보는 感想
은 斷髮嶺을 넘는 金剛電鐵 우에서 衆香城을 바라오는 것에 比較하야 百分
不及一이지마는 萬一 이 바위로 指峰臺와 較量한다면 그것은 도리어 讓步하
지 않게 되엇다.

車는 섯다 우리는 내렷다 長壽山이 一里도 못된다고 한다 自働車도 있
다 한다 그러나 우리는 徒步로 것는다 거름질이 거진 다된 野色을 둘러보며
한거름 두거름 가노라니 앗가보든 指峰臺 같다는 바위있든 峰의 背後에 亦
是 沙汰ㅅ밥같이 생긴 곧에 바위가 삐죽삐죽 소사올낫다 하하 저런 것을 말
미암아 小金剛이라고 하는가 하는 卑笑首辭를 發하엿더니 나중에 알고

보니 三菱會社의 鐵鑛인데 採掘하는 바람에 地中石의 露出이라 한다.

數戶의 寒店을 지나 山回路轉處를 當到하니 ●然한 一柱門이 있고 長壽
門이라고 臨時에 써붙인 懸板이 달려있고 그 옆에는 예서붙어 寺刹境內인즉
무엇무엇을 하지 못한다는 여러 條件을 其筋의 命令에 依하야 揭示한다고
하얀 널쪽에 새로 써붙엿다 예서붙어는 小金剛 곧 海西金剛의 入口이다 石逕
을 밟으며 개올을 따라드러가는 것이 水石의 景致나 樹木의 風趣는 없을망정
그래도 塵累는 적고 俗味는 없다. 얼마 아니가서 石溪를 건너게되니 그것은
곧 碧岩溪이고 石溪의 彼岸에 이마를 받을드시 絶壁이 솟아있고 그 石壁 옆
으로 기어오르게된 急傾斜의 石磴細路는 이른바 雲梯라는 것이다. 雲梯를
밟아오르면 絶壁 우에 十層의 金銀塔이 있고 塔에서 數十步되는 石壁 밑에
는 金銀窟이 있으니 이것은 妙音寺의 白虎嶝이오 碧岩溪에서 雲梯로 올라가
지 않고 溪水를 따라 이바위 저바위 天作의 징검다리를 밟아드러가면 數十步
以內에 浮屠와 事蹟碑가 南屏下에 列立되여있고 다시 數步를 더 거르면 雲
梯로 올라 白虎로 드러오는 길과 合路가 되며 조곰 높은 언덕 우에 軒敞하게
뵈이는 것이 곧 妙音寺이다.

及其也 法堂 마당을 썩 올라서게 되는 때는 山 밖게서 멀리 보든 것과는
아조 딴판이다. 白石이 層層한 峰密이 四方을 돌러싸서 金剛山의 百塔洞 같
은 한골짝에는 比較히도래도 大端한 遜色이 없게 되엿다. 다만지 石勢가 모
다 夏天의 白雲치름 뭉게뭉게 웅툴둥툴할 뿐이오 金剛山처럼 矗矗尖尖奇奇
恠恠한 氣分이 없고 더욱이 溪流가 적어서 濯足 한번을 마음대로 할 수 없는
것이 아조 遺感이다. 만일 게다가 瀑布 몇줄기가 있고 ●奮流하는 溪聲이 循
除●汩하게 되면 小結局 그대로 金剛山을 부러하지 않을뻔하엿다.

住持 朴慧明 禪師는 반가이 맞어준다. 筆者와도 一面의 舊야 있지마는
石●老師와는 더욱 面分이 깊은 까닭이다. 白髮高齡으로도 氣力이 康健할
뿐 아니라 關西佛敎界에 한 事業家이다 長淵雙溪庵住持로서 頹落한 그 庵

子를 一新重刱한 事績이 있음으로 載寧郡에서는 이 妙音寺를 爲하야 住持로 招待하엿는대 果然 就職하듯마듯, 五千四百三十九圓의 寄附認可를 얻어가지고 大雄殿, 爐殿, 僧堂, 一柱門 通計 四棟을 建築하느라고 昭和 九年 六月二十日에 起工하여서 仝十年 八月十五日에 竣工하니 總工事費가 九千四百十圓이라 結局 四千八百七十一圓也의 負債가 싱기엇음으로 落成式도 할 餘力이 없어서 郡當局과 長壽山 保勝會의 周旋으로 陰曆 今年 九月九日을 卜하야 落成式을 擧行하엿다고 하는데 建築工事를 請負한 梓人은 나의 好友 退隱이라고 한다. 故人의 솜씨만 보아도 故人의 얼골을 對한 것이나 얼마 틀리지 아니하야 一層 더 반갑다.

事蹟에 依하면 이 절은 羅末麗初의 刱建으로 禪宗九山中에 第一 나종 設立된 須彌山(至今 海州廣照寺址) 開山祖利嚴尊者(眞澈國師)의 參禪하든 道場으로 名勝으로나 歷史로나 매우 有名하든 바인데 不幸히 肅宗 五年 己未에 失火하야 全燒된 後에 舊制대로 回復하엿든 것을 高宗 甲午에 東學黨의 數旬屯聚로 말미암아 兵火中에 두번재 들게되고 錦淳大師의 重建이라 하는 것이 艱辛히 一棟의 法堂과 數間의 僧舍 — 있으나마 矮低湫隘하야 寺刹의 貌樣이 없을 뿐 아니라. 名勝의 顔色까지 아모 風致가 없든 것을 慧明師 — 비로소 이만치 擴張시킨 것은 대단히 十指爪를 合해가지고 讚歎稱揚을 마지 안는다.

예전에는 妙音寺(本來는 妙陰이든 것을 妙音寺로 곧첫다.) 雲岾寺 雙門寺 資福寺가 모다 이 山에 있엇든 것인데 至今은 오즉 妙音寺만이 남아있고 그 뒤에 높이 올라가서 采眞庵이라는 如斗小庵이 있을 뿐이라고 한다.

　—(未完)—

海西金剛行(二)

之一

《금강산》, 1936년 1월

둘째편은 장수산 십이곡과 현암을 답사한 기록이다. 묘음사에서 하룻밤을 묵은 뒤 주지 안내로 십이곡을 답사한다. 묘음사에서 10여리 떨어진 곳에 현암이라는 암자가 있고 그 옆에 있는 골짜기를 12곡이라 한다. 금강산 계곡처럼 아름다운 곳이나 폭포가 없고 단풍이 적으며 골이 깊지 않은 게 유감이라 한다. 십이곡을 답사한 뒤에는 현암에 올라간다. 현암은 깎아지른 절벽 위에 제비집처럼 지어놓은 암자이다. 암자 삼면은 모두 낭떠러지이고 한 면만 산등성이로 이어져 다시 돌아설 공간조차 없는 곳이라 소개한다. 현암에서 가장 소문난 것이 가장 높은 곳에 있다는 뒷간이다. 금년 8월 15이레 대변을 보면 명년 8월 15일에 땅에 떨어진다는 풍설이 있을 만큼 높은 곳이다.

采眞庵이라니 脫線이지마는 이약이 하나가 생각이 난다 梧溪 李宜白이
長壽山에 왓다가 采眞庵에서 자게 되엿는대 그날밤에 어썬 老僧 한분이 아
노라고 人事를 하나 梧溪는 記憶이 아니 낫섯다 老僧이 우스면서 年前에 우
리들이 表訓寺 山映樓에서 가치 놀다가 내가 지은 東遊詩를 외이니 당신은
그 中에서

「雪色亭叢石 寒聲洞百川」

이란 글句를 稱讚하지 안엇소 梧溪가 그제야 그 째에 鶴氅衣를 입고 잇든
書生이든 것을 記憶하고 다시 무르되 그대 날다려 「子年이면 司馬試에 參
榜하고 午年이면 靑雲에 오른다고 하더니 至今까지 아모 일이 업스니 웬일
일까요」 한즉 老僧이 품에서 거울 한개를 내여서 梧溪를 빈춰보더니 仰天
大笑하며

「당신이 失名을 하엿소 乙亥年 가을 鄕試 째에 李宜耆라는 者가 당신과 한가지
癸卯生인데 꿈에 달 속에 蓮花가 피고 蓮花 우에는 宜白이라는 두字가 쓰여잇
는 것을 보고 猝地에 改名하야 宜白이라고 하고서 그번에 司馬榜을 마치고
壬午年에는 縣宰까지 하게 되엿슨즉 당신의 功名을 無端히 假字 宜白의게 쌔
앗기엇소 구려」

하고서는 다시 말을 이어서

「世上에는 그런 일도 만슴닌다. 左相 金尙喆이가 벼락마저 죽을 八字인데 永
興 金尙喆이가 벼락에 죽엇고 木川 南泰濟를 잡으러 갓든 鬼卒이 그 집에서 厚
待를 밧고 順天 金泰濟를 잡어간 일이 잇고 積城 鄭錫履가 아들이 업서서 祈禱

를 하엿더니 京城 鄭錫履가 五子를 連生하엿다.」

고 하드라는 記錄을 梧溪集에서 보든 생각이 난다.

　우리야말로 朝夕의 厚待를 밧고 翌日에는 登程하야 海州站을 댈터인데 住持和尙은 十二曲을 案內하겟다고 同行을 한다. 妙音寺에서 約十里쯤 되는 곳에 懸庵이라는 奇絶處가 잇고 懸庵의 겻헷 골자군이가 十二曲이다. 十二曲만은 果然 金剛山이라고 하기에 부끄럽지 안케 되엇다. 좁다란 굴싹에 前後左右가 모다 石壁으로 되고 골싹은 盤曲紆廻하여서 十二曲으로 되엇는데 구비구비 景致가 다르고 排布가 달라서 奇絶怪絶하고 雄偉幽邃 險峻壯快한 氣分이 사람을 내리누른다마는 아즉까지도 可謂 處女地帶로 되여서 金剛山 가트면 무슨溪 무슨 바위하고 일홈이 잇슬만한데라도 모다 無名 그대로 잇고 甚至於 一曲 二曲을 써서 쇠즌 牌木 한個도 업는 것은 觀覽者로 하여금 조곰 갑갑한 마음을 動하게 하며 地形으로는 한 三四가지가 遺憾잇게 되엇스니 一曰 瀑布가 업는 것 二曰 丹楓이 적은 것 三曰 골싹이 甚邃치 못한 것 四曰 길이 맛쑬리어서 사람이 막 通行하게 된 것이다. 眞所謂 물 조코 磐石 조코 亭子 조흔데가 어데 그리 흔할 수가 잇스랴 그만하면 海西金剛이라는 微號가 濫用되는 말은 아니다. 一曲은 조곰 淺露하고도 골이 조곰 넓고 次次 드러갈수록 좁다가케 되고 十二曲을 다 드러간 終點에는 鹿跡井이 잇다는데 게서 조곰 더 가면 접쪽으로 골싹 밧게를 나가게 된다 한다. 十二曲을 도라나와서는 懸庵으로 올라간다. 싹가지른듯한 絶壁 꼭대기에 如斗小庵이 제비집 붓듯하여 잇는 것을 치어다 볼 째에는 아닌게 아니라 果然 空中에 달리어 잇는 것 갓다. 壁立한 鳥道를 더우잡아 올라가노라니 果然 峭峻하다. 金剛山 般庵에서 須彌庵으로 넘어가는 臀行七里라는 데와 降仙臺 오르내리는 데처럼 脚力보다 腕力이 더 들고 올라갈제는 무릅혜 내려올제는 꽁문이에 흙이 뭇게 되엇다. 하늘에 올라가는 工夫를 드려서 及其也 올라가고보니 밋헤서 想像하든 것보다는 더욱 싼판이다. 金剛山 須彌, 般庵이나 兜率頓道 가튼데는 山이 아모리 絶險하드래도 庵子의 道塲만은 그래도 經行周旋할 餘地가 잇고 冠岳山 巒主臺나 萬瀑洞 普德窟이 奇絶하게 되엇다 할지라도 그래도 簷牙 박게 도라설 데가 잇지마는 이 懸庵만은 三面이 모다 卜臨無地한 幾萬丈의 懸崖가 되고 오즉 뒤로만 山등이 連脈되어서 艱辛히 외자옥길로 드러가게 된 即 空中半島로 된 絶壁의 絶頂에다가 바위 긋까지 기동을 세우고 집을 지은 것이 두루 合해서 三間쯤 되고는 다시는 一步를 옴겨도될 餘地가 업다. 곳 압헤서 뒤에를 갈래도 房으로 通過하지 안코는 道理가업다. 事蹟도 업고 記文도 어서서 剏修年代 가튼 것은 알 수가 업고 建物은아조 頹落하여서 時急한 重修를 要望하게 되엇다. 손바닥마큼한 懸板에 詩가 二三首 부터잇는데 그中 한首만을 紹介하겟다.

洞闢山仍絶 空中一寺懸 寸無旋足地 尺近載頭天 坐老何年佛 昇來白日仙 崖松新火扣 不如通人烟 藥山金 ●

懸庵에 가장 놉히 所聞난 名物이 하나 잇는데 그것은 뒤ㅅ간이다. 엇지도놉든지 今年 八月十五日에 大便을 보면 明年 八月十五日에사 겨우 地上에써러진다는 風說이 잇는데다. 그래서 나는 銘心코 便所부터 차저보앗다. 아닌게 아니라 그만한 바람도 불만치 되엇다. 그 좁은 石壁絶頂에 집 한채를艱辛히 짓고나니 다시는 便所 한간도 세울고지 업다. 그래서 絶壁허리로 사람 하나가 겨우 通行할만한 길이 나고 그 길로 十餘步나 도라가서 亦是 千餘萬餘한 絶壁 꼭대기에 그대로 안저 뒤를 보게 되엇다. 쭝이 一年만에 써러진다는 것은 거짓말이지마는 몃萬年을 가드래도 뒤ㅅ간 한 번을 처볼일이 업는것만은 事實이다. 凜乎하여서 오래 잇지 못하고 곳 되도라나려와서 午饒를먹은 後에 다시 長壽山驛으로 나와 汽動車를 타고 海州에 到着할 재는 발서 해가 젓섯다.

　妙音寺 住持和尙은 海州까지 왓섯다. 甚至於 一宿할 旅館까지도 分別하
여주고는 되집어 車를 타고 長壽山으로 回程하엿다. 참으로 感謝하엿다.

海西金剛行(三)

之一
《금강산》, 1936년 2월

셋째 편은 해주 시가와 인근 탁열정, 백세청풍 등을 구경한 답사기이다. 전에 필자의 학교에서 근무하다 해주고보에서 교편을 잡고 이는 김종무라는 사람의 안내로 해주 시내 부용당, 도청, 재판소, 시가지 등을 구경한다. 탁열정으로 가는 중도에 어떤 절터에서 9층탑과 입석을 구경한다. 입석에는 옷을 벗은 채 둔부에 구멍이 뚫린 사람의 뒷모습이 새겨져 있는데, 이것을 두고 일부 학자들이 음양석이라 전제하고 연구 논문을 발표하기도 했다는 사실을 소개한다. 그러나 필자는 탑 앞에 세워진 입석이고 그 위에 범어로 글자가 새겨진 것을 보면 옷을 벗은 사람 형상은 엎드린 귀신을 표현한 것이며 구멍은 아이들의 장난에 지나지 않는다고 해석한다.

탁열정을 구경하고 신작로로 내려오다 '百世淸風'이라는 글귀가 새겨진 석비를 본다. 석비의 내력은 영종대왕이 백이숙제의 절개를 높이 사 그들이 굶어죽었다는 산과 이름이 같은 이곳 수양산 자락에 이 글을 새겼다는 것이다.

이곳은 또한 백이숙제의 사당이 있는 곳이기도 한데, 지금은 황량해서 참으로 굶어죽은 사람의 집 같다고 한탄한다.

互爲主伴이 華嚴經 道理이다. 海州의 一宿泊은 便安이 하엿지마는 旅館 寒燈에 잠자기만이 目的이 아니고 海州의 景勝을 더듬어보자는 것인데 生面 江山에 엇지하면 조흘가 하엿더니 年前 우리學校에서 敎鞭을 잡고 잇든 金鍾武氏가 現海州高普敎諭로 잇는데 그와 우리 一行 사이에 聲氣가 相通이 되어서 翌日 早朝에 우리를 차저왓섯다. 참으로 반가웟다. 오래간만이니 寒暄도 업지는 안엇지마는 其實인즉 寒暄은 뒤로 제치고 景勝案內로 압흘 섯다.

海州의 名勝으로 已往부터 獨擅을 하여서 甚至於 海州特産의 墨 곳 海墨 海墨하는 먹장에까지 그림으로 글字로 그것을 압뒤에 박아내어서 芙蓉堂芙蓉堂하고 일홈이 놉든 芙蓉堂을 비롯으로 하야 道廳 裁判所 市街地를 둘러보고 新羅째 禪宗九山門中에 맨 나종 設立되엇던 廣照寺의 須彌山은 어데인가 高麗 文宗의 第四子 大覺國師가 創立한 天台宗의 根本道塲으로 南嵩山(善山 金烏山)은 相對로 하든 北嵩山은 엇던 것인가 그 山그늘에 關東八十里를 간다는 首陽山은 엇던 것인가 이리저리 指點을 하면서 濯熱亭을 向하고 올라가는 道中에 길가에 잇는 古寺의 遺墟를 다다랏다. 절 일홈이 무엇이던지 절의 大小도 엇더하엿든지 傳說도 口碑도 아모 것도 엄고 오즉 九層塔 하나만이 歸然이 홀로 서서 옛技術과 오랜 歷史를 말업시 자랑하고 잇는데 塔과 相距가 十步 內外되는 바로 길 녑헤 一面의 立石이 잇다 高는 한길이 될락말락하고 碑石처럼 前後面은 넓고 兩녑흔 좁게 되엿는데 거게서는 그것을 陰陽石 陰陽石하고 異常스럽게 써드는 것이라 한다. 그 한쪽 側面에는 東方天王, 南方天

王을 색이고 쏘 다른 한 側面에는 西方天王, 北方天王을 색이엇고 길쭉으로 잇는 前面에는 上半部에는 圓形雙線의 輪廓(輪廓도 正圓이 아니고 한쪽으로 線의 開口와 屈曲이 잇슴)을 陽刻으로 두른 안에 梵書로 唵字를 陽刻하엿고 그 下半部에 裸形의 人이 도라안즌 形像을 浮彫하여서 背後가 븨이게 되엇는데 그의 臀部 곳 黃門지경은 特別히 깁히 파여서 어린 아희들 주먹을 容納할만치나 되엇다. 이 裸形人 더욱이 臀部의 구덩 그것 째문에 陰陽石이라고 한다. 말로만 그리할 샏이 아니라 加藤灌覺氏는 그것으로써 朝鮮佛敎와 喇嘛敎의 關係라는 論文까지도 發表한 일이 잇다 한다. 그러나 나의 생각으로 그런 것 갓지 안타 엇던 法華經 變相圖에 보면 多實塔 압헤 一切 衆生喜見菩薩이라 하야 塔을 向하고 도라안게 그린데도 잇고 萬千手經에는 唵字의 下에 一切 鬼神이 懾伏하는 表示로 亦是 唵字를 向하야 合掌跪禮하는 相을 그린데가 잇다 이것도 塔의 압히요 쏘는 上部에다 唵字를 색이엿스닛가 그 下部에는 唵字를 瞻仰하는 人形을 색인 것 갓다. 그런데 陰陽石이라고 일홈을 부치는 第一 條件은 그 人形이 裸體인 것 쏘 한가지는 臀部의 구멍이다. 그러나 鬼形은 흔이 裸體로 만이 나룬다 그리고 臀部의 구멍은 아희들의 惡戲(작난)에서 생긴 것 갓다. 萬一 애당초부터 喇嘛敎의 歡喜佛처럼 陰陽石으로 만드럿슬 것가트면 人形을 正面으로 안치고 生殖器를 露出식히엇슬 것이지 男色을 宣傳하지 안는 已上에 엇지 背面으로 臀部에 구멍을 보이게 하엿슬理 萬無하고 쏘는 臀部에 잇는 구멍도 正當하게 肛門자리에 쑤른 것이 아니고 左臀으로 당기어 쑤럿슨즉 그것은 암만 하여도 惡戲하는 아희들의 作亂에서 된 구멍이라고 나는 判定하고 십다. 다른 사람은 學說로 頒布하고 淵源을 追求하고 傍證을 羅引하는데 나는 單刀直入으로 臆說判斷이 마치 螳螂拒轍갓기도 하지마는 내 말이 盲者正門이 아닐는지도 모를 것이다. 나는 近來 學者님네들이 秋毫만한 것만 하나 보아도 空然히 左討右檢하고 正說傍證만이 紛紜하야 싸다리드는 것도 可謂 흔하게 보는 일이 잇는 까닭이다.

濯熱亭에 가서 쌈을 드리고 東溪의 水石을 싸라내리다가 新作路 다리를 것너 百世淸風 압헤 이르럿다 「百世淸風」이란 英宗大王이 伯夷叔齊를 讚仰하야 朱子의 筆을 模해다가 穹然한 石碑에 四大字를 錯立한 것인데 伯夷叔齊는 周武王의 義理를 不可하다 하야 周粟을 먹지안코 首陽山에 깁히 숨어 採薇하야 먹다가 굶어죽엇다고 하는 孟子의 이른바 聖之淸者요 韓退之의 이른바 特立獨行之士이다. 그런데 이 海州邑의 主山 일홈이 엇지다가 首陽山으로 되여서 글字가 갓다고 하야 夷齊廟를 지은 것이오 참말로 伯夷叔齊가 굶어죽은 首陽山은 아니다. 그 首陽山은 至今 支那 府縣에 잇는 首陽山이고 이것은 그것과 同名同號일 쑨인대 只今 보아서는 아조 假字갓지 안타 成三問이 伯夷叔齊의 碑에

當年叩馬敢首非 忠義堂堂白日輝 草木亦霑周雨露 愧君猶食首陽薇

라고 글을 지어썻더니 碑面에서 쌈이 흘럿다고 하는데도 여게다 멧間 아니되는 荒凉한 殿閣에 쓸에는 풀이 욱어지고 마루에는 문지가 궤궤 안저서 바로 蕭瑟하기가 참으로 굶어죽은 사람의 집 가튼데 正殿 東西에 主櫝들만이 雙을 지어잇스니 東의 祠版에는 「淸惠公伯夷」라고 쓰고 西쪽에는 「人惠公叔齊」라고 썻다. 殿閣을 도라 正門밧글 나오니 길가에는 短碣 두 개가 섯는데 하나는 「孝子大連遺址」라고 색엿다. 이것은 小學에 나오는 孝子大連小連이 東方 사람이라는 말에 의지하야 好事者가 해 세운 것이다. 海州와도 何等의 關係가 업고 伯夷叔齊와도 何等의 關係가 업는 일이다. 무에라고 말을 부칠수 업스니 그만두기로 하엿다.

게서는 다시 개천을 싸라내리어 陀羅尼經幢을 瞻禮하고는 南山에 놉히 올라 海州 全局을 一瞥하고 도라와 午料까지 金鍾武氏의 신세를 깃첫다. 夕陽을 지음하야 自動車를 모라서 神光寺로 달리엇다.

海西金剛行(四)

之一

《금강산》, 1936년 3월

마지막 편에서는 수양산에 있는 신광사를 구경하고 사적비와 기문의 기록에 관해 몇 가지 고증을 편다. 또 절 부근에 있는 두 가지 석물의 유래에 관해서도 일반에 전해지는 것과 다르게 해석한다. 필자는 신광사에 관해 두 가지 이상한 점이 있다고 밝힌다. 먼저, 신광사가 있는 산의 본래 이름은 숭산인데 같은 산을 놓고 절 뒤편 북쪽은 북숭산이라 하고 동쪽 황조사 있던 쪽은 수미산이라 하며 남쪽 해주읍 뒤편은 수양산으로 달리 부르고 있음에도 기문 등의 기록에 절 이름을 수양산 신광사라고만 한 것은 이상하다고 지적한다. 다음으로, 신광사를 창건한 사람은 고려 문종의 넷째 아들 대각국사로인데 사적비나 기문에는 원나라 태자가 세웠다는 기록만 남아있는 것을 이상하다고 지적한다. 필자는 대각국사가 송나라에 가 5대 종단의 종지를 받아온 뒤 그때까지 고려에 없던 천태종을 개창하고 국청사를 지어 근본도량으로 삼고 신광사와 금오산 선봉사를 역시 근본도량의 하나로 삼아 신광사가 있는 숭산의 이름을 금오

산에도 이어 써 북숭산 신광사와 남숭산 선봉사라 불렀다는 사실을 근거로
제시한다.

신광사 주변에는 수많은 볼거리들이 있으나 시간이 없어 구경하지 못하고 오
직 절 주변에 있던 두 개의 석물을 보고 그 유래를 추측한다. 먼저 절 동쪽 수백
보 거리에 있는 마석대(磨石臺)에 관해서는 예전 절에 많은 대중이 기거할
때 곡물을 갈던 방아였을 것으로 추정한다. 또 절 북쪽에 있는 몰자비(沒字
碑)에 관해서는 어떤 고승의 사리를 수습해 부도를 세우고 비석을 세우려 준
비하던 중 어떤 사정으로 일이 뜻대로 되지 않아 중단되고, 이에 세상이 변해
누구의 것인지 어떤 사정이 있었는지조차 전하지 않게 된 것이라 추정한다.

神光寺가 平素에 생각하든 바보다는 山도 크고 골작도 깁고 基址도 너르
다. 전은 勿論 古刹인줄 알앗지마는

덜컥덜컥하며 사람을 들엇다노앗다하는 自働車가 다리를 건너고 洞里를
지나고 개천을 짜라 이리저리 물구비를 건너고 山모퉁이를 돌더니 石長生이
나서고 碑浮屠가 보이는데는 곳 神光寺의 바로 압히다. 게서 내리어서 緩傾
斜로 數三町을 드러가니 蒼然하게 古色을 씌고잇는 法殿이 듬성듬성 잇고
夕陽이 明朗하게 빈취는 法堂 압 槐木나무 밋테는 자리 二三立을 페어노앗
다. 主人을 미처 차즐 사이 업시 行裝을 게다다 노코 或立或坐하는 동안에
住持 洪泰賢師는 손이 온줄 알고서 나와 迎接한다. 一面의 舊는 잇는 터임으
로 寒喧이 끚난 다흠에는 即時에 法堂巡禮를 마치고 다시 記文 몟줄을 謄抄
하노라니 宇宙는 검은 帳幕 속에 쌔이고 童子는 夕飯을 재촉한다.

여게서는 두 가지의 訝惑이 잇다. 이 山은 元名이 嵩山인데 方面을 짜라서
세가지의 일흠을 가지고 잇다. 山의 北쪽으로 神光寺 잇는 편에서 北嵩山이

라 하고 東쪽으로 黃照寺 잇든 方面으로는 須彌山이라 하고 南쪽으로 海州
邑의 뒤 되는데는 首陽山이라고 하야 輿地勝覽에서도 首陽山은 州東五里
須彌山은 州北十七里 北嵩山은 州西三十一里라고 位置를 말하엿지마는 사
람이 通行하는 里數를 적은 것에 지나지 못하고 其實은 한 山이다. 다시 말하
자면 嵩, 首陽, 須彌가 同一한 語源을 가지고 조곰식 轉訛되면서 漢字記錄이
달라진 것이다. 本來는 同一한 一山이겟지마는 旣是區域的으로 일홈이 달
라짐에도 不拘하고 記文 等에 或是 首陽山 神光寺라고 쓴 것이 한가지 訝惑
이오 高麗 文宗의 第四子인 大覺國師가 宋에 드러가서 賢首, 天台, 慈恩, 南
山, 曹溪 五宗의 宗旨를 다 밧아왓지마는 그 째에는 아즉 東方에 天台宗이
업섯슴으로 國師는 宋의 制度를 본바다 國淸寺를 지어 台宗의 根本道場을
만들고 開宗하야 宗風을 大闡하는 同時에 이 神光寺와 仁同의 仙鳳寺가 亦
是 그 根本道場의 一數에 居하엿고 仙鳳寺는 金烏山이지마는 神光寺가 嵩
山에 잇다하야 거게도 亦是 嵩山으로 하면서 方位를 싸라 南北二字를 各各
加하여서 거게는 南嵩山 여게는 北嵩山으로 된 것인즉 이 山의 開祖는 大覺
國師라야 當然한 바인데 國師의 말은 一毫半點이 업시 그보다 幾百年後에
元의 太子로서 大靑島에 謫居하는 中 現夢을 말미암아 至正二年에 願刹을
만들고 大叢林을 建設하엿다는 것이 事蹟碑나 記文마다 千篇一律로 되여잇
는 것이 쏘 한가지 訝惑이다.

　이 山中에 名勝으로는 八十一峰과 三十六洞이 잇다 하나 日割의 餘裕가
업슴으로 安養庵 北庵 雲水庵 等의 庵子도 巡覽하지 못하고 오즉 道場의 갓
가운 周圍에 잇는 것만을 보왓다.

　거게서 이러니저러니하고 異常스러운 解釋을 부치는 古石物 두가지가
잇스니 하나는 寺東數百步에 잇는 磨石臺이오 쏘 한가지는 寺北에 잇는 沒
字碑이다. 이 두가지를 或者는 地理的으로 解說하고 或者는 敎理的으로 解
釋하나 그것은 臆說 쏘는 迷信에 갓갑고 나의 所睹로는 磨石臺라는 것은 已

往 만흔 大衆이 居處할 째에 穀物을 磨挫하는 石碓일 것이오 沒字碑는 그 엽헤 亦是 沒字의 浮屠가 잇는데 碑나 浮屠의 安置헤 노흔 法이 조곰도 完固하게 아니하고 臨時的으로 한 것임에 鑑하야 엇던 尊師의 舍利를 石藏하고서 神道碑를 하랴고 碑石의 磨礱까지 하여노코 淸謐하엿다가 困히 事不如意하여서 刻字하지 못하고 그냥 傳해 오는 것이 物換星移하고보니 名號까지 事實까지 한가지도 傳치 못하게 된 것이다. 一宵의 經過에는 主人의 厚意를 넘어 만히 입엇다고 하는 것이 套語에 지내못함으로 싸로 表明은 안커니와 말로 人事하는데 그치지 아니할만콤 깁히 謝禮하는 바이다.

翌日의 上午 九時에는 다시 自動車로 海州邑에 도라와서 汽車를 가라타고 白川溫泉으로 가서 數日行程에 씨달린몸을 浴湯에 淨히 씻고 밤車에 올나안자 집으로 도라왓다.

鴨綠江 紀行
江上의 風景畵幅

金友哲

《신인문학》, 1936년 3월

앞에 소개한 "황금섬 유초도 점경"의 필자가 유초도를 소재로 쓴 또다른 글이다. 유초도에 사는 6촌 형의 집을 찾아가는 여정이 있고 배로 압록강을 건너며 바람과 비에 시달리는 과정을 자세히 그리고는 있으나 섬 주변 풍경과 섬사람들의 생활에 관한 필자의 감상 묘사에 주력하는 글이다. 은유나 직유를 많이 사용하면서 멋스럽게 글을 쓰려 애쓰는 기색이 뚜렷하다. 모호한 감상적 분위기 외에는 필자가 전달하려는 주제도 불분명하고 치열하거나 새로운 현실 인식의 태도 따위도 드러나지 않는다.

필자는 신의주 부두에서 압록강 하류 30리 거리에 있는 유초도로 가는 배에 오른다. 사공을 기다리며 주변 풍경과 배안에 함께 탄 승객들의 면면을 보며 이러저런 상념에 잠긴다. 한 시간 넘게 사공이 오지 않자 기다리던 사람들 중 일부는 다른 배로 옮겨 타고 필자 또한 배에서 내려 어찌할지 서성거린다. 결국 사공을 더 기다려보기로 하고 다시 배에 오른다. 다섯 시 무렵 20대의 젊은 사공이 돌아와 배는 마침내 출발한다. 하류로 내려가는 뱃길이지만 역풍을 만나 배는 좀처럼 거리를 줄여가지 못한다. 한 시간 이상 고생하던 끝에 이번에는 중국 쪽에서 불어오는 하늬바람과 비가 강위에 파도를 일으키며 뱃길을 방해한다. 네시간 여만에 유초도 칠월경(七月坰) 근처 강가에 닻을 내린다. 배가 정박한 곳은 제대로 된 부두가 아니어서 허리 높이까지 물이 차있다. 여자와 아이들은 배에서 내일 생각을 못하고 필자는 겉옷과 신발을 벗고 배에서 내려 물속에 뛰어든다. 물에서 나와 강변의 둑을 따라 추위에 손발이 얼어붙는 고통을 느끼며 6촌 형 집까지 달려간다.

이튿날 필자는 아침 일찍 강변을 산책하며 이러저런 상념에 잠긴다. 말미에 타작철이 된 섬 풍경을 전하며 흉년이 심해 소작이 대부분인 섬 사람들의 올해 삶이 더욱 힘들 것이라 전한다. 아울러 생활고를 못이겨 섬을 도망쳐 만주, 길림 등지로 도망하는 사람이 많으며 강 대안인 중국 땅에는 매춘굴, 아편굴을 운영하는 조선인도 많다고 한다.

一, 얄루江畔

南風―낮가을의 南風은 北風처럼 차다.

鴨綠江 검푸른 江幅은 바다처럼 거칠고 埠頭의 風景은 墓地처럼 荒凉하다. 新義州 江岸線에 늘어선 數百의 船舶이 粗雜한 屍體를 높인 가운데 林立한 마스트 우에는 三角形 旗幅이 팔락인다. 赤, 白, 黃―雜多한 旗織은 生活의 象徵.

「生活의 노래」를 실은 힌돛 검은돛이 江幅을 오락가락하고 이따금「탕크」같은 푸로페라船이 江幅을 주름잡으며 暴君처럼 疾走한다. 그놈이 지나간 뒤 江畔에 닻을 준 뱃몸은 한동안 落葉처럼 까불린다.

下午 三時—埠頭 웃便에서 黃金섬 柳草島로 가는 큰 배에 올으다. 뱃沙工
은 거리(新義州)에서 나오지 않았고 배에 올은 손님은 婦人과 處女가 五六.
老人 四五. 童子가 셋. ……그들은 或은 둘러앉고 或은 마조 앉어서 구차한
살림에 대한 지저분한 이야기를 주고 받는다 김장에 대한 秋收에 대한 穀價에
대한 근심과 憂愁에 잠겨서—

憂鬱한 心事를 하소할 곳 없어 부질없이 피우는 煙香. 꼬불꼬불 기여올으
는 한줄기 煙條가 그려놓는 灰白色 生活構圖.

뱃沙工은 거리의 酒幕에서 갈보의 奸嬌로운 웃음에 惑해 있는가. 네時가
되고 다섯時가 넘었건만 消食이 묘연하다. 눈알이 빠지도록 沙工오기를 기다
리는 船客들은 하나둘 새여서 딴배를 잡어타고 가버린다.

江岸埠頭에는 穀石이 山積해 있는데 江灣勞働者들은 배깐에서 뭍으로
볏섬을 꺼내며(푸며) 한편 푼 볏섬을 荷車에 싯느라고 부산하다. 荷車에 실린
볏섬은 거리의 委託房으로 運搬된다. 中國人 苦力(쿨리)가 그 가운데 間或
끼여서 勞役하고 있는 風景은 國境情調를 한층 濃厚하게 彩色하는 感이 있다.

누덕이를 걸친 老婦 하나이 모츠랑뷔를 들고 볏섬 사이를 바느질하며 땅에
떨어진 벼알을 쓸어모고 있다. 畫聖「밀레」의 有名한 그림「落穗줍기」에 보히
는 이삭줍는 안악네의 모양과 하늘땅의 差異가 있음이여. 「밀레—」의 그림은
自然主義의 極致— 지금 보히는 江灣의 情景은 生生한 리앨이즘의 實寫. 움숙
패운 아모런 光彩없는 눈瞳子는 恒常 四圍에 警戒의 視線을 굴리면서—

아마 거이 다 쓸어저가는 垌밖 土幕에서는 배를 졸라맨 餓鬼들이 때묻은
「조마구」를 빨고 있으리라. 날은 치워가고 食糧은 똑 떨어졌는데 눈보라 地動
치는 이 嚴冬雪寒을 새끼거느린 老婦는 어이 넘기려는고.

나는 沙工을 기다리다 못해 一時는 배깐에서 나리었다. 沙工은 지금 委託
房으로 돌아단이며 새벽들불에 실코온 打作벼의 領收證을 거듭고 있다고 거
리로부터 나오는 中老輩가 뗑겨준다. 西南쪽으로 나려가있는 淺橋로 가서

톡톡船을 타고 安東縣 전투(錢鬪)로 건너가서 거기서 다시 三頭浪頭(싼도우랑투)로 가는 連絡船 기계배를 잡어탈까하고 한동안 망서리다가 旣往 일이 죽이 된바에야 욱이든데로 하자고 생각을 돌리고 큰배에 올으다. 담배 한대 피여물 동안이 지났을까 숨이 하늘에 다은 沙工이 배에 뛰여올은다. 갓득이나 들어간 눈瞳子가 十里나 움숙 기여들어간 老人들은 怨讐人間들을 만난 것처럼 분푸리 兼한 逆情을 쓴다. 沙工은 뜻밖에 젊고 애리애리한 白面의 壯丁이다. 二十年代의 靑年沙工은 愛驕웃음을 두볼에 색이면서 謝過한다.

마파람에 돛을 높이 달고 뭍을 떠난 배는 江上에 몸을 내여던졌다. 물결은 거칠고 바람은 거세다. 다섯時나 되었을까— 이데로 가면 세時間 그전에는 柳草島 南端의 돌로 쌓아올린 「배뒤」— 돌던삭에 닻을 줄 것 같지않다. 上流로 올라가는 배는 사뭇 氣勢좋게 머리를 들고 順風마자 기여올은다 고래같은 배도 있고 붕어같은 조각배도 있다.

풍 풍 풍 풍 … 기계배는 제비처럼 물살을 차며 대포알처럼 날아온다 大孤山에서 오는 商船이 목메인 「싸일렌」을 보오 보오 울리고 지나갈 때 甲板에는 胡服 입은 船客들이 가득 타 있다. 中國婦人은 餞鬼를 않고 젖을 물린채 우리 배를 바라본다. 가난한 農婦의 머리는 삼단같이 헝클어저서 南風에 휫날리고 있다.

올라오는배— 南風은 順風.
나려가는배— 南風은 逆風.

돛은 逆風을 斜面으로 받으며 넓은 江幅을 건너쬈다가는 다시 反對方向으로 急轉하야 물쌀을 째며 가는지, 섰는지조차 分間할 수 없게 遲慢하다. 半時間이나 흘러왔을듯 싶은데 上流를 바라보니 新義州 稅關의 붉은 벽돌집이 視野에 남어있다. 五里나 나려왔을가. 마파람은 세를 얻어 심해가고 「결」은 사나워만 간다.

얼마 안 있어서 하느바람이 터지고 구름이 헤여저 비가 쏟아진다고 天氣에 밝은 老人들이 豫言한다. 그런가하고 보아서 그런지 하늘은 灰褐色으로 흐리었고 北쪽하늘 滿洲땅의 連山 우에는 비기운을 품은 黑雲이 헤여지면서 하늘의 全線에 移動하고 있다.

바라보니 얄루江(鴨綠江)을 건너노은 열두間의 무쇠다리가 하늘빛― 물빛과 같다. 전에는 朱紅으로 물드렸든 무쇠다리었만 非常時바람에 鐵橋는 保護色인 물빛을 갈아입었다. 지난날 物情이 騷亂하든 國境은 지금 水面으로 보기에는 肅然하나 그 裏面에는 暴風雨前夜의 森嚴한 警備를 想像케 하는 무시무시한 雰圍氣가 선하품을 하고 있다. 國境情調는 雜多한 生活感情을 실코 長江 우에 憂鬱한 影子를 길게 드리우나니 얄루강의 노래는 그러므로 이 江까에 사는 수백만 火田民과 漁民과 潛商軍의 가난한 生活의 樂譜이다.

얄루江 얄루江. 나의 나라―

이 江물을 마시고 자라나 이 江에서 헤염치기를 배웠으며 이 江의 서걸픈 노래에 心醉하야 江畔에서 成長한 北國의 사내자식― 내가 어찌 얄루江의 구슬픈 노래를 잊었으리오. 내가 어찌 그 노래의 音律을 사랑하지 않고 백이리까.

二, 暴風雨의 水路

『여보시! 沙工―』

白髮이 잽힌 한 老人이 배깐에서 갑자기 沙工을 찾는다. 老人은 沙工生活 四十年 風霜世波를 다 겪고난 경험많은 尊長.

『沙工! 北켠 하늘을 보시. 어어?』

배는 兄弟峯 옆을 지나고 있다. 十里나 흘러왔을가. 아직도 二十里. 沙工은 指示대로 北쪽 하늘을 凝視한다. 對岸 滿洲다 兄弟峯 우에는 黑雲이 朦朧하게 피여올으고 하느바람이 뽀―얀 黃砂를 이르키며 터저나온다.

『하느바람이 터저나온다 저봐라!』

沙工의 暴風警報— 사람들의 視野는 一齊히 그 쪽으로 몰려갔다.

『돛을 내려라 어서 서!』

『돛을 내려라. 그만…』

沙工은 聲帶가 찢어저라고 高喊치고 船客들은 눈이 둥실해서 어이할 바를 모른다 다만 경험많은 老人들 셋이 天氣를 응시하며 눈섭 하나 까딱않는다. 누구의 손으로 돛대가 三分之二나 나리우자 瞬間 위—하고 猛烈한 하느바람이 물결을 숫치고 뱃전을 거세게 따린다. 돛을 나리우지 않었으면 배는 부러진 돛대와 가치 뒤집혔을지도 모른다.

하느바람은 黑雲을 몰고 하늘의 全線에 퍼진다. 비가 올 徵兆다. 沙工은 雨服을 입고 연해연방 警報를 하며 치잡은 손에 힘을 준다. 老人의 豫言이 敵中하야 비줄기가 뿌리기 始作하였다. 婦人과 處女들은 「니물」깐에 깊이 들어가 백인 모양이고 사나희들과 童子는 볏섬거적을 겹겹이 둘러쓰고 비를 기였다.

하느바람은 차차 거세가고 비줄기는 점점 굵어갔다 치위는 시시각각으로 더해가고 비는 새여서 어깨에 쭈룩쭈룩 떨어진다. 老人들은 치위도 잊고 섬을 가저온다. 장대로 섬거적을 버린다 하며 분주히 돌아간다.

이렇게 千辛萬苦로 흐르기를 네시간— 우리들의 배는 怒濤激浪을 헷치고 僥倖히 柳草島 七月坰近處 江畔에 닻을 나리웠다. 뱃몸은 큰데다가 물이 찌여서 기슭에서 열아믄 발자욱 동떨어진 물 우에 뱃몸을 누였다. 이제 들물일 기다리자면 두시간이나 떨어야겠는데 이대로 백여있으면 凍死할 것 같다. 沙工은 어서어서 나리라고 高喊치고 婦人處子들은 「니물」깐에 백인채 나올 생각도 않는다. 沙工은 안탑갑든지 발을 뽑고 첨벙 찬물에 들어선다. 너벅다리까지 치든 물이 점점 위로 기여올은다. 감탕판이라 수는 모양이다.

江邊에는 人跡조차 끊어진지 오래고 四圍는 고적연한데 汀幅에 닻을 주었으니 소리친들 무엇하며 찾은들 對答하랴. 黃昏은 깊어가고.

칩고 떨려서 아래옷이 마쳐지만 얼어붙은 발이라도 뽑아야 한다. 나는 얼어서 感覺을 잃은 두발을 손으로 주물르고 홀딱홀딱 양복을 벗었다. 「사루마다」만 남기고는 발가숭이가 되었다. 女人들과 處女들이 나와섰건만 體面을 가릴 결을이 없다.

양복과 구두는 外套에 싸서 들고 나렸으나 원체 수랑탕이여서 그것을 들고는 헤여날 수가 없다. 「사루마다」만 입은채 맨발로 헤여나갔다. 물은 배꼽노리에 쳤다. 外套는 沙工에게 맡기었고— 모래판에 나와서 배있는 곳을 한번 돌아다보았으나 캄캄해서 잘 보히지 않는다. 칩다. 무시무시하다. 그대로 이를 악물고 뛰었다. 갈밭을 지나 七月坰에 올라섰다. 감탕밭이나 어름짱같이 미끄럽다. 여러번 미끄러질번 질번 하다가 겨우 몸을 간우고 또다시 人家를 向하야 다름질쳤다. 어둠이 눈앞에 어리여 다라날 뿐이다 손발은 얼어붙어서 感覺을 잃었나보다 五里나 되는 六寸兄宅에 간신히 다다르니 삽살개 짖는 소리까지 반가웁다.

비는 개었다. 그러나 西北 하느바람은 如前히 强烈하게 터져나온다. 宇宙의 森羅萬象을 한입김에 얼어붙게 할 것처럼. 모든 悲劇과 神秘를 싸면서 柳草島의 初겨울밤은 깊어간다.

三, 새벽의 江畔

퐁 퐁 퐁 퐁퐁—

선잠을 깬 蒸氣發動船이 지나간다. 고양이 발자욱이 수없이 있는 모래판에 발자운 소리를 파묻으면서 물까에 파묻힌 낡은 배를 향하야 나아갔다. 물까에는 갖어름이 집혀있었다.

한뽐이나 솟아올은 아츰햇발은 江, 기슭, 나무, 田畓 언덕에 서리맞은 나래를 펴기 始作하고 江 우에는 잔조로운 물결의 노래가 흘으고 있었다. 江畔

에 늘어선 크나큰 배들은 횟차리만 남았고 그 앞에 질펀한 갈판은 뷔이고 난 뒤라 가다가다 갈ㅅ단이 던저있을 뿐……쓸쓸하다.

江畔의 새벽— 神秘스러운 靜寂에 心身을 잠그고 눈을 감으면 世界는 平和로웁다. 幸福스런 마음의 旋律에 마추어 코ㅅ노래를 흥얼거리면 心胸은 뷔인 들판처럼 외로웁고 끝없이 서걸프다.

나룻터에서는 對岸 浪頭로 건너는 새벽—첫배가 떠나가고 있다. 中國小學校에 단이는듯 싶은 童子가 대여섯 탔고, 그 밖에는 地主令監의 朝飯에 올을 반참깜을 살아가는 農事軍들인가 싶으다.

BO— BO—

목메인 警笛이 두어번 울린다. 앞바다를 지나가는 商船의 울음이겠지. 「스피어」의 煙香에 얼굴을 축이면서 버들숲 가운데 盆地에 몸을 옹그리고 앉었노라면 마음은 날개를 돗쳐 江幅에 떠서 끝없이 흐르오.

靜寂 뒤에 오는 思索— 벗이 없고 異性의 香薰이 없어도 나는 이 靜寂……이 思索의 使徒가 되여지이다.

끼르륵하고 美妙한 울음소리— 깃을 잃는 물새의 서걸픈 울음인가.

세개의 돛을 단「쨩크」와 두개의 돛을 단 조선배가 바다쪽을 향하야 흘러간 뒤 멀리 新義州에서 몇時의「싸일렌」인지 실낱같이 들려온다. 그 餘音은 가늘게 실을 뽑고.

江 한복판에 닷을 주고 간밤에 서걸픈 꿈을 맺은 배들이 움직이기 始作한다. 꿈은 어지럽고 이제 갈 길은 먼가부다. 어느 배깐에서는 조반짓는 연기가 피여올은다.

큰 돌로 쌓아올리고 쇠그물로 애워싼「배둬(淺橋)에는 茫然이 앉어 무슨 생각에 잠겨있는지 젊은 안악네가 江물을 바라보다가 새벽의 江畔을 逍遙하는 젊고 앳된「로맨티스트」에게 간 얇흔 秋波를 보낸다.

나는 부시시 일어나서 邊坰에 올으오. 坰左右에는 뽕나무가 간간히 늘어서서 自然히 桑林窟을 이루었는데 흘러간 여름의 茂盛했을 꿈(盛夏의 꿈)은 어대 갔는고— 지금은 뼈만 남어 하느바람에 울고 있다.

지난 여름의 洪水통에 垌은 가다가다 허리가 끊기고 그 옆에는 依例히 「잉어」라도 칠만한 넓고 깊은 높이 패여있었다. 垌 우에 늘어선 포풀라나무 빼빼말은 꼬듬치에서 亡靈의 넋이라는 가마귀 한마리 까우까우 날개를 치며 날아난다.

神秘로운 물새의 로맨틱한 音律에 귀를 기우릴 수는 없고 까마귀 울음에 귀를 더럽히니 마음은 뒤설낸다.

落葉을 밟으며 變垌을 지나 南斗垌으로 넘어가도록 「로맨티스트」의 가엾은 뒷姿態를 따르는 素淡한 村婦의 色情어린 눈총은 실을 뽑는다. 나는 沈着한 態를 잃지 않으려고 힘쓰며 뒤를 돌아보지 않도록 애쓰며 천천히 걸어나갔다

섬속에 사는 威女도 「로맨티스트」였든가. 江畔의 自然이나 하는 女流詩人인가.

四, 洪水 뒤의 打場

논바닥에 닦어논 打場에서는 稻扱機가 푸로페라같은 瀑音을 뿌리며 핑핑 돌아간다. 뒤로뒤로 黃金벼알이 쏟아진다.

農事軍들의 봄 여름 가을……한해 여름 勞役한 피와 땀의 結晶을 總決算 보는 嚴肅한 마당이다. 打作마당에서 뷔인 키만 들고 돌아서서 느끼는 그들이었다.

農事할 때는 그림자조차 얼른 안하든 地主— 전부 不在地主다—와 마름(舍音)들이 가을의 打作철에는 柳草島로 건너와서 날마다 마당귀에는 양복쟁이가 守門將처럼 지키고 섰다. 農軍들은 「主人」 앞에서는 그를 못펴고 네발로 걷는다. 地主영감 食節을 마련하기란 가난한 집의 大事(佳宴) 이상의 괴로움이다. 닭이란 닭은 모조리 회를 털고 닭알은 동이 난다.

洪水로 말미아마 農作物은 혹은 全滅 或은 半實 밖에 안된다. 여기는 鴨綠江 下流의 江上에 앉은 周圍 十五里의 섬 속이다. 沃畓이므로 肥料도 무덩(陸)과 같이 먹지 않고 그 우에 水利組合이 없어서 水稅란 한푼어치도 물지 않는 탓으로 무덩이 農事꾼보다는 한결 짐이 가볍지만 屢次의 江上의 悲劇과 來往不便의 苦生을 당하고난 島民들은 무덩으로 헤여나가지를 못해 안달복달 한다. 先祖가 닦어논 집터를 참아 버리지 못해 한자리에 박혀있다. 그렇든 그들도 昨今年에는 生途를 찾어서 或은 營口農場으로 或은 吉林長春 等地로 流浪의 길에 올은다. 집을 팔어가지고 밤逃亡해간 家族이 이 柳草島에 두 집이나 있다. 그것은 금년가을일이다. 洪水 뒤에 오는 것— 그것은 야속하게도 虫災었다. 豊年이 들어도 빗을 걸머지는 판에 水災 虫害로 農作物은 半實도 못되니 이 겨울 島民들은 어떻게 살어 나가려나?

묵은 記憶을 들추면 쓰라린 눈물이 눈앞에 어린다. 己未年의 大洪水. 戊子年에 大漲水 癸亥年의 海漲— 그리고 올여름의 記錄的 洪水를 겪을 때마다 그들의 家族은 수없이 물고기의 밥이 되고 家藏什物은 濁浪에 띄워보내고 草家막아리는 묽어졌다.

그때를 겪고 나서는 이 섬을 떠나리라 다짐을 받지만 쓰라린 記憶은 腦裏에 朦朧하게 살어지고 生活의 챗죽은 그들을 다시 밭으로 논으로 내여몰랐다. 일은 봄에는 씨뿌리고 나서 고기잡이 白魚(뱅어)잡이로 奔走하고 겨울의 農閑期가 되면 소곰 潛商 술潛商으로 生計를 세워나갔다. 그래서 對岸中國 땅 三道浪頭(산도우랑투)에는 朝鮮人이 經營하는 (갈보)의 酒幕이 해마다 늘어가고 賣婬窟 阿片窟(許可 얻어하는 令賣所도 있다)이 繁昌해 간다.

浪頭와 柳草 사이에는 나룻배가 있어서 새벽부터 저녁까지 無時로 오고 간다. 島民들은 浪頭를 큰집 단여오듯이 건너갔다온다. 머지않어 어름이 붙으면 潛商軍의 活躍이 버러질 것이다. (完)

찾아
보기

서경석

서울대학교 인문대학을 졸업하고 동대학교에서 문학박사학위를 취득하였다. 주요 저서로는 『한국 근대문학사 연구』, 『한국 근대 리얼리즘문학사 연구』 등이 있으며 국내 학술지에 70여 편의 논문을 발표했다. 『한국문학』 편집위원, 『대산문화』 편집위원, 한국언어문화학회와 우리말글학회 회장 등을 역임했다. 현재 한양대학교 인문대학 국어국문학과 명예교수이다.

김진량

한양대학교 국문학과를 졸업하고 동대학원에서 문학 석사 및 박사 학위를 받았다. 평론 "죽음, 그 환한 바깥"으로 2000년 〈문학과 창작〉 신인상을 수상하였으며, 「유비쿼터스 시대의 융복합교양교육 과정 모델 개발」, 「스리랑카 한국어 교육의 문제 개선을 위한 제안」, 「해외한국학의 현지화 연구」 등의 논문과 『인터넷, 게시판 그리고 판타지소설』, 『디지털 텍스트와 문화 읽기』, 『식민지 지식인의 개화 사상 유학기』 등의 저서가 있다.

김중철

한양대학교 국어국문학과를 졸업하고 같은 대학원에서 박사학위를 받았다. 「근대 초기 여행기에 나타난 활동사진의 비유에 대한 연구」, 「말하기, 글쓰기에 있어서 거짓과 진실의 문제」 등의 논문과 『소설과 영화』, 『소설을 찾는 영화, 영화를 찾는 소설』, 『영화에서 글쓰기를 보다』 등의 저서가 있으며 문학과 상상, 글쓰기와 인문 교양에 대해 탐구하고 있다. 한양대학교 연구교수와 한양사이버 대학교 전임강사를 거쳐 현재 안양대학교 부교수로 재직 중이다.

우미영

한양대 국어국문학과에서 공부했다. 근현대 한국 서사 문학을 텍스트로 삼아 여성 · 광기 · 장소 · 과학 등을 해명한 글을 발표했다. 제국의 도시 도쿄, SF의 상상력과 서사의 미래, 기후변화 내러티브 등을 탐색 중이다. 한양대 창의융합 교육원에 몸담고 있다.

한양대학교 동아시아문화연구소 동아시아문화자료총서 2

근대 기행문 자료집 4
경상도 · 황해도

초판1쇄 발행 2024년 12월 30일

엮은이 서경석 · 김진량 · 김중철 · 우미영

주간 조승연
편집 · 디자인   오경희 · 조정화 · 오성현
　　　　　　　신나래 · 박선주 · 정성희
관리 박정대

펴낸이 홍종화
펴낸곳 민속원
창업 홍기원
출판등록 제1990-000045호
주소 서울 마포구 토정로25길 41(대흥동 337-25)
전화 02) 804-3320, 805-3320, 806-3320(代)
팩스 02) 802-3346
이메일 minsokwon@naver.com
홈페이지 www.minsokwon.com

ISBN　　978-89-285-2061-9　94910
SET　　　978-89-285-1219-5　94910